지장 신앙의 성립과

고 려 불 화
지장보살도

지장 신앙의 성립과
고려불화
지장보살도

지장 신앙의 흐름과 도상의 탄생

자
현 지음

불광출판사

지장보살의 미스터리를 파헤쳐라

흔히들 한국불교에서 가장 강력한 '팬덤'을 구축하고 있는 보살을 관세음보
살로 알고 있다. 그러나 과연 그럴까?

관세음보살은 대승불교 안에서 가장 발이 넓고 인맥이 좋은 분이다. 그
렇기 때문에 수월관음도의 배경이 되는 『화엄경』「입법계품」과 33응신·32
응신이 기록되어 있는 『법화경』·『능엄경』의 대대적인 지원을 받고 있다. 또
극락의 아미타불과 관련해서도 관세음보살이 등장한다. 대승불교의 '넘사
벽'이 바로 관세음보살인 것이다.

그러나 지장보살 역시 중국불교에서는 지장'왕'보살로 특칭되며, 『십륜
경』에는 석가모니불과 미륵불의 사이에서 이 세계를 주관하는 최고의 보살
로 등장한다. 즉 '과거: 석가 → 현재: 지장 → 미래: 미륵'의 구조인 것이다. 이
는 지장보살이 관세음보살보다도 위치가 더 높다는 것을 의미한다. 이런 지
장보살의 높은 위상으로 인해 그 어떤 부처님에게도 종속되지 않는 독자성
을 보인다. 이는 관세음보살이 아미타불을 이마에 모시고 있는 것과는 사뭇
다르다.

실제로 유교의 조상 숭배가 강조되던 조선불교에서는 지장보살을 모신
전각과 불화가 가장 다양하고 많았다. 지장보살은 지장전, 명주전, 명부전,
시왕전 등에 본존으로 모셔졌고, 또 불화에는 삼장보살도, 영산회상도, 아미

타불회도, 감로왕도 등에서 등장한다. 이외에도 시왕도, 현왕도, 인로왕보살도, 사자도 등도 지장보살의 영역에 속하는 불화이다. 이러한 지장의 출현 빈도는 관세음을 훨씬 능가한다. 즉 조선불교의 최대 귀의처는 관음 신앙이 아닌 지장 신앙이었던 것이다.

조선에서 지장의 인기 비결은 단연 조상 천도에 있다. 오늘날까지 49재와 천도재 등은 사찰 재정의 상당 부분을 차지한다. 이런 점에서 지장보살의 입지는 현대의 한국불교에서도 매우 굳건하다고 하겠다.

그런데 흥미롭게도 지장보살에 대해서는 별반 알려진 것이 없다. 염라대왕을 필두로 하는 시왕十王을 거느리는 사후세계의 주관자이자, 지옥의 구제자라는 정도는 알지만 생각보다 정확한 정보가 없다.

그것은 지장보살과 지장 신앙이 단기간에 특정 지역에서 완성된 것이 아니라, 인도에서 시작되어 서역의 호탄에서 완성되고 당나라에서 꽃피었기 때문이다. 즉 지장에게는 인도불교와 실크로드 그리고 중국불교라는 문화권을 넘어서는 거대한 지문指紋이 존재하는 것이다.

여기에 김지장(혹 김교각)이라는 통일신라의 왕족 출신 승려까지 가세하면서, 한국불교 역시 지장 신앙의 완성에 일조하게 된다. 즉 가장 다국적인 글로벌 신앙이 바로 지장 신앙인 것이다.

이런 점에서 지장 신앙을 우리 민족 최고의 신품神品인 고려불화와 더불어 알아보는 것은 한국불교를 넘어 대승불교 전체에서도 매우 의미 있는 일이라고 하겠다.

고려불화 지장보살도를 보면서 신드바드의 모험과 같은 고·중세로의 여행길에 올라보자. 그것은 미학과 함께하는 낭만의 산책 및 진정한 구원의 빛으로 여러분을 안내할 것이기 때문이다.

차례

제1장

서론

제1절

연구의 목적과 선행 연구 검토

1.
연구의 목적

인도의 부파불교(소승불교)는 석가모니를 중심으로 아라한을 이상인격理想
人格으로 하는 수행과 신앙 체계를 확립한다. 이에 비해 기원 전후에 발생하
는 대승불교는 불타관佛陀觀과 불신관佛身觀의 발달로 인하여 여러 세계(他
方)와 시간대(他時) 속 다양한 붓다와 보살들을 신앙의 대상으로 삼는 다원적
인 모습을 전개한다. 특히 능동적인 구제자이자 이상인격으로서 보살의 의
미가 강력하게 대두하는데, 이 중 동아시아에 큰 영향을 미치는 것이 관음과
지장이며, 이외에 미륵과 문수가 있다.

미륵과 문수의 경우 인도불교적 기원이 뚜렷하나 관세음은 외래적 요
소가 존재한다. 그럼에도 인도불교 안에서 비교적 이른 시기에 완성되는 모
습이 확인된다. 즉 이들 보살 신앙의 동아시아 전래는 인도불교 안에서의 정
리에 따른 이식인 셈이다.

이에 비해 지장의 불교 편입은 인도불교 안에서 8세기 이전에 이루어지
지만, 독립 신앙으로서의 성격이 완성되는 곳은 서역의 호탄이다. 이것이 위
진남북조 시기에 1차로 전래한다. 이후 당나라에 이르면 명부와의 결합이
강조되고, 당 말에는 시왕 신앙과의 습합이 이루어진다. 즉 지장 신앙은 인도
에서 시작되어 호탄에서 완성되고, 당나라를 중심으로 하는 동아시아에서
화려하게 꽃피는 셈이다. 이런 점에서 본다면 지장 신앙은 인도가 잉태하고
서역이 출산하여 동아시아가 성장시킨 대승불교의 독특한 신앙 체계라고

할 수 있다.

동아시아의 지장 신앙 확대는 두 가지 층위로 구분된다. 그것은 '현세 신앙'과 사후와 관련된 '명부 신앙'이다. 이 중 보다 중요한 것은 명부 신앙인데, 이는 동아시아 전통의 강력한 조상 숭배와 결부하기 때문이다. 즉 동아시아 지장 신앙의 유행에는 조상 숭배라는 배경 문화와 이에 대한 외래종교인 불교의 능동적인 변화가 존재하는 것이다.

인도불교에서 지장의 편입은 시기도 늦지만, 독립 신앙으로서의 특징적인 위상을 확보하지도 못했다. 이런 점에서 인도불교 안에서의 지장에 대한 이해는 그리 용이하지 않다.

또 호탄 역시 해상 실크로드의 번성 이후 육상 실크로드가 쇠락하면서 지정학적인 중요도를 잃어버리게 되며 문화적인 급격한 하락을 맞게 된다. 특히 현대까지도 호탄불교에 대한 연구는 체계적으로 진행되고 있지 않다. 이는 지장에 대한 연구가 중국 및 동아시아를 중심으로 진행될 수밖에 없는 한계가 있음을 의미한다.

동아시아에 끼친 지장 신앙의 영향과 관련해서 중국과 더불어 크게 주목되는 곳은 단연 한반도이다. 그 이유는 지장 신앙과 명부 결합에서 핵심이 되는 경전인 『지장경』에 대한 가장 이른 시기의 기록이 『삼국유사三國遺事』 「대산오만진신臺山五萬眞身」에서 확인된다는 점 때문이다. 또 동시대 중국과는 다른 지장보살도의 특징과 빼어난 신품神品으로서의 우수성이 고려불화에 존재한다는 점, 이외에도 지장 신앙의 후대 변화로 한반도에는 직접적인 영향 관계가 뚜렷하지 않지만, 중국불교에서는 '지장보살 = 김지장'이라는 인식이 존재한다는 점 등을 들 수 있다.

고려불화는 고려청자, 나전칠기와 더불어 고려를 대표하는 문화와 예술의 정수이다. 특히 고려불화는 한반도의 중세를 이중 구조 불교문화와 정신을 온축한 산물이라는 점에서 고려불교의 이해와 관련해서도 시사하는 바가 적지 않다.

　하지만 이 연구에 있어 분명 한계도 있다. 고려 말의 불화가 원 간섭기 티베트불교의 영향으로 걸개그림인 탱화로 일부 변모하기는 하지만, 그럼에도 당시 전각의 중심 예배도는 붙박이의 벽화였다. 이런 상황에서 현존하는 다수의 고려불화는 고려 말 왜구의 침략 과정과 관련해서 잔존하게 된다. 이때 약탈이 용이한 걸개그림인 탱화만이 대상이 된다는 점, 또 고려 말이라는 특정 시대만을 반영한다는 점, 그리고 현존하는 고려불화는 필연적으로 왜구의 선호와 판단에 따른 선택의 결과물이라는 점 등의 문제가 존재하게 된다. 이는 모든 고려불화의 연구에 내재되는 필연적인 약점이자 한계라고 하겠다.

　그러나 미술 연구는 작품을 떠나서 성립할 수 없다. 그러므로 현재의 고려불화 지장보살도의 연구 접근에 있어서는 현존하는 25점을 통한 내포 의미 파악과 특징 분석만이 가능할 뿐이다.

　이 책을 통해 필자는 동아시아 지장 신앙에 대한 문헌 정리를 바탕으로, 고려불화 지장보살도에 내포된 의미를 보다 분명히 하고, 도상적 특징의 이해를 도출해 보고자 한다. 지금까지 고려불화에 대한 연구는 형태와 표현 방식 등을 중심으로 이루어졌다. 물론 종교미술의 특성상 표현에 대한 올바른 이해는 내용에 대한 측면을 전제로 하기 때문에 불교의 교리와 사상적인 접근도 일정 부분 동반될 수밖에 없다. 그러나 불교미술은 불교라는 종교를 바탕으로 한 산물이라는 점에서 내용을 중심으로 하는 접근이 발생론적으로나 심도 있는 이해를 위해서는 분명한 타당성을 확보한다. 즉 작품이라는 현상에 대한 이해를 '현상을 중심으로 하여 내용으로 들어갈 것이냐'와 '내용을 중심으로 현상 표현을 이해할 것이냐'의 두 가지 방향이 존재하는 것이다. 이와 같은 양자의 이해는 모두 나름의 학문적인 입각점을 확보한다.

　다만 지금까지 미술과 미술사적 이해는 이 중 현상 중심의 내용 이해에 치중되어 있었다. 이에 반해 이 책의 연구에서는 내용을 중심으로 하는 현상 이해라는 접근을 시도해 보고자 한다. 왜냐하면 이렇게 하는 것이 양자의 고른 이해를 통한 보다 높은 학문적인 완성도를 성취해낼 수 있도록 하기 때문이다.

이를 위해 먼저 제2장에서는 중국불교의 문헌과 유물에 입각하여 지장 신앙의 특징과 변화를 정리해 보고자 하였다. 이를 통해 지장 신앙에서 가장 중요한 측면인 지장과 명부의 결합은 687~778년 사이에 일단락되었음을 변증해 보고자 한다. 그리고 제3장에서는 지장 신앙의 한반도 유입과 유행의 특징을 정리해 보고자 하였다. 이는 동아시아 지장 신앙의 완성과 전개를 통해서 제4장인 고려불화 지장보살도의 특질을 이해하는 배경이 된다.

이와 같은 연구 검토를 바탕으로 제4장에서는 고려불화 지장보살도를 독존도(입상·좌상)와 다존도(지장삼존도·지장천신도·지장시왕도·지장시왕권속도)로 나누어 범주를 구분하고, 불화의 구체적인 내용을 검토해 보고자 하였다.

이후 지장 신앙과 다른 신앙과의 연관성에 대해 제5장을 통하여 검토한다. 이 장에서는 먼저 아미타 신앙과 관음 신앙의 관계에서 확인되는 특질에 관해 검토한다. 그리고 마지막으로 신라의 승려로 안휘성 구화산을 개창하고, 중국 지장 신앙에 막대한 영향력을 행사하는 김지장에 대한 부분 및 이의 도상 변화 가능성에 관해 살펴보고자 하였다.

이상을 통해서 필자는 지장 신앙 및 도상과 관련된 측면을 한반도와 고려불화의 관점에서 판단해 보고자 한다.

2.
선행 연구 검토

지장 신앙의 사상 및 도상과 관련된 체계적인 연구는 최근 대만과 중국에서
시작되었다. 이 중 괄목할만한 것으로는 다음의 세 가지를 들 수 있다.

① 쮸앙밍싱[莊明興] 저, 『중국중고적지장신앙中國中古的地藏信仰 – 국립
   대만대학문사총간110』, 대북: 국립대만대학교대학원, 1999.
② 짱종[張總] 저, 『지장신앙연구』, 북경: 종교문화출판사, 2003.
③ 인푸[尹富], 「중국지장신앙연구」, 사천: 사천대학 박사학위논문,
   2005(이 논문은 『중국지장신앙연구』라는 동일한 제목으로 사천의 사천출판사에서
   2009년에 출판되었다).

먼저 ① 쮸앙밍싱[莊明興]의 연구는 지장 신앙의 시원에서 시작하여 그
성립, 그리고 중국적인 발전과 관련하여 『점찰경』과 『시왕경』을 통한 검토를
진행한다. 그리고 지장의 신앙적 측면에서 사후세계와 시왕 신앙의 관계를
통해 정리하고 있다. 이외 부록으로는 지장 관련 경전과 중국불교의 도상 목
록 및 연대를 정리하고 있어 많은 도움이 된다.
① 쮸앙밍싱의 연구가 문헌을 중심으로 한 것이라면, ② 짱종[張總]의 연
구는 문헌과 중국의 지장 도상 그리고 민속과 김지장에 관한 측면 등을 폭넓
게 아우르고 있다. 짱종의 지장에 관한 연구는 한국에서 2009년 김진무에

의해 두 권으로 번역되는데,[*1] 이로 인해 이후 한국의 지장 연구에 많은 영향을 미치게 된다.

③ 인푸[尹富]의 연구는 문헌 중심적이기는 하지만, ① 쮜앙밍싱과 ② 짱종에 비해 뒤에 완성되는 박사논문이란 점에서 완성도가 높다. 특히 마지막 부록으로 중국 지장 도상의 목록과 모든 조상기造像記를 정리해 주고 있어 관련 연구에 많은 참조가 된다.

중국의 지장 연구는 짱종과 인푸가 주도한 측면이 가장 크다. 그러나 이들 연구는 미술이나 미술사적인 부분보다는 문헌적인 부분에 중점을 두고, 작품적인 측면은 이에 부가되는 성격이 강하다.[*2]

이외에 주목할 만한 것으로는 돈황 출토 지장 관련 문헌의 연구로 루어후아칭[羅華慶], 짱슈빈[張書彬], 당앤니[党燕妮] 등의 것이 있으며,[*3] 돈황 출토 문헌과[*4] 「(도명화상)환혼기(道明和尙)還魂記」에 대한 부분이 더 있다.[*5] 또 중국의 지장 조상에 관해서는 천페이원[陳佩奴]의 연구가 있으며,[*6] 중국의 지장 신앙과[*7] 한·중 지장보살도의 특징을 정리한 연구도 있다.[*8] 그리고 낙양 용문석굴의 지장조상과[*9] 김지장과 관련된 연구 등도 주목된다.[*10]

이 정도가 이 책의 연구와 관련해서 주목되는 중국 지장에 관한 연구이며, 대부분 제2장을 중심으로 하는 문헌 정리에서 활용되고 있다. 그리고 제3장의 일부에서도 이들 문헌에 의한 판단은 많은 도움이 된다.

중국의 지장 연구에 비해 일본의 연구는 상대적으로 넓거나 깊지 못하다. 이는 대다수의 지장 연구가 일본과 관련된 지장 신앙에 대해 집중되어 있기 때문이다.[*11] 그럼에도 지장보살 연구의 토대를 다진 마나베코사이[眞鍋廣濟]의 저술이나[*12] 서역의 호탄(우전)불교와 거라제야산佉羅帝耶山에 대한 연구는 오늘날까지도 주목된다.[*13] 이외에 『시왕경』의 성립과[*14] 돈황의 불화에 대한 연구 역시 중요한 부분이라고 하겠다.[*15] 일본의 선행 연구 역시 중국과 마찬가지로 주로 제2장의 정리에서 활용된다.

　지장과 관련된 국내 연구 중 박사논문은 김정희의 1992년 「조선시대 명부전冥府殿 도상의 연구」와[16] 김태훈의 2010년 「지장신앙의 한국적 변용에 관한 연구」가 있다. 이 중 김정희는 이후의 지속적인 연구로 조선시대를 넘어 지장과 관련된 다양한 성과를 이룩하며, 지장과 관련된 국내 도상 연구의 초석을 확립했다.[17] 그러나 김태훈의 연구는 지장 신앙의 사상적인 측면과 도교 및 한국적인 특수성을 무교巫教(무속) 등과의 결합 속에서 규명하고 있기 때문에 본 연구와는 이렇다 할 연결점이 적다.[18]

　이 책의 제2장과 관련된 지장 신앙의 기원과 중국적 전개 부분은 전술한 대만, 중국, 일본의 연구가 중요하며, 한국의 선행 연구로는 김태훈과 한태식(보광), 박미선 등의 연구가 있다.[19] 그러나 이는 전술한 연구를 재정리하거나 지장삼부경地藏三部經의 내용을 요약하는 정도의 개괄적인 측면에 그치고 있다. 이 밖에 필자가 『지장경』의 연대와 관련된 연구를 진행한 것이 있으며,[20] 손진(정완)의 영험담에 대한 연구가 있다.[21] 그리고 수·당 시기 지장 신앙의 유행과 관련된 삼계교에 대한 연구로는 홍재성(법공)을 필두로 김철수와 권탄준 등의 연구가 살펴진다.[22]

　지장과 명부의 결합이 확립되는 『지장경』에는 연대 문제가 존재한다. 그러므로 돈황 등에서 출토된 유물과 당 말의 찬술이 확실한 『시왕경』은 지장 연구에 있어서 중요한 비중을 차지하게 된다. 이 시왕 및 재의식과 관련된 연구로는 김정희, 김태훈, 허마오핑[何卯平], 조성금, 구미래, 한태식 등에 의한 것이 있다.[23] 이들 연구는 시왕 신앙의 성립과 도교와의 관련성 및 천도의식과 시왕도까지 다루며 그 영역이 넓고 다양하다.

　제3장의 지장 신앙의 한반도 유입 및 전개와 관련해서는 문상련(정각)의 연구가 가장 치밀하며, 원광의 점찰법회와 관련해서는 박미선과 이경란 등에 의한 연구가 이루어진 바 있다.[24] 이외에 진표 및 진표계에서 확인되는

지장 신앙과 관련해서는 박광연과 필자의 연구가 있다.[25] 또 〈노영 필 아미타여래구존도魯英 筆 阿彌陀如來九尊圖 및 고려 태조 담무갈보살 예배도高麗太祖 曇無竭菩薩 禮拜圖〉와 관련해서는 문명대와 김승희의 도상 중심 연구와 필자의 내용 중심 연구가 있다.[26]

다음으로 신라 오대산에서 확인되는 오만진신 신앙 속의 지장 신앙 특질에 대한 것으로는 필자의 연구가 가장 많으며,[27] 이외에 박노준, 신동하, 여성구, 박미선, 이선성(성안), 장미란 등의 연구가 있다.[28] 이들 선행 연구는 오만진신 신앙의 특질을 규명하고 있는데, 그 안에서 지장 신앙에 대해서도 정리하고 있다.

제4장의 연구 중심인 고려불화 지장보살도 총 25점과 관련해서는 김정희와 정우택의 연구가 기본적인 배경이 된다.[29] 이외에 다양한 문제점 제기와 특징, 그리고 복식에 대한 검토가 박영숙, 신광희, 전혜숙, 김진희 등에 의해서 연구되었다.[30] 필자는 이 책의 연구에서 이와 같은 도상과 관련된 선행 연구를 바탕으로 내용과 의미에 대한 부분을 검토해 보고자 하였다.

고려불화 지장보살도의 특징 중 사천왕의 등장과 관련하여 조선 후기의 방위 변화를 나타내는 방제傍題와 관련된 다양한 연구들이 있다. 이는 임영애와 필자의 연구가 가장 많으며, 이대암, 이승희, 박은경, 한정호에 의한 것이 더 있다.[31] 그리고 다문천왕 및 사천왕의 기원과 관련해서는 심영신의 연구가 참고된다.[32] 필자는 이와 같은 선행 연구들을 바탕으로 사천왕이 왜 불도佛圖가 아닌 (지장)보살도에 등장하게 되는지, 또 왜 여말선초에 위치 변화가 발생하게 되는지를 지장 신앙의 내적인 요인과 유·불 교체기의 관점을 통해서 정리해 보고자 하였다.

끝으로 지장과 시왕의 결합에 따른 지장시왕도와 지장시왕권속도에 관해서는, 앞서 언급한 중국 자료와 한국의 선행 연구들을 바탕으로 시왕의 발생과 『발심인연시왕경』의 내용을 통한 정리가 시도된다. 이 과정에서 현존하는 『발심인연시왕경』이 일본에서 12세기 말~13세기 초에 개변된 것에 앞서, 중국 당 말에 개변된 것이 선행하며 『시왕경』의 찬술자인 장천藏川에 가탁된 『발심인연시왕경』의 영향에 의한 것임을 분명히 하였다.

마지막 제5장의 지장보살도가 다른 신앙과 결합되어 나타나는 양상과 관련해서는, 아미타구존도 안에서 지장보살의 위치와 관련된 양희정과 문명대의 연구 등이 참조된다.[33] 또 이를 바탕으로 필자는 성문형(승형) 지장과 보살형 지장이 동시대에 공존하고 있었다는 점과 성문형과 보살형의 중간 단계가 존재함을 새롭게 정리해서 밝혀 보고자 하였다.

다음으로 지장 신앙과 관음 신앙 또는 아미타 신앙의 결합이 확인되는 병립도와 관련하여 황금순, 김아름과 필자의 연구가 있다.[34] 다만 황금순과 김아름은 중국의 병립 도상에 대한 부분을 중점적으로 바라본 반면, 필자는 고려불화 병립도를 주된 연구의 대상으로 삼았다는 점에서 차이가 있다. 필자는 이와 같은 선행 연구들을 바탕으로 도상 간 연결점과 변화 양상 및 지장 신앙의 확대에 대한 측면을 성리학이 강화되는 상황과 연관 지어 해석해 보고자 하였다.

끝으로 신라 승려인 김지장 설화가 지장 신앙에 영향을 주어 변모하는 측면과 관련해 다룬다. 이 부분이 후대에 부가된 것이기는 하지만, 여기에는 나름의 타당성이 존재하며 이에 대한 상징 해석이 필요하다고 판단했기 때문이다. 이에 관해서는 앞서 언급한 중국의 쨩종과 인푸의 연구가 치밀하며, 이외에도 쮸쿤[朱坤], 진슐후안[金世煥], 왕슐위에[王詩越]의 연구 등이 있다.[35] 한국에서는 1997년을 전후로 김지장 입적 1,300년(1997)을 기념해 다양한 세미나와 문화 행사가 진행되었다. 그러나 대부분은 원자료의 한계와 부족으로 인해 객관적이고 학문적인 연구 결실을 맺는 데까지는 이르지 못하였다. 다만 김지장과 관련된 국내 연구로, 쨩종의 『지장신앙연구』를 번역하기도 한 김진무의 논문 정도가 주목된다고 하겠다.[36]

이상의 선행 연구 검토를 통해서 본다면, 지장 신앙이 동아시아 대승불교를 대표하는 보살 신앙인 동시에 고려불화에서도 아미타와 관세음을 잇는 막대한 비중을 차지하고 있음에도, 지금까지는 신앙 혹은 사상과 도상이 결합된 종합적인 연구가 존재하지 않았음을 알 수 있다. 이런 점에서 신앙과 사상을 통해 도상에 대한 명확한 접근을 시도하는 이 책의 연구는 정당한 타당성을 확보한다고 하겠다.

제2절

연구의 범위와 서술 방향

이 책에서 필자는 지장 신앙의 특징과 성립 시기를 검토하고, 이것이 한반도에 미친 영향과 고려 말 지장보살도에서 확인되는 내용 및 특수성을 도출해 보고자 한다.

이를 위해 뒤의 제2장에서는 지장 신앙의 특징과 명부와 관련된 『지장경』의 성립 시기에 관해 검토한다. 불교미술은 종교미술이기 때문에 개인성이나 창작성을 중시하는 일반미술과 달리, 경전 등의 전거에 입각한 사상 또는 관점의 표현을 중시한다. 이런 점에서 도상 표현의 배경에 대한 정리는 도상의 전체적인 이해를 위해 반드시 필요하다.

그러나 기존의 지장 신앙이나 고려불화 지장보살도에 대한 연구에서는 이 부분을 명료하게 정리하지 않고 있었다. 이는 지장 신앙과 관련해서 가장 중요한 경전인 『지장경』에 대한 연구·분석에 쉽지 않은 측면이 있었기 때문이다. 이 문제를 해소하기 위해서 제2장에서는 현존하는 자료들을 모두 동원하고 분석해 이 부분을 최대한 명료하게 정리해 보고자 하였다.

이를 위해 먼저 지장과 명부의 결합이 호탄에서 시작되었을 개연성을 환기하고, 이의 내재적인 변화 가능성을 검토한다. 그리고 중국불교의 기록과 돈황에서 출토된 지장보살도 등을 통해서 지장과 명부의 결합 시기를 모색해 보았다. 끝으로 『지장경』 내에 존재하는 인도문화적인 특징을 도출하여 추론에 의한 타당성이 더 높게 변증될 수 있도록 하였다. 즉 '기록과 유물이라는 실존적인 측면(經證)'과 '내용의 문화권적 분석에 따른 이론적인 측면(理證)'에 입각해서 양자적인 정합성이 확보될 수 있도록 한 것이다.

이렇게 해서 도출되는 결과는 '지장과 명부의 결합이 완성되는 시점은 687년 이후부터 778년 이전의 약 90년 사이'라는 점이다. 그리고 이는 중국불교의 내적인 변화라기보다는 외부의 충격에 의한 것으로 판단되며, 지장과 명부를 연결하는 『지장경』류의 Q(Quelle)자료의 존재를 상정케 한다. 이것이 중국적 요구를 반영하여 완성되는 게 『지장경』이며, 이러한 변화에 의해서 『지장경』 성립 시기와 위상에 문제가 발생하는 것으로 판단했다.

제3장에서는 지장 신앙의 한반도 유입과 『지장경』에 대한 최초 기록인 「대산오만진신」에서 확인되는 지장 신앙의 특질에 대해 검토한다. 불교의 한반도 전래는 초원의 길에 의한 유입이나 남해를 통한 해상 유입이라는 특수한 경우를 제외하곤 중국의 영향이 절대적이다.

특히 지장 신앙 중 명부와 관련된 상당 부분이 중국의 영향 아래 재정립된 결과물이라는 점에서 지장 신앙과 관련된 중국의 영향을 더 크게 추론해 보는 것은 그리 어렵지 않다. 또 지장보살도와 같은 도상의 측면은 선행 도상이나 문화적 유행을 반영하는 것이 일반적이라는 점에서 더욱 그렇다.

그러나 중국과 한국은 민족과 문화 배경에 분명한 차이가 존재한다. 이로 인해 의식주에 따른 삶의 형태가 다르며, 사상적인 부분에서도 유사하지만 분명한 차이를 보인다.

이는 지장 신앙과 관련해서도 목도되는 측면이다. 청나라 이후 중국의 지장 신앙은 김지장 설화와 급격히 결합되는 경향을 보이지만, 조선불교에는 이와 같은 양상을 확인하기 어렵다. 또 고려 말 지장보살도 안에도 병립도 등 중국의 영향과 변별되는 특징적인 모습들도 존재한다.

고려 말 지장보살도와 관련된 한국적 특질은 선행하는 신앙 기록 속에서 살펴질 수밖에 없다. 이런 측면에서 한반도의 지장 신앙 유입과 전개 양상을 정리하는 것은 이후 고려 지장보살도의 정당한 이해에 있어서 필수적이다.

이러한 검토 속에서 주목되는 부분이 바로 진표계 미륵 신앙의 특징과 신라 오대산의 「대산오만진신」 기록이다. 먼저 진표계 미륵 신앙은 미륵을 중심으로 하는 지장 신앙의 특질을 보이고 있어 주목된다. 이는 진표에 의해 개착되는 금강산과 관련해서, 1307년 노영이 그린 '왕건의 담무갈보살 예배'라는 커다란 상징성을 내포한 불화인 〈고려 태조 담무갈보살 예배도〉에 지장보살이 강조되는 것을 통해서도 일정 부분 확인이 가능하다. 다시 말해 금강산이 담무갈(법기) 도량임에도 불구하고, 노영의 고려불화 속에는 지장이 강조되고 있는 것이다. 이는 진표에 의해 개착되고 후에 담무갈 신앙으로 개변되는 금강산에, 후대까지도 지장 신앙적 요소가 존재했을 가능성을 환기한다.

또 「대산오만진신」은 신라 효소왕孝昭王(재위 692~702)과 성덕왕聖德王(재위 702~737) 때의 오대산 다섯 봉우리와 관련한 오만진신 신앙을 나타내는 특징적인 기록이다. 이 문헌이 특별한 것은 다섯 봉우리가 모두 보살과 관련된 대승보살 신앙을 표방하고 있기 때문이다. 이 중 지장보살은 남대南臺에 비정되는데, 이는 『십륜경』 등의 지장 관련 경전에서 지장과 남방의 관련성 때문으로 판단해 볼 수 있다.

「대산오만진신」에서 지장은 어떤 붓다와도 결합하지 않는 강한 독립 신앙적 요소와 팔대 보살을 거느리는, 보살의 위계를 넘어서는 특수한 위치를 확보하고 있다. 이는 중국불교에서 지장이 '무불시대無佛時代의 주관자'인 동시에 '유명교주幽冥敎主'의 위상을 확보하는 것과 연계하여 지장의 높은 위상이 일반화되는 데 일조했다고 판단된다. 즉 미국 메트로폴리탄 뮤지엄 소장의 고려 말 〈아미타·지장병립도〉의 도상에서 볼 수 있듯 아미타불과 지장보살의 위상을 대등하게 바라보는 특수한 측면을 「대산오만진신」의 흐름 속에서 일정 부분 시사 받아 볼 수 있는 것이다. 이는 고려불화의 한국적 전개라는 측면에서 주목되는 내용이라고 하겠다.

「대산오만진신」에는 또 관세음의 아미타불 신앙과 분리, 이를 통한 동방의 독립 신앙적 측면이 존재한다. 이는 여말선초 한국불화에서만 확인되는 관음·지장병립도의 한국불교적 타당성을 제공해 준다는 점에서 주목된다. 즉 고려불화 지장보살도에서 확인되는, 중국과 다른 비일반적인 구도를 한국불교의 내용 속에서 인지해 보는 것이 가능하다.

물론 통일신라의 기록으로 고려 말의 지장보살도를 판단하는 것은 문제의 소지가 있다. 그러나 중국불화와 다른 고려 말 지장보살도의 특징적인 측면을 이해하는 데 있어, 한국불교적인 인식과 전개가 나름의 타당성을 확보한다는 점 역시 부정하기는 어렵다고 판단된다.

제4장에서는 고려불화 지장보살도 총 25점(독존도 11점, 다존도 10점, 병립도 4점) 중 독존의 11점(입상 9점, 반가부좌상 2점)과 그 외의 다존도 10점(삼존도 2점, 지장천신도 1점, 지장시왕도 4점, 지장시왕권속도 3점)으로 나누어 구분하고, 도상적 특징을 검토한다. 먼저 독존도 입상 9점과 관련해서는 적극적인 명부 구제의 의미를 내포하는 도상이란 점을 분명히 하였다. 또 이와 같은 입상의 요구가 중국 전통의 장례와 관련된 방상씨方相氏나 중국불교적인 인로왕보살의 존재, 그리고 지장과 명부의 결합 이전 시기에 확인되는 명부 구제자로 등장하는 '승려'의 존재를 통해서 판단해 볼 수 있다는 점을 밝혔다. 즉 지장보살도 독존 입상은 중국의 전통문화와 중국불교적인 요청 구조 속에서 지장으로의 대체가 이루어지는 것이다.

또 독존 입상의 전거로 『십륜경』과 「환혼기」를 검토한다. 이를 통해서 드러나는 결과는 '『십륜경』-여의주'와 '「환혼기」-석장'이라는 지장보살의 특징적인 지물이 완성된다는 점이다. 한편 「환혼기」는 피건을 쓴 지장의 모습을 주장하고 지물로서 지보(여의주)의 존재를 부정하지만, 피건을 쓴 지장은 3점에 불과하고 여의주를 든 지장은 8점이 확인되고 있다. 또한 독존 입상 9점 모두가 석장을 든 형상이라는 점에서 「환혼기」의 영향을 받고 있는 것이 분명하지만, 그럼에도 『십륜경』의 전통 역시 유지되고 있다는 점을 알게 해 준다.

다음으로 고려불화 지장보살도의 가장 두드러진 특징으로 반가부좌를 검토했다. 반가부좌는 다른 보살도에서도 확인되는 모습이지만, 동시대 중국 지장보살도에는 결가부좌를 한 도상도 존재하는 것과 달리 고려 말의 지장보살도 좌상은 독존도 2점과 다존도 14점이 모두 반가부좌로 통일된 특징을 보이고 있다. 이는 고려 말 지장보살도에 반가부좌에 대한 특수성이 강하게 유전되고 있었다는 것을 의미한다.

반가부좌가 유목문화와 관련된 비중국적인 외래 요소라는 점을 감안한다면, 불화에 있어서 고려는 중국에 비해 보다 외래적인 요소를 견고하게 유지하고 있었다는 판단을 가능하게 한다. 지장의 반가부좌는 「대산오만진신」에서부터 확인되는 지장의 강력한 독립 신앙적 요소와 관련하여 판단 가능한 측면이 있다. 또 지장의 반가부좌는 중국의 전통문화와 관련된 좌우동형左右同型의 요구와 연관하여 다른 보살과의 결합 구조를 촉발시켰다는 추론도 가능케 한다. 바로 이 부분에서 주목되는 고려불화가 동시대 중국과 일본에서는 발견되지 않는 관음·지장병립도라고 하겠다.

다음으로 지장보살도와 관련해서 논란의 소지가 큰 사천왕에 대해서 검토해 본다. 지장보살도는 보살도임에도 불구하고 불도에서나 살펴지는 제석천, 범천과 사천왕의 호법신이 등장한다. 이는 지장의 위계에 대한 판단이 일반적인 보살과 다르다는 점을 분명히 한다. 이와 관련해서 지장이 무불시대의 주관자라는 점을 부각해서 이해해 보았다. 또 지장보살도의 명부 표현에 있어서 호법신의 묘사는, 명부를 이 세계의 연장선상으로 이해하는 관점의 인식 결과라는 점도 분명히 하였다.

또 다문천의 불탑 지물과 특징을 인도불교의 우주론과 율장 등에 근거하여 정리하고, 여말선초 다문천의 방위가 동북방에서 서북방으로 변모하는 원인으로 성리학의 영향을 제시해 보고자 하였다. 이는 기존의 연구인 티베트불교에 따른 판단과는 다른 측면이다.

끝으로 지장 신앙과 시왕 신앙의 결합과 관련해 검토한다. 지장 신앙과 시왕 신앙은 별도의 독립된 신앙 체계로 존재하지만, 명부라는 단일 공간에 의해 상호 습합되는 모습을 보이게 된다. 이와 관련해서 중요한 경전이 『시왕경』과 이의 개변인 『발심인연시왕경』이다. 이를 통해서 시왕 신앙은 지장 신앙의 명부 결합과 아울러 지장 신앙과 신속하게 결합되었다는 점을 판단해 보게 된다.

또 『시왕경』의 구조와 시왕의 기원에 대한 추론을 진행하고, 고려불화 지장보살도와 관련해서는 『발심인연시왕경』에 의한 지장시왕도 및 지장시왕권속도에 대한 판단을 제시하였다.

마지막 제5장에서는 지장보살이 다른 신앙과 결합해서 등장하는 모습을 다루어 보고자 하였다.

먼저 현존하는 아미타구존도 가운데 지장보살의 묘사가 성문형이 아닌 보살형인 경우가 2점 존재하며, 성문형 지장과 보살형 지장의 과도기 표현으로 1307년의 〈노영 필 아미타여래구존도〉가 위치한다는 점을 분명히 하였다. 이는 보살형 지장이 현존하는 고려불화 지장보살도 25점 중에는 존재하지 않는다는 점에서 시사하는 바가 적지 않다.

다음으로 아미타(정면)삼존도와 아미타(내영)삼존도 속에 지장보살이 대세지보살을 대체하며 우보처의 위치에 등장하는 부분에 대해 정리한다. 이는 고려 말 지장 신앙의 확대와 관련된 측면으로, 지장 신앙의 확대에 따른 명확한 판단을 가능하게 한다. 또 도상의 변화와 관련해 성리학의 도입에 의한 조상 숭배 강조와 확대에 따른 영향을 제시해 보았다. 이러한 성리학의 영향에 따른 지장 신앙의 확대는 〈아미타·지장병립도〉라는, 불교미술에서는 유래를 찾아보기 어려운 불佛·보살의 대등한 크기와 표현 방식의 불화로까지 연결된다.

다음으로는 동시대 중국과 일본에서는 볼 수 없는 고려불화만의 특징적인 구도인 관음·지장병립도에 관해서 정리해 본다. 관음·지장의 병립이나 병존은 중국의 육조시대부터 확인되는 중국 보살 신앙의 형식 중 하나이다. 그러나 중국의 병존은 병립으로 통일된 것도 아니며, 또 고려 말 무렵에는 사라지고 나타나지 않는다. 그런데 이러한 병존이 병립이라는 일정한 방식으로 고려불화 가운데 존재하는 것이다.

고려불화 관음·지장병립도는 시기적으로 볼 때, '관음-현세'와 '지장-명부'의 관점에서 제작된 것이다. 또 동시대 중국에서 관음·지장의 병존이 확인되지 않는다는 점에서 이를 고려불교의 전개 속에서 이해하는 것도 가능하다. 이와 관련해 고려할 수 있는 측면이, 시대적으로 거리가 있기는 하지만, 「대산오만진신」에서 확인되는 지장과 관음의 강한 독립성이다.

또 현존하는 3종 4점의 관음·지장병립도를 통해서, 상단의 보개寶蓋가 아미타 신앙과 결합되는 양상을 확인해 볼 수 있게 된다. 그리고 조선 초의 〈관음·지장병립도〉를 통해 이와 같은 양자의 결합 구조를 보다 명확히 인식할 수 있다. 또한 관음·지장병립도는 관찰자가 보는 방향에서 '좌-지장, 우-관음'으로 통일되어 있는데, 이는 서방삼성西方三聖 중 대세지를 지장이 대체하는 방식과 관련해서 이해되며, 이와 같은 배치는 〈아미타·지장병립도〉로까지 그대로 연결된다.

마지막으로 다룰 주제는 고려불화 지장보살도 4점에 존재하는 사자獅子 도상에 대한 부분과 김지장 설화가 지장 신앙에 미친 영향이다. 사자는 「환혼기」에서 문수의 화현으로 등장한다. 이 책에서는 이의 타당성과 사자 표현이 하단의 중앙에 위치하게 되는 이유, 또 마침내 사자 표현이 사라지는 이유에 대해서 정리해 보았다.

다음으로 김지장은 신라의 왕족(혹 왕자) 출신으로 안휘성 구화산을 개착하여, 후일 지장보살의 화현으로 추앙받는 고승이다. 이런 점에서 지장 신앙과 관련된 한국불교 논의에서 이 부분은 반드시 다루어져야 할 필연성이 존재했다.

김지장의 설화가 후대의 중국불교 지장 신앙에 강력한 영향을 미치면서 개변시키는 것은 분명 주목할만한 측면이다. 특히 지장의 좌우보처인

「환혼기」의 도명과 『지장경』의 무독귀왕'을, 김지장 설화와 관련된 '민공의 아들 도명과 민공, 즉 민양화'로 대체되고 있다는 점. 또 「환혼기」의 '사자'가 '백견白犬 선청善聽'으로 대체된다는 점은 나름의 의의를 확보한다.

그러나 문헌적으로는 김지장 설화의 영향을 청나라 초기 이전으로 소급하기 어렵다. 이런 점에서 지장 신앙과 관련된 중국불교의 변화는 구화산의 성세와 함께 진행된 중국 내적인 측면으로, 당시 숭유억불의 조선불교에는 그 영향이 제한적일 수밖에 없게 된다.

또 김지장 설화의 영향이 청나라 이전으로 소급될 수 없다는 판단은 고려불화 중 일본 호토지[寶道寺] 소장의 〈지장시왕권속도〉를 통해서 무독귀왕의 확연한 모습이 확인된다는 점에 의한 것이다. 또 고려불화 지장보살도의 하단 중앙에 표현된 4점의 동물 도상이 백견일 개연성이 존재하지 않는다는 점을 분명히 하게 된다. 이외에도 이 동물 도상이 사자임에도 예배 대상이 백견이란 판단이 후에 제기될 수 있는지와 관련해 인도신화와 이의 영향에 따른 대승불교의 보살과 동물이 연결되는 문화, 그리고 문수의 사자가 개와 연결될 수 있는 구조를 통해서 제시해 보고자 하였다. 이는 설화에 따른 후대의 개변이 어떻게 타당성을 확보할 수 있는지에 대한 측면을 정리했다는 점에서 나름의 의의를 확보한다고 하겠다.

이상을 통해서 동아시아 대승불교를 대표하는 신앙 체계 중 지장 신앙의 확립과 전개 및 이를 배경으로 하는 고려불화 지장보살도에 대한 내포 의미와 특징을 검토해 보고자 하였다. 이는 기존의 지장 신앙에 대한 연구와 고려불화 지장보살도에 대한 미술 및 미술사적인 연구들을 종합 정리하고, 부족한 부분에 대한 타당한 해법을 제시하고자 한 것이다. 이런 점에서 종교의 신앙과 사상이라는 내적인 부분과 이의 표현인 미술적인 측면에 대한 보다 완성도 있는 관점이 성취될 수 있다고 하겠다.

제2장

지장 신앙의 성립과
『지장경』의 정립 과정

제1절

호탄불교와 지장 신앙의 성립

1.
호탄불교의 특징과 중국불교로의 영향

지장地藏은 범어 쿠시티-가르바Kṣiti-garbha(क्षितिगर्भ)의 의역이다. 여기에서 '쿠시티'는 대지大地를, '가르바'는 자궁子宮, 태胎를 의미한다.[37] 이를 합하면 '대지의 함장含藏' 정도의 뜻이 된다.

지장은 본래 인도의 지모신地母神과 지천地天(地神)에서 태동한 프라디비Pṛthivi와 관련된 기원을 가진다.[38] 이러한 지장이 인도 대승과 밀교로 수용되는 것은 5세기 무렵이다.[39]

지장의 불교 수용은 팔대 보살의 구조와 같은 만다라적 요구에 따른 것이다. 이는 652년 당唐의 수도인 장안長安으로 온 아지구다阿地瞿多(Atikūṭa)가 번역한 『불설다라니집경佛說陀羅尼集經』이나, 불공不空(705~774, Amoghavajra) 역의 『팔대보살만다라경八大菩薩曼荼羅經』 등을 통해서 확인해 볼 수 있다.

중인도 데칸고원에 위치한 엘로라 석굴의 제12굴은 조성 시기가 700~730년 정도로 판단된다. 그런데 이 석굴의 1층에 위치한 〈팔대보살만다라 부조〉의 오른쪽 위에는 지장보살이 묘사되어 있다.[40] 이외에도 인도에는 엘로라 석굴 제11굴 2층이나 라트나기리 제1승원지 등에서 확인되는 팔대 보살의 조상 안에 연꽃 봉오리나 세 갈래로 된 꽃을 든 지장이 다수 확인된다.[41] 그러나 지장의 단독 부조나 조상은 현재까지 확인되는 것이 없다.

또 법현法顯(337~422)의 『고승법현전高僧法顯傳』(속칭 『佛國記』)이나 현장

玄奘(602~664?)의 『대당서역기大唐西域記』·『대당대자은사삼장법사전大唐大慈恩寺三藏法師傳』(이후 『자은전』), 그리고 의정義淨(635~713)의 『남해기귀내법전南海寄歸內法傳』·『대당서역구법고승전大唐西域求法高僧傳』 등에는 지장에 대한 기록이 전혀 없다.[42] 이는 인도불교 안에서 지장보살이 독립 신앙의 위상을 확보하지 못했다는 것을 분명히 해 준다.

이들 중 특히 중요한 기록자는 현장이다. 후술하겠지만, 현장은 호탄에서 『대승대집지장십륜경大乘大集地藏十輪經』을 입수해 중국에 가져와 번역한 인물이다. 이는 현장이 지장 신앙에 관심이 있었음을 분명히 해 준다. 그럼에도 불구하고 그의 인도 기록에는 지장에 대한 언급이 전혀 없다. 이는 당시 인도불교에 이렇다 할만한 지장 신앙이 존재하지 않았다는 것을 나타내 준다.

현재까지의 연구에 따르면, 지장 신앙의 완성은 인도에서가 아닌 호탄(허텐, Ku-stana, 于闐)에서 이루어진 것이라는 관점이 일반적이다.[43] 이는 『화엄경華嚴經』이 남인도에서 시작되지만, 대경大經이 완성되는 곳은 호탄인 경우와 유사하다.[44] 이런 점에서 본다면 호탄 지역은 대승불교에 있어서 매우 중요한 위치를 차지한다고 하겠다.[45]

호탄을 배경으로 하는 지장 신앙의 가장 고층古層 경전은 『대방광십륜경大方廣十輪經』이다. 그런데 이의 이역異譯으로 현장이 번역한 『대승대집지장십륜경』 권1에는 지장의 명호와 관련된 것으로 이해될 수 있는 다음과 같은 구절이 있어 주목된다.

안인安忍의 부동不動함은 오히려 대지와 같고, 정려靜慮의 심밀深密은 오히려 비장祕藏과 같다.[46]

그런데 『대방광십륜경』 권1의 해당 부분에는, 이 부분이 '인욕忍辱의 견고堅固함이 또한 대지와 같고, 총지總持의 정법正法은 심心에 이상二相이 없다.'라고 하여 차이가 있다.■47 즉 지장의 의미와 관련하여 인욕의 상징으로서의 '지地'와 선정의 상징으로서의 '장藏'이라는 해석이 후에 부가되었을 개연성이 인지되는 것이다.

중국불교에서 '지장'이라는 번역 명칭은 매우 중요하다. 왜냐하면 불교 이전의 중국 전통문화 속에서 명계冥界와 관련된 부분의 상당수가 지하地下와 연관되기 때문이다.■48 즉 지장은 번역명에 불과하지만 이를 통해서 중국의 전통문화 속 명계에 대한 관점과의 연결점이 확보될 수 있다. 이는 당나라에 들어와서 지장이 명계와 연결되는 중국적 배경을 형성하는 측면이 된다는 점에 주목된다.

호탄은 서역의 곤륜산맥崑崙山脈 위의 실크로드인 서역남로西域南路에 위치한 최대 규모의 산록山麓 오아시스 국가이다. 호탄의 서남쪽 카라카쉬에는 코호마리Kohmari(牛角)산이 존재한다. 이곳이 바로 지장보살의 정토淨土로 인식되는 거라제야산佉羅帝耶山(佉羅堤耶山, Kharādīya)으로 비정되는 곳이다.■49

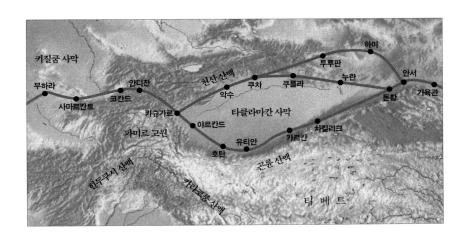

거라제야산은 『십륜경』이 설해지는 장소로, 이 경전 모두冒頭에 배경으로 등장하는 장소이다.[50] 특히 『십륜경』은 말법시대에 나타날 수 있는 문제에 관해 설법한 내용인데, 이를 종합하여 생각해 보면 지장 신앙의 한 축인 '현세 수호'적인 부분이 호탄과 관련된다는 점을 분명히 해 준다. 지장 신앙의 또 다른 한 축은 '사후 구제'이다. 그런데 이 역시도 일정 부분 호탄과 연관된 측면이 있어 주목된다. 이 부분은 뒤에서 다시 논의하도록 하겠다.

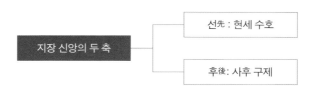

호탄은 서역남로 서쪽에 위치한다. 이는 호탄이 지정학적으로 인도의 북쪽인 서북인도와 통할 수 있는 지역임을 의미한다. 이로 인해 호탄은 일찍부터 인도의 영향 아래 존재하던 불교국가이자 실크로드 가운데 문명의 교차로로서 중요한 위치를 점하게 된다.

1) 호탄의 신앙적 특징과 불교

호탄은 인도의 북쪽에 위치하기 때문에 일찍부터 북방의 북구로주北俱盧洲(Uttara-kuru, 鬱單越, 勝處)라는 인식과 다문천(비사문천, Vaiśravaṇa, 이하 특정한 인용문을 제외하고는 다문천으로 명칭 통일) 신앙이 존재했다.[51] 이는 『대방등대집경大方等大集經』 권55에 붓다가 "비사문왕의 신력을 부가 받아, 너희(여러 천자, 야차, 용왕, 천녀)들은 함께 우전(호탄) 국토를 호지護持하라."라고 하는 구절,[52] 또 『일체경음의一切經音義』 권11의 〈우전于闐(호탄)〉 조에 '당나라 지배 시기 우전 성내에 7층으로 된 비사문천의 사당이 있었으며, 그 전각의 비사문천은 영험이 매우 많았다.'는 기록 등을 통해서 확인해 볼 수 있다.[53]

또 호탄의 왕족은 스스로를 다문천왕의 후예로 인식했던 것 같다. 이것이 후에 불교가 호탄에 들어가면서는 아소카왕의 비운의 태자인 쿠날라(拘浪拏)와 관련된 전승과 섞이는 모습이 확인된다. 즉 호탄의 왕가에는 '다문천'과 '쿠날라(불교)'라는 이중 구조가 존재하는 것이다.

이와 같은 양상은 현장의 『대당서역기』권12와 『자은전』권5의 〈구살단나국瞿薩旦那國(호탄)〉의 내용을 통해서 확인해 볼 수 있다.[54] 이의 해당 기록을 제시해 보면 다음과 같다.

『대당서역기』권12

(호탄의 왕은) 스스로 이르기를, 비사문천의 계통을 이었다고 한다. 옛적에 이 나라는 텅 빈 광야로 사람이 없었다. (그때) 비사문천이 이곳에 머물러 살았다.

무우(아소카)왕의 태자(쿠날라)가 달차시라국呾叉始羅國에 있다가 눈을 도려내는 일을 당하자, 무우왕이 진노하여 (태자의) 보좌들을 꾸짖어 그 호족豪族들을 쫓아냈다. 이들은 설산을 나가 북쪽의 황량한 골짜기 사이에 거처했다. (쫓겨) 옮긴 사람들은 일의 사세를 따라 이 서쪽 경계에 이르게 되었다. … (동쪽 나라의 왕은) 공적은 이미 이루었으나, 나이가 많아 (인생의) 황혼에 이르렀다. (그러나) 후사가 없어서 종통宗統의 시초가 끊어질 것을 두려워했다. 이에 비사문천신을 모신 곳에 가서 기도하며 후사를 청하였다. (그러자) 신상의 이마 위가 갈라지면서 어린아이가 나왔다. … **마침내 (비사문천의) 신사神祠를 지어서 선조의 종宗(사원)으로 하였다.** (이로부터) 저절로 (자손이) 무성해져서 크게 번성하여 왕계王系를 서로 이어 전하였다.[55]

『자은전』 권5

(호탄의 왕은) 스스로 이르기를, 비사문천을 이었다고 한다. 왕의 선조는 곧 무우왕의 태자이다.

(태자가) 달차시라국惛叉始羅國에 있다가 후에 (무우왕의) 꾸짖음을 입어 설산 북쪽 (밖)으로 나가 유목으로 가축을 기르다가 수초를 따라 이곳에 이르러 도읍을 건립하였다. (그러나) **오래도록 자식이 없었다. 그로 인하여 비사문천의 사당에서 기도하였다. (그러자) 사당신[비사문천]의 이마 위가 갈라지면서 한 남자아이가 나왔다.** … 마침내 장성하여 왕이 죽자 후사를 이어 (왕이) 되었다. 위덕으로 힘이 멀리까지 미쳐 여러 나라가 병합되었다. 지금의 왕은 그 후예이다.[56]

호탄에는 다문천 신앙 이외에도 몽구스(보쥐) 토템에 따른 신앙 형태도 존재한다.[57] 이는 사막 지역에서 무리를 짓고 사는 영민한 뱀의 천적인 몽구스에 대한 부분인데, 몽구스 토템은 후일 다문천 신앙과 습합되는 양상이 목도된다. 즉 다문천의 하위로서 몽구스가 편입되는 것이다.

중심 신격과 동물의 결합은, 인도 신화 속의 '브라흐만-앙사(백조)', '비쉬누-가루다(금시조)', '쉬바-난디(흰 소)' 등의 구조, 그리고 대승불교의 '문수-청사자', '보현-육아백상六牙白象' 등에 따른 이중 구조의 영향으로 판단된다. 즉 호탄에서는 '다문천-몽구스'의 결합 양상이 목도되는 것이다.

다문천-몽구스의 결합은 『불조통기佛祖統紀』(1269년 찬술) 권29에 따르면, 당나라 제6대 현종(재위 712~756) 때인 **742년** 중국불교에도 영향을 미친다.[58] 이로 인해 중국불교의 다문천 지물은 후에 불탑에서 몽구스로 변모하는 양상이 발생하기도 한다.[59] 또 『도화견문지圖畫見聞志』(1080년 무렵 찬술) 권5에는, 같은 현종 때인 **725년(開元 13) 이전**에 현종이 호탄에서 다문천상을 모셔오고 이 상의 그림을 도교와 관련해서 사용했다는 내용이 있다.[60]

호탄 단단윌릭 유적의 다문천왕상. 가운데 악귀를 발로 밟고 있는 상이 다문천왕상이다.(사진 출처: 위키미디어)

물론 여기에는 두 기록 모두 11세기 후반과 13세기 후반의 저술에 존재한다는 한계를 내포하고 있다. 그러나 자료의 신뢰도 문제를 일단 차치한다면 현종과 관련하여 호탄의 다문천 신앙이 약진하는 모습을 인지해 볼 수 있게 된다.

현종에 의한 호탄의 다문천왕상 전래는 725년 이전이며, 다문천과 몽구스의 결합에 따른 영향은 742년 기록으로 전해지고 있다. 이는 기록만으로 놓고 본다면, 호탄의 다문천 신앙이 먼저 수용되고 이후 몽구스에 대한 부분이 전래한 것임을 추측해 볼 수 있다.

또 두 기록의 공통점으로 호탄의 다문천 신앙이 현종 때에 주체적으로 확대된 것임을 알 수 있다. 특히 현종이 다문천왕도를 도교와 관련해서 사용하고 있다는 점은, 불佛·도道 습합 및 다문천 신앙의 외연이 불교를 넘어서 폭넓게 활용되었다는 점에서 주목된다.

중국불교사에 호탄불교가 비중 있게 등장하는 첫 모습은 최초의 중국인 승려인 주사행朱士行(혹 朱子行, 203~282)의 기록에서다. 주사행은 삼국시대인 260년 당시 중국에 들어와 있던 『도행반야경道行般若經』(『소품반야경』)의 의미가 명료하지 않자, 이 문제를 해소하기 위해 호탄행을 감행한다.

주사행은 호탄에서 『방광반야경放光般若經』(『대품반야경』)을 구했고, 282년 제자 불여단弗如檀(法饒)을 통해 당시 위나라 수도인 낙양으로 가지고 가도록 했다. 이것이 축숙란竺叔蘭 등에 의해 291년에 번역되는 『방광반야경』 20권이다. 그러나 주사행은 위나라로 돌아가지 않고 80세의 나이로 호탄에서 입적한다.■61

이 기록을 통해 호탄이 중국불교에 일찍부터 영향을 미치고 있었다는 점, 또 주사행 당시에 호탄에는 반야사상이 유행하고 있었음을 짐작해 볼 수 있다.

2) 다문천과 몽구스 신앙의 중국 영향

호탄의 다문천-몽구스 신앙이 중국 내륙에까지 유입되는 것은 당나라의 본격적인 서역 경영 이후이다. 이와 관련해서 주목되는 기록이 앞서 언급한 『불조통기』 권29의 당 현종 개원開元(713~741) 연간 직후인 천보天寶 원년(742)의 기록이다.

이에 따르면 당시 대석大石·강거康居 등 5개국이 당의 서북쪽인 안서安西(도호부)를 침략하는 문제가 발생한다. 이때 현종의 요청으로 불공不空(불공금강, Amoghavajra, 705~774)이 「인왕호국다라니仁王護國陀羅尼」를 27번 암송해 이들을 물리친다. 이 과정에서 다문천과 그의 아들 독건獨健 및 몽구스의 활약이 드러난다. 이의 해당 기록을 제시해 보면 다음과 같다.

천보 원년(742)에 서역西城(혹 域)의 [62] 대석·강거 (등) 5개국이 안서를 침략해 왔다. (현종이 불공)법사를 입조케 하여, 황제가 친히 향로를 잡고 법사가 「인왕호국다라니」를 그쪽을 보고 27편 외웠다. 황제가 문득 보니 신병神兵이 가히 500인이 있었는데, 갑옷에 허리띠를 두르고 연꽃 모양의 창을 [63] 가지고서 대전大殿 앞의 뜰에 도열해 있었다. 법사가 말하기를, "이는 비사문천의 둘째 아들인 독건(의 무리)입니다. 폐하의 뜻을 따라 그곳으로 가 안서를 구할 것입니다." (그러고는) 음식을 베풀고는 보냈다.

4월에 안서에서 상주문이 도착했다. (상주문은 다음과 같다.) '(지난) 2월 10일에 성의 동북쪽이 검은 구름으로 덮이며, 그 가운데에서 금색 갑옷에 한 길이나 되는 사람들이 나타났습니다. (그와 동시에) 공중에서 북소리와 뿔 나팔 소리가 크게 울려 천지를 진동시켰습니다. (또) 적군의 장막 틈으로는 금쥐(몽구스)가 들어가 활시위를 물어서 끊어 버렸습니다. (그러자 침략한) 5국(軍)이 즉시에 어지러워져 달아났습니다. (또) 모름지기 잠깐 성루 위에 (비사문)천왕의 형상이 나타났습니다. (이제) 삼가 그 형상을 그려서 이를 증험합니다.'

(헤아려보니) 그때가 곧 (법사가) 주문을 외우던 날이었다. 이에 조칙을 내려 모든 길의 성 서북쪽 모퉁이에 (비사문)천왕상을 배치했다. ─ 이제 (모든) 성루의 군영에 천왕당天王堂이 건립되어 있는 것은 곧 이와 같은 사건 때문이다. [64]

인용문을 보면 이 사건을 계기로 당나라의 모든 성곽 서북쪽에 천왕당이 건립되고 다문천왕상을 모시게 되었음을 알 수 있다. 이는 다문천이 호국과 관련된 수호신의 역할로 수용되었다는 것을 의미한다. 또 이때의 천왕당은 사천왕이 아닌 다문천만을 위한 일천왕一天王 신앙의 공간이었음을 알게 된다.

중국 거용관 운대 사천왕 부조 중 다문천왕.(사진 출처: 위키미디어)
① 보쥐-몽구스, ② 불탑을 든 나타태자, ③ '북방다문천왕' 방제

　　흥미로운 것은 위의 내용 중에 다문천의 아들인 독건에 대한 언급이 존재한다는 점이다. 이는 다문천 신앙의 확대로 인해 다문천 신앙 안에서 하급의 분기가 이루어졌음을 의미한다는 점에서 주목된다.

　　다문천과 그의 아들에 대한 부분은 이후 중국적인 변용을 동반한다. 먼저 다문천은 당태종唐太宗 때 서북방의 정벌에 공이 큰 무장 이정李靖 (571~649)과[65] 결합한다. 이것이 탁탑(이)천왕托塔(李)天王이나 이천왕李天王이다.[66] 이정은 당나라 시기의 전기소설傳奇小說인 『규염객전虯髥客傳』으로 부각된다.[67] 그리고 다시금 명나라 때 『봉신연의封神演義』에서는 천량성天梁 星이자 주周나라 무왕武王의 군신軍神과 같은 위치로 등장하게 된다.[68]

　　한편 다문천의 아들로는 둘째인 독건보다도 셋째인 나타那吒(Nalakūvara, 那吒俱伐羅)가 유명하다.[69] 나타는 흔히 나타태자로도 불리는데, 이는 다문천

046

에게 다섯 태자가 있다는 설에 따른 것이다. 나타는 불교의 영향에 따른 중국 문화적 변용 속에서 가장 큰 영향력을 확보하는 존재이기도 하다.[70]

『송고승전』권14「도선전道宣傳」을 보면 당태종 정관貞觀 연간(626~649)의 기록으로 나타가 서역과 관련된 호법신임을 분명히 하고 있다.[71] 이것이 북송 때인 982년의 찬녕贊寧(919~1002)에 의해 찬술된『송고승전』의 기록이라는 점에서 내용의 타당성에 문제가 제기될 수 있다. 그러나 당태종에 의해 서역 지배권이 확대된다는 점에서, 이러한 과정에서 호탄을 중심으로 하는 다문천 신앙이 당나라 초부터 영향을 미쳤을 개연성은 충분히 존재한다. 즉 당태종 때의 서역 지배권 확대에 의한 호탄의 다문천 신앙 유입과 이후 국가 수호와 관련해서 현종에 의한 적극적인 수용의 개연성이 인지되는 것이다.

나타는 후에 중국 설화 구조 안에서 대대적으로 유명세를 떨치게 된다. 이로 인해 명대의『서유기』에서는 손오공과 필적하는 천상의 신격으로 등장하며,『봉신연의』에서는 아예 중심 신격으로까지 격상된다.[72]

이상의 내용을 통해서 본다면, 호탄불교의 영향이 중국불교의 초전기에서부터 중국불교가 확립되는 당나라 때까지 상당했다는 것을 알게 된다. 이는 인도불교의 중국 진출 루트와 서역이라는 실크로드와 관련된 문명의 교차로라는 위상에 의한 것이다. 이와 같은 호탄불교의 영향 중에서 가장 중요하고 강력한 것이 바로 지장 신앙이다.

2.
지장 신앙의 전개와 이중 구조

1) 『대방광십륜경』의 특징

지장 신앙의 현세 수호적 내용을 담은 경전인 『십륜경』이 설해진 장소가 호탄의 거라제야산이라는 점은 앞서 언급한 바 있다.

『십륜경』은 두 가지가 존재한다. 하나는 북량北涼(397~439) 때의 번역인 역자 미상의 8권 15품으로 된 『대방광십륜경』, 또 하나는 651년 현장이 자은사慈恩寺 역경원에서 완역한 10권 15품의 『대승대집지장십륜경』이다. 양자는 동일한 내용에 대한 이역異譯의 차이만 있는 유사 경전이다.[73]

현장은 인도 구법 여정에서 왕복 모두 육로를 택하는데, 현장이 귀국로歸國路도 육로를 택한 것은 고창국高昌國 왕인 국문태麴文泰(?~640)와의 약속 때문이었다.[74]

현장은 인도로 향할 때 천산산맥의 남쪽이자 타클라마칸 사막의 북쪽인 천산남로天山南路를 택했다. 이 천산남로의 대표 도시가 고창(투루판)이다. 그러나 돌아올 때는 서역남로로 오게 된다. 즉 왕복한 길이 달랐던 것이다. 이 서역남로의 대표 도시가 바로 호탄이다. 그러므로 현장은 귀국 과정에서 『대승대집지장십륜경』을 입수했을 개연성이 크다.

실제로 현장은 귀국 과정에서 호탄왕의 만류로 상당 기간 호탄에 머물게 된다. 이때 당태종에게 자신의 귀국 내용을 알리는 표문表文을 작성해 고창국의 소년 편에 보내기도 한다.[75] 또 현장은 거라제위산을 직접 답사하는

데 이의 해당 기록을 제시해 보면 다음과 같다.

(구살단나국: 호탄) **왕성의 서남쪽 20여 리쯤에 구실능가산瞿室餕伽山 (당나라 말로는 우각)이 있다.** 산봉우리 두 개가 솟아 있는데, 바위 투성이 로 사방이 (모두) 절벽이다. 벼랑의 골짜기 사이에 한 가람이 건립되어 있다. 그 가운데 불상이 모셔져 있는데, 때때로 밝은 빛을 뿜어낸다. **예전에 여래가 일찍이 이곳에 이르러 제천諸天과 인간을 위해서 법요 를 간략히 설하셨다.** (그러고는) 이 땅에 마땅히 나라가 건국되고, (붓 다의) 유법遺法을 공경하고 존숭하며 대승을 따라 익힐 것임을 수기受記 (예언)하셨다.▪76

인용문에는 현장이 우각산牛角山, 즉 거라제위산을 방문한 내용이 적시 되어 있다. 또 '여래가 이곳에서 법요를 설했다'는 것은 『대방등대집경大方等 大集經』(이후 『대집경』) 권50의 「대집월장분경大集月藏分經」(「월장분경」 혹은 「월장 경」)과 같은 『대집경』 계통의 『대승대집지장십륜경』을 의미하는 것으로 이 해된다. 즉 현장이 호탄에서 『대승대집지장십륜경』을 구했을 개연성이 강하 게 인지되는 것이다.

5호16국 중 북량은 흉노족인 저거몽손沮渠蒙遜(재위 401~433)이 단업段業 (재위 397~401)을 옹립하여 건강建康(현재의 주천)을 수도로 현재의 감숙성甘肅 省에 건국한 국가이다. 후에 수도가 장액張掖으로 옮겨지는데, 3대 저거목건 沮渠牧犍(재위 433~439) 때까지 총 43년간 존속한다.

그런데 북량의 위치를 보면, 중국의 서북쪽 실크로드와 인접한 하서주 랑河西走廊, 즉 하서사군河西四郡 쪽임을 알 수 있다. 이는 호탄의 문화가 실크 로드를 타고 들어오기 좋은 조건임을 알게 한다. 이와 같은 실크로드의 중국 서북쪽 경로를 통해 중국 내륙으로 전파되는 것이 바로 현세 지장 신앙을 대변하는『대방광십륜경』이라고 하겠다.

『대방광십륜경』은 수나라 때 삼계교三階敎를 창시하고, 당시가 말법末法 시대임을 강조한 신행信行(540~594)에게 많은 영향을 미친다.[77] 신행은 당시의 일반론에 입각하여 붓다의 열반을 기원전 949년(불탄: 기원전 1027[甲寅]. 4. 8~열반: 기원전 949[壬申]. 2. 15)으로 비정한다.[78] 이로 인해 '정법正法 500년'과 '상법像法 1,000년'이 끝나는 552년을 말법 1년으로 정의했다.

549년은 불심천자佛心天子이자 보살황제로 불린 중국 최고의 호불군주 양무제(재위 502~549)가 '후경侯景의 난'(548)으로 사망하는 해이다. 이후 후경은 간문제簡文帝를 옹립하였다가 551년에 살해하고, 예장왕豫章王 소동蕭棟을 제위에 올린 뒤 선양 받아 직접 황제(재위 551~552)에 오른다. 그러나 552년이 되면 후경은 진陳의 개국 군주인 진패선陳霸先(재위 557~559) 등에게 패해서 달아나다 부하인 양곤羊鯤에게 살해당한다. 즉 552년은 남조에서 번성한 양나라가 붕괴하면서 혼란으로 질주하던 한 가운데 위치한 해인 셈이다. 이후 557년이 되면 진패선에 의해 육조의 마지막 왕조인 진나라가 건국된다. 이러한 과정에서도 극심한 혼란은 계속 이어진다. 즉 549년부터 557년까지의 약 9년간은 양무제에 의해 번성했던 강남문화가 일거에 붕괴되던 대혼란의 시기였던 것이다.

이와 같은 혼란기를 관통하는 552년은 당시의 말법 판단과 일치되는 모습으로 비춰질 수 있었다. 여기에 22년 후 북조에서 단행되는 북주北周 무제武帝(재위 560~578)의 폐불廢佛(574~579)이 발생하면서 말법 주장은 더욱 강력한 설득력을 얻게 된다.[79]

크게는『대집경』범주에 속하는[80]『대방광십륜경』에는 불교의 쇠락과 승려의 타락 등이 다수 언급되어 있다.[81] 말법사상을 대표하는 경전은『대집월장분경大集月藏分經』인데,[82] 신행은『삼계불법三階佛法』에서 이 경전을 70여 차례나 인용하고 있다.[83]

그런데 『대방광십륜경』의 서두에는 붓다가 『대집월장분경』을 설한 직후 『대방광십륜경』을 설법한 것으로 되어 있다.[84] 즉 『대방광십륜경』은 『대집월장분경』과 연결된 강력한 말법 인식을 가진 경전인 셈이다. 이 때문에 신행 역시 『삼계불법』에서 『대방광십륜경』을 120회나 인용하고 있는 모습을 보이게 된다.[85] 신행은 자신의 말법 주장을 『대집월장분경』, 『대방광십륜경』과 결부시켜 경전의 권위를 확보하고자 한 것으로 판단된다.

삼계교는 수나라와 당나라 초기까지 번성하여 중기까지 유지된다. 이런 점에서 신행과 삼계교의 역할은 중국불교에서 지장 신앙이 확대되는 데 크게 일조했다고 하겠다.[86] 즉 당나라 초기인 **680년대부터 발생하는 지장과 명부의 결합** 배경에는 수나라부터 당나라의 초기를 유행한 삼계교의 역할이 양적으로 존재하고 있는 것이다.

이러한 지장보살의 약진 결과 중 하나가 바로 용문석굴 보태동普泰洞의 **상원**上元 **2년(675)**에 조성된 '지장(우)-아미타(중)-관음(좌)'의 삼존이다.[87] 주지하다시피 이와 같은 삼존 방식은 기존의 서방삼성西方三聖에서 대세지를 지장이 대체하는 구조이다. 이는 지장 신앙의 확대 및 미타 신앙과 지장 신앙의 결합을 인지하게 하는 좋은 자료라는 점에서 주목된다.

『대방광십륜경』에서 지장의 사후세계 구제와 관련된 측면은 형식적인 일부에 지나지 않는다.[88] 그럼에도 말법 인식과 관련하여 지장 신앙이 명부와 연관돼 발전할 수 있는 요소가 전혀 없는 것은 아니다. 즉 말법이라는 고통에서의 구원이 사후 구원과 관련된 통로 역할을 할 수 있는 개연성이 다소나마 존재하기 때문이다.[89]

『대방광십륜경』과 『대승대집지장십륜경』이 중국불교의 7세기 중반에서 8세기 초에 걸친 지장 신앙의 흥기를 견인했다는 점은 분명하다.[90] 즉 1단계의 '삼계교 유행'에 따른 『대방광십륜경』의 영향과 2단계의 '『대승대집지장십륜경』의 확대'로 인해 지장 신앙은 크게 보편화되는 것이다. 그리고 이러한 양적인 성장 과정은 점차 지장 신앙이 사후세계로까지 영향을 확대하며 변모하는 한 배경으로 작용한다.

『대방광십륜경』의 지장 신앙이 관음 신앙처럼 현세 수호적인 측면이 강하다는 점은 매우 분명하다.[91] 이는 이후 두 현세 구제자인 지장과 관음이 결합하여 병존하는 한 이유가 된다. 이와 같은 양상은 989년 상근常謹이 찬술한 『지장보살상영험기地藏菩薩像靈驗記』의 「양조(502~557)선적사화지장방광지기梁朝善寂寺畫地藏放光之記」 속 관음·지장병존도觀音·地藏竝存圖에 대한 내용을 통해서 인지해 볼 수 있다.[92]

2)『지장보살본원경』의 특징

전래가 확실한 『십륜경』(『대방광십륜경』, 『대승대집지장십륜경』)과 달리 『지장보살본원경地藏菩薩本願經(Kṣitigarbha-praṇidhāna-sūtra)』, 즉 『지장경』 2권(혹 3권)은 후대 중국 찬술설이 제기되는 등 많은 논란이 있다. 실제로 현대 연구에서 『지장경』의 성립 시기는 당 말~오대시대부터 명나라 초까지 다양한 견해가 피력되고 있다.[93] 그러나, 이후 정리하겠지만, 『지장경』에서 본격적으로 나타나는 지장보살의 사후 구원적인 요소가 7세기 후반부터 확인된다는 점은 경전 성립사와 관련해 주목되는 측면이다. 다시 말해 지장과 명부의 결합만을 놓고 본다면 『지장경』의 성립 시기를 끌어 올릴 수 있는 개연성이 존재하는 것이다.

지장과 명부의 결합에 대한 자료들을 시대순으로 열거해 보면 대략 다음과 같다.

① 8세기 초:『삼국유사』권3의 「대산오만진신」과 민지閔漬(1248~1326)의 『오대산사적기五臺山事蹟記』「오대산성적병신라정신태자효명

태자전기五臺山聖跡并新羅淨神太子孝明太子傳記」(이후 「태자전기」)에 등장하는 '『지장경』'이라는 경명經名의 존재 – 성덕왕의 재위 연대인 702~737년을 근거로 8세기 초라는 판단이 가능[94]

② 746년: 「승제지僧齊之」와 「이사원李思元」 – 『태평광기太平廣記』(977~984년에 편찬) 권100에 천보天寶 5년(746) 기록으로 등장[95]

③ 752년: 「왕륜王掄」 – 『태평광기』 권379에 천보 11년(752) 기록으로 등장[96]

④ 742~756년: 「비자옥費子玉」 – 『태평광기』 권379에 천보 연간(742~756)의 기록으로 등장[97]

⑤ 778년: 「환혼기還魂記」(혹 「도명화상환혼기」, 오대) – 대력大曆 13년(778)의 기록으로 등장하는 돈황 문서[98]

⑥ 8세기 말부터 10세기에 걸쳐 제작된 '지장과 명부의 결합 및 시왕과의 연결'을 확인할 수 있는 다수의 돈황 불화와[99] 이와 연관해서 이해될 수 있는 1006년 이전의 연대를 가진 돈황 출토 『지장경』 잔존본의 존재[100]

⑦ 9세기 성도成都의 장천藏川에 의한 『예수시왕생칠경預修十王生七經』의 찬술[101]

⑧ 9세기 지장과 명부의 결합 구조가 명확하게 드러나 있는 『지장보살경』의 성립[102]

⑨ 989년: 상근常謹이 989년에 찬술한 『지장보살상영험기』 「서序」에 『지장보살본원경』 「분신집회품제이分身集會品第二」와 같은 내용이 등장[103]

이상에 열거한 자료 중 ①에는 단편적인 경명만 존재하고 있어 논란이 있다.[104] 그러나 이를 차치하고라도 다양한 문헌이 중첩되고 있는 시기

돈황 출토 지장보살도 중 지장육도도

영국 런던 대영박물관 소장(8세기, 당 말)   영국 런던 대영박물관 소장(963년, 북송)

돈황 출토 지장보살도 중 지장시왕도

영국 런던 대영박물관 소장(10세기 중반, 오대)   프랑스 파리 기메 뮤지엄 소장(983년, 북송)

인 8세기 중반에는 지장과 사후인 명부가 결합되어 있었다는 판단이 가능하다.

지장과 명부의 결합은 『십륜경』에 입각해서 도출될 수 있는 결과가 아니다. 『십륜경』의 말법 인식은 지장과 명부의 결합 구조를 확대하는 데 일조할 수는 있다. 그러나 『십륜경』만으로는 8세기 중반부터 확인되는 지장 신앙의 변화에 대한 합리적 해법을 도출할 수 없다.

물론 『십륜경』 중 『대승대집지장십륜경』에는 '지장보살이 무불시대의 주관자'라고 기록되어 있다.[105] 이는 지장이 보살이면서도 석가모니와 미륵의 사이인 무불시대 전체를 주관해야 할 필연성을 제기한다. 이와 같은 특징을 높여 '무불세계의 교주'라고 칭하는 경우도 있다.[106]

지장의 '무불시대의 주관자'라는 특징은 '현세의 수호'와 '사후의 구원'이라는 이중 구조가 갖추어질 개연성을 만든다. 그러나 『십륜경』에서 확인되는 '말법 인식'과 '무불시대의 주관자'라는 측면만으로는 지장과 명부의 연결과 이후의 유행을 합리적으로 변증하기 쉽지 않다.

이런 점에서 지장 신앙의 변화에는 필연적으로 지장과 명부의 연결이 명확한 『지장경』과 같은 경전이 요청될 수밖에 없다. 왜냐하면 『지장경』을 제외하고 지장과 명부의 결합 구조를 명확하게 나타내는 또 다른 지장 신앙 관련 경전이 존재하지 않기 때문이다.

『지장경』의 번역자로 알려진 인물은[107] 695년 당나라의 동도東都인 낙양으로 오는 실차난타實叉難陀(學喜, 652~710)이다.[108] 실차난타가 710년에 입적했다는 점을 고려한다면, 『지장경』을 실차난타의 번역이라고 보게 될 경우 그 시기는 695~710년 사이가 된다. 이는 8세기 중반부터 확인되는 지장과 명부의 결합 및 유행에 대한 한 해법이 될 수 있다는 점에서 주목된다.[109] 왜냐하면 지장과 명부의 결합을 분명히 하는 『지장경』이 선행하지 않고서는 8세기 중반부터 두드러지는 지장 신앙의 변화가 쉽게 이해되지 않기 때문이다.

　물론 때에 따라서는 불상의 발생으로 인한 측면이 32상에 수용되는 것처럼[110] 현상의 변화가 경전의 변화를 촉발하는 경우도 존재한다. 그러나 신앙의 성격이 완전히 변모하는 것은 특정한 경전이 바탕이 되지 않으면 발생하기 어려운 일임에 틀림없다.

　실차난타와 관련하여 주목되는 측면 중 하나는 실차난타가 호탄 사람이라는 점이다.[111] 즉 호탄의 지장 신앙에 현세와 사후라는 이중 구조가 존재했을 개연성이 존재하는 것이다.

　하나의 보살 신앙 안에 현세와 사후가 동시에 존재하는 것이 이질적이라는 비판도 가능하다. 그러나 앞서 언급한 지장 신앙에 존재하는 '무불시대의 주관자'라는 측면은 이러한 두 가지가 가능하도록 하는 하나의 배경이 될 수 있다는 점에서 주목된다.

　호탄에서 먼저 성립한 지장 신앙은 당연히 『십륜경』을 통해서 드러나는 현세 수호이다. 호탄이 실크로드의 오아시스 국가라는 점을 감안한다면 대상무역에 따른 경유자들 입장에서는 현세에 대한 가피가 절실하게 요청되었을 것이다. 그러나 이후 지장의 권위가 올라가면서 무불시대의 주관자로까지 확대되면 이제는 사후세계에 대한 요구에 대해서도 부응하지 않을 수 없게 된다.

　실제로 무불시대의 주관자라는 측면은 선행하는 『대방광십륜경』에는 존재하지 않는, 『대승대집지장십륜경』에서만 확인되는 내용이다. 이는 호탄의 지장 신앙 확대로 인해서 무불시대의 주관자라는 측면이 첨가되었을 개연성을 상정해 볼 수 있게 한다. 즉 호탄의 지장 신앙 확대와 관련해서 사후와의 연결을 일정 부분 인지해 볼 수 있는 것이다.

　사후세계에 대한 관심과 불안은 원시시대 인류에게도 존재한 인간의 필연적인 요소 중 하나이다. 그러나 사후 수호는 실크로드의 대상무역과 관련해 현세 수호의 필연성에 비해 상대적으로 선명성이 떨어질 수밖에 없다. 이것이 지장의 현세 수호적인 측면이 먼저 발전하고, 이후의 확대 과정에서 사후의 요소가 추가되는 이유로 판단된다.

현세와 사후라는 요청 구조의 차이 그리고 현세 수호가 완성된 뒤에 사후 수호가 추가되는 변화는 『십륜경』의 논점과는 다른 층위의, 『지장경』과 같은 경전 내용 집취가 부가된다는 것을 의미한다.

『지장경』의 문제는 동아시아 불교의 사후세계관 정립 및 이의 도상화를 수반한다는 점에서 매우 중요하다. 실제로 지장 신앙의 변화 이후 중국 불교 안에서 지장보살의 상징은 현세에서 사후로 급격하게 이동한다. 이는 지장보살도의 절대다수가 지장보살은 '사후의 구원자'란 인식 속에서 제작되며, 이러한 인식은 현존하고 있는 지장보살도를 통해서 분명해진다. 물론 여기에는 중국이 실크로드 국가와는 달리 농업을 기반으로 하기 때문에 현세에 대한 인식이 상대적으로 안정적이라는 측면과 중국문화의 가장 큰 특징인 조상 숭배(manism)의 강조가 영향을 미쳤을 거라는 점은 주지의 사실이다.[112]

『지장경』이 실차난타에 의해 번역되었다는 기록을 얼마나 신뢰할 수 있을지는 의문이다. 그러나 지장과 명부의 결합이 확인되는 8세기 중반 이전에는 『지장경』과 같은 모종의 Q자료가 존재해야 한다는 점만은 분명하다. 그리고 이것은 인도가 아닌 인도와 중국의 두 문화가 교차하는 서역에서 만들어졌을 개연성이 유력하다.

『지장경』은 동아시아 지장 신앙 및 도상에 있어서 가장 중요한 경전이다. 그러므로 여기에서는 일단 개괄적인 언급만 하고, 자세한 내용은 다음 장에서 보다 구체적으로 다루어 보고자 한다.

3) 『점찰선악업보경』의 특징

『십륜경』과 『지장경』 외에도 이들 경전과 한데 묶어 지장삼부경地藏三部經을 구성하는 경전으로 『점찰선악업보경占察善惡業報經』(이후 『점찰경』) 2권이 있다. 『점찰경』은 수나라(581~618) 때 보리등菩提燈(Bodhidīpa)의 번역으로 전해진다.[113] 그러나 경전의 성격이 전생의 과오를 판단하는 '점占'과 '참회懺悔'라는 이질적인 구조로 되어 있는 방식 등으로 인해[114] 이 역시 중국찬술설이 끊이지 않고 있다.[115]

그러나 『점찰경』의 성격이 말법적 요소와 잘 맞는다는 점에서 이 역시 552년 이후의 말법 인식이 풍미할 때 유행하게 된다. 신행의 삼계교 개창과 『점찰경』의 유행은 북주의 폐불(574~579)을 거친 수나라 때이다.[116] 이는 『점찰경』이 중국에서 찬술되었다고 하더라도 성립 연대가 상당히 빠르다는 것을 의미한다.[117]

그러나 『점찰경』은 내용적인 특징상 신행의 삼계교나 지장 신앙과 관련해서 이해될 수는 있지만, 도상적으로는 이렇다 할 영향이 존재하지 않는다. 다만 『점찰경』을 통해서 확대되는 지장 신앙에 의해 『십륜경』과 『지장경』류가 상호 반향하면서 불화의 발달에 기여했을 개연성은 존재한다.[118] 즉 『점찰경』은 불화와 관련해서 영향력이 가장 낮은 경전인 것이다.

이외에 지장 신앙과 관련된 경전으로는 당나라 현종의 개원 연간(713~741)에 번성하는 밀교 문헌으로 개원삼대사開元三大士 중 한 명인 선무외善無畏(輸婆迦羅, Śubhakara-siṃha, 637~735)가 번역한 것으로 되어 있는 『지장보살의궤地藏菩薩儀軌』가 존재한다.[119] 그러나 『지장보살의궤』는 선무외에 가탁假託된 중국 찬술로 연구되고 있다.[120] 그리고 같은 개원삼대사 중 불공이 번역한 것으로 전해지는 『불설연명지장보살경佛說延命地藏菩薩經』이 존재한다. 그러나 이 역시 불공에 가탁된 일본 찬술로 연구된 바 있다.[121]

이외에도 『수미장경須彌藏經』(『대집경』 「수미장분」)과[122] 당 말에 찬술되는

058

『지장보살경地藏菩薩經』역시 나름의 위상을 확보하고 있다.[123] 그리고 후대 문헌으로는 『지장보살다라니경』과 〈금색지장만다라도金色地藏曼荼羅圖〉 그리고 〈육지장도六地藏圖〉 등이 존재한다.[124] 그러나 지장 신앙과 관련된 가장 중요한 문헌은 단연 '현세적인 『십륜경』'과 '사후적인 『지장경』'이라고 하겠다.

제2절

『지장경』의 타당성과
중국의 유행 시기

1.
『지장경』과 관련된 문제점

『십륜경』은 번역된 경전이 확실하다는 점과 그 시대 역시 뚜렷하다는 양자적인 투명성을 모두 가진다. 이에 반해 『점찰경』은 중국 찬술설이 유력하지만 유통 시기만큼은 뚜렷하다. 즉 『십륜경』과 『점찰경』은 정리에 큰 문제가 없는 것이다. 그러나 지장 신앙의 변화와 지장보살도의 이해에 있어서 가장 중요한 경전인 『지장경』은 '번역'과 '시기', 두 가지 모두가 흔들리는 불안정한 모습을 보인다. 이는 불화가 종교화로서 경전의 내용을 중심으로 하는 의궤성(법칙성)이 중시된다는 점에서 지장보살도의 이해에 위험 요소가 존재함을 의미한다. 그러므로 『지장경』과 관련된 문제점을 검토하고, 이를 정리하는 것은 지장보살도의 논의 전개에 있어 필연적이다.

앞서 언급한 것처럼 『지장경』의 번역자로 알려진 실차난타는 호탄 출신이다. 그리고 실차난타는 695년, 80권 『화엄경』을 가지고 당나라의 동도인 낙양에 도착한다.[125] 실차난타가 당의 수도인 장안이 아닌 낙양을 선택한 것은 당시 측천무후(재위 690~705)에 의해 이당李唐이 단절되고 무주武周가 건국되어 있었기 때문이다. 성신황제聖神皇帝이기도 한 무측천은 동도인 낙양을 중시했는데, 이로 인해 당시는 낙양이 장안을 능가하는 수도의 위상을 확보하고 있었다. 실차난타는 낙양으로 온 뒤, 695년부터 699년까지 낙양의 불수기사佛授記寺에서 80권 『화엄경』을 번역하는 행보를 보이게 된다. 중국 불교에 있어 80권 『화엄경』이 갖는 위상은 매우 크다. 또 실차난타가 낙양의 불수기사 역경장에서 번역을 할 때, 후일 화엄종의 제3조가 되는 현수 법장賢首法藏(643~712)도 참여한다.■126 즉 실차난타는 투명성과 중국불교사에서의 위상 모두를 확보하고 있는 인물인 셈이다. 이는『지장경』에 대한 논점이 실차난타가 아닌 '『지장경』 번역이 실차난타에게 가탁된 것인가?'에 있다는 점을 분명히 해 준다.

명나라 사대 고승 중 한 분인 운서 주굉雲棲株宏(1532~1612)은 그의『지장경』「발跋」에서 이 경전의 번역자가 법등法燈과 법거法炬라는 주장을 하고 있다.■127 법등·법거 역본은 실차난타의 2권본과 달리 3권본이라는 특징을 가지고 있다. 2권본과 3권본은 완전히 동일한 총 13품으로 된 경전으로, 품을 나누는 차이로 인해 권수 자체가 추가되는 것일 뿐 다른 차이는 없다.

한반도의 경우 3권본은 고려 후기에 등장하는데, 흥미롭게도 조선 초에 발행된『지장경』은 모두 3권본으로 2권본은 존재하지 않는다.■128 즉 주굉은 이와 같은 3권본의 전승에 입각한 주장을 하고 있는 것이다.

법등은 8세기나 10세기 인물로 추론해 볼 수 있지만■129 정확히 누구를 지칭하는지는 불분명하다. 한편 법거는 308년 축법호竺法護가『보요경普曜經』을 번역할 때 필수로 참여한 분으로, 법립法立과 함께『대루탄경大樓炭經』을 번역하는 등 총 142권을 역경한 서진西晉 시기(265~316)의 인물이다.■130 만일 주굉이 말한 법거가 서진의 법거라면『지장경』의 번역은 매우 빠른 것이 된다. 그러나 서진 이래 지장의 사후나 명부와 연관된 신앙은 크게 두드러지는 것이 없다.

주지하다시피 중국은 유교적인 전통에 입각해서 조상 숭배가 매우 강력하다. 그러므로 4세기 초에『지장경』이 번역되었다면 늦어도 남북조시대(420~589)에는 지장과 사후의 구조가 발달하며 다양한 흔적들이 노출되어야만 한다. 이런 점에서 본다면 주굉의 주장은 3권본에 입각한 나름의 근거가 존재하는 것이기는 하지만 현재로서 신뢰하기는 어렵다.

주굉은 3권본 전승에 입각해『지장경』의 번역 연대를 끌어 올리는 주장을 전개했다. 그러나 이는 특수한 경우로 일반적으로는 후대 가탁설이 주장되고 있을 뿐이다.[131] 이것이 가능한 것은『지장경』의 존재가 명나라의 가흥대장경嘉興大藏經(1589~1677년 제작)에 와서야 비로소 살펴지기 때문이다.[132] 즉 당나라의 경전 목록인『개원석교록開元釋教錄』,『정원신정석교목록貞元新定釋教目錄』,『대주간정중경목록大周刊定衆經目錄』에는『지장경』이 존재하지 않는 것이다. 또 송과 원나라 및 고려대장경에도『지장경』은 수록되어 있지 않다. 바로 이 점이『지장경』과 관련된 가장 큰 문제점이며,『지장경』이 후에 중국에서 찬술된 위경이라는 주장의 핵심이 된다. 즉 실차난타 번역은 사실이 아닌 가탁이라는 것이다.[133]

그러나 여기에는 누락의 가능성도 존재한다. 왜냐하면 누락을 방증할 만한 자료가 다수 존재하기 때문이다.[134]

현재 중국에서 가장 오래된『지장경』에 대한 직접적인 기록은 송나라 때 상근에 의한 989년의 찬술이다. 상근은『지장보살상영험기』의 제29번째 「청태사사문지우감응지장기淸泰寺沙門知祐感應地藏記」(이후 「지우감응지장기」)에 다음과 같은 기록을 남기고 있다.

사문 지우智祐는 서인도인이다. 천복天福년 중(오대십국 중 후진의 연호, 936~944년)에 (중국으로) 와서 청태사에 주석했다. 소지한 상경像經 중에 〈지장보살변상地藏菩薩變像〉과『(지장보살)본원공덕경本願功德經』의 범협梵夾이 있었다.

그 〈(지장보살변)상)의 모습은 중앙의 원륜圓輪 가운데 (지장)보살상이 (피)모(被)帽를 착용하고 (손에는) 보배로운 석장을 가진 것으로 그려져 있었다. (그) 좌우로는 시왕상이 있었는데, 각 오인五人씩이었다. 좌측의 다섯은 ① 진광왕·② 초광왕·③ 송제왕·④ 오관왕·⑤ 염라대왕이다. 우측의 다섯은 ① 변성왕·② 태산왕·③ 평등왕·④ 도시왕·⑤ 오도 전륜왕이다. (또) 낱낱에는 각기 사명司命·사록司祿·부군府君·전관典官 등이 갖추어져 있었다.[135]

이는 989년에 기록된 것이기는 하지만 불과 50여 년 전의 내용이라는 점에서 사실적인 타당성이 매우 높다. 이 기록이 중요한 것은 10세기 초라는 명확한 시대와 인도 승려가 범본을 가지고 있었다는 내용 때문이다.

물론 이 기록에 문제가 없는 것은 아니다. 그것은 당 말에 사천성 성도에서 정리되는 시왕이 서인도 승려의 〈지장보살변상〉에 등장하기 때문이다. 십분 양보한다고 하더라도 도교의 태산부군이 변모해서 편입되는 태산왕이 인도불교에 나타날 가능성은 없다.

물론 이해의 해법이 없는 것은 아니다. 10세기의 돈황 출토 유물에 지장 시왕도가 존재하기 때문이다(책 54쪽). 즉 〈지장보살변상〉과 『본원공덕경』 범협을 분리해서 볼 수 있는 것이다. 〈지장보살변상〉은 돈황이나 투루판 등의 서역에서, 그리고 『본원공덕경』 범협은 호탄 등의 서역에서 입수한 것으로 판단해 보면 문제는 해결되는 셈이다.

실제로 앞서 언급한 것처럼 『지장보살상영험기』 「서」에는 『지장보살본원경』 「분신집회품제이」와 같은 문장이 존재한다. 이는 '『본원공덕경』 범협'의 기록적인 타당성을 보다 높게 변증해 준다고 하겠다.

범협, 즉 범본의 존재란 『지장경』의 중국 찬술설을 반박하는 근거로 작용한다는 점에서 주목된다.[136] 그리고 인도 승려인 지우가 범본을 가지고 있었고, 이를 다른 이가 쉽게 인지했다는 것은 이에 대한 번역본이 당시에 유통되고 있었다는 의미로 해석될 수 있다. 왜냐하면 번역본이 없는 인도 승려의 범본을 중국 승려가 보고 쉽게 인지한다는 것은 불가능하기 때문이다. 이런 점에서 인용문에서 제시되고 있는 936~944년 이전에는 『지장경』이 유통되고 있었을 개연성을 인지해 보게 된다.

이와 같은 추론이 타당하다면 『지장경』의 존재는 당나라가 멸망하는 907년으로까지 소급되는 것도 가능하다. 즉 『지장경』을 실차난타와 분리시 킨다 하더라도 중국에서의 '번역' 및 '찬술' 시점은 당 말에서 오대 초라는 판 단이 가능해지는 것이다.[137] 물론 여기에 인용문의 범본 존재를 인정한다면 경우의 수는 당 말에서 오대 초의 '번역'이라는 것만 남게 된다.

인용문에 기초한 이러한 추론은 분명 타당하다. 그러나 여기에는 「지우 감응지장기」가 신뢰할 수 있어야 한다는 전제가 필요하다. 바로 이 부분에서 주목되는 기록으로 세 가지를 검토해 볼 수 있다. 첫째는 요나라 때 승려인 비탁非濁(?~1063)의 「지장보살과거위여인심기모생처구고감응(출본원경)地 藏菩薩過去爲女人尋其母生處救苦感應(出本願經)」이며, 둘째는 돈황 문헌에서 확 인되는 1006년 이전의 『지장경』 잔존본의 존재, 셋째는 『삼국유사』 「대산오 만진신」이다.

첫째의 「지장보살과거위여인심기모생처구고감응(출본원경)」은 『삼보 감응요약록三寶感應要略錄』 권3에 수록되어 있는데, 영험에 대한 체험담이 아닌 제목에서부터 『지장경』의 내용을 요약한 것임을 분명히 하고 있다.[138] 이는 내용에서도 정확히 드러난다. 즉 『지장경』은 제아무리 늦더라도 1063 년 이전에는 경전으로서의 골격을 갖추고 있었던 것이다.

『삼보감응요약록』 전3권이 언제 편집·찬술된 것인지는 정확하지 않다. 그러나 비탁의 입적 연도가 1063년이라는 점을 감안한다면 『지장경』은 최 소 11세기 초반에는 유통되고 있었음을 알 수 있다. 이는 「지우감응지장기」 와 연대적으로 차이가 크지 않다는 점에서 일부나마 「지우감응지장기」의 타 당성을 변증해 준다고 하겠다. 즉 다음과 같은 세 가지의 문헌적인 층위가 확보되는 것이다.

① 936~944년: 『지장보살상영험기』의 「지우감응지장기」

② 989년: 상근의 『지장보살상영험기』 「서」

③ 1063년 이전: 『삼보감응요약록』의 「지장보살과거위여인심기모생
처구고감응(출본원경)」

　　둘째는 첫째와 연관된 것으로, 1006년 이전의 돈황에서 출토된 『지장
경』의 사본인 잔존본의 존재이다.[139] 이는 첫째와 연관해서 『지장경』의 구
체적인 일단락이 최소한 10세기 말까지로 소급될 수 있다는 것을 의미한다.
이런 점에서 10세기 전기 기록인 「지우감응지장기」의 타당성은 더욱 높아
지게 된다.

　　셋째는 『삼국유사』 권3의 「대산오만진신」에 등장하는 『지장경』이라는
경명의 존재이다. 「대산오만진신」과 대동소이한 기록은 고려 중기의 문신
인 민지의 『오대산사적기』 「태자전기」에서도 살펴진다. 즉 중국은 아니지만
『지장경』을 언급하는 가장 오래된 기록이 통일신라 초기에 존재하는 것이
다. 이 내용은 고려불화의 이해와 관련해서도 한국적인 중요한 의미를 내포
한다. 그러므로 뒤에서 더 상술하고, 여기에서는 간략히 언급하는 정도로만
그치고자 한다.

「대산오만진신」

적임赤任인 남대南臺의 남면南面에는 지장방地藏房을 두어, 원상圓像의
지장(상)을 봉안하고는 붉은 바탕 위에 팔대八大 보살을 상수上首로 하
는 일만 지장상을 그려, 복전福田 오원五員으로 하여금 낮에는 **『지장경』**,
『금강반야경金剛般若經』을 독송하고, 밤에는 **점찰예참占察禮懺**을 하며
금강사金剛社라 칭하라.[140]

인용문은 신라 오대산에 오만진신五萬眞身 신앙 구조를 확립하는 내용 중 남대의 지장보살과 관련된 부분이다.[141] 여기에는 지장방과 지장원상, 그리고 팔대 보살을 필두로 하는 1만 지장불화, 그리고『지장경』·『점찰경』과 관련된 점찰예참이라는, 지장과 관련된 측면이 다수 등장하고 있다. 즉 여기에서 등장하는『지장경』을 다른 경전으로 이해하는 것은 쉽지 않은 상황인 셈이다.

특히『지장경』이라는 명칭은『점찰경』과 연관될 수는 있어도[142]『십륜경』으로 사용되는 경우는 존재하지 않는다. 그런데 인용문에는 점찰예참이 존재하고 있으므로『점찰경』을 굳이『지장경』으로 칭했을 개연성은 낮다. 이는 북대의 신앙과 관련해서 열반예참涅槃禮懺과『열반경涅槃經』이 살펴진다는 점에서 더욱 그렇다.[143] 즉 북대에서는 예참의 명칭과 경전명을 통일하는 데 반해, 남대는 예참과 경전명을 다르게 적시하고 있는 것이다. 이는 남대의『지장경』이『점찰경』이 아니라는 하나의 방증이 될 수 있다. 이런 점에서 본다면, 인용문의『지장경』은『지장보살본원경』이나 이와 유사한 흐름의 경전을 지칭하는 것이라고 판단해 볼 수가 있는 것이다.

오만진신 신앙의 구조를 제시하는 인물은, 「대산오만진신」에서는 보천이 입적 직전에 한 것으로 되어 있다.[144] 그러나 「태자전기」에는 성덕왕(효명)에 의한 것으로 나타난다.

성덕왕의 재위 기간은 702~737년이다. 또 성덕왕은 705년(성덕왕 4)에 오대산으로 와서 진여원眞如院, 즉 상원사上院寺를 개창한다.[145] 그러므로 만일 오만진신 신앙의 구조를 성덕왕이 제시했다면 인용문의 지시 역시 705년으로 판단해 보는 것이 가능하다.

그렇지만 이것이 성덕왕의 형인 보천에 의한 것이라면, 보천이 성덕왕의 이복형이라는 점을 감안했을 때 몰년은 성덕왕이 붕어하는 737년보다 빠르게 된다. 그러므로 보천의 몰년은 대략 725~737년 정도를 추론해 볼 수 있다.

관련 선행 연구에 따르면, 오만진신 신앙의 구조를 정립하는 것은 성덕왕이 아닌 보천이다.[146] 이런 점에서 **이 문헌의『지장경』언급 시점은 대략 725~737년 정도로** 추정해 보는 것이 합리적이라고 하겠다.

실차난타는 695년 낙양에 와서 710년 입적한다. 즉 실차난타가『지장경』의 번역자라면, 양자 사이에는 최소 15년에서 최대 42년의 차이가 존재한다. 이 정도 시간이면 당과 신라의 관계를 고려해 봤을 때 충분히 전래가 가능하다. 또 이 기록을 통해서『지장경』의 연대가 8세기 초로 올라간다면 번역자는 실차난타 외에 다른 인물을 추론하기 쉽지 않다. 즉『지장경』은 종래의 주장대로 실차난타의 번역이며, 단순 누락이 반복된 것이라는 결론에 도달할 수 있는 것이다.

그러나 오만진신 신앙의 구조는 일연과 민지에 의해 고려 중후기에 기록된 것에 불과하다. 즉 여기에는 연대적인 타당성과 왜곡의 개연성이 존재하는 것이다. 하지만 현재로서는 더 이상의 연구 접근은 가능하지 않다. 바로 이런 상황에서 고려될 수 있는 측면이 간접적인 판단이다.

『지장경』의 가장 큰 특징은 지장의 사후 구원자적인 위상에 따른 지장과 명부의 결합이다. 이는『십륜경』,『점찰경』등과는 다른『지장경』만의 두드러진 변별점이다. 그러므로 꼭『지장경』이 등장하지 않더라도 지장과 명부의 결합이 존재한다면 이는『지장경』의 존재에 대한 하나의 방증이 될 수 있다.

2.
지장과 명부의 결합 시기와 『지장경』

1) 환생담을 통한 8세기 지장과 명부 결합

『태평광기』에는 명부와 관련된 불교 기록이 총 98종이나 존재한다.[147] 이 중에는 지장이 등장하는 것은 총 네 가지이다. 이는 불교와 명부의 연결이 선행하며, 이러한 범주 속에 명부와 지장의 구조가 존재한다는 것을 알게 한다.

지장과 사후의 결합 구조를 나타내 주는 가장 빠른 문헌은 『태평광기』 권100에 수록되어 있는 「승제지」(746)와 「이사원」(746)이다. 물론 여기에는 이 기록이 『태평광기』의 편찬 시점과 230여 년 정도의 시차를 가진다는 문제점이 존재한다.

그러나 『태평광기』 권379에는 유사한 기록으로 「왕륜王揄」(752)과 「비자옥費子玉」(742~756)이 더 수록되어 있다.[148] 이는 746~756년 사이라는 불과 10년 사이에 총 네 건의 지장과 명부의 결합에 대한 문건이 존재한다는 것을 의미한다. 이런 정도의 빈도라면 『태평광기』가 비록 977~984년에 찬술된 문헌이기는 해도 나름의 내용적인 타당성을 담보하고 있다고 보아도 큰 문제는 없을 것 같다.

이 중 746년이라는 뚜렷한 연대가 기록되어 있는 「승제지」와 「이사원」의 내용을 적시해 보면 다음과 같다.

「승제지」

승업사의 승려 제지 … (제지는) 천보 5년(746) (음) 5월 중에 병으로 죽었다가 2일 만에 소생했다. 이로 인해 동선정사東禪定寺로 이거移居하여, 절 안에 한 당堂을 건립하고 극히 화려하게 장식했다. (그 안의) 긴 좌대에 횡렬로 등신상 일곱 구를 모셨다. (그러고는) 일체의 교류를 끊고 정성스럽게 계율을 지켰다.

(제지가) 스스로 말하기를 "… 처음에 제지가 (명부로) 들어갈 때, 왕좌王座에 한 승려와 말 한 필이 있는 것을 목도했다. (제지가) 문에 이르니 승려가 나오는 상황에서 제지가 예를 갖추었다. 승려가 말하기를 **'나는 지장보살이다.** 너는 복연福緣이 적고 수명 또한 다한 연고로 홀로 이곳에 이른 것이다. 지금부터 가히 승려의 계율을 견고하게 지키고, 너의 속된 일을 버리며 한적하고 고요한 사찰에 주석하라. (그러고는) 등신상 일곱 구를 조성해라. 재화가 (부족해서 등신상 일곱 구를) 구하는 것이 불가능하다면, 채색화로 (조성)하는 것도 또한 무방하다.'" 제지가 이에 소생하여 드디어 그 말대로 쫓았다. ■149

「이사원」

당나라 천보 5년(746) 여름 (음) 5월 중에 좌청도솔부左淸道率府의 부사府史인 이사원李思元이 갑자기 사망하였다. … 사원이 (염라왕의) 대전 문을 나오니, 문의 서쪽 담에 동쪽으로 난 문이 있었다. 문밖에는 수백 명의 승려가 번幡과 꽃을 가지고 (이)사원을 맞이하며, "보살님을 친견하라."고 하였다.

(이)사원이 담장 안으로 들어가니, 원내院內의 땅은 모두 맑고 투명했다. 원내의 당우와 전각은 모두 칠보로 되어 있는데, 당우 안에 어떤 승려가 금루가사金縷袈裟를 입은 채 보상寶床에 앉아 있었다. (이)사원이

예를 갖추어 알현하니, 좌우에서 말하기를 **"이분은 지장보살이시다."** 라고 하였다. (이)사원이 이에 무릎을 꿇으니, 뭇 승려들이 모두 (지장보살을) 찬탄했다. (이)사원은 눈물을 흘리며 이 소리를 들었다.

(지장)보살이 대중들에게 말하였다. "너희는 이 사람이 눈물 흘리는 것을 보느냐? 이 사람의 떠남이 또한 오래지 않다. 옛적에 범음梵音을 들은 연고로 눈물을 흘리는 것이다." … 뭇 승려들에게 환송토록 하였다. (이)사원이 소생하였다.[■150]

인용문은 환생자에 대한 신이한 기록으로 여기에서 확인되는 지장과 명부의 관계는 구체적이지 않고 단편적일 뿐이다. 그러나 이 정도만으로도 당시에 이미 지장과 명부의 결합이 존재하고 있다는 점 정도를 인지해 보는 것은 어렵지 않다.

「승제지」와 「이사원」의 기록이 천보 5년인 746년이라는 점, 또 「왕륜」이 천보 11년인 752년이고, 「비자옥」 역시 천보 연간(742~756)의 기록으로 되어 있다는 점에서, 최소한 당 현종의 천보 연간인 8세기 중반에는 지장과 명부의 결합이 완료되어 있었다는 점을 인지해 볼 수 있다.[■151] 이는 『지장경』의 존재 연대를 대폭 앞당길 수 있다는 점에서 주목된다.

그러나 『태평광기』의 네 기록은 단편적이라는 점에 한계가 있다. 이런 점에서 본다면 지장과 명부의 결합에 있어 가장 중요하고 확실한 문헌은 돈황 문서 S.3092호인 오대 시기에 필사된 「(도명화상)환혼기(道明和尙)還魂記」(778)라고 하겠다.[■152] 여기에 등장하는 「환혼기」의 연대인 778년은 『태평광기』의 지장과 명부의 결합 기록에서 확인되는 연대인 746~756년과 불과 20~30년밖에 차이가 나지 않는다.

「환혼기」 역시 오대의 필사물이라는 점에서 778년이라는 사건 연대에 문제가 존재할 수 있다. 그러나 『태평광기』 네 편의 기록과 「환혼기」가 모두

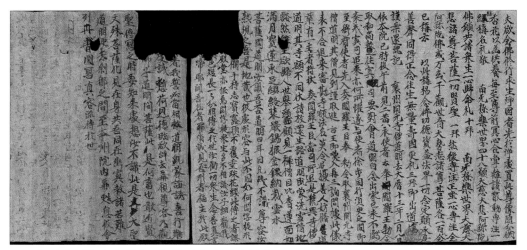

「(도명화상)환혼기」의 내용은 우측 아홉 번째 줄부터 시작된다.

8세기 중·후반을 가리키고 있다는 점에서 주목된다. 즉 현존하는 고층의 문헌들이 동일하게 비슷한 시기를 지목하고 있는 것이다. 이런 점에서 문헌에 존재하는 연대라는 치명적인 한계에도 불구하고 8세기의 타당성은 높게 변증된다고 하겠다.

「환혼기」에는 양주襄州 개원사開元寺 승려인 도명道明이 대력大曆 13년(778)에 죽었다가 살아난 이야기가 수록되어 있다.[153] 이에 따르면 도명은 염라왕을 만나 확인하는 과정에서 용흥사龍興寺의 승려 도명과 사명死命이 바뀐 것이 파악된다. 이로 인해 환혼, 즉 환생한다. 그런데 이 과정에서 금환金鐶의 석장을 쥐고 납의衲衣를 걸친 지장보살을 만나게 된다. 즉 이 문헌에는 지장과 명부의 뚜렷한 결합 구조와 지장에 대한 구체적인 묘사가 존재하는 것이다.

특히 「환혼기」가 단문短文의 설화 같은 글임에도 중요한 것은 '도명'이라는 인명과 금모사자金毛獅子로도 불리는 사자,[154] 그리고 보련寶蓮을 밟고 금환의 석장을 가진 운수납자형 피건被巾(혹 피모, 풍모, 두건)지장의 모습과 형태가 기록되어 있기 때문이다.[155] 이와 같은 지장의 특징 묘사는 주지하다시피 이후 돈황 지역 지장 도상의 한 중요한 특징으로 작용하게 된다.[156]

그런데 흥미로운 것은 도명이 목도한 지장의 형상이 당시 중국에서 일반적으로 조성되던 지장상地藏像의 모습과는 달랐다는 내용이다. 이의 해당 부분을 적시해 보면 다음과 같다.

(이때) 머리를 들어 서쪽을 돌아보니, **한 선승禪僧을 볼 수 있었다. 눈은 청련青蓮 같고 얼굴은 만월滿月 같았다. (또) 보련寶蓮에 발을 딛고서 (간략한) 영락纓絡으로 장엄하였는데, 석장錫杖의 금환金鐶을 떨치는 납재운수衲裁雲水(운수납자)였다.**

보살이 도명에게 물었다. "너는 나를 아느냐?" 도명이 말했다. "이목耳目이 범천凡賤하여, 존용尊容을 알지 못하겠습니다." "네가 오래도록 보아 왔었던, 내가 바로 지장이다."

저곳(인간계)의 형용形容이 이곳(명부)과 더불어 같지 않았다. 어떻게 염부제閻浮提의 (지장)형상에는 ▨▨▨▨난삼(난삼-장삼) …**손에는 지보至寶를 가졌고, 노정露頂이 덮여 있지 않았으며, 길고 화려한 영락을 드리우고 있단 말인가?**(여의주(혹 마니주)가 없는 피건지장에 길게 늘어트린 화려한 영락 장식을 하지 않는다는 의미)

"저곳에 전해지는 것은 오류로 ▨▨▨▨▨ … 전당殿堂에 (꾸며 놓은 것) 또한 괴이하다. 염부제의 중생들은 대부분 제대로 알지 못한다. 네가 (이제) 자세히 관찰해서 나의 ▨▨▨▨▨ … (가사)색과 (가사 폭의) 단장短長 (등을) 낱낱이 분명하게 세상에 전하도록 하라."[157]

인용문을 보면 지장의 형용은 푸른 눈을 한 피건의 선승 모습에 손에는 금환석장을 가진 운수납자의 모습임을 알 수 있다. 또 가사가 당시의 일반적인 형태와는 색과 가사 조각의 장단長短에 차이가 있었음도 확인된다.

도명이 생시에 목도한 지장은 『십륜경』 등에 근거한 조상이었을 것으로 판단된다. 왜냐하면 당시에 『지장경』이 존재했다고 가정하더라도 『지장경』에는 지장의 형상에 대한 묘사가 구체적이지 않기 때문이다.

인용문에서 도명은 지장을 알아보지 못한다. 이를 뒤의 내용과 관련해서 판단해 보면 이승의 조상 형태가 잘못되어 있었기 때문이다. 이와 같은 상황을 기존의 『십륜경』류의 도상에 대한 비판으로 인식해 보는 것도 가능하다. 즉 명부의 지장에 따른 도상의 변화로 이해할 수가 있는 것이다. 이렇게 놓고 본다면 '현세 지장'과 '사후 지장'의 묘사에 나름의 변별점이 존재한다는 추론이 도출될 수 있다.

인용문에서 제시된 지장의 형태는 고려불화에 9점이 존재하는 지장독존도 입상 중 6점의 삭발형과[158] 변별되는 3점의 피건형을 통해서도 일정 부분 시사받아 볼 수 있다.[159] 이는 지장독존도 입상의 구도와 관련된 한 단서가 살펴진다는 점에서 주목된다. 물론 「환혼기」의 묘사에는 지보, 즉 여의주(혹 마니주[160], 『불교의식문』에서는 명주로[161] 나타남)를[162] 가지지 않았다는 점이 부각되어 있으므로, 여의주를 쥔 형태의 이들 도상 역시 습합된 것임은 재론의 여지가 없다.

「환혼기」의 발견은 지장과 명부의 결합이 최소한 778년 이전에 완성되었다는 것을 의미한다. 만일 『지장경』의 유행이 778년보다 빠르지 않다면 여기에서 살펴지는 '사후 지장'의 내용을 이해하는 것이 쉽지 않다. 특히 『지장경』을 제외한 다른 지장 관련 경전에는 지장과 명부의 결합이 자세하지 않다는 점에서 더욱 그렇다.

그러므로 「환혼기」의 존재를 통해 지장과 명부가 결합된 '사후 지장의

일본 네즈[根津]미술관 소장   일본 도쿠가와[德川]미술관 소장   일본 초고손시지[朝護孫子寺] 소장

구조'는 늦어도 성당기(713~765)에 확립되어 있었다는 판단이 가능하다. 왜냐하면 778년에 도명이 '사후 지장'을 당연하게 받아들이기 위해서는 이의 성립이 최소한 1세대 정도는 앞서 발생했다고 판단해 볼 수가 있기 때문이다. 또 이와 같은 추론은 앞선『태평광기』속 4건의 기록 연대인 746~756년과도 문헌적인 정합성을 확보한다는 점에서 주목된다.

2) 지장 이전 명부 구제자로서 승려의 존재

실차난타의 낙양 도착은 695년이다. 이는 실차난타의『지장경』번역을 가정하더라도 이의 상한이 695년을 넘어설 수 없다는 것을 의미한다.

그런데 낙양의 용문석굴 등에는 **687년**(奉爲亡妣造地藏菩薩一軀, 願以福因, 上資冥路)부터 망자의 추선追善과 관련된 지장보살상의 조성이 '조상기造像記'를 통해서 확인된다.■163 이 조상기가 주목되는 것은 단편적이기는 하지만 이를 통해서『지장경』의 실차난타 번역을 부정하는 측면이 대두할 수 있기 때문이다.

그러나 이것은 그렇게까지 크게 문제될 정도는 아니다. 망자에 대한 추선은 중국불교에서는 흔한 일이며, 618년 당의 통일 이후 세계제국으로서의 번영과 안정 및 중국불교의 발전 속에서 선망 추선은 일견 당연한 측면이기 때문이다. 즉 이 조상기는 695년 이전의 지장과 명부의 결합 가능성을 시사하는 정도의 의미만을 확보할 뿐인 것이다.

또 지장 조상彫像의 망자 추선과 관련해서는 중국불교의 흥미로운 변화도 존재한다. 그것은 지장의 사후 구원 구조가 확립되기 이전, 승려의 인도로 명부에서 구제된다는 내용이 확인되기 때문이다. 이는『명상기冥祥記』의「송이청宋李淸」과『명보기冥報記』권3의「당거사장법의唐居士張法義」등을 통해서 인식해 볼 수가 있다.

「송이청」은 『명상기』가 실전되어 『법원주림』 권95에서만 확인이 가능하다. 그러나 「당거사장법의」는 『명보기』 외에도 『법원주림』 권89에 『치보기眞報記』에 수록되어 있는 문헌으로 재수록되어 있다. 『법원주림』 권89의 『치보기』는 원자료인 『명보기』가 존재하므로 『명보기』에 대한 오류로 판단된다.

「송이청」과 「당거사장법의」의 내용은 상당한 분량이다. 그러나 이는 뒤에서 진행될 검토 내용과 연결점이 존재한다. 그러므로 이를 축약해서 제시해 보면 다음과 같다.

「송이청」

(육조시대 남조인 유)송(420~479)의 이청李淸은 오흥吳興의 어잠於潛 사람이다. (일찍이 동진시대의 재상인) 환온桓溫(312~373) 시절에 대사마부大司馬府의 참군도독參軍督護 벼슬을 하였다. (이청은) 관청에서 병을 얻어 집으로 돌아와 죽었다. (그러다) 저녁이 지나서 소생하여 살아나 (다음과 같이 보고 들은 것을) 말하였다.

… (원)경(阮)敬이 말했다. "**승달僧達 도인道人은 이곳 관장의 스승으로 깊은 공경의 예우를 받고 있으니, 마땅히 고통의 일을 고하십시오.**" 하고는 안으로 들어갔다.

잠시 후에 (원경이) 보낸 사람이 나와서 말했다. "문 앞에 있는 4층으로 된 절은 관장이 창건한 곳입니다. 승달은 항상 동틀 무렵 절에 들어가 예배(예불)를 합니다. (그러니) 마땅히 (이때 당신) 사정을 말해서 구함을 얻으십시오."

(이)청이 그 절에 가서 **한 사문**을 보게 되었는데, (그 사문이) 말했다. "너는 나의 7생 전 제자이다. 이미 7생을 지내도록 복을 받았는데, 세상의 욕락에 미혹되이 집착하여 본업本業을 잃어버렸다. (그래서) 올바름

을 등지고 삿된 것으로 나아가 마땅히 대죄를 받게 된 것이다. (그러니) 이제라도 참회하고 고치도록 하라. 화상께서 밝을 때 나오시면 마땅히 도움을 요청하라."

(이)청이 먼저 수레로 돌아왔는데, 밤중에 너무 추워 이가 얼어붙을 지경이었다. 새벽이 되어 문이 열리자 승달이 과연 절에서 나왔다. (이)청이 따라가서 머리를 조아렸다.

(그러자) 승달이 말했다. "너는 마땅히 마음을 고쳐 선善이 되도록 붓다와 가르침에 귀명하고 비구승(단)에 귀명해야 한다. 이 삼귀(의계)를 받으면 가히 (비명)횡사하지 않음을 얻게 된다. (또 이를) 받아 지녀 노력하는 이는 또한 고난을 겪지 않게 된다."

(이)청이 (삼귀의계를) 받들어 수지受持했다.

(이때) 또 **어제 만났던 사문**이 나타나서 장궤長跪(허벅지를 세워서 무릎 꿇는 방법)하고 (승달에게) 간청하며 말했다. "이 사람은 (소)승의 전생 제자입니다. 정법을 망실하고 (이제) 바야흐로 장차 고통을 받게 되었습니다. 전생의 인연으로 인해, 이제 (삼귀의계에) 귀명하게 되었습니다. 원컨대 자비로운 연민을 드리워 주옵소서!"

(승달이) 답하여 말했다. "전생에 복이 있는 사람이라서 마땅히 쉽게 구제될 수 있으리라."

(그러다가) 문득 (이청은) 붉은 문(朱門)이 있는 곳으로 돌아오게 되었다.

(이때) 갑자기 (사문이) 보낸 사람이 나타나서 말했다. "이(청) 참군參軍은 가서도 좋습니다."

원경도 이때 또한 나타나서 (이)청에게 푸른 대나무 한 가지를 주며 눈을 감고 이것을 타도록 했다. (이)청은 그의 말과 같이 홀연히 집에 이르렀다. … 우측에 (수록한) 이러한 한 영험담은 『명상기』에 나온다."■164

「당거사장법의」

(당나라) 화주華州의 정현鄭縣 사람인 장법의張法義 ··· (장법의는 당나라) 정관 10년(636)에 화산華山에 들어가 나무를 하다 **우연히 한 승려가 바위 (굴) 속에 앉아 있는 것을 보았다.** ··· (정관) **19년**(645)에 이르러 (장)법의는 병으로 죽었다.

··· (명부에서 주전主典이 말했다.) "(장법의는) 정관 11년(637) 아버지가 벼를 베도록 하자, 돌아보며 눈을 크게 뜨고 사사로이 욕한 불효를 저질렀다.' (그러므로) 도합 곤장 80대를 맞아야 한다." 곧 (이 내용의) 처음 한 조목을 기록하고 있는데, **바위 굴에 있던 승려가 오는 것을 보았다.**

판관判官이 일어나 맞으며, 승려에게 어떤 일 때문인지를 물었다. 승려가 말했다. "장법의는 빈도貧道의 (속가) 제자입니다. 그의 죄는 모두 참회하여 소멸하였으니, 천조天曹의 문서 안에는 이미 삭제되어 있습니다. 이제 억지로 잡혀 온 것이니 죽는 것은 합당하지 않습니다."

주전主典이 말했다. "참회하여 경과한 것은 이 문서에는 삭제가 완료되어 있습니다. (그러나 앞서 언급한) '눈을 크게 뜨고 아버지를 욕한 건'에 있어서는 비록 참회하기는 하였으나, 사건이 삭제되어 종료되지 않았습니다."

승려가 말하였다. "만약 (참회되어 삭제된) 것이 아니라면, 마땅히 문서를 (다시금) 가져다가 이 건을 살펴보아야 하겠습니다. (왜냐하면) 응당 복과 이익이 있어야 하기 때문입니다."

판관은 주전으로 하여금 (장)법의의 건을 (명부)왕에게 판단하도록 (조처)하였다. (왕)궁은 동쪽에 위치했는데, 전각이 크고 웅장했다. (또) 시위侍衛가 수천 명이었다. 승려 또한 함께 왕의 처소에 이르렀다.

왕이 일어나 승려를 환영하며 말했다. "스승(여기에서의 원문 '師'는 중국적인 승려의 지칭 표현인 '師父'의 의미)께서 어떻게 직접 오십니까?"

(승려가) 대답해서 말했다. "직접 올 상황은 아닙니다만, (내 속가) 제자 장법의가 기록에 문제가 있어 이곳에 온 것입니다. 저 사람의 묵은 죄는 빈도가 (참회를 통해) 삭제하여 마쳤습니다. (그러므로) 죽는 것은 합당하지 않습니다."

주전도 다시금 (장법의가) 눈을 크게 뜬 일을 왕에게 아뢰었다.

왕이 말했다. "눈을 크게 뜬 일은 참회하였다고 하더라도 면죄됨이 합당하지 않습니다. 그러나 스승께서 오셔서 청하므로 특별히 7일 동안 방면하겠습니다."

(장)법의가 승려에게 말했다. "7일은 많은 시간이 아니어서 (너무 짧습)니다. 다시 (이승으로 되돌아가면) 스승을 뵙지 못할까 두려우니, 청컨대 스승을 따라서 (함께) 가겠습니다."

스승이 말했다. "(여기에서의) 7일은 (이승에서는) 7년이다. (그러니 좋게 처리되었을 때) 속히 가도록 하라."[165]

『법원주림』은 당나라 도선道宣 율사(596~667)의 사제인 도세道世(?~683)가 불교의 여러 자료를 간취해서 668년에 찬술한 120권으로 된 불교의 백과사전과 같은 서적이다. 즉 이 두 사건은 최소한 668년 이전에 발생해서 크게 유행되고 있었던 환생담인 것이다.

「송이청」은 내용으로 보면, 이청은 남조인 유송시대(420~479) 인물로 되어 있다. 그러나 동진시대(317~420)의 환현(369~404)과는 연대 차이가 있어 동시대를 공존했는지는 의심이 든다. 내용이 너무 길어 인용문에서는 축약했으므로 분명하게 드러나지 않지만, 이청이 환현과 관련된 인물인 것으로 보아 유송보다는 동진에 가까운 인물이 아닌가 판단된다. 그러나 제목을 '(유)송의 이청'이라는 의미의 「송이청」으로 하고 있어 해결이 쉽지 않다. 즉

「송이청」에는 '유송을 시대 배경으로 이해할 것이냐'와 '환현과 이청의 관계에 주목할 것이냐'의 두 가지 부분이 상충되는 것이다.

다음으로 「당거사장법의」는 사건의 발생이 645년의 일로 되어 있다. 『법원주림』이 668년 찬술이며, 이를 위한 자료 취합은 당연히 그해보다 빠를 수밖에 없다. 이렇게 놓고 보면, 이는 불과 20여 년도 채 되지 않은 사건이 된다. 그러므로 여기에는 이렇다 할 착오의 여지는 존재하지 않는다고 판단된다.

이상을 통해서 본다면, 최소한 남조에서 당의 645년까지는 명부의 구제와 관련해서 '승려'가 존재하고 있었다는 것을 알 수 있다. 즉 불교적인 사후 구제의 필연성이 대두하면서 승려가 등장하고 있는 것이다.

그런데 여기에서 주목되는 것은 이 승려가 지장보살이 아니라는 점이다. 이는 「당거사장법의」의 사건 시점인 645년 또는 『법원주림』이 찬술되는 668년까지 명부 구제자로서의 승려(사문)는 존재했지만, 이 승려가 곧 지장은 아니었다는 판단을 가능하게 한다. 즉 7세기 중반까지는 지장과 명부의 결합이 분명하지 않았다는 것이다.

필자는 앞선 『대방등대집지장십륜경』의 존재와 관련해서 현장이 귀국 도중 호탄에서 입수했을 가능성을 제기한 바 있다. 현장이 당의 수도인 장안에 도착하는 것은 645년 음력 1월이다.▪166 즉 호탄을 경유하는 것은 644년인 셈이다. 또 현장이 『대승대집지장십륜경』을 완역하는 것은 651년이다. 그런데 이와 관련해서 『지장경』이나 지장과 명부의 결합과 관련된 어떠한 언급도 적시하고 있는 것이 없다.

주지하다시피 현장에게는 당태종의 요청으로 작성한 『대당서역기』전 12권과 개인적인 기록인 『자은전』전10권, 그리고 『속고승전』권4의 「현장전」 및 「현장법사행장玄奘法師行狀」전1권 등 다양한 개인 체험 관련 기록들이 존재한다.▪167 이는 현장의 서역과 천축에 대한 정보가 당의 서역 경영과 관련해서 국가적으로 중요한 의미를 확보했다는 점,[168] 또 이것이 현장의 역경 및 인도불교의 정통성 강조를 통해 중국불교 안에서 깊숙이 각인된 측면에 따른 결과이다.

현장에 대한 다양한 기록이 존재함에도 불구하고 지장과 명부의 결합구조나 『지장경』에 대한 언급이 없다는 것은 당시까지 지장과 관련된 신앙변화가 일단락되지 않았다는 것을 의미한다. 이는 현장이 거라제위산을 직접 답사한 인물이라는 점에서 더욱 그렇다.

현장의 입적은 664년 음력 2월 5일 장안에서 북쪽으로 약 100킬로미터정도 떨어진 옥화사玉華寺(당 초의 피서행궁인 옥화궁이 655년 개변된 사찰)에서 이루어진다.[169] 즉 이때까지 지장 신앙의 변화는 존재하지 않았던 것이다. 이는 668년의 『법원주림』에서 사후의 구제자로서 지장보살이 확립되지 않은 것과 일치한다. 이런 점에서 본다면 **지장과 명부의 결합 및 『지장경』과 같은 외부적인 충격은 668년 이후에 이루어진 일이라고 할 수가 있겠다.** 이는 또 앞서 제시한 687년의 용문석굴 〈조상기〉에 지장이 망자 추선을 위한 대상으로 등장하는 것과도 일치한다.

3) 명부 구제 승려의 변화와 파지옥게송

사후 구제자로서 등장하는 승려가 지장으로 변모하는 것은 지장 신앙의 변화를 인지하게 한다는 점에서 주목된다. 즉 이 시기를 인지할 수 있는 자료가 존재한다면 지장 신앙의 변화 시기와 『지장경』과 같은 존재의 개연성을 상정해 볼 수가 있는 것이다.

이와 관련해서 주목되는 문건이 『지장보살상영험기』의 제21번째 「형주안웅의선조봉법귀의지장공덕면지옥고기荊州雁雄依先祖奉法飯依地藏功德免地獄苦記」이다. 여기에는 사후 구제자로서의 '사문'이 '지장'으로 변모하는 과도기로 이해될 수 있는 내용이 수록되어 있다. 이의 내용을 제시해 보면 다음과 같다.

형주에 어떤 선비가 있었다. (그는) 기러기 사냥을 업으로 삼았는데, (이로 인해) 세상에 '안웅鴈雄(기러기 잡이 영웅)'으로 알려졌다. 나이 51세에 풍토병에 걸려서 고생하다가 마침내 죽었다. 처자가 (그 시신을) 무덤 사이에 버려두고 호랑이와 이리가 먹도록 조처했다. (그런데) 3일 만에 소생하여 자신의 집으로 돌아가니, 부인이 크게 놀라 두려워하며 '미친 귀신의 조화'라고 하였다.

(이에) 안웅이 소생하게 된 연유를 갖추어 말했다. "내가 죽으니 불 수레(火車)가 와서 맞이했다. 수레에 타니 맹렬한 불길이 전신을 휘감아 태웠다. (그때) 어떤 **한 사문**이 물을 수레 위에 부으니, 불이 꺼지면서 몸이 청량해졌다. 이에 (나는) '희유하다'는 생각을 했다.

(명부의) 왕이 있는 곳에 도착하니, 무수히 많은(백천만) 돼지·양·닭·꿩 등의 짐승이 있다가 왕에게 아뢰었다. '우리들은 저 사람에 의해 목숨을 잃게 되었습니다.' (이에) 안웅이 애걸하였다. 왕이 말하기를 '너희들의 이러한 호소를 들으니, 안웅은 결정코 악인이다. (그러나 안웅의) **선조가 불법을 받들었고, 지장보살에게 귀의하였다.** 저 이는 그 후손이다. (그래서) **대성**께서 불 수레의 고통을 면하도록 해 준 것이다.' 안웅이 (대전大殿 앞) 뜰의 조수鳥獸들을 보고는 **'지장'을 염하였다.** (그러자 조수는 축생을 몸을 여의고) 홀연히 사람의 형상으로 변모했다. (이에) 왕이 곧 나를 방면해 주었다. 이것이 내가 소생하게 된 연고이다."

(이 사건으로 인해 안웅은) 다시금 집을 나와 발심하여 스스로를 '불노佛奴(불교의 노복)'라 칭하면서, 세상을 떠돌며 지장보살에게 귀의할 것을 권면하다가 (생을) 마쳤다.■170

인용문은 『지장보살상영험기』에 수록되어 있으므로 핵심 신앙 대상은 지장임에 틀림없다. 그런데 내용을 보면 '지장'으로 통일되어 있지 않고 '한 사문', '대성', '지장'이 혼재되어 있는 것을 알 수 있다. 즉 이 환생담에서는 지장이 직접적이고 주도적으로 드러나지 않고 있는 것이다. 실제로 직접적인 지장의 명칭은 선조의 신앙과 안웅의 염불 대상으로만 드러날 뿐이다. 이는 인용문의 제목이 안웅이 아닌 안웅의 선조가 지장을 신앙한 것에 초점이 맞추어져 있는 것을 통해서도 단적인 판단이 가능하다.

안웅의 선조가 신앙한 지장이 그 후손을 구원한다는 관점은 불교의 자작자수적인 측면이 아니라 『주역』 「문언전文言傳」의 "적선지가積善之家 필유여경必有餘慶, 적불선지가積不善之家 필유여앙必有餘殃."과 같은 가족 승계의 관점이다.■171 즉 개인의 개업個業이 아닌 가족의 공업共業에 의한 측면으로 철저하게 중국적인 인식이라는 말이다. 여기에 안웅의 선조가 신앙한 지장의 측면이 '현세 수호의 지장'인지, '사후 구제의 지장'인지도 분명하지 않다. 즉 인용문은 지장으로의 통일성을 부여하려는 시도를 하고 있지만 내용상 혼란이 존재하고 있는 것이다.

이와 같은 환생담의 혼란과 관련해서 크게 두 가지의 판단이 가능하다. 첫째는 이 환생담이 본래 사후 구제와 관련된 승려에 대한 기록이었으나 후에 지장 신앙의 유행으로 개변되는 것일 수 있다는 점, 둘째는 '사후의 구제 승려'에서 '지장'으로 전환되는 과도기의 기록이라는 점이 그것이다.

그러나 아쉽게도 이 환생담에는 안웅의 환생과 관련된 시기에 대한 언급이 없다. 이는 이 기록을 통해서 과도기의 상황을 인지해 볼 수는 있어도 그 시기에 대한 판단은 불가능하다는 것을 의미한다.

그렇다면 시기 판단이 가능한 환생담 중에서 명부의 구제자로 등장하는 승려가 지장으로 대체되는 내용을 담고 있는 것은 없을까? 왜냐하면 이러한 환생담이 존재할 경우 지장과 명부의 결합 시기 및 이와 관련된 경전의 유행에 대한 추론이 가능해질 수 있기 때문이다.

이 문제를 해결해 줄 수 있는 문헌이 바로 현수 법장의 『화엄경전기華嚴經傳記』 권4에 수록되어 있는 684년의 기록이다. 즉 당대 기록인 셈이다.

또 이 내용은 화엄종과 관련해서 '파지옥게송'이라는 매우 중요한 위상을 점하는 문헌이다. 이 때문에 화엄과 관련된 여러 자료에서 같은 내용을 확인해 보는 것이 가능하다.■172 즉 같은 내용에 대한 다양한 전승으로 인해 인식 차이의 변화 여부를 판단해 볼 수가 있는 것이다.

여기에서는 비교를 위해 가장 대표적인 법장의 『화엄경전기』 권4, 그리고 청량 징관淸涼澄觀(738~839)이 법장의 제자인 정법사靜法寺 혜원慧苑(673~743?)의 『찬영기纂靈記』를■173 인용해서 기록한 『화엄경수소연의초華嚴經隨疏演義鈔』 권42와 권15, 마지막으로 당나라 호유정胡幽貞이 783년에 찬술한 『화엄경감응전華嚴經感應傳』의 세 문헌을 차례로 제시해 보고자 한다.

①『화엄경전기』

(당의 제4대 중종中宗의) 문명文明 **원元년(684)**에 수도 사람으로 성은 **왕씨에 그 이름은 전해지지 않는 이**가 있었다. (그는) 계행戒行이 없고 일찍이 선을 닦지 않았는데, 병이 원인이 되어 죽음에 이르렀다.

(왕씨는 저승에서) 두 사람에게 이끌려 지옥의 문 앞에 이르게 되었다. **어떤 한 승려가 (나를) 보고 말하기를 "내가 지장보살이다."라고** 하면서, 왕씨에게 일행게一行偈를 외우도록 가르쳤다. 그 게문偈文은 '만약 어떤 사람이 삼세일체불三世一切佛을 요지了知코자 한다면, 마땅히 심조제여래心造諸如來(마음이 모든 여래를 짓는 것)임을 관觀할지어다.'라는 것이었다.

보살이 경문經文를 준 뒤에 말하였다. "이 게송을 얻어서 외우면, 능히 지옥을 물리칠 수 있다." 왕씨가 외우기를 마치고는 드디어 들어가서 염라왕을 친견했다. 왕이 그에게 묻기를 "(당신에게는) 어떠한 공덕이 있는가?"라고 하였다. 답하기를 "오직 한 사구게四句偈를 수지受持했을 뿐입니다."라고 하고는 위의 (게송을) 외웠다. (그러자 염라)왕이 방면放免하였다.

당시 (왕씨가) 이 게송을 외울 때, 소리가 도달하는 곳에서 고통받던 이들도 모두 다 (지옥에서) 해탈解脫을 얻었다. 왕씨가 3일 만에 비로소 소생했다. (왕씨는) 이 게송을 기억하고 있다가 (만나는) 모든 승려에게 이것을 말해 주었다.

(또 그) 게문을 찾아보니, 바야흐로 이것이 『화엄경』 제12권의 「야마천궁무량제보살운집설법품夜摩天宮無量諸菩薩雲集說法品」에 나오는 것임을 알게 되었다. (이러한 내용은) **왕씨가 공관사空觀寺의 승정僧定법사에게 말해 준 것이다.**[174]

② 『찬영기』

(당의 제4대 중종의) 문명 **원년(684)**에 낙양 사람으로 성姓은 **왕王이고 이름은 명간明幹**이 있었다. (그는) 계행이 없고 일찍이 선을 닦지 않았는데, 병이 원인이 되어 죽음에 이르렀다.

저승에서 두 사람을 보았는데 이들에 끌려 지옥으로 가게 되었다. (그런데) 지옥문地獄門 앞에 **한 승려가 있다가 (나를) 보고 말하기를 "내가 지장보살이다."**라고 하면서, 왕씨에게 일행게를 외우도록 가르쳤다. 그 게문은 '만약 어떤 사람이 삼세일체불을 요지코자 한다면, 마땅히 심조제여래임을 관할지어다.'라는 것이었다.

보살이 경계經偈를 준 뒤에 말하였다. "이 게송을 얻어서 외우면 능히 지옥의 고통을 물리칠 수 있다." 왕씨가 곧 외우고는 드디어 들어가서 염라왕을 친견했다. 왕이 이 사람에게 묻기를 "(당신에게는) 어떠한 공덕이 있는가?"라고 하였다. 답하기를 "오직 한 사구게를 수지했을 뿐입니다."라고 하고는 위의 (게송을) 외웠다. (그러자 염라)왕이 방면하였다.

당시 (왕씨가) 게송을 외울 때, 소리가 도달하는 곳에서 고통받던 이들도 모두 다 (지옥에서) 해탈을 얻었다. 왕씨는 3일 만에 바야흐로 소생하였다. (왕씨는) 이 게송을 기억하고 있다가 **공관사의 승정법사에게 말해서 게문을 찾아보았다.** (이렇게 해서) 바야흐로 이것이 구역(60권본) 『화엄경』 제12권, 신역(80권본)에서는 「제19야마천궁무량제보살운집설법품」에 나오는 게송임을 알게 되었다. (이러한 내용은) **왕씨가 공관사의 승정법사에게 말해 준 내용이다.** ▪175

③ 『화엄경감응전』

(당나라 제5대 예종의) 수공垂拱 3년(687) 4월 중에 화엄장공華嚴藏公(현수 법장)이 대자은사에서 『화엄경』을 강설하였다. 절의 승려인 담연曇衍이 산강散講의 강주가 되어 무차회無遮會를 베풀었다.

그 뒤에 (법)장공이 숭복사崇福寺로 가서 대덕 성천成薦과 두 분 율사를 두루 알현하였다. 이때 (법장과 더불어 지엄에게 수학한 동문이자 삭발스승(剃度師)인) **(박薄)진진율사가 장공에게 알려 말하였다. "금년 여름 현안방賢安坊 중의 곽신량郭神亮이라는 단월檀越(신도)이 육신이 죽은 지 7일만에 소생하여 절로 와 예배하고, 박진薄塵을 보고 말했다.** '(내가) 돌연 사망하게 되었는데 오래지 않아 다시 (의식이 돌아오며) 소생하게 되었다. 당시 (저승)사자 3인이 있었는데, 이들에 의해 평등왕(염라의 이명)의 처소로 가게 되었다. (내) 죄를 심문해서 일이 마쳐지니, 마땅히 부합하는 벌을 받게 되었다. (이에 평등왕은 저승)사자에게 명하여 (나를) 지옥으로 압송하도록 했다. 장차 들어가려고 하는데, 홀연히

한 승려가 나타나 말했다. [내가 너를 지옥의 고통으로부터 구제하고 자 하니, 너에게 일행게를 가르쳐 주겠다.] (곽)신량이 놀랍고 두려워 서 승려에게 구호를 청하며 게문偈文을 알려 줄 것을 간청했다. 승려가 게문을 외워서 말했다. [만약 어떤 사람이 삼세일체불을 요지코자 한다 면, 마땅히 심조제여래임을 관할지어다.] (곽)신량이 이에 지심志心으 로 이 게문을 여러 번 되뇌이며 외웠다. (곽)신량이 이로 인해 죄인 수 천만 인과 함께 이 인연으로 모두가 고통 여읨을 증득해 지옥에 들어가 지 않게 되었다.' 이는 모두 단월인 (곽신량이) 말한 바이다. (그러므로) 마땅히 이 게송이 능히 지옥을 깨트리는 것(파지옥게송)임을 알 것이니, (언제나) 정성스럽게 사의해야 할 것이다."

법장이 박진에게 대답해서 말했다. "이 게송은『화엄경』제4회 중의 게문 입니다." 박진이 처음에는 이『화엄경』의 (게송을) 기억하지 못하여, 오 히려 (법)장공의 (말을) 전부 믿지 못하였다. 이에「십행품十行品」을 찾 아서 살펴보니, 과연 이것이「십행품」의 게문 중 최후의 게문에 있었다. (박)진공이 찬탄하여 말했다. "겨우 한 게문을 듣고 천만인이 일시에 고 통을 벗어났으니, 하물며 (『화엄경』의) 전부를 수지한다면 (능히) 깊은 뜻(깨달음)에 강통講通하리라!" 하였다. ■176

인용문에 등장하는 게문(게송)인 "약인욕요지若人欲了知, 삼세일체불三 世一切佛, 응당여시관應當如是觀, 심조제여래心造諸如來"는『화엄경』에 똑같 은 것이 존재하지 않는다. 법장은 이를 불타발타라 번역의 60권『화엄경』 권12의「야마천궁무량제보살운집설법품夜摩天宮無量諸菩薩雲集說法品」의 게 송으로 보고 있다. ■177 그러나『화엄경』권12에는 이와 같은 품과 게송이 없다.

그러므로 이는 60권『화엄경』권10의「야마천궁보살설게품夜摩天宮菩

薩說偈品」의 여래림보살如來林菩薩 게송인 "약인욕구지若人欲求知, 삼세일체불三世一切佛, 응당여시관應當如是觀, 심조제여래心造諸如來"의 오기로 판단된다.[178]

이에 반해서 혜원은 법장의 구역설을 적시하고, 이외에 추가로 이것이 신역인 실차난타 번역의 80권 『화엄경』 권19의 「야마궁중게찬품夜摩宮中揭讚品」에 나오는 각림覺林보살의 게송인 "약인욕요지若人欲了知, 삼세일체불三世一切佛, 응관법계성應觀法界性, 일체유심조一切唯心造"와 같은 것으로 보고 있다.[179]

그러나 이 신역설의 추가는 『찬영기』가 현존하지 않기 때문에 이것이 혜원이 아닌 징관에 의한 추가일 가능성도 존재한다. 왜냐하면 징관은 60권본에 비해 80권 『화엄경』을 중시한 인물이기 때문이다. 참고로 80권 『화엄경』에 입각한 판단은 영명 연수永明延壽(904~975)의 『종경록』 권9의 기록에서도 확인된다.[180] 이 역시 신역 『화엄경』의 유행에 따른 대비라고 할 수가 있겠다.

인용문 중 게문은 한국 사찰에서 오늘날까지 『불교의식문』 중 〈종송鐘頌〉과 천도의식薦度儀式 등에서 '파지옥진언破地獄眞言'의 앞에 등장하는 모습을 보인다.[181] 주지하다시피 범종은 지옥 중생의 제도라는 상징을 입고 있다는 점에서 이는 당나라 때부터 시작된 화엄종의 지옥 구제 양상이 오늘날까지 계승되는 측면이라고 하겠다.

(1) 파지옥게송 설화의 차이 분석

세 인용문을 보면 전체적인 내용은 대동소이함에도 불구하고 환생자의 인명과 시기 등에서 차이가 있음을 알 수 있다. 이를 간략히 도시해 보면 다음과 같다.

	①『화엄경전기』	②『찬영기』	③『화엄경감응전』
1. 연도	684년	684년	687년 여름
2. 인명	왕씨 실명失名	왕명간	곽신량
3. 청자	공관사 승정법사	공관사 승정법사	숭복사 박진율사
4. 구제자	지장보살	지장보살	한 승려

혜원의『찬영기』는 법장의『화엄경전기』를 계승한 후대 문헌이다. 이런 점에서 양자는 거의 유사한데 불확실했던 이름이 추가된 정도임을 알 수 있다. 즉 전해지는 과정에서 인명의 구체화라는 윤색이 발생한 것이다.

『화엄경전기』와『찬영기』에 비해『화엄경감응전』은 사건 발생 연도와 환생자, 그리고 전해 들은 경로까지 상이한 부분이 적지 않다. 특히 가장 문제가 되는 것은 ①, ②가 승정이 전한 것을 법장이 채록한 방식으로 되어 있는 반면 ③은 지엄 문하의 박진에게 법장이 채록한 것으로 되어 있다는 점이다. 즉 ①, ②가 높은 유사성을 보이고 있다면, ③은 강한 이질성을 보이고 있는 것이다.

① 왕씨 → 승정 → 법장
② 왕명간 → 승정 → 법장
③ 곽신량 → 박진 → 승정

또 ③에 등장하는 주인공 곽신량郭神亮은 한자가 조금 다른 곽신량廓神亮으로 법장의『화엄경전기』에도 등장하는 인물이다.『화엄경전기』의 '廓神亮곽신량'은 최치원의「당대천복사고사주번경대덕법장화상전唐大薦福寺故寺主翻經大德法藏和尙傳」에서『화엄경감응전』과 동일한 '郭神亮곽신량'으로 나타난다.[182] 즉 '郭'과 '廓'의 차이에도 불구하고 동일인이라는 판단이 가능한 것이다.

『화엄경전기』의 곽신량에 대한 내용은 『화엄경감응전』의 곽신량과는 사뭇 다르다.[183] 이의 해당 내용을 적시해 보면 다음과 같다.

근래의 영융永隆년(680~681) 중에 옹주雍洲 장안현長安縣 사람인 곽신량廓神亮은 범행梵行이 청정하였다. (그러다가) 홀연히 환란을 만나 갑자기 죽었다. (그러자) 모든 신들이 인도하여 도솔천궁兜率天宮에 이르러 미륵을 예경했다.

(그때) 어떤 한 보살이 (곽신)량에게 말하였다. "어찌하여 (그대는) 화엄을 수지하지 않았는가?"

대답해서 말했다. "화엄을 강의하는 사람이 없습니다."

보살이 말했다. "(화엄) 강의로 드러나는 사람이 있는데, 어찌하여 없다고 말하는가?

(곽신)량이 후에 다시 살아나서, 박진薄塵법사에게 가서 그 사건의 내용을 자세히 말하였다. 이로써 (현)수(법장)이 널리 법륜을 굴리는 것이 알려지게 되었다.[184]

인용문을 보면 곽신량과 더불어 박진이 등장하므로 이 곽신량이 『화엄경감응전』의 곽신량과 동일한 인물로 보아도 큰 문제는 없을 것 같다. 그런데 여기에서는 곽신량이 사후에 지장을 친견하는 것이 아니라 도솔천의 미륵을 친견하는 인물로 되어 있다.

법장이 『화엄경전기』에 곽신량을 등장시키고 있다는 점에서 앞선 인용문의 명부에서 환생한 인물은 법장의 기록처럼 왕씨로 보는 것이 타당하다. 즉 호유정이 같은 환생자라는 공통점 때문에 인명을 착각해 왕씨와 곽신량의 내용이 혼재되고 있는 것이다.

———

그렇다고 해서 『화엄경전기』의 곽신량 기록에 문제가 전혀 없는 것은 아니다. 왜냐하면 이것이 법장의 기록임에도 불구하고 '현수'라는 법호가 직접 등장하는 자신을 스스로 높이는 특이한 구조의 영험담이기 때문이다. 겸손을 강조하는 중국문화에서 이것이 가능한 일인지는 잘 판단되지 않는다. 즉 이 부분에 대한 후대의 가필 가능성도 일정 부분 존재한다는 말이다. 이런 점에서 본다면 『화엄경전기』의 곽신량 기록은 『화엄경감응전』 곽신량의 내용적인 타당성을 무너트림과 동시에 『화엄경전기』의 곽신량 기록에도 석연치 않은 측면을 내포한다고 하겠다.

(2) 호유정 기록의 과도기적인 양상

명부와 관련된 세 인용문 중 이 책의 연구와 관련해서 중요한 것은 명부 구제자로서 앞 시대에 존재하던 '③한 승려'의 형태가 '①, ②지장보살'로 구체화되는 모습이다.

『화엄경감응전』은 호유정에 의해서 783년에 찬술된 것이므로 712년에 입적하는 법장의 『화엄경전기』에 비해 최소 70년 이상 늦게 완성되는 문헌이다. 이런 점에서 기록의 타당성은 『화엄경감응전』이 『화엄경전기』에 비견될 수 없다.

그런데 흥미로운 것은 오히려 후대 문헌인 『화엄경감응전』에 지장이 아닌 '한 승려'라는 고층의 내용이 등장한다는 점이다. 즉 『화엄경전기』가 내용적으로는 더 고층 자료지만 특정 부분인 '지장'과 '한 승려' 부분에 있어서는 『화엄경감응전』이 더 고층의 면모를 보이고 있는 것이다. 이와 같은 이중성의 문제는 크게 두 가지로 판단해 볼 수 있다.

첫째는 곽신량에서처럼 후대 문헌인 『화엄경감응전』의 기록 오류라는 판단, 둘째는 『화엄경전기』의 환생담의 일부가 개변되었을 개연성이다.

『화엄경전기』와 『찬영기』는 동일하게 사후 구제자로 지장을 적시하고 있다. 이는 '한 승려'에서 '지장'으로의 개변이 이루어졌다면 이 개변의 당사자는 법장이라는 판단을 가능하게 한다. 즉 둘째에는 '한 승려를 지장으로 법장이 개변했는가'의 판단이 존재하는 것이다.

세 인용문의 핵심은 기록의 특징상 『화엄경』의 '파지옥게송'이지 '지장'이 아니다. 이런 점에서 본다면 이는 화엄종의 관점이지 지장 신앙적인 입장은 아니라고 하겠다. 실제로 도리천과 관련된 곽신량의 내용 역시 화엄을 중심으로 하는 미륵 신앙과의 위계 설정이라는 측면이 강하게 인식된다. 즉 두 가지 환생담은 모두 화엄적인 관점이 다른 유력한 신앙(지장 신앙과 미륵 신앙)에 대해 우위를 점하려고 하는 공통점을 보이고 있는 것이다.

삼계교의 영향으로 현세 지장 신앙이 성당盛唐 때까지 강력했고, 중당中唐 때까지도 유지된다는 점은 앞서 언급한 바 있다.[185] 이런 상황에서 새롭게 대두하는 화엄종의 입장에서 지장 신앙에 대한 우위론을 전개할 필연성은 충분하다.

미륵 신앙 역시 현장과 규기에 의해 자은종(법상종, 유가종)이 만들어지며, 당나라 초 중국불교의 유력한 종파로 부각한다. 이는 후발의 화엄종이 미륵 신앙에 대한 우위론을 전개할 필연성이 되기에 충분하다. 즉 명부 및 도리천과 관련된 두 문헌에는 화엄종을 현양하려는 중국불교의 시대 변화란 공통점이 존재하는 것이다.[186]

이렇게 놓고 본다면 '한 승려'에 대한 부분은 『화엄경감응전』의 오류 개연성과 더불어 법장의 개변 가능성도 충분하다는 판단이 가능하다. 또 여기에는 당시 법장의 관점에서 사후 구제의 '한 승려는 당연히 지장'이라는 판단이 가능했을 수도 있다. 즉 의도적인 개변이 아니라 '한 승려=지장'이었을 수도 있다는 말이다.

법장에게 화엄종과 『화엄경』을 높이려는 의도가 존재했다고 하더라도 당시에 '한 승려'와 '지장'의 연결 관계가 전혀 존재하지 않았다면 이와 같은 개변은 쉽지 않았을 것이다. 바로 이러한 문제를 해결해 주는 것이 앞서 언급한 바 있는 687년의 용문석굴 〈조상기〉이다.[187] 즉 법장은 당시의 인식을 수용해 '한 승려'를 보다 분명한 '지장'으로 규정했을 수 있는 것이다. 마치 『화엄경전기』의 왕씨가 이름이 불명이었던 상황에서 『찬영기』에 오면 '명간'이라는 구체성을 가지는 방향으로 윤색되는 것처럼 말이다.

그런데 흥미롭게도 『화엄경감응전』에 기록된 환생담의 연대 역시 〈조상기〉와 동일한 687년이라는 점이다. 물론 이 연대도 『화엄경전기』의 684년에 대한 오기誤記로 볼 수 있다. 그러나 그렇다고 하더라도 684~687년이 지장과 명부의 결합이 나타나기 시작하는 과도기임을 인지해 보는 것은 어렵지 않다. 그러므로 『화엄경전기』와 『화엄경감응전』에서 확인되는 혼란도 존재할 수 있으며, 〈조상기〉에는 선망 추선 외에 지장과 명부 결합의 구체성은 존재하지 않게 되는 것이다.

필자는 이 시기의 변화를 『지장경』과 같이 모종의 지장과 명부의 결합 구조를 드러낸 특정 경전에 따른 구체적 변화로까지는 판단하지 않는다. 만일 그랬다면 『화엄경감응전』에도 '한 승려'가 아닌 '지장'으로 표기되는 것이 타당하기 때문이다.

『화엄경감응전』의 '한 승려'는 남조시대부터 등장하는 사후 구제자로서의 '한 승려'라는 흐름을 계승하는 모양새다. 수나라와 당나라 초기까지의 삼계교 번성과 확대에 따른 『십륜경』의 영향 강화는 '한 승려'가 성문형 보살인 지장으로 대체되도록 하는 한 통로가 되었을 것이다. 그리고 여기에는 범어 쿠시티-가르바에 대한 한자 번역인 '지장地藏'이 단어적으로 명부와의 상징적인 연결 의미가 추론되기 좋은 구조라는 점, 또 불교의 전래 이전부터 중국 전통의 매장문화 속에 명부는 지하와 연관되어 이해되고 있었다는 측면 역시 한 영향을 발휘했음에는 재론의 여지가 없다.[188] 즉 불교적인 필연성과 중국적인 전통 인식과 관련해서 '지장'의 명칭에 내포되는 상징성이 '한 승려'를 지장으로 대체되도록 하였을 것이라는 말이다.

그러나 『화엄경감응전』이 783년의 기록이라고 해서 이것이 곧장 지장과 명부의 결합이 783년까지 이루어지지 않았다는 의미가 되는 것은 아니다. 왜냐하면 앞서 언급한 돈황 문서인 「환혼기」가 778년의 내용으로 되어 있기 때문이다.

이런 점에서 본다면 **지장과 명부의 결합이 완성되는 시점은 687년 이후부터 778년 이전의 약 90년 사이**라는 판단이 가능하다. 특히 「환혼기」와 같은 인식이 작동하기 위해서는 최소 그보다 1세대 이전에는 지장과 명부의 결합이 이루어져 유행해야 할 것으로 판단된다. 그렇지 않다면 이와 같은 관점과 구체적인 환생 체험에 관한 설화도 이루어질 수 없기 때문이다. 또 여기에 『삼국유사』 권3의 「대산오만진신」과 『오대산사적기』 「태자전기」가 8세기 초의 『지장경』을 언급하고 있다는 점을 감안한다면, **지장과 명부의 결합 시기는 7세기 말에서 8세기 초**라는 판단이 도출된다.

그런데 공교롭게도 7세기 말에서 8세기 초는 호탄의 실차난타가 낙양으로 와서 활동한 695~710년과 일치한다. 이런 점에서 실차난타의 『지장경』 번역 가능성을 완전히 배제하는 기존의 연구들은 재고되는 것이 타당하다.

필자는 실차난타가 현재와 같은 『지장경』의 완성본을 번역했다고 생각하진 않는다. 그러나 936~944년의 내용을 다루고 있는 「지우감응지장기」에 범본이 있었다는 기록이 등장한다는 점에서 실차난타의 시기에 지장과 명부를 연결하는 Q자료의 초벌 번역 등 외부 충격이 존재했다는 점은 유력해 보인다. 만일 그렇지 않다면 특정 시기에 존재하는 지장 신앙의 변화 혹은 확대를 이해하는 것은 쉽지 않기 때문이다. 즉 외부 충격이 중국문화와 습합되면서 후대에 완성되는 일종의 집대성 산물이 바로 『지장경』이라는 말이다.

이와 같은 필자의 추론과 관련하여 주목되는 경전이 당 말 중국에서 찬술되는 257자의 『지장보살경』이다.[189] 이 경전은 짧고 조잡한 경전이지만 지장 신앙과 관련해 지옥과 염라 및 극락과 천당 등의 분명한 언급이 존재하고 있어 주목된다.[190] 즉 최소한 『지장보살경』이 만들어지기 이전에는 『지장경』이 성립되어 있었거나, 또는 『지장경』의 기원이 되는 Q자료의 논의가 활발히 전개되고 있었다는 것이다. 만일 그렇지 않다면 당 말에 『지장보살경』이 만들어질 수는 없기 때문이다.

신라 오대산 기록에서 확인되는 경명이 『지장경』이라는 포괄적인 명칭이라는 점은 「지우감응지장기」의 범본 명칭인 『(지장보살)본원공덕경』이라는 구체적인 측면과는 차이가 있다. 이런 점에서 '『지장경』=『지장보살본원경』'이 아니라 '『지장경』=지장과 명부의 결합과 관련된 경전'이라는 보다 포괄적 의미의 인식도 일정 부분 가능하다.

이렇게 정리될 수 있다면, '7세기 말에서 8세기 초에 발생하는 지장과 명부의 결합'과 '『지장경』이 왜 장경 목록에 포함되지 않는지'에 대한 두 가지 문제는 모두 해결될 수 있다.

4) 시왕의 정립과 지장의 결합 타당성

지장과 명부의 결합이 1차이고, 그 핵심에는 모종의 Q자료와 관련된 『지장경』이 존재한다는 점은 앞서 변증하였다. 그리고 이의 중국화에 따른 2차 확대가 당나라 말에 사천 성도부成都府 대성자사大聖慈寺의[191] 승려 장천藏川이 찬술한 전1권의 『예수시왕생칠경』, 즉 『시왕경』이다.

『시왕경』은 장천이라는 승려의 찬술임이 분명함에도 경전이라는 최고의 권위를 확보하는 매우 이례적인 전적이다. 이는 『시왕경』이 중국불교의 신앙과 관련하여 얼마나 전폭적인 지지를 확보했는지를 분명히 나타내 준다.

또『시왕경』을 통해서 '지장+시왕'의 기본적인 토대가 갖추어지고, 결국 이의 개변인『불설지장보살발심인연시왕경佛說地藏菩薩發心因緣十王經』등의 발전과 변화를 통해[192] 지장은 시왕을 거느린 '왕 중의 왕'이라는 의미의 '지장왕보살地藏王菩薩'로 칭해지게 된다.[193] 물론 여기에서의 '왕'이라는 의미 속에는 '지옥이 비기 전에는 성불하지 않겠다'는[194] 지장보살의 위대한 서원(大願)과 무불시대의 주관자라는 특별한 위상에 따른 측면도 존재한다.[195]

지장보살은 대원을 통해 성불을 미루는 존재이기 때문에 이를 대비천제大悲闡提나 천제보살闡提菩薩이라고 한다.[196] 천제보살이란, 성불할 수 없는 무종성無種性인 일천제一闡提(icchantika)를 대승의 관점에서 위대성으로 전환해 수용한 명칭이다.

불화와 관련해서『시왕경』에 의한 지장명부 신앙의 2차 확대는 이후 지장시왕도가 발생하는 배경이 된다. 지장시왕도는 돈황에서 출토된 10세기 불화가 다수 존재한다.[197] 지장과 시왕의 결합은 당연히 지장이 명부와 연결되어 있지 않으면 불가능하다. 이런 점에서 당 말에『시왕경』이 존재하고 유행하기 위해서는 그 이전에 Q자료에 따른『지장경』과 같은 존재가 반드시 상정되어야만 한다. 즉『시왕경』이 당 말에 찬술되었다는 것을 통해서 그 이전 시대의 지장과 명부의 결합을 판단해 볼 수가 있는 것이다.

또 후대의 자료이기는 하지만 1206년에 입적한 남송 종감宗鑑의『석문정통釋門正統』권4에는 "교教(명부시왕 신앙)의 시작은 도명화상'이라는 기록이 있다.[198] 이는 1269년의『불조통기』권33에도 "시왕十王에 대한 공양이 세상에 전한 것은 당나라 도명화상이다."라는 내용이 살펴진다.[199] 이는 도명을 매개로 해서 시왕과 지장의 연결 인식이 12세기 말에서 13세기에 상당한 설득력을 확보했다는 것을 인지해 볼 수 있게 한다. 즉 지장과 시왕의 결합 구조에는 지장과 시왕의 단순 연결과 도명이 첨가되는 이중 구조에 따른 인식이 존재하는 것이다.

『시왕경』은 염라를 핵심으로 하는 시왕 중심이지만 단편적으로 지장보살 역시 등장한다. 즉 지장과 명부의 결합 구조가 일정 부분 목도되는 것이다. 그러나『시왕경』에 등장하는 지장이 단편적인데도 불구하고, 지장과 시왕의 결합에 따른 지장시왕의 양상이 10세기에 일반화된다는 점 등으로 인해『시왕경』의 성립을 무주武周(690~705) 이전으로 보는 관점도 존재한다.[200] 이는『고려사』권127에 1009년 '강조康兆의 정변政變'으로 사망하는 김치양金致陽과 관련된 기록에 시왕사十王寺의 건립이 등장한다는 점[201] 등을 통해서도 변증될 수 있다.

『시왕경』의 성립이 북위(518)에서 시작되어[202] 수·당 시기의 7·7재(49재) 유행과 관련된다는 점을 고려한다면[203] 7·7재와 이에 대한 심판자로서 시왕과 같은 연결이 선행하고, 이것이 집약된 것이 당 말 장천의『시왕경』이라는 판단도 가능하다. 즉 장천의『시왕경』이전에도 7·7재와 시왕을 연결하는 요청 구조 속에서 또 다른『시왕경』완성 이전의 Q자료가 존재했을 수 있다는 말이다. 만일 이와 같은 시대적 요청 구조가 존재하지 않았다면, 위경임이 명백한『시왕경』의 단기적인 대유행과 장천 이전의 시왕과 관련된 측면을 설득력 있게 설명할 수 있는 방법은 없다.

『시왕경』은 경으로 불리지만 실상은 승려 장천이 찬술한 비근한 내용의 잡스러운 서적일 뿐이다. 그럼에도『시왕경』에 지장과 명부의 결합이 존재한다는 점은 그 이전에 이미 이와 같은 일반론이 지장 신앙 안에 존재했다는 것을 의미한다. 즉 지장 신앙 안에서 명부와의 연결이 선행되지 않았다면 장천이 이를『시왕경』속에 기술할 수 없고 이의 설득력도 존재하지 않았을 것이라는 말이다.

이상으로 현존하는 단편적인 자료들을 통해『지장경』과 관련된 Q자료의 등장이 실차난타가 활약한 7세기 말에서 8세기 초라는 점을 정리해 보았다. 그러면 다음 절에서는 『지장경』의 내용 분석을 통해 Q자료의 존재적인 특징과 『지장경』이 후대 중국에서 찬술된 경전이 아니라는 점을 보다 분명히 해 보고자 한다.

제3절

『지장경』의 모계적 특징과
인도문화

1.
인도불교와 모계 중심의 효

중국은 비교적 이른 시기부터 부계씨족제父系氏族制를 형성한다. 또 은殷나라 제19대 제帝인 반경般庚에 의해 제기된 적장자상속제嫡長子相續制와 조상숭배인 맨이즘manism은 이후 중국문화의 가장 큰 축을 형성하게 된다.[204] 이와 같은 남성주의 구조 속에서 중국의 여성들은 철저히 소외되는 모습을 나타낸다.

선진先秦유교에서 '인仁'과 함께 가장 중시된 실천 덕목인 '효孝'는 유교의 남성 중심 구조를 잘 대변해 준다. 이는 유교의 핵심 원칙이자 윤리인 삼강오륜三綱五倫 속에 '부위자강父爲子綱'과 '부자유친父子有親'은 존재해도 '모母'와 '자子'의 관계는 존재하지 않는 것을 통해 분명해진다.

유교의 남성주의 구조에서 어머니는 아버지에 의해 언제나 바뀔 수 있는 선택적이며 제한적인 존재일 뿐이다. 이는 왕가나 황실에서도 유효한 동아시아 중국문화권의 보편적인 원칙 중 하나이다. 즉 유교에서 효는 철저하게 남성 중심 체제 안에만 존재하는 작동 원리인 셈이다. 이는 효의 사후 연장인 제사에 있어서도 동일하게 적용된다. 여성은 제수祭需를 장만하는 주체이지만, 제사의 주체인 제주祭主(좨주)가 되지는 못한다. 또 성씨가 다르다는 이유는 여성의 제사 참석을 허용하지 않는다.

이와 같은 남성 중심 구조와 인식은 『효경孝經』을 넘어, 유교의 기초 교재인 『사자소학四字小學』의 첫 구절 "부생아신父生我身 모국오신母鞠吾身(아버지 날 낳으시고, 어머니 날 기르셨다)"의 구절을 통해서 분명해진다. 즉 부계씨족제에 따른 혈통 중심이 바로 유교의 효와 제사를 관통하는 핵심이자 중국문화권의 가장 중요한 특징인 것이다.

그러나 인도의 효 전통은 중국과 달리 모계를 강조하는 측면이 있어 주목된다. 실제로 불교 경전에 수록된 효와 관련된 내용은 흥미롭게도 모두 다 부계보다는 모계를 중시하고 있다. 이를 간략히 제시해 보면 다음과 같다.

① 오역죄五逆罪의 항목에서 살모殺母가 살부殺父보다 먼저 언급
② 붓다는 도리천忉利天의 어머니를 위해 3개월간 위모설법爲母說法을 행함
③ 붓다는 열반 후에 도리천에서 내려와 아들의 죽음을 슬퍼하는 어머니를 위해 관에서 일어나 설법을 행함
④ 『관무량수경』「서분」에는 아사세阿闍世가 어머니인 위제희를 해치려 하자 대신 월광月光과 기바耆婆가 '아버지를 죽였다는 말은 있어도 어머니를 죽였다는 말은 들어보지 못했다.'라고 하며, 무력 시위를 암시하는 강력한 반대를 행함
⑤ 붓다의 십대제자 중 사리불과 부루나는 모계 유풍의 이름을 가지고 있음

먼저 ①의 오역죄란 첫째 살모殺母(mātṛ-ghāta), 둘째 살부殺父(pitṛ-ghāta), 셋째 살아라한殺阿羅漢(arhad-ghāta), 넷째 악심출불신혈惡心出佛身血(tathāgatasyāntike duṣṭā-citta-rudhirotpādana), 다섯째 파승가破僧伽(saṃgha-bheda)를 말한다. 이는 모두 무간업無間業인 무간(Avīci)지옥의 과보를 산출하는 불교 최고의 죄악이다.[205] 그런데 이 오역죄의 등장 항목에서는 살모가 살부의 앞에 등장한다. 이는 언어의 우월성에서 살모가 살부에 비해 더 큰 비중을

차지한다는 의미로 해석될 수 있다.

② 붓다의 모후인 마야부인은 붓다 탄생 7일 후에 사망해 도리천에 태어난다.[206] 이로 인해 마야부인은 붓다를 낳기는 했지만 성도 이후의 붓다를 보지 못한다. 이는 마야부인이 더 좋은 천상에 태어나지 못하는 이유인 동시에 불교에 성모 신앙이 갖추어지지 않는 이유가 된다.

이 문제를 해소하기 위해 붓다는 도리천에 올라가 3개월간 특별한 설법을 단행한다. 이때는 코살라국 사위성에서 소위 망고나무의 기적으로도 불리는 천불화현千佛化現의 대신변大神變을[207] 보인 직후이다.[208] 또 이 위모설법 직후에 도리천에서 걸어서 내려오는 곳이 바로 곡녀성曲女城, 즉 상카시아Saṃkāśya이다.[209] 즉 불교의 팔대 성지 중 두 곳이 위모설법의 전후에 위치하고 있는 것이다. 특히 이와 같은 극진함은 부왕인 정반왕에 대한 태도보다 더욱 짙다는 점에서 어머니에 대한 깊은 배려와 존중의 코드를 읽어 볼 수 있다.

③ 쿠시나가르의 붓다 열반 이후, 도리천에서 하강해 슬퍼하는 어머니를 위하여 관에서 일어났다는 기록은 『대당서역기』 권6 등에 수록되어 있다.[210] 또 이 장면은 팔상도八相圖의 쌍림열반상도雙林涅槃相圖나 중국과 일본의 열반도涅槃圖 등에서 거의 빠짐없이 등장한다.

법주사 〈팔상도〉 중 쌍림열반상 부분. 현존하는 우리나라 팔상도의 쌍림열반상에서도 마야부인을 확인할 수 있다.

남송 육신충陸信忠의 〈열반도〉 중 마야부인 부분. 일본 나라박물관 소장

일본 〈열반도〉의 오열하는 마야부인 부분. 미국 메트로폴리탄 미술관 소장

붓다가 열반 후에 움직였다는 기록은 법法의 상속이나 열반의 개념 등과 관련해서 매우 중요한 의미를 가진다.[211] 이를 소위 '삼종관출三從棺出'이라고 하는데, 붓다가 열반 후에 움직인 것은 이 내용 외에 아난에게 운구의 방향과 관련해서 오른팔을 내밀어 길을 지시하셨다는 것, 그리고 늦게 도착한 마하가섭에게 예를 갖출 수 있도록 발을 보였다는 곽시쌍부槨示雙趺가 더 있다.[212] 이 중 아난과 마하가섭에 관한 부분은 법의 상속과 관련된 의미를 내포한다. 그런데 이와 대등할 정도의 비중이 슬퍼하는 어머니에 대한 위로와 설법으로 존재하는 것이다. 이는 마야부인에 대한 비중이 불전佛傳에서 막대하다는 것을 의미한다.

④ 『관무량수경』 「서분」은 붓다의 만년인 72~73세 때, 마가다국 왕사성에서 실제로 있었던 정변에 대한 내용을 대승적으로 재구성한 것이다.[213] 정변은 아사세가 부왕인 빈비사라왕을 감옥에 유폐한 후 아사餓死시키는 방식으로 진행되는데, 이를 소위 '왕사성의 비극'이라고 한다.[214]

「서분」을 요약하면, 유폐된 빈비사라에게 부인인 위제희가 그에게 음식을 공급하면서 연명시킨다. 이를 보고 받은 아사세는 크게 분노하여 어머니를 죽이려고 한다. 그러자 반정에 가담한 대신들조차 아버지는 몰라도 어머니를 죽이는 일은 『베다』에도 없는 것으로 찰제리利帝利(kṣatriya)의 명예를 더럽히는 행위라고 비판한다. 이로 인해 아사세왕도 어머니를 죽이지 못하고 유폐하는 것으로 일단락된다.[215]

⑤ 사리불과 부루나는 『유마경維摩經』 「제자품弟子品」에 입각해서 후일 십대제자로 칭해지는 인물들이다.[216] 그런데 이들은 각각 사리자舍利子(舍利弗, Śāriputra)와 부루나미다라니자富樓那彌多羅尼子(Pūrṇa-maitrāyṇṇīutra)로 맨 뒤에 '자子', 즉 '누구의 아들'이라는 모계 명칭을 사용하는 모습이 확인된다. 이는 모계의 효를 강조하는 인도문화가 불교에 어떤 영향과 흔적을 남기고 있는지를 알게 해 준다. 특히 부루나는 오비구의 한 명인 교진여憍陳如의 조

카로 석가족이었다.[217] 즉 석가족과 관련해서도 붓다 당시까지 모계 유풍이 일정 부분 존재하고 있었던 것이다.

이러한 다섯 가지의 여성을 중시하는 측면은 그 기원이 붓다 당시로까지 거슬러 올라간다. 물론 여기에는 ②나 ③과 같이 신이神異한 윤색이 가미된 측면도 존재한다. 그러나 이와 같은 윤색이 존재하는 이유 역시 인도불교의 모계 효문화와 관련된다는 점을 간과해서는 안 된다.

이외에도 인도 및 불교의 모계 효와 관련해서는 중국에서 찬술된 것으로 평가되는 『우란분경盂蘭盆經』, 『대목련경大目蓮經』, 『부모은중경父母恩重經』이 더 있다. 그러나 이 역시 중국적인 윤색 가능성은 인정되지만 그 원형은 인도문화와 관련되는 것으로 판단된다.[218] 왜냐하면 중국문화적 배경만으로는 모계 효라는 과감한 인식과 표현을 드러내놓고 표출할 수 없기 때문이다. 그럼에도 이들 경전에는 부계 효 구조를 완전히 배제한 모계 효만이 강조되고 있어 주목된다.

실제로 미국의 그레고리 쇼펜Gregory Schopen은 인도불교의 효와 관련된 측면을 연구해서 발표하기도 하였다.[219] 이는 '효의 강조=중국문화적 특징'이라는 일방적 등식만 성립하는 것은 아님을 분명히 해 준다.

새로운 경전을 찬술하는 데 있어 문화 배경과 시대 배경을 완전히 단절시킨다는 것은 불가능하다. 이는 『금강경』에 "여래멸후如來滅後 후 500세"라는 언급이 있는 것이나[220] 『묘법연화경』(『법화경』) 불탑신앙이나 법사法師에 대한 내용이 기록된 것 등을 통해서 분명해진다.[221] 이런 점에서 부계 효에 대한 측면 없이 모계 효만을 강조하는 『우란분경』, 『대목련경』, 『부모은중경』은 윤색에 의한 중국화는 가능해도 원형만큼은 인도문화와 직결되는 코드가 존재한다고 하겠다.

2.
『지장경』의 특징과 여성에 대한 인식

『지장경』은 크게 '모계 효' 및 '지옥 구제와 관련된 지장과 명계와의 연결'이라는 두 가지 큰 특징으로 정리해 볼 수 있다.[222] 이 중에서 인도문화와 관련된 모계 효 및 여성에 대한 측면을 정리해 보면 다음과 같다.

① 『지장경』의 설법 장소와 시기가 도리천의 위모설법 때임[223]

② 지장보살은 전생의 각화정자재왕여래覺華定自在王如來의 **상법像法 시대에 바라문의 딸로 태어나 무간지옥에 떨어진 어머니인 열제리 悅帝利를 구원함**[224]

③ 지장보살의 문자問者로 마야부인이 등장해 무간지옥에 대해서 물어봄[225]

④ 지장보살은 전생의 청정연화목여래淸淨蓮華目如來의 **상법시대에 광 목光目이라는 여인의 몸으로 지옥에 떨어진 어머니를 구원함**[226]

⑤ 지장보살을 공양하는 이가 여인의 몸을 싫어하면, 여인이 없는 세계에 나서 다시는 여인의 몸을 받지 않게 됨[227]

먼저 ①은 『지장경』이 도리천 위모설법의 상황에 부가되어 있다는 것을 의미한다. 이는 이 경전이 전체적으로 여성적인 효를 표방하고 있음을 배경으로 나타내 준다. 즉 『지장경』은 구성 전체가 모계 효에 초점이 맞추어져 있는 것이다. 이와 같은 양상은 ③에서 지장보살의 중요한 문자間者로 마야부인이 등장하는 것으로까지 연결된다.

②와 ④는 『지장경』에서 가장 중요한 내용인 지장보살의 본생담에 대한 부분이다. 그런데 두 가지 모두 상법시대에 태어난 여인의 몸으로 지옥에 떨어진 어머니를 구제하는 내용이라는 점에서 주목된다.

여기에서 상법시대가 의미하는 것은 『금강경』의 "여래멸후 후 500세"에서처럼 경전의 찬술이 상법시대와 관련된다는 의미로 이해된다. 상법이란 경전에 따라서 기간이 달리 나타나는데, 일반적으로 정법 기간 500년과 이후의 500년[228] 및 1,000년을 의미한다.[229] 즉 상법 기간과 관련해서는 500년설과 1,000년설의 두 가지가 존재하는 것이다.

이렇게 놓고 본다면 『지장경』은 불멸 후 500~1,000년 사이나 500~1,500년 사이에 성립된 것이 된다. 이 중 전자인 500년설은 기원후 500년 정도까지만 해당하므로 타당성이 없다. 그러나 후자인 1,000년설을 취한다면 『지장경』은 기원후 1,000년까지이므로 나름의 타당성을 확보할 수 있다. 즉 상법시대를 『지장경』의 성립 시기에 따른 배경으로 본다면 여기에서의 상법은 1,000년설에 입각한 것임을 알게 된다.

상법시대 언급은 『지장경』의 중국 찬술설과 관련해서도 주목된다. 중국 불교에서는 붓다의 연대를 『주서이기周書異記』에 입각해 기원전 1030~기원전 949년으로 정리했다. 이로 인해 신행 역시 말법의 기점을 정법 500년과 상법 1,000년을 감안해서 552년으로 비정한 것이다.[230]

삼계교가 수나라 때 만들어져 중당中唐까지 존속했다는 점,[231] 그리고 삼계교의 말법 주장이 『십륜경』과 연관된다는 점을 고려한다면 『지장경』의 상법 언급은 상당히 이질적이다. 『지장경』이 만일 삼계교가 유행한 시기나 또는 그 이후에 중국에서 찬술되었다면 이들 지장 신앙과 관련되는 말법시대를 채택하는 것이 더 타당하기 때문이다. 특히 경전의 내용 속에 지옥과 관련된 다양한 징벌 양상과 지장보살의 구원이 등장한다는 점에서 상법보다 말법의 타당성이 더욱 높게 확보된다는 점에서도 그렇다. 이런 점에서 본다면『지장경』의 상법 기록은 중국 찬술설과는 일치하지 않는 이질성을 드러내는 측면이라고 하겠다.

마지막 ⑤에서는 여성의 몸에 대한 부정적인 인식과 강한 거부 양상이 살펴진다. 특히 여기에 등장하는 '여성이 없는 세계'라는 관점은 지극히 인도문화적인 인식이라는 점에서 주목된다.

여성을 남성보다 하열하게 판단하고 억압하는 것은 중국의 고대에서도 충분히 살펴지는 부분이다.[232] 그러나 여성의 신체를 혐오하여 남성으로 태어나기를 원하는 것은 윤회론에 기반한 인도문화 속에만 존재하는 특징적인 측면이다. 여기에 이상세계에 여성이 존재하지 않는다는 특이한 설정은 다른 문화권에서는 좀처럼 찾아보기 어려운 내용이다. 그러나 이와 같은 구조는 아미타불의 서방극락 등에서 확인되는, 인도문화 속에서는 그리 낯설지 않은 측면이다.[233]

중국문화에서는 이상향에 여성이 존재하지 않는다는 구조는 살펴지지 않는다.[234] 왜냐하면 여성의 소멸은 인도의 출가와 관련된 금욕주의 문화가 가지는 특징이다. 중국문화의 유교나 도교의 재가주의적인 측면 속에는 절욕은 있어도 금욕은 존재하지 않는다. 그러므로『지장경』의 '여성이 존재하지 않는 세계'라는 관점은 중국문화와는 다른 이질적인 측면이라고 하겠다.

제아무리 불교가 중국에 정착해서 습합되었다고 하더라도 중국문화적인 인식 속에서 여성이 없는 이상세계를 주장한다는 것은 상식적이지 않다. 즉 이러한 인식의 근원은 인도문화를 기원으로 하고 있지 않으면 불가능하다는 말이다.

이외에도『지장경』에는 망자의 중음 기간인 49일이나[235] 추선공양의 공덕 배분과 관련된 7분의 1이라는[236] 7진법인 개념이 등장한다. 7진법은 4

진법과 더불어 붓다 당시부터 존재하던 진법 체계로 서북인도를 중심으로 광범위하게 사용되었다.[237] 그러나 중국문화에서 7진법의 사용은 찾아보기 쉽지 않다. 그런데 이런 7진법 체계가『지장경』속에는 다수 존재하고 있는 것이다.[238]

진법 체계는 배경 문화의 인식과 직결된다. 그러므로 중국 찬술 과정에서 이를 삽입하는 것은 고도로 의도적이지 않으면 불가능한 일이다. 즉 이역시 중국 찬술설에 대한 모순으로 제시될 수 있는 측면인 것이다.

이에 비해『지장경』과 관련된 중국적 요소로서 특별히 살펴지는 것은 효에 대한 강조 정도라고 하겠다. 그런데 이 효조차 중국의 부계 효가 아닌 모계 효라는 점, 또 인도불교에도 효에 대한 뚜렷한 인식이 존재하고 있었다는 점은 앞서 제시한 바 있다. 이렇게 놓고 본다면『지장경』이 중국에서 찬술된 경전이라는 주장은 반대 논리에 비해 타당성이 크지 않다. 그러므로 중국 내륙에서 찬술되었다기보다는 인도문화가 강하고, 중국문화도 일정 부분 영향이 미칠 수 있는 서역 찬술설이 보다 합리적이 아닌가 한다.

호탄은 다문천 신앙과 쿠날라라는 인도불교적인 배경에 중국의 서역 경영과 관련해서도 중요한 의미를 가지는 곳이다. 이런 점에서『십륜경』과 마찬가지로[239]『지장경』역시 호탄 쪽 찬술로 보아도 큰 문제는 없다고 판단된다.

제3장

———

지장 신앙의 한반도 유입 및
특징과 고려불화

제1절

『십륜경』·『점찰경』의 영향과 고려불화

1.
『십륜경』·『점찰경』의 한반도 영향

한반도의 지장보살상에 대한 최초의 기록은 577년 백제의 제26대 성왕聖王 (523~554)이 일본에 보낸 삼수승지장보살존입상三殊勝地藏菩薩尊立像에서 시작된다.■240 577년은 수나라의 개국(581) 이전이므로『점찰경』과『대승대집지장십륜경』그리고『지장경』이 존재하지 않던 시점이다. 그러므로 이때의 경전은 당연히『대방광십륜경』이며, 이에 근거한 현세 지장 신앙이었을 것이라는 추정이 가능하다. 즉 기록에 남아 있는 한반도 지장 신앙의 첫 장은 『십륜경』의 현세 신앙인 셈이다.

그러나 지장삼부경 중 한반도 고대사 속에서 영향이 두드러진 것은 오히려『점찰경』이다.『점찰경』의 전래, 혹은 이를 유행시킨 분은 신라 제26대 진평왕眞平王(재위 579~632) 때의 고승인 원광圓光(542?~630?)이다.

원광은 578년(혹 589) 육조시대 남조의 마지막 왕조인 진陳나라(557~589)에 유학해서 수문제가 진왕晉王 양광楊廣(수양제)에게 살해되는 개황開皇 20(600)년에 귀국한다.■241 수나라의 개황 연간은 이후 당태종의 '정관貞觀의 치治'(627~649)나 현종玄宗의 '개원開元의 치'(713~741)에 비견되는 '개황의 치'(581~600) 시대로 수나라 통일 직후의 황금기이다.

그런데 중국불교의 인식 속에는 552년이 말법 1년이므로 신행은 개황 3년(583, 말법 32년)부터 삼계교 운동을 본격적으로 전개한다.■242 이와 같은 영향을 원광도 일정 부분 받게 되면서『점찰경』에 강한 인상을 받게 된 것으로 판단된다.[243] 즉 신행이『십륜경』을 중심으로 보다 적극적인 말법 신행을 전개했다면, 원광은『점찰경』을 중심으로 반성을 통한 점찰과 참회의 방식을 선택했던 것이다.

원광의『점찰경』과 관련된 신행 전개는『삼국유사』「원광서학圓光西學」의 "원광은 주석하던 가서갑嘉栖岬에 점찰보占察寶를 설치하고, 이의 (시행을) 항규恒規로 삼았다."는 기록을 통해서 확인해 볼 수 있다.[244] 원광은 점찰을 근기가 하열한 중생들이 귀계멸참歸戒滅懺하는 방법으로 활용했다.

원광이 당시 황룡사 최고 고승으로 99세(혹 84세)에 황룡사에서 입적한다는 점을 고려한다면,[245] 이후『점찰경』은 신라에 강한 영향을 남길 수밖에 없다. 이는 진평왕대의 기록인「선도성모수희불사仙桃聖母隨喜佛事」나[246] 통일 직후인「사복불언蛇福不言」에서[247] 점찰법을 항규로 삼은 기록, 또「대성효이세부모大城孝二世父母」와[248] 「대산오만진신」 등을[249] 통해서도 확인해 볼 수가 있다.

다음으로 현장 역의『대승대집지장십륜경』과 관련해서는 651년의 완역 직전인 650년 신라승 신방神昉(혹 大乘昉)이「대승대집지장십륜경서大乘大集地藏十輪經序」를 찬술하는 측면이 존재한다.[250] 책에서「서문」이 차지하는 비중을 고려한다면『대승대집지장십륜경』의 번역에는 신방이 깊게 관여했음을 추론해 볼 수 있다.[251] 실제로 신방은 이 경의 주석서인『십륜경초十輪經抄』전3권도 찬술한 것으로 나타난다.[252]

현장은 643년 음력 4월에 당으로의 귀국 길에 올라 645년 음력 1월 장안에 도착한다.[253] 이런 점에서 본다면『대승대집지장십륜경』의 번역은 귀국 후 약 5년 뒤의 일임을 알 수 있다. 현장이 664년 음력 2월 5일 장안 북쪽의 옥화사玉華寺에서 입적한다는 점을 고려한다면[254] 번역의 순서에 따른 무게 비중을 고려했을 때 이는 결코 낮은 것이 아니다.

현장은 살아서 신격화된 중국불교의 유일한 승려로 동아시아 불교에 미친 영향은 막대하다.[255] 이는 원효와 의상이 현장 문하에서 수학하기 위해 입당하려고 했다는 점 등을 통해서도 단적인 판단이 가능하다.[256] 이런 점에서 현장에 의해 강화된 『대승대집지장십륜경』[257] 역시 통일신라에 영향을 미치게 되는 것은 당연하다.

또 현장의 『대승대집지장십륜경』의 번역으로 인해 7세기 중반부터 8세기 초 당나라에는 지장 신앙이 크게 융성하게 된다.[258] 이런 지장 신앙의 확대와 육조시대부터 확인되는 승려의 사후 구제가 결합된 결과가 바로 용문석굴 등의 조상기라고 하겠다.[259]

현장 문하의 신라 왕족 출신 유학승인 원측圓測(613~696)의 『인왕경소仁王經疏』와 『해심밀경소解深密經疏』에는 『대승대집지장십륜경』의 인용이 확인된다.[260] 그러나 원측은 신라로 귀국하지 않고 당의 동도東都인 낙양의 불수기사佛授記寺에서 84세로 입적한다.[261] 그러므로 원측의 인용을 『대승대집지장십륜경』의 신라 유행으로까지 보기에는 어려움이 있다.

그러나 7세기 후반 신라 둔륜遁倫의 『범망경고적기梵網經古迹記』, 『보살계본기菩薩戒本記』, 『유가론기瑜伽論記』에도 『대승대집지장십륜경』의 인용이 확인된다.[262] 그러므로 이를 통해서 『대승대집지장십륜경』의 신라 유행을 인지해 보는 것은 어렵지 않다.

또 『대승대집지장십륜경』과 직접 연결되는 것은 아니지만 지장 신앙 신앙과 관련해서 주목되는 것으로, 신라 중대인 8세기 중반에 활약한 진표 율사에 대한 「진표전간眞表傳簡」과 「관동풍악발연수석기關東楓岳鉢淵藪石記」(이후 「발연수석기」) 및 『송고승전』 권14의 「금산사진표전金山寺眞表傳」이 더 있다. 이에 따르면 진표가 미륵의 친견을 발원하고 망신참亡身懺에 돌입하자 7일과 14일 후에 지장보살이 먼저 나타나는 내용이 존재한다.[263] 그리고 마지막 21일에는 미륵과 지장이 함께 나타나는데, 흥미롭게도 이때 미륵이 진표에게 준 것은 『점찰경』 2권과 증과간자證果簡子 189개이다.[264] 여기에서 지장은 미륵을 예비하는 존재 정도로 이해된다. 그런데 막상 미륵이 진표에게 주는 것은『점찰경』과 이와 관련된 189개의 간자이다.[265] 즉 미륵 신앙을 중심으로 하는 지장 신앙의 모습이 확인되는 것이다.[266]

주지하다시피 현장은『유가사지론瑜伽師地論』을 수학하기 위해 인도행을 감행하며,[267] 이후 미륵을 주존으로 하는 유가업瑜伽業(자은종, 법상종)을 현양한다. 물론 이를 완성한 것은 규기窺基(632~682)이다. 또 현장의 입적 기록에는 '반드시 도솔천에 나서 미륵을 친견하게 된다'는 부분도 존재한다.[268] 그런데 흥미롭게도 진표에게서는 '현장계의 미륵 신앙'과 '원광 이후의 점찰 신앙적인 요소'가 습합되어 나타난다. 통일신라의 유가업은 현장 → 원측圓測(613~696) → 도증道證(692년 귀국)을 거쳐 제35대 경덕왕(재위 742~765) 때의 태현太賢(혹 大賢)에 의해 개창되었다는 것이 일반적이다.

이에 비해 진표와 관련해서는 '현장 → 신방 → 순제順濟(혹 崇濟)[269] → 진표'로 계승된 것이라는 연구가 있지만 분명하지는 않다.[270] 왜냐하면 순제가 입당 유학승이기는 하지만 순제와 관련된 기록이 너무 단편적이어서 명확한 판단에 어려움이 존재하기 때문이다. 이로 인해 진표를 원광을 계승한 신라불교적인 측면에서 이해하고,[271] 경주 중심의 태현계와 지방의 진표계로 보는 경우도 존재한다.[272] 물론 이와 같은 판단에는 지장 신앙과의 관련이라는 특징적인 측면이 한몫을 하게 된다.

그런데 이러한 '미륵+지장'이라는 두 가지 신앙의 연결점에서 주목되는 것이 앞서 언급한『대승대집지장십륜경』이다. 이는 현장이라는 미륵 신앙자가 번역한 지장 신앙 경전이기 때문이다.

「진표전간」과 「발연수석기」에는 현장이나『대승대집지장십륜경』과 관련된 뚜렷한 언급은 없다. 그러나 현장에게서 확인되는 미륵 중심의 지장 신앙 연결 구조가 진표의 미륵 신앙을 중심으로 하는 지장이란 특이한 방식에 대해 납득이 가능하도록 한다는 점만은 분명하다.

진표의 미륵을 중심으로 하는 지장의 이중 구조는 그의 재전제자再傳
弟子(손제자)인 심지心地에게서도 확인된다. 왜냐하면 심지 역시 지장을 친견
하고 간자를 받는 내용이 「심지계조心地繼祖」에 수록되어 있기 때문이다.[273]
이런 점에서 본다면 진표계 미륵 신앙에는 지장과의 연결성이 후대까지도
유전되는 것을 알 수 있다.[274]

진표에게서 확인되는 미륵과 지장의 이중 구조적 특징은 아미타구존도
阿彌陀九尊圖의 아미타 팔대 보살에서 미륵과 지장이 대칭되는 정형성이 확
립되는 데도 일조했을 것으로 추정된다. 왜냐하면 팔대 보살과 관련해서 가
장 영향력이 큰 『팔대보살만다라경八大菩薩曼茶羅經』이나 『불설대승팔대만
다라경佛說大乘八大曼拏羅經』의[275] ① 성관자재聖觀自在, ② 자씨慈氏, ③ 허공
장虛空藏, ④ 보현普賢, ⑤ 금강수金剛手, ⑥ 만수실리曼殊室利(哩), ⑦ 제개장除
蓋障, ⑧ 지장地藏의 구조에는 미륵과 지장의 대칭 구조가 존재하지 않기 때
문이다.[276]

그러나 1776에 제작된 구례 〈천은사 극락전 아미타불회도〉(보물 제924
호)나 『삼문직지三門直指』 및 『석문의범釋門儀範』 등의 문헌에는 아미타 팔대
보살이 ① 관세음 · ② 대세지, ③ 문수 · ④ 보현, ⑤ 금강장 · ⑥ 제장애, ⑦ 미
륵 · ⑧ 지장으로 되어 있어 미륵과 지장의 대칭 구조가 존재한다.[277] 이는 고
려불화의 아미타구존도 등을 통해서도 어렵지 않게 인지해 볼 수 있다.[278]
즉 늦어도 현존하는 고려불화 아미타구존도가 남아 있는 고려 후기 이전에
는 미륵과 지장의 대치 구조가 확립되어 있었고, 이것이 한국불교적으로는
진표계의 미륵과 지장의 이중 구조와 연결될 수 있다는 말이다.

2.
진표계와 노영의 고려불화 속 지장보살

현존하는 고려불화 중에는 진표계의 지장 신앙과 관련해서 주목되는 작품
이 한 점 존재한다. 그것은 보물 제1887호로 지정되어 있는 1307년 음력 8
월 작 〈노영 필 아미타여래구존도 및 고려 태조 담무갈보살 예배도〉이다.[279]

〈노영 필 아미타여래구존도〉
(국립중앙박물관 소장)

〈노영 필 고려 태조 담무갈보살 예배도〉
(국립중앙박물관 소장)

이 불화는 어딘가에 끼우도록 되어 있는 촉형으로 제작된 작품이다.[280] 앞면에는 아미타구존도가 배치되어 있고, 뒷면의 상단에는 왕건이 금강산에서 담무갈보살을 친견해 예배했다는 전승이 그려져 있다. 그리고 하단에는 반가부좌의 지장독존도地藏獨尊圖가 배치된 것이 확인된다.[281] 즉 뒷면의 상하가 분절되어 전체적으로는 세 가지의 불화가 양면으로 존재하는 것이다.

금강산이 불교화되는 것은 1차가 신라 중대에 진표의 발연수鉢淵藪('藪'는 '寺'와 통함) 개창과 이곳에서의 입적이다. 이를 계기로 금강산은 본격적인 불교화의 기틀을 확립한다.[282]

2차는 원 간섭기 초에 원의 세계제국 성립과 함께 동단東端의 성지로 금강산이 담무갈(법기)보살의 성산聖山으로 변모하는 부분이다.[283] 흔히 금강산 하면 이 중 2차를 떠올린다. 그런데 금강산이 불교화되는 데 있어 보다 중요한 인물은 진표이다. 그러므로 이 역시 중요한 의미를 지닌다.

그런데 1199년 영잠瑩岑이 찬한 〈발연수진표율사장골비鉢淵藪眞表律師藏骨碑〉와 『삼국유사』 「관동풍악발연수석기關東楓岳鉢淵藪石記」에 따르면 진표는 개골산皆骨山(금강산)에 발연수를 창건하고 점찰법회를 개설한 것으로 되어 있다.[284] 즉 금강산의 보살 신앙 구조에 지장의 존재가 인지되는 것이다.

물론 『점찰경』를 진표에게 준 것이 미륵이며, 진표가 지장보다는 미륵 신앙자였다는 점에서 금강산에 미륵 신앙적인 요소 역시 충분히 존재했을 것으로 판단된다. 이와 같은 내용을 일부나마 확인해 볼 수 있는 기록

〈노영 필 아미타여래구존도〉의
지장보살 부분

이 후대의 것이기는 하지만 1345년 이곡李穀 (1298~1351)이 지은 〈금강산장안사중흥비金剛山 長安寺重興碑〉이다. [285]

그런데 흥미롭게도 〈노영 필 아미타여래구존도 및 고려 태조 담무갈보살 예배도〉를 보면, 전면의 아미타구존도 속에는 성문형과 보살형의 중간 형태인 지장보살이 아미타불의 우측 위에 그려져 있고, 뒷면의 하단에는 성문형의 지장독존이 큰 비중으로 표현되어 있다. 즉 전후면에 모두 지장보살이 묘사되어 있는 것이다. 이는 이 불화 속에서 지장보살이 보살 중 최고의 위상을 차지하는 것으로 이해될 수 있다. 특히 이 불화가 금강산과 관련해서 '왕건의 담무갈보살 예배'라는 커다란 상징성을 내포함에도 불구하고, 담무갈에 비해 지장의 위상이 더 크다는 점은 시사하는 바가 적지 않다.

왕건(재위 907~918)의 담무갈 예배는 금강산의 담무갈 성산화聖山化가 원 간섭기 초에 이루어진다는 점에서, 고려 후기에 금강산 불교 쪽에서 자신들의 권위와 전통을 강조하기 위한 종교적 주장일 뿐이라는 사실이 밝혀졌다. [286] 그러나 노영이 불화를 그릴 때인 1307년에는 이와 같은 내용이 사실로 받아들여졌을 것이다. 이런 점에서 태조의 담무갈 친견과 참배는 금강산에 대한 고려불교의 당위성을 나타내 주는 중요한 측면이라고 하겠다. 그런데 그 하단에 반가부좌의 지장 독존이 담무갈보다도 더 크고 주목되는 위치에 배치되어 있는 것이다.

〈노영 필 아미타여래구존도 및 고려 태조 담무갈보살 예배도〉가 1307년의 금강산 신앙 구조를 정확하게 나타낸 것이라고는 말할 수 없다. 그러나 이를 통해서 최소한 아미타불과 담무갈·지장의 신앙 구조를 읽어 보는 것이 가능하다는 점만은 분명하다. 즉 진표계의 미륵이 담무갈로 대체되면서 약화되고, 지장은 유전하고 있다는 해석이 가능한 것이다.

특히 뒷면 하단의 반가부좌를 취한 지장독존도의 크기와 배치 구도는 당시 지장보살의 위상이 상당했음을 짐작해 볼 수 있게 한다. 실제로 지장 중심의 현존하는 고려불화 총 25점 중 일본 도카이안[東海庵] 소장〈아미타(내영)독존도阿彌陀(來迎)獨尊圖〉나「환혼기」및 인로왕보살도引路王菩薩圖 등과

〈아미타(내영)독존도〉(일본 도카이안 소장)　　　〈지장독존도〉(일본 요주지 소장)

〈노영 필 고려 태조 담무갈보살 예배도〉의 지장보살 우측에 예배하는 노영과 그 부분

영향 관계가 존재한다고 판단되는 9점의 지장독존도(입상)를 제외하면,[287] 반가부좌의 지장독존도는 일본 요주지[養壽寺] 소장본의 1점이 유일하다.

이런 점에서 본다면 〈노영 필 아미타여래구존도 및 고려 태조 담무갈보살 예배도〉에서 확인되는 지장독존도의 모습은 1307년 당시 금강산의 지장 신앙이 상당했음을 변증해 주는 한 측면이 된다고 하겠다. 실제로 〈고려 태조 담무갈보살 예배도〉의 하단을 자세히 보면 지장보살의 우측에 노영 자신을 표현해 놓고 이름을 적어 놓은 것이 확인된다. 그런데 노영의 예배 대상은 담무갈이 아닌 지장보살임을 분명히 하고 있다.

이는 1차적으로는 노영이 지장 신앙을 중시한 인물이었다는 것을 알게해 준다. 하지만 그럼에도 금강산이 담무갈보살의 성산이라는 점을 고려한다면 이는 크게 주목되는 측면이라고 하겠다.[288] 노영의 개인 신앙적인 측면을 고려한다고 하더라도 지장 신앙의 약진이 목도되는 것이다. 이는 진표에 의해서 금강산에 이식된 지장 신앙이 이후 그가 중시한 미륵 신앙보다도 더욱 강력한 모습으로 고려 후기까지 유전하고 있었음을 나타내 준다.

그러나 이 불화의 제작 연대인 1307년에 비해 약 40여 년 후인 1345년에 작성된 이곡의 〈금강산장안사중흥비〉를 보면 담무갈(법기)보살과 지장의 독주 체제는 확인되지 않는다. 그러나 이를 통해 당시 금강산의 신앙 대상과 구조를 판단해 볼 수 있다는 점에서는 주목된다. 이의 해당 기록을 제시해 보면 다음과 같다.

(본전本殿의) 존상 배치는 비로자나毗盧遮那(불)을 (중심으로) 좌우에 노사나盧舍那(불) 석가문釋迦文(불의 삼존)이 크고 우뚝한 모습으로 가운데 자리한다. (그 주위를) 15,000불萬五千佛과 53불五十三佛이 두루하게 겹겹으로 둘러서 정전正殿에 모셔져 있다. 관음대사觀音大士는 천수천안의 (형상)으로 문수·보현·미륵·**지장**의 (네 보살과) 더불어 선실禪

室에 봉안되었다. 아미타와 관련된 53불과 **법기(담무갈)보살**은 보충적인 노사나(불)과 함께 해장지궁海藏之宮에 배치되어 있다. (이들) 모든 (존상은) 그 장엄함이 지극하다.■[289]

금강산의 최고 사찰은 유점사楡岾寺이다. 그러나 장안사長安寺 역시 표훈사表訓寺, 신계사神溪寺와 더불어 금강산의 사대 사찰에 드는 금강산을 대표하는 사찰임에 틀림없다. 이 기록에서 주목되는 것은 장안사의 신앙 중심이 담무갈보살보다도 법신·보신·화신의 삼신불이었다는 점이다. 그리고 아미타불의 극락정토 신앙과 천수관음의 현세 구제적인 신앙 역시 강조되는 모습이 확인된다. 즉 노영의 고려불화에서 확인되는 것과는 다른 신앙 구조가 목도되는 것이다.

인용문의 '15,000불'은 일본 후도인[不動院]에 소장된 고려불화 〈비로자나불도〉(혹 〈노사나불도〉)에 비로자나를 중심으로 하는 15,000불이 존재한다는 점에서, 이와 같은 관점에서의 이해가 가능하다.■[290] 또 앞의 '53불'은 1297년 민지가 작성한 『금강산유점사사적金剛山楡岾寺事蹟』에 수록되어 있는 유점사 및 금강산의 불교적인 연기 설화에 등장하는 53불의 영향에 의한 것으로 판단된다.■[291]

또 뒤의 '아미타와 관련된 53불'은 법장비구의 극락발원과 관련된 세자재왕여래까지 연결되는 53불로 추정되며,■[292] '법기보살'이라는 명칭은 60권 『화엄경』의 담무갈에 상응하는 80권 『화엄경』의 보살명이다. 즉 전체적으로 80권 『화엄경』을 중심으로 화엄사상에 입각한 구조 속에서 53불과 법기보살이라는 금강산적 특수성이 가미된 신앙 체계가 확인되는 것이다.

〈금강산장안사중흥비〉는 당시 120여 칸의 규모로 중수된 장안사의 내용을 전하고 있다. 이런 점에서 고려 말 장안사를 중심으로 하는 금강산의 신앙 구조를 나타내 주는 중요한 문헌이다. 그러나 이러한 장안사 중심의 신앙 구조가 금강산의 전체를 대변할 수 있는 것인지, 또 이것이 이전 시대의 전통까지도 일관할 수 있는 것인지는 의문이다. 즉 1307년의 유물적인 측면으로는 지장 신앙의 강세를, 그러나 1345년의 기록으로는 화엄과 정토를 중심으로 하는 다양한 신앙 체계의 혼입을 살펴볼 수가 있는 것이다.

〈비로자나불도〉(혹은 〈노사나불도〉) 부분. 일본 후도인[不動院] 소장의 이 고려불화를 자세히 보면 만오천 불의 표현을 확인할 수 있다.

제2절

『지장경』의 영향과
오만진신 신앙 속 지장보살

1.
오만진신 신앙과 남대의 지장보살

『십륜경』, 『점찰경』이 중국에서 빠르게 번역, 유통되었다는 것은 이들 경전이 한반도에 미치는 영향 역시 빠를 수밖에 없다는 것을 의미한다. 이런 점에서 이들 경전보다 늦은 『지장경』의 영향이 한반도에서 『십륜경』과 『점찰경』보다 후에 나타나는 것은 당연하다.

한국불교에서 『지장경』과 관련된 가장 빠른 기록은 앞서 언급한 『삼국유사』 권3의 「대산오만진신」이다. 이와 유사한 내용은 일연一然(1206~1289)과 한 세대 정도 차이가 나는 민지의 『오대산사적기』 「태자전기」에서도 살펴진다.

민지는 몽고의 전란 이후에 사세를 수습한 오대산 측의 요청으로 관련 자료들을 넘겨받아 1307년 음력 2월에 『오대산사적기』을 완성한다.■²⁹³ 당시 민지는 오대산 외에도 현재 한반도의 중부권에 위치한 세 성산, 즉 오대산-문수, 보개산寶盖山-지장, 금강산-담무갈(법기)과 관련된 모든 사적기를 찬술하는 면모를 보인다.

참고로 『유점사사적기楡岾寺事蹟記』는 1297년 음력 11월에, 그리고 『풍악산장안사사적기楓嶽山長安寺事蹟記』는 1305년 음력 9월, 끝으로 「보개산석대기寶盖山石臺記」는 1307년 음력 8월에 찬술된다.■²⁹⁴ 즉 몽고 전란 이후의 사찰 수습과 이에 따른 문헌 정리의 필연성, 그리고 당시 향언鄕言 자료에 대한 한자로의 변화라는 시대적 요구에 따라 일련의 사적기 찬술 작업이 진행되는데,■295 이 과정에서 민지가 상당한 역할을 하고 있는 것이다. 그리고 이러한 일련의 과정 중에『오대산사적기』도 존재한다.

그런데 신이사관神異史觀을 가진 당대 최고의 문신文臣 민지는■296 사적기 찬술에서 해당 사찰이 제공한 자료를 범주별로 정리하는 방식을 취했다.■297 즉 유교적인 괴怪·력力·난亂·신神의 거부와■298 같은 합리성에 의한 재단裁斷이 존재하지 않는 것이다. 이러한 민지의 편찬 방식은 원 자료가 효율적으로 남도록 한다. 이는 현대의 입장에서 민지의 기록이 사료적인 가치가 매우 높다는 것을 의미한다.■299 즉「대산오만진신」과 더불어 민지의「태자전기」를 통해 오대산의『지장경』과 관련된 내용을 대조해서 비교적 소상히 파악해 볼 수가 있는 것이다.

두 자료에 따르면 오대산의 오만진신 신앙은 왕위 계승 과정에서 오대산으로 은거한 보천(혹 淨神)과 효명이 오대산의 오대五臺에서 각기 5만의 진신眞身이 출현하는 종교 체험을 한 것에서 기인한다. 오대오만진신은 '동대-1만 관세음, 남대-1만 지장, 서대-1만 대세지, 북대-1만 미륵(혹 500나한), 중대-1만 문수'이다.■300

보천과 효명의 종교 체험을 후에 신앙 형태로 구조화한 것이 오대사五臺社(혹 오대결사)의 건립과 각 대의 보살 신앙 체계이다. 그런데 흥미로운 것은「대산오만진신」과「태자전기」의 내용이 전체적으로는 대동소이하지만 오만진신 신앙의 정립자와 관련해서는 이견을 보이고 있다는 점이다.

「대산오만진신」에서는 이를 보천으로 기록하는 반면,「태자전기」에는 효명이 보위에 오른 후의 성덕왕으로 적시하고 있기 때문이다. 이는 오만진신 신앙 체계를 오대산에 끝까지 남아서 수도한 '보천이라는 승려를 중심으로 이해할 것이냐'와 '성덕왕이라는 군주를 중심으로 볼 것이냐'에 따른 관점 차이라고 하겠다. 즉 오만진신 신앙과 관련해서는 '승려 중심'과 '국왕의 권위를 부여받은 것'에 대한 중요도와 관련된 논란이 존재하는 것이다.

참고로 오만진신 신앙의 미세한 문헌적인 타당성만으로 놓고 본다면 「태자전기」가 더 고층의 자료이다. 이는 북대 기록에 1만 미륵이 존재하고 있어 「대산오만진신」이 적시하고 있는 북대 500나한에 비해 5만이라는 숫자적 타당성과 보살 신앙이라는 양자적인 타당성을 더 크게 담보하기 때문이다.[301] 그러므로 「태자전기」의 북대 1만 미륵이 「대산오만진신」의 북대 500나한으로 바뀌는 것은, 1만 미륵 신앙이 후에 500나한으로 개변된 것에 따른 변화된 기록이라고 하겠다.[302]

그러나 오만진신 신앙의 구조 정립자와 관련해서는 성덕왕보다 보천의 타당성이 더 크다. 왜냐하면 진여원眞如院(上院寺)은 성덕왕과 관련되지만,[303] 오만진신 신앙은 보천에 의한 것으로 분리되어 있던 것이 후에 오대 신앙 마저 국왕의 권위와 타당성을 입기 위해 개변된 것으로 이해되기 때문이다.[304]

오만진신 신앙의 구조와 관련해서는 「태자전기」의 타당성이 더 크므로 이를 먼저 언급하고 「대산오만진신」의 대비를 시도해 보고자 한다. 또 오만진신 신앙 구조의 전체를 언급하는 것은 번잡하므로 여기에서는 간략히 도표화하는 것으로 대신해 보도록 하겠다.[305]

북대 - 흑黑

- 석가여래-**일만미륵보살·오백나한**(白蓮社)
- 晝:『(대방편)불보은경』,『열반경』
- 夜: 열반예참

서대 - 백白

- 무량수여래-일만대세지(水精社)
- 晝:『묘법연화경』
- 夜: 미타예참

중앙 - 황黃

- 비로자나-문수삼십육화형(華嚴社)
- 晝:『화엄경』,『반야경』
- 夜: 문수예참

동대 - 청靑

- 일만관세음(圓通社)
- 晝:『금광명경』,『인왕반야경』, 「대비심주」
- 夜: 관음예참

남대 - 적赤

- 8대보살-일만지장(金剛社)
- 晝:『지장경』,『금강반야경』
- 夜: 점찰예참

다섯 사찰의 본사

- 비로자나삼존-**화엄사**(구 보천암)
- 晝:『대장경』
- 夜: **신중**

여섯 사찰의 도회

- 하원-문수갑사

북대 – 흑黑

- 석가여래–**오백나한**(白蓮社)
- 畫:『(대방편)불보은경』,『열반경』
- 夜: 열반예참

서대 – 백白

- 무량수여래–일만대세지(水精社)
- 畫:『묘법연화경』
- 夜: 미타예참

중앙 – 황黃

- 비로자나–문수삼십육화형(華嚴社)
- 畫:『화엄경』,『반야경』
- 夜: 문수예참

동대 – 청靑

- 일만관세음(圓通社)
- 畫:『금광명경』,『인왕반야경』,「**천수주**」
- 夜: 관음예참

남대 – 적赤

- 8대보살–일만지장(金剛社)
- 畫:『지장경』,『금강반야경』
- 夜: 점찰예참

다섯 사찰의 본사

- 비로자나삼존–**화장사**(구 보천암)
- 畫:『대장경』
- 夜: 화엄신중

여섯 사찰의 도회

- 하원–문수갑사
- 畫·夜: 화엄신중예참

앞의 두 표를 보면 전체적으로는 대동소이해 보이지만 강조 표기를 한 네 곳에서 차이가 있음을 알 수 있다. 바로 이 부분을 통해 원래의 자료에 입각한 선후 판단이 가능하다.[308]

오만진신 신앙 구조에서 『지장경』 및 지장 신앙과 관련해 중요한 부분은 남대의 지장방地藏房에 대한 내용이다. 그러므로 이에 대해 전문을 제시해 보면 다음과 같다.

「정신태자효명태자태자전기」

성덕왕이 또 말했다. … "남대南臺의 남면南面에는 지장방을 창건해서 그 안에는 원상圓像의 지장을 봉안하라. 또 붉은 바탕에 팔대八大 보살을 상수上首로 하여 일만 지장의 불화를 완성하라. 또 정중精衆 오원五員으로 하여금 낮에는 『지장경』, 『금광반야(경)金光般若(經)』을[309] 독송하고 밤에는 점찰예참占察禮懺을 염송토록 하며, 이를 금강결사金剛結社라 부르도록 하라."[310]

「대산오만진신」

보천이 장차 원적지일圓寂之日에 (유촉하기를) 후래後來 산중山中에서 행할 보익방가지사輔益邦家之事를 기록해서 남겼으니 다음과 같다. … "적임赤任인 남대의 남면에는 지장방을 설치하라. (그 안에는) 원상의 지장을 봉안하고, 붉은 바탕에 팔대 보살을 상수로 하여 일만 지장상을 그려라. 복전福田 오원으로 하여금 낮에는 『지장경』, 『금강반야(경)金剛般若(經)』을 독송하고 밤에는 점찰예참을 하며, 금강사金剛社라 칭하라."[311]

인용문을 보면 남대의 남면, 즉 남쪽에 지장방을 설치하고 그곳에 원상

의 지장상과 팔대 보살을 상수로 하는 1만 지장보살의 불화를 조성하도록
한 것이 확인된다. 또 불화의 바탕은 붉은색을 사용했는데, 이 역시 오행에서
남쪽이 적색(동-청, 남-적, 서-백, 북-흑, 중앙-황)인 것과 연관해서 이해된다.[312]
즉 오행의 남쪽과 남방의 지장이라는 측면이 전체적으로 강하게 작용하고
있는 것이다.

　　이와 같은 구조가 지장보살을 모신 법식이라면, 그 안에 5명(五員)의 승
려가 낮에는『지장경』과『금강경』, 밤에는 점찰예참을 한 것으로 되어 있다.
그리고 이러한 전체를 통칭하여 금강결사로 칭한 것이 확인된다.

2.
지장보살의 남방 배치와 『지장경』

오만진신 신앙의 지장 배치에서 가장 주목되는 것은 지장의 위치가 남방이라는 점이다. 이는 남면南面 및 적색이라는 측면을 통해서 재차 강조되고 있다.

그런데 『지장경』의 「지신호법품地神護法品」에는 견뢰지신堅牢地神이 붓다께 다음과 같이 지장보살상을 '남방南方의 청결지지淸潔之地'에 모시면 열 가지 이익이 발생한다는 대목이 있어 주목된다. 이를 제시해 보면 다음과 같다.

> 견뢰지신: 세존이시여! 제가 보기에 미래와 현재의 중생들이 주처住處하는 바의 **남방南方** 청결淸潔한 땅에 토土·석石·죽竹·목木으로 감실龕室을 만들고, 그곳에 소조나 불화 내지 금·은·동·철로 지장의 형상을 만들어 소향燒香 공양하고 첨례瞻禮 찬탄하면, 이 사람의 거처는 십 종의 이익을 얻게 됩니다.
> 어떠한 것이 열 가지인가? 첫째는 토지에 풍년이 들고, 둘째는 가택이 영안永安하며, 셋째는 **선망자先亡者가 생천生天하고**, 넷째는 현존하는 이의 수명이 늘어나며, 다섯째는 구하는 바가 뜻대로 이루어지고, 여섯째는 수화水火의 재난이 없으며, 일곱째는 삿됨을 물리치고, 여덟째는 악몽을 두절하며, 아홉째는 출입에 선신이 수호(神護)하고, 열째는 성스

러운 인연(聖因)을 많이 만나게 되는 것입니다.■313

인용문을 보면 지장보살은 남쪽 정갈한 곳의 감실에 모시라고 되어 있는데, 이를 통해서 남대-지장의 배치 타당성을 인지해 볼 수 있다.

그렇다면 오대산 문헌의 남대 지장 배치를 함께 등장하는 『지장경』의 영향으로 보는 것이 타당할까? 그러나 문제는 그리 간단하지 않다. 왜냐하면 당시에 『지장경』이 완전히 정리된 상태인지가 불분명하고, 또 『십륜경』에도 지장과 남방의 관계가 언급되어 있기 때문이다.

오만진신 신앙은 성덕왕 때 정립되는 것이므로 이 시기의 『십륜경』은 『대방광십륜경』이 아닌 현장 역의 『대승대집지장십륜경』으로 판단하는 것이 타당하다. 이와 같은 측면을 바탕으로 『대승대집지장십륜경』 속 지장의 남방 관련 기록을 제시해 보면 다음과 같다.

> 한때 박가범薄伽梵(세존)은 거라제야산佉羅帝耶山의 제모니선소의주처諸牟尼仙所依住處에 계셨다. … 이때 **남방**에서 대향운大香雲이 와서 대향우大香雨를 내리고, 대화운大花雲이 와서 대화우大花雨를 내리며, 대묘수려보식운大妙殊麗寶飾雲이 와서 대수려묘보식우大殊麗妙寶飾雨가 내리고, 대묘선결의복운大妙鮮潔衣服雲이 와서 대묘선결의복우大鮮潔妙衣服雨가 내렸다. 이렇게 제운우諸雲雨가 그 산과 제모니선소의주처에 두루 충만하였다. … 세존이 이와 같이 지장보살의 제공덕諸功德을 설하여 마쳤다. 이때 지장보살마하살이 팔십八十 백百 천千 나유타那庾多(nayuta, 兆) 빈발라頻跋羅(vimvara, 十兆) 보살들과 함께, 신통력으로 **성문聲聞의 모습으로 나타나 남방으로부터 와서 부처님** 앞에 이르렀다.■314

인용문과 유사한 내용이 당연히 『대방광십륜경』에서도 살펴지는데■315

『대방광십륜경』과 완전히 같은 내용이『지장보살다라니경地藏菩薩陀羅尼經』에도 등장한다. [316] 이는『지장보살다라니경』이 번역된『대방광십륜경』을 기반으로「지장보살다라니」를 추가했기 때문이다.

『대승대집지장십륜경』에서 확인되는 지장과 남방의 연결 기록은 '남방의 전조前兆'와 '남방에서 오는 성문형의 지장보살'로 요약될 수 있다. 이외에도 지장과 남방에 대한 언급으로는 당 말에 중국에서 찬술된『지장보살경』의 "이때 지장보살이 **남방유리세계南方瑠璃世界**에 주석하고 있었다. … 곧 **남방에서부터 지옥 중中으로 왔다.**"라는 대목이 존재한다. [317]

그러나『지장보살경』은 지옥과 염라 및 극락과 천당 등 후대의 다양한 요소들이 혼합된 것이므로 남방 문제와 관련해서 이렇다 할 주목 대상은 아니다. 다만 이를 통해서 지장과 남방의 관계가 비교적 이른 시기에 일반화되어 있다는 정도를 알 수는 있다.

이외에도『불공견색신변진언경』권9의 밀교 도상 배치와 관련해서도 지장보살은 **남면南面**에서 동쪽의 첫째에 배치되는 것으로 되어 있다. [318] 즉 지장의 남방과 관련된 일관성이 목도되는 것이다. [319]

오늘날까지『불교의식문』에는 지장보살을 "남방화주南方化主"라고 칭한다. [320] 남방화주에 대한 불화 속 표현은 일본 요다지[興田寺]에 소장되어 있는 15세기의 〈지장삼존육보살도〉의 우측에 "남방화주지장대성南方化主地藏大聖"이라는 방제를 통해도 확인된다. [321] 이 역시 지장과 남방의 관련성이 후대까지 유전되는 측면이라고 하겠다.

또 지장이 무불시대의 주관자라는 점을 고려한다면 지장과 남방의 연결은 석가모니와 미륵이 성불하고 교화하는 장소인 남섬부주와 관련해서도 이해될 수 있다. 실제로 '지장-남방'의 구조를 남섬부주 및 남쪽의 따스함과 연관된 풍요와 연결시켜 이해하는 관점도 일부 존재한다. [322] 이렇게 놓고 본다면 지장은 남방 또는 남섬부주에서 1불一佛의 세계인 삼천대천세계三千大

千世界를■323 주관하고 구제하는 보살이라고 하겠다.

　이상과 같이 지장과 남방의 관련성이 정리되면 오만진신 신앙의 구조에서 지장이 왜 하필 남방에 배치되는 것인지에 관해 이해할 수 있게 된다. 그렇다면 이제 남은 것은 오만진신 신앙에서 확인되는『지장경』을『지장보살본원경』으로 볼 수 있느냐 하는 문제다. 왜냐하면『지장경』이라는 명칭은 지장과 관련된 다소 포괄적인 명칭이기 때문이다.

　그렇지만 분명한 것은 여기에서의『지장경』이 최소한『점찰경』과『십륜경』에 대한 명칭으로 보기는 쉽지 않다는 점이다. 먼저『지장경』으로 불릴 가능성이 있는 것은『점찰경』이다. 왜냐하면『점찰경』의 이칭 중 하나가『지장보살경』이기 때문이다.■324 그러나 오만진신 신앙 기록에 "점찰예참"이 존재하는데 군이『점찰경』이 아닌『지장경』으로 기록할 필요가 있는가 하는 의문이 생긴다. 앞서 언급한 것처럼 북대의 신앙 구조에는 열반예참과『열반경』과 같이 명칭의 일치성이 존재한다. 이는 동일 문헌 안에서 점찰예참과『점찰경』을 군이 점찰예참과『지장경』으로 표기할 필연성이 존재하지 않는다는 것을 의미한다. 즉 동일 문헌 안에서의 일관성이라는 입장에서 볼 때『지장경』을『점찰경』으로 볼 개연성은 존재하지 않는 것이다. 이는「대산오만진신」과「태자전기」의 두 문헌이 공히『지장경』을 사용하고 있다는 점에서도 일정 부분 방증될 수 있다.

　또『점찰경』은 경의 특성상 점사와 관련된 측면이 존재하므로 독송용으로 사용하는 것이 쉽지 않다. 이런 점에서『점찰경』을『지장경』으로 표기했을 가능성은 없다고 판단된다.

　그렇다면 남은 것은『십륜경』, 즉『대승대집지장십륜경』을『지장경』으로 볼 수 있느냐이다. 실제로 선행 연구에는『지장경』의 성립 문제로 인해 여기에서의『지장경』을『십륜경』으로 이해한 연구도 일부 존재한다.■325 그러나 여기에는 현장에 의해서 신라불교에 분명하게 각인된『십륜경』을 군이『지장경』이라는 새로운 명칭으로 부를 이유가 없다는 점, 또 이와 유사한 다른 실례가 후대 문헌에서조차 전혀 살펴지지 않는다는 문제점이 존재한다.

『지장경』의 명칭과 관련해서 불교 신자인 유학자 민지는 전문가가 아니므로 명확한 판단을 하지 못했을 수도 있다. 그러나 보각국사 일연의 인식에서『지장경』은『십륜경』이 아닌『지장보살본원경』이었기 때문에 수정 없이 『지장경』으로 기록되었을 것이다. 만일 당시 일연의 판단에 의심이 존재했다면『삼국유사』의 일반적인 주석 형식에서처럼『십륜경』을 주석으로 기록했을 것이다.

역사는 과거에 대한 기록이지만, 그럼에도 기록자의 시대를 일정 부분 반영할 수밖에 없다. 이런 점에서 본다면『지장경』으로 기록하고 있는 일연의 고려 후기 관점에서는 이를『지장보살본원경』으로 이해했을 때 문제가 없었다고 하겠다. 즉「대산오만진신」에서의『지장경』이『지장보살본원경』인지는 불분명하지만, 최소한 일연이 당시 적고자 하는 경전은 분명히『지장보살본원경』이었던 것이다. 또 이는 그때까지『십륜경』을『지장경』의 이칭으로 생각하는 관점이 존재하지 않았음을 알게 하는 것이기도 하다. 즉『지장경』을『십륜경』으로 파악하는 것도 쉽지 않은 것이다.

이런 점에서 본다면 여기에서의『지장경』은 앞서 제시한 바와 같이 지장과 명부의 결합 구조에서 초기에 존재한 모종의 경전(Q자료)으로 보는 것이 타당하다. 즉『지장보살본원경』으로 전개·완성되는 시원적인 경전이라는 말이다.

끝으로 오만진신 신앙의 구조에서『지장경』과 함께 등장하는 점찰예참의 존재는 원광과 진표로 연결되는 중간 단계로서의『점찰경』유행 양상을 파악할 수 있게 한다. 보천과 효명이 수도인 경주에 살던 왕자였다는 점은 원광에 의해 경주를 중심으로 확대된『점찰경』의 영향이 하슬라何瑟羅(河西)

로까지^{■326} 전해졌을 개연성의 근거가 된다. 즉『점찰경』의 확대는 '경주-원광 → 하슬라-오대산 보천 → 완산주-진표 → 금강산-진표 → 속리산-심지'와 같은 전개 양상으로 이해해 볼 수 있는 것이다.

3.
남대 지장 신앙의 특징과 전개

오대오만진신 신앙의 가장 큰 특징은 전체적으로 붓다가 아닌 대승보살이 주를 이루고 있다는 점이다.[327] 물론 중대는 '비로자나-문수', 서대는 '아미타-대세지', 북대는 '석가모니-미륵'으로 붓다와 보살이 함께 등장하지만 동대와 남대는 각각 관세음과 지장이 보살독존으로 등장하는 독립적이고도 완전한 보살 신앙으로 나타난다.

　동대의 관세음은 서방극락의 아미타불과 관련되지만 서대는 대세지가 점유하고 있다. 또 관세음은 극락세계 아미타불의 좌보처인 동시에 극락에서 봤을 때 동방이 되는 남섬부주의 보타락가산補陀洛迦山(Potalaka, 小白華·光明山)에도 주처住處를 가지고 있다.[328] 즉 관세음은 서방극락과『화엄경』「입법계품」과 관련된 남인도의 보타락가산이라는 이중의 주처를 가지고 있는 것이다.[329]

　이와 같은 이중성이 존재하는 이유는 관세음이 독립 신앙이었다가 후에 아미타 신앙과 결합하기 때문이다.[330] 이런 관음 신앙의 기원적인 이중성이 오만진신 구조에서 다시금 재분리되며, 아미타의 우보처인 대세지를 서방으로 배치하고 관세음은 보타락가산과 관련해 동방으로 배치되는 것이 아닌가 판단된다.[331]

　실제로 고려불화에서도 관세음보살도는 아미타삼존도나 아미타구존도에서와 같이 아미타불과 함께하는 방식으로 존재한다. 그러나 이와 동시에 보타락가산을 배경으로 하는 수월관음도라는 독자성도 가지고 있다. 즉 관세음보살과 관련된 이중 구조가 고려불화의 속에서도 유전되고 있는 것이다.

현재 고려 후기의 작품만 존재하고 있는 고려불화에서 확인되는 관세음보살도의 이중 구조가 신라 중대로까지 소급될 수 있는지는 분명하지 않다. 그러나 정토삼부경을 기반으로 극락왕생을 구하는 정토종이 동진東晉의 여산 혜원廬山慧遠(334~416)과 북위北魏의 담란曇鸞(476~?)에 의해 확립된다는 점,[332] 또 보타락가산의 관세음이라는 이미지가 초당시대와 신라의 삼국통일 직후부터 막대한 영향력을 행사하는 화엄종과 관련된다는 점, 그리고 해동화엄의 초조인 의상에게 보타락가산 중심의 관음 신앙과 관련된 낙산사 설화와[333]「백화도량발원문」이 존재한다는 점에서[334] 관세음보살도의 이중 구조는 신라 중대로까지도 소급될 수 있다고 하겠다. 이는「낙산이대성 관음 정취 조신」의 쌍죽 표현이[335] 고려불화 수월관음도에 영향을 주고 있다는 점에서도 판단될 수 있다.[336] 즉 동대의 관세음 배치는 극락의 좌보처로서의 관세음보다는 수월관음도의, 서방극락에 상응하는 동방 보타락가산의 관세음을 반영하고 있다고 하겠다.

남대-지장의 독립성은 동대-관세음과는 또 다르다. 지장보살은 대승의 보살들 중 어떤 붓다와도 연관성이 존재하지 않는 특수한 입각점을 가진다. 이런 지장의 신앙적 발전으로 인해 무불시대 주관자라는 관점도 부가될 수 있었던 것이 아닌가 한다.

지장이 무불시대 주관자라는 점은 매우 중요하다. 이는 보살이면서도 보살을 넘어선다는 해석이 가능하기 때문이다. 이로 인해 남대의 지장보살에게는 팔대 보살을 대동할 수 있는 구조가 나타난다.[337]

『십륜경』권1에 살펴지는 지장보살의 권속은 모두 다 성문이다.[338] 이러한 점에서 지장이 팔대 보살을 동반하는 방식은 경전적인 내용을 배경으

로 한다기보다는, 지장의 권위가 높아진 측면을 반영한 것으로 이해된다.

팔대 보살의 위요圍繞를 받는 것은 석가모니나 아미타와 같은 최고격의 신앙 대상인 붓다에게 나타나는 구조이다. 그런데 지장은 보살임에도 이와 같은 양상이 목도되는 것이다. 보살이 같은 위계의 보살을 대동한다는 것은 일반적이지 않다. 이러한 비일반적인 양상이 가능하도록 하는 사상 배경이 바로 지장을 무불시대의 주관자라 하는 측면이라고 하겠다.

지장에게 배속된 팔대 보살이 누구를 지칭하는 것인지는 분명하지 않다. 그러나 이를 통해서 지장이 보살임에도 붓다와 같은 위상을 일정 부분 확립하고 있는 점을 인지해 보는 것은 어렵지 않다.

실제로 후대 일본에서의 개변이기는 하지만, 일본 치온인[知恩院] 소장의 1320년 작 〈지장시왕권속도〉에는 보살형의 존상이 추가되는 모습이 확인된다.[339] 이 역시 이와 같은 관점 때문에 가능했을 것으로 판단된다.

〈지장시왕권속도〉 부분(일본 치온인 소장). 중앙의 지장보살 양옆으로 보살형 존상이 살펴진다.

〈아미타·지장병립도〉(미국 메트로폴리탄 뮤지엄 소장)

　　그러나 현존하는 고려불화에는 보살의 위요를 받는 지장보살도는 존재하지 않는다. 그렇지만 오만진신 신앙의 남대 구조 속에 이와 같은 내용이 등장하고 있다는 점은 이러한 도상 역시 일정 부분 존재했을 개연성을 환기한다. 왜냐하면 조선 초기의 지장보살도에는 육보살이나[340] 팔보살이 묘사되는 경우가 비율상으로 약 50퍼센트 정도나 되기 때문이다.[341]

　　이외에도 미국 메트로폴리탄 뮤지엄에는 고려불화 중에서도 가장 특이한 구도의 〈아미타·지장병립도〉가 있다. 이 불화가 특이한 것은 아미타불과 지장보살이 대등한 크기로 병립하고 있기 때문이다.[342]

　　고려불화에는 〈관음·지장병립도〉처럼 다른 유형의 병립도도 존재한다. 그러나 이는 보살 대 보살이라는 대등 관계이기 때문에 문제될 것이 없

다. 그런데 〈아미타·지장병립도〉는 붓다와 보살의 대등 관계라는 점에서 이해가 쉽지 않다.[343]

실제로 아미타삼존도나 아미타구존도에 지장이 포함되는 경우에는 주대종소법主大從小法과 고려불화의 위계 차이를 나타내는 이단 구조 등의 요소를 통해 붓다와 보살 간 위계 차가 분명하게 드러난다.[344] 이런 점에서 본다면 고려불화의 기본인 주대종소법과 이단 구조의 위계 차이를 따르지 않는 〈아미타·지장병립도〉의 존재는 종교화에서는 매우 특수한 경우라고 하겠다. 이러한 특수성이 납득될 수 있는 유일한 불교 내적인 사상 배경이 바로 지장보살이 무불시대의 주관자라는 측면이다. 또 신앙과 관련해서는 남대 지장이 팔대 보살과 함께한다는 내용이라고 하겠다. 즉 〈아미타·지장병립도〉의 이해가 가능하도록 하는 해법 중 하나가 남대 지장의 기록을 통해서 확보되는 것이다.

4.
지장 신앙의 한국적 전개와 고려불화

현존하는 고려불화 지장보살도 25종은 모두 고려 후기라는 특정 시기에 편중되어 있다. 즉 이를 통해서 시대의 변화에 따른 판단은 불가능하다. 또 고려까지만 해도 불교회화의 중심은 벽화였지 걸개그림인 탱화가 아니었다. 이는 목조건축의 개변과 더불어 불화 역시 사라지게 될 수밖에 없다는 것을 의미한다.

또 변상도와 같은 소형의 불화가 존재한다고 하더라도 질료인 비단이나 종이 등의 소재는 내구력이 높지 못하다. 즉 오랜 시간의 보존이 용이하지 못한 것이다. 여기에 모든 존귀한 대상은 길이 보존하는 것이 아니라, 낡으면 새롭게 조성하고 소각하는 것이 타당하다는 전통 관념은■345 내구성이 약한 문화재들이 사라지게 하는 결정적인 배경이 된다. 이로 인해 현존하는 통일신라의 불화는 745~755년에 조성된 삼성미술관 리움에 소장되어 있는 〈신라백지묵서 대방광불화엄경 변상도新羅白紙墨書 大方廣佛華嚴經 變相圖〉(국보 제196호) 1점 밖에 존재하지 않는다.

한반도의 지정학적인 특성상 불교의 주된 전파 경로는 당연히 중국일 수밖에 없다. 또 중국은 인류의 문명사적으로도 독특한 문화 위상을 확보하고 있다. 이는 한국불교에 중국불교의 영향이 강하게 작용하는 배경이 된다. 특히 불교회화는 불교의 경전이나 사상을 배경으로 하는 표현이다. 이런 점에서 한반도에 앞서 경전이 먼저 번역되고 연구되는 중국불교의 영향은 더

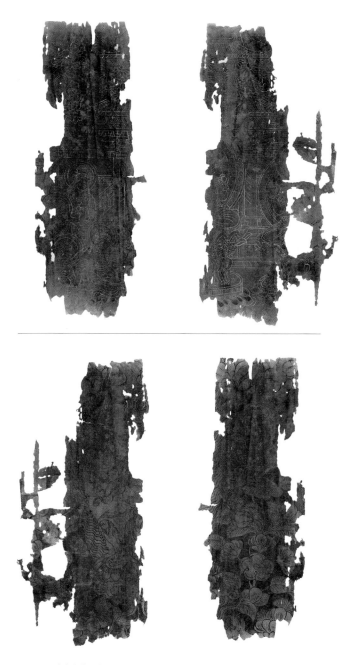

〈신라백지묵서 대방광불화엄경 변상도〉(삼성미술관 리움 소장, 745~755)

욱 강력할 수밖에 없다. 이 때문에 고려불화는 송·원의 불화 영향을 다수 받을 수밖에 없게 된다.

그러나 한반도는 중국과 인접해 있으면서도 단 한 번도 중국의 직접 지배를 받지 않았으며, 민족과 문화면에서 독창적인 면모를 잘 간직하고 있다. 이와 같은 변별점과 관련해서 주목되는 측면이 지장보살도에서는 한국불교의 지장 신앙적인 특징이다.

한국 지장 신앙의 특징은 앞서 정리한 신라 오대산의 오만진신 신앙에서의 남대-지장보살에서 살펴지는 강한 독립성, 그리고『점찰경』과 관련된 진표 및 진표계의 미륵과 연계되는 지장 신앙이다.

고려불교의 지장 신앙은 태조 왕건(918~943)이 즉위 직후인 919년 개경(송악) 천도와 함께 열 곳의 사찰을 건립하는 가운데 지장사地藏寺가 존재하는 것을 통해서 확인해 볼 수 있다.[346] 그러나 그 주된 측면은 신라 이래의『점찰경』과 관련해서 이루어진다. 즉 원광 이래의 신라 지장 신앙 전통이 진표계의 유행과 결부되어 유전하는 모습인 것이다. 하지만 고려의 점찰법회는 기존의 개인적인 귀계멸참歸戒滅懺의 방식을 넘어 외연을 확대하는 모습을 보인다는 점에서 주목된다.

이는 두 가지로 정리될 수 있다. 첫째는 국가와 왕실의 소재消災와 기원祈願(祈福)이다.[347] 이는 지장 신앙의 외연이 개인을 넘어 국가적인 측면으로 확대되었다는 것을 의미한다. 둘째는 권적權適의 1137년「지리산수정사기智異山水精社記」등에서 확인되는 지장과 아미타의 결합이다.[348] 지장 신앙이 아미타의 극락 신앙과 결합하는 것은 지장과 명부의 결합에 따른 변화로 이해된다. 이러한 측면이 고려불교의 점찰법회 변화에서도 확인되는 것이다.

이외에도 고려불교에서는 태현계의 약진으로 유가종의 미륵 배경에 아미타가 강조되는 모습이 나타난다.[349] 그런데 지장과 명부의 결합으로 인해 아미타 신앙이 지장 신앙과 연계된다는 점에서 '미륵·아미타·지장'의 결합 구조도 발생하는 모습을 상정해 볼 수 있다.

고려불화 지장보살도에서 확인되는, 송·원시대의 불화와 변별되는 뚜렷한 차이점은 세 가지이다. 첫째는 병립도의 존재로, 구체적으로는 〈아미타·지장병립도〉와 관음·지장병립도이다. 이 중 〈아미타·지장병립도〉는 고려불화에만 존재하는 유일한 불화이며, 관음·지장병립도는 동시대의 중국과 일본의 불교에서는 볼 수 없는 고려만의 유풍이다. 둘째는 지장과 시왕을 한 폭에 그리는 지장시왕도 및 지장시왕권속도의 발달이다.[350] 이는 동시기 지장과 시왕을 별도의 범주로 구분하는 중국적 방식과는 내용의 이해에 있어 큰 차이를 내포하는 표현이라고 하겠다. 셋째는 현존하는 고려불화 지장보살도 25점 중 입상 9점과 병립상 4점을 제외한 좌상 12점 모두가 반가부좌를 취하고 있다는 점이다.

이와 같은 고려불화만의 변별되는 특징은 고려불화가 송·원시대의 불화에 영향을 받으면서도 고려불교만의 관점에 입각해서 취사선택하고 재해석했다는 것을 의미한다.[351] 물론 통일신라에서 고려 후기 이전까지의 불화가 존재하지 않는다는 점에서 뚜렷한 판단은 불가능하다. 그럼에도 고려 후기 불화에서만 발견되는 특징과 동시대 중국불화와의 대비를 통하여 고려불교만의 관점이 존재하고 작용하고 있다는 점을 이해하는 것은 어렵지 않다.

특히 고려불화 지장보살도에서 살펴지는 병립도가 지장 신앙의 강력한 '독립성'과 함께 '관계성'을 의미한다는 점은 신라 오대산의 신앙 구조와 진표계, 태현계 또는 점찰법회의 성격 변화와 관련해서 이해될 수 있다. 또 지장을 중심으로 한 폭에 시왕과 권속을 포함하는 방식은 시왕 신앙을 포함하는 강력한 지장 신앙과 전체의 통합적인 집단주의를 나타낸다는 점에서 주목된다.

끝으로 지장보살도 좌상의 결가부좌에 의한 통일은 유목문화와 관련해서 주의가 요구된다. 주지하다시피 고려의 왕계는 조선과 달리 형제 상속이 다수를 점하고 있으며, 이는 북방 유목문화적인 전통에 따른 것이다. 또 고려는 송이 북방의 요, 금과 대립하면서 한족문화와 변별되는 독립성을 유지한다.[352] 이는 고려 후기의 원 간섭기를 거치면서 고려인과 강남 남인의 신분 역전으로 인해 더욱 강화되는 모습을 보인다. 즉 유목문화에 따른 전통이 일정 부분 유지될 수 있는 측면이 존재하는 것이다. 이를 대변하는 것이 고려불화 지장보살도에서 확인되는 좌상에서 공통적으로 확인되는 반가부좌 표현이라고 하겠다. 물론 이와 같은 반가부좌는 지장보살상에는 적용되지 않는 불화만의 특징적인 측면일 뿐이다.

또 고려 말의 지장 신앙은 1290년 안향에 의해서 전래하는 신유학 중 성리학으로 인해 조상 숭배가 강화되자 이에 대한 불교적인 대응 차원에서 확대된다. 현존하는 고려불화 지장보살도가 14세기 작품이 주류라는 점은 여기에 성리학이라는 외부 충격과 불교의 변모 역시 존재할 개연성을 환기한다. 즉 앞선 시기의 새로운 고려불화가 발견되지 않는 이상 성리학의 영향은 반드시 검토되어야 할 배경 중 하나라고 하겠다.

제4장

고려 지장보살도의 구성과
도상적 특징

제1절

지장독존도의 유형과 특징 분석

1.
지장보살도의 입상과 반가부좌의 문제

고려불화 지장보살도는 크게 '지장보살 중심 불화'와 '아미타불과 관련된 지장보살'로 구분해 볼 수 있다. 전자는 지장보살도의 핵심이 되는 불화로 2종의 병립도 4점을 포함해서 25점이 현존한다. 후자는 아미타불과 관련된 보조적인 측면의 불화로 17점이 존재한다. 이 중 양쪽에 모두 포함되는 불화로 미국 메트로폴리탄 뮤지엄 소장의 〈아미타·지장병립도〉가 있다. 즉 중복이 있기 때문에 전체는 41점이 된다.

여기에 국립중앙박물관 소장 보물 제1887호인 〈노영 필 아미타여래구존도 및 고려 태조 담무갈보살 예배도〉는 양면에 지장보살이 등장하는 불화로 1종 2점이 된다. 즉 총 40종 41점인 셈이다. 이와 같은 내용을 간략히 도시해 보면 다음과 같다.

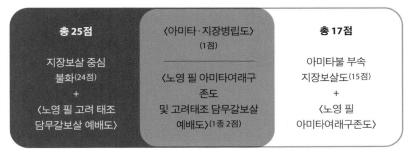

지장보살 관련 고려불화
총 41점

총 25점	〈아미타·지장병립도〉 (1점)	총 17점
지장보살 중심 불화(24점) + 〈노영 필 고려 태조 담무갈보살 예배도〉	〈노영 필 아미타여래구존도 및 고려태조 담무갈보살 예배도〉(1종 2점)	아미타불 부속 지장보살도(15점) + 〈노영 필 아미타여래구존도〉

지장보살 관련 고려불화 전체 41점 중 지장보살이 중심이 되는 중요한 작품은 〈아미타·지장병립도〉를 포함한 총 25점이다. 이 25점의 불화를 지장보살의 자세로 분류하면 크게 4점의 병립도와 9점의 지장독존도 입상을 더한 '입상立像 13점'과 2점의 독존도, 10점의 다존도를 아우르는 '반가부좌의 불화 12점'으로 나눌 수 있다. 이와 같은 내용을 간략히 도시해 보면 다음과 같다.

1) 지장보살도 입상의 종류와 의미

(1) 지장독존도 입상 9점의 특징과 의미

지장보살이 아미타구존도에서처럼 배석된 입상으로 등장할 때는 주존과 위계 차이를 나타내는 의미가 크다. 이는 주종의 대비를 '① 주대종소법에 의한 크기 차이'와 '② 상·하단의 수직적인 분리', 그리고 '③ 중심과 주변이라는 배치에 따른 위계 차이'를 나타내는 방식에 준하는 표현 중 하나이다.

이와 같은 표현 방식은 중세의 엄격한 신분과 서열문화에 따른 차이를 반영한 것이다. 실제로 조선불화에서도 신중단의 신중은 본존을 보좌하는 위치에 있기 때문에 모두 입상으로 그려진다. 이는 사천왕과 관련해서 가장 단적으로 드러난다. 사천왕은 사찰 내 사천왕의 영역인 천왕문에서 의자에 걸터앉는 좌식을 취하기도 한다. 그러나 영산회상도에서처럼 본존을 모시는 경우에는 입상으로 바뀌는 모습이 살펴진다.

하지만 지장보살이 중심이 되는 지장독존도 입상 9점은 입상이지만 주존이 존재하지 않기 때문에 위계 차에 의한 도상으로 이해될 수는 없다. 그보다는 연화족좌를 통해 청정성을 담보하는 적극적인 구원자로 판단하는 것이 타당하다.

지장독존도 입상 9점에서 확인되는 고려불화만의 특징은 크게 두 가지이다. 첫째는 운수납자를 상징하는 석장을 들고 있다는 것이다. 둘째는 얼굴이 모두 정면을 취하고 있는 정면상이라는 점이다. 이 중 보다 중요한 것은 둘째의 정면상 부분이다.

지장독존도 입상의 얼굴 정면상은 일정 부분 예배 존상으로서의 위상을 내포한다. 한편 신체 표현은 30도 정도 비튼 측면 자세와 이에 반향反響하는 역동적인 발의 모습, 그리고 승려가 이동 시 지니는 물건, 즉 석장을 통해 적극적인 구제자의 의미가 표현되어 있다. 즉 얼굴의 정면상과 자세의 측면상이라는 통일적이지 않은 구도는 '예배 대상'이자 '구원자'라는 지장독존도 입상의 이중성을 잘 함축하고 있는 것이다.

중국 돈황에서 출토된 8~10세기의 다양한 지장독존도번을 보면 일부 경우를 제외하고 측면상이 주류를 이루고 있다. 물론 이는 '번幡'이라는 망자의 인도와 관련된 특수성이 존재한다. 그러므로 양자를 단순 대비하는 것

일본 젠도지[善導寺] 소장

일본 네즈[根津]미술관 소장

일본 도쿠가와[德川]미술관 소장

일본 주구지[中宮寺] 소장   일본 초고손시지[朝護孫子寺] 소장   일본 개인 소장

미국 메트로폴리탄 뮤지엄 소장

미국 보스턴 뮤지엄 소장

미국 아서 M. 새클러 뮤지엄 소장

에는 문제가 있을 수 있다. 그러나 고려불화 지장독존도 입상 9점이 모두 정면상이라는 점은 충분히 주목할 요소라고 생각된다. 이는 지장의 구제에 더하여 예배 존상으로서의 위상을 높게 부여한 측면으로 해석될 수 있기 때문이다.

독존의 입상에서 '구제를 강조할 것이냐'와 '예배 대상의 의미를 부각할 것이냐'의 문제는 아미타(내영)독존도와 관음보살도 입상을 통해서도 확인된다. 즉 이 문제는 고려불화 입상과 관련된 공통적인 논점이었던 셈이다.

아미타(내영)독존도와 관음보살도 입상에서는 얼굴 표현에서 정면과 측면이 혼재된 모습이 확인된다. 물론 얼굴이 측면인 도상은 신체의 표현 역시 완전한 측면 자세를 취하는 것을 알 수 있다. 즉 정면의 도상이 30도 정도를 틀고 있는 반면, 측면상은 45도 정도를 취하는 모습이다.

아미타(내영)독존도
(좌 일본 도카이안 소장, 우 일본 쇼보지[正法寺] 소장)

관음보살도 입상
(좌 일본 도코지[東光寺] 소장, 우 일본 센소지[淺草寺] 소장)

각각의 불화는 같은 불·보살의 독존 입상이란 공통점이 있으나 정면상과 측면상이란 차이가 있다.

삼성미술관 리움 소장의 〈아미타(내영)삼존도〉 부분.
하단 좌측에 극락왕생의 대상인 망자가 표현되어 있다.

센소지 소장의 〈수월관음도〉 좌측 하단 부분.
좌측 하단에 선재동자가 작게 표현되어 있다.

쇼보지[正法寺] 소장의 〈아미타(내영)독존도〉나 센소지[淺草寺] 소장의 〈수월관음도〉 입상이 강한 측면상을 취하는 이유는 대상자를 보다 명확하게 상정했기 때문이다. 내영도에서 대상자는 당연히 왕생자이다. 실제로 내영도에는 리움 소장의 〈아미타(내영)삼존도〉(국보 제218호)에서처럼 극락왕생의 대상인 망자가 좌측 하단 등에 함께 표현되는 경우도 다수 존재한다.

센소지 소장의 〈수월관음도〉 입상의 대상은 『화엄경』 「입법계품入法界品」에 입각한 선재동자(남순동자)이다.[353] 이 때문에 좌측 하단을 보면 선재동자가 작게 표현된 모습이 확인된다. 즉 아미타내영도나 수월관음도는 『관무량수불경』과 「입법계품」에 대한 변상도로서의 측면이 존재하므로 경전의 내용에 따른 뚜렷한 측면 자세가 나타나는 것이다.

그럼에도 아미타(내영)독존도 가운데 정면상이 존재하는 것은 내영도 인 동시에 이를 예배 대상으로 승격시키려는 시도가 작용했기 때문이다. 아미타(내영)독존도는 상대적으로 수월관음도에 비해 변상도로서의 성격이 약하다. 여기에 아미타불은 보살보다 위계가 높은 붓다이기 때문에 정면상으로의 표현 가능성이 보다 크다.

그러나 수월관음도는『화엄경』「입법계품」속 선재동자의 구법을 배경으로 하는 변상도로서의 성격이 강하다.[354] 그러므로 정면상은 극히 일부에 지나지 않는다.[355] 이런 점에서 본다면 도코지[東光寺] 소장본은 수월관음도로 보기에 어려운 측면이 있다. 즉 수월관음도라기보다는 관음보살도 입상으로 보는 것이 보다 타당할 수 있다는 말이다.

〈수월관음도〉
(일본 고잔지[功山寺] 소장)

아미타와 관세음의 독존도에 변상도의 요소가 존재한다면 지장보살도 입상은 변상도로서의 의미는 크지 않다. 이런 상황에서 고려 말에 성리학의 확대로 인해 지장의 위상이 올라가면 지장독존도 입상에서 예배 존상의 성격이 증대하는 것이 아닌가 한다. 즉 고려 말의 지장독존도 9점이 모두 정면상을 취하는 것은 이러한 이중적인 측면이 작용한 결과로 이해될 수 있는 것이다.

고려불화 지장독존도 입상의 얼굴이 정면을 취하는 이유를 보다 구체적으로 판단해 보면 크게 세 가지로 추정해 보는 것이 가능하다.

첫째는 경전적인 배경으로『십륜경』권1에 묘사된 '지장보살이 남방에서 온다'는■356 남방화주南方化主의 내용이다.■357 이는 운수행각을 상징하는 석장 및 자세의 역동성과 더불어 지장의 얼굴이 정면상을 취할 수 있는 하나의 개연성이 될 수 있다.

둘째는 지장이 재齋의식과 관련된 구제자라는 점이다. 불교의 재는 우포사다uposadha의 번역어로 재계齋戒의 의미를 가진다. 이에 반해 유교의 제祭(제)는 선망조상에게 음식을 공급하는 것으로 양자는 글자와 의미가 완전히 다르다. 그런데 후일 유·불이 습합되면서 천도薦度의 의미가 포괄적으로 변모해 재와 제의 혼재가 발생하게 된다. 이는 불교의 시왕 신앙이 유교의 100제·기년제·삼년제를 포함하는 것을 통해서 분명해진다. 이러한 혼재는 또 삼우제와 염라, 즉 현왕의 연결에서도 살펴지는데, 이에 대한 구체적인 내용은 뒤의 시왕 관련 부분에서 상술하겠다. 즉『시왕경』이 완성되는 당 말 이전에 불교의 '재'와 유교의 '제'는 혼재되어 있었던 것이다.

재와 제의 혼재는 지장 신앙의 확대에 있어서 매우 중요한 의미를 가진다. 그리고 이는 지장 신앙이 성리학과 같은 유교와의 접촉면에서 다른 불교의 신앙 대상에 비해 큰 의미를 가지게 된다는 것을 의미한다.

또 신유학 중 성리학은 내면의 확립을 통해 드러나는 형식적인 질서를 강조하는 철학적인 면모가 강하다. 이는 주희가 『대학』의 〈팔조목八條目〉을 강조하는 것 등을 통해서 자못 분명해진다.[358] 이런 점에서 본다면 성리학과 관련된 정자세의 요구가 반영되어 얼굴이 정면상으로 일반화되었을 개연성도 일정 부분 존재한다고 하겠다. 실제로 조선불화로 넘어오면 고려불화에서 보이는 자유로운 자세나 측면상은 대부분 사라지게 된다. 이는 성리학의 영향에 의해 불교적 관점과 불화의 구도 역시 변모했다는 것을 의미한다.

〈의겸 등 필 수월관음도〉(보물 제1204호, 국립중앙박물관 소장).
조선시대 영조 6년(1730) 조성된 이 수월관음도는 정면상을 하고 있다.

셋째는 고려 말 신진사대부의 영향 확대로 지장 신앙이 중시되면서 지장을 예배 대상으로서 강조했을 개연성이다. 즉 성리학과 대응하는 지장 신앙의 확대가 구제자로서의 지장과 더불어 예배 대상으로서의 요소를 부각했을 수 있다는 말이다.

이상과 같은 세 가지 요소가 복합되면서 구제자로서의 역동성을 상징하는 석장을 가진 지장독존도 입상의 정면상이 일반화되는 것으로 판단된다.

또 지장독존도 입상은 사후의 구원자와 더불어 망자의 인도자로서의 의미도 내포한다. 이의 기원은 앞서 정리한 사후 구원자로서 승려가 등장하는 환생담으로까지 소급된다.

중국 전통에서 망자를 인도하고 부정을 물리치며 길을 여는 대상은 방상씨方相氏이다.[359] 이와 같은 인도자의 요소를 불교적으로 부드럽게 수렴收

중국 돈황 출토 인로왕보살도

영국 런던 브리티쉬 뮤지엄 소장(좌 9세기, 우 10세기)

프랑스 파리 기메 뮤지엄 소장(10세기 말)

敏한 존재가 인로왕보살引路王菩薩이다. 인로왕보살은 인로왕보살도나 번幡에 그려져 불교의 다양한 재의식에서 신위神位와 영여靈輿의 이운 과정 등에서 사용된다. 또 망자의 천도 및 극락왕생의 인도자와 같은 의미로도 받아들여진다. 이는 인로왕보살도의 표현을 통해서 단적인 판단이 가능하다.

하지만 인로왕보살도는 같은 입상이라도 얼굴까지 측면상이라는 점에서 지장독존도 입상과는 차이가 있다. 즉 인로왕보살도는 인도자로서의 의미가 강조될 뿐 예배 존상의 타당성은 약한 것이다.

그러나 인로왕보살도와 지장독존도 입상은 인도자와 구제자라는 역동적인 입상 표현에서 상당히 유사하다.■360 이 때문에 지장독존도 입상에서 얼굴이 측면을 취하는 측면상은 조선불화의 감로왕도나 반야용선도 등에서 인로왕보살도와 상호 연계되어 나타나는 모습을 보이게 된다.■361

국립중앙박물관에 소장되어 있는 〈감로도〉(조선, 18세기) 부분. 상단 좌우 끝의 보살들이 모두 측면상을 취하고 있다.

통도사 극락보전 동측 〈반야용선도〉.
(사진 출처: 불광미디어)
배 앞뒤의 보살들이 측면상을 취하고 있다.

(2) 지장병립도 입상 4점의 특징과 의미

지장보살과 관련된 병립도는 관음·지장병립도와 〈아미타·지장병립도〉의 두 종류로 구분된다. 이 중 관음·지장병립도의 지장 표현이 3점 존재하므로 지장병립도는 총 4점이 존재한다.

4점의 병립도 안에의 입상 표현은 상호 대등 관계의 구제자라는 의미이다. 이는 관음과 지장의 대등성 및 아미타와 지장의 대등한 크기와 위치를 통해서 확인해 볼 수 있다.

관음·지장병립도에서 확인되는 두 보살의 병존並存은 문헌적으로 육조시대인 양梁나라(502~557)로 거슬러 올라간다. 이는 시대적인 특성상 이때의 지장이 『대방광십륜경』에 근거한 현세 구제를 의미하는 지장임을 알게 한다.■362

그러나 고려불화 관음·지장병립도의 제작 연대는 이보다 훨씬 뒤인 고려 말의 14세기이다. 그러므로 양나라 때와는 달리 '현세-관음'과 '내세-지장'이라는 후대의 변화된 인식에 따른 표현으로 판단된다.■363 실제로 양나라와 이후 중국에서 유행하는 관음·지장의 병존 형태는 좌상과 입상 등이 혼재된 모습이다. 이는 모두가 입상인 고려불화 관음·지장병립도와는 양자가 배경 인식을 달리하고 있다는 점을 분명히 해 준다.■364

마지막의 〈아미타·지장병립도〉는 관음·지장병립도와는 의미가 완전히 다르다. 이는 '보살과 보살의 병립'이 아닌 '불과 보살의 병립'이라는 특수성을 나타내고 있기 때문이다. 〈아미타·지장병립도〉는 일반적인 고려불화의 구도와는 완전히 다른 파격적인 불화이다. 이 때문에 아미타불의 좌측에 관세음보살이 더 존재했을 개연성을 추론하는 경우도 있다.

그러나 상단의 지장-아미타 사이에 일본 사이후쿠지[西福寺] 구장舊藏의 〈관음·지장병립도〉와 유사한 공통의 운형보개雲形寶蓋가 존재한다는 점, 또 운형보개의 후대 추가 가능성을 고려한다고 하더라도 지장과 아미타의

일본 사이후쿠지[西福寺] 구장舊藏　　　　　　　한국 개인 소장

일본 미나미호케지[南法華寺] 소장   미국 메트로폴리탄 뮤지엄 소장

일본 사이후쿠지 구장 〈관음·지장병립도〉와 미국 메트로폴리탄 뮤지엄 소장 〈아미타·지장병립도〉 부분.
두 불화 상단에는 유사한 운형보개가 자리한다.

크기가 같은 부분은 도저히 해소될 수 없는 부분이다. 왜냐하면 아미타의 좌측에 좌협시로서의 관세음을 상정한다고 하더라도 본존과 협시의 대등한 크기는 중세의 고려불화 속에는 존재하는 방식이 아니기 때문이다. 이런 점에서 본다면 〈아미타·지장병립도〉는 처음부터 '유명교주-지장'와 '극락교주-아미타'의 대등 관계를 상정하고 그려진 불화로 보는 것이 타당하다고 판단된다.

〈아미타·지장병립도〉의 도상을 자세히 보면 아미타불은 붓다임에도 불구하고 발이 정면 자세가 아닌 지장보살과 흡사한 측면 자세를 취하고 있어 주목된다.

미국 메트로폴리탄 뮤지엄 소장 〈아미타·지장병립도〉 하단 부분

붓다는 불교의 도상 전체에서 최고의 예경 대상이 된다. 이런 점에서 동아시아 불화 속의 붓다 표현은 앉은 좌상의 정면상이 일반적이며, 입상과 측면 자세는 특수한 의미를 내포한다.

아미타불에 대한 고려불화 표현에서, 입상이면서 자세가 측면인 경우는 망자의 극락 인도와 관련된 내영도뿐이다. 이런 점에서 본다면 〈아미타·지장병립도〉의 아미타불은 비록 오른손 수인手印에서 내영인來迎印을 취하는 내영도와는 차이가 있지만, 그럼에도 이와 유사한 의미로 이해하는 것이 타당하다고 판단된다.

미국 메트로폴리탄 뮤지엄 소장 〈아미타·지장병립도〉 아미타불 부분

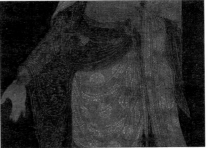

아미타(내영)독존도 중 정면 불화 부분(좌-일본 도카이안[東海庵] 소장, 우-한국 개인 소장(보물 제1238호))

그렇다면 〈아미타·지장병립도〉에서 지장보살의 의미는 무엇일까? 여기에서의 아미타불을 내영도와 유사한 의미로 판단해 보면, 이에 상응할 수 있는 대등 구조는 명계 구원자로서의 지장이다. 즉 오늘날까지 전해지는 불교 천도의식의 일반적인 양상인 '지장의 명계 구제'와 '아미타불의 극락왕생'이라는 이중 구조가 목도되는 것이다.

이와 같은 역할 분리의 대등 구조로 인해 아미타불과 지장이라는 붓다와 보살의 위계 차이에도 불구하고 대등 관계의 묘사가 존재한다고 하겠다. 즉 명부세계와 극락세계에 의한 두 세계의 대등 인식이 확인되는 것이다. 물론 여기에는 지장보살이 무불시대의 주관자로서 붓다에 버금가는 위계를 확보하는 측면 역시 한 배경이 되었을 것이다.

〈아미타·지장병립도〉는 지장의 영향 범위인 명부의 의미가 확대되면서 극락의 아미타와 대등 관계로까지 불화 구성이 변모하고 있음을 판단해 볼 수 있다. 즉 고려 말 지장 신앙 확대와 위상 강화가 인지되는 것이다.

관음·지장병립도와 〈아미타·지장병립도〉는 같은 병립도라는 범주로 묶일 수 있다. 그러나 양자 사이에는 '현세: 관음 – 사후: 지장'와 '명부: 지장 – 극락: 아미타'라는 뚜렷한 내용 차이가 존재한다. 그러나 병립도의 지장보살 역시 전체적으로는 앞선 지장독존도 입상과 마찬가지로 기본적으로는 구제자로서의 속성이 강하다는 점은 동일하다. 즉 지장보살 불화의 입상 13점의 공통된 속성은 '능동적인 중생 구제'에 있다고 하겠다.

2) 반가부좌의 내포 의미와 타당성 검토

고려불화 중 반가부좌의 지장보살도는 독존도 2점과 다존도 속 지장보살 10점, 총 12점이 있다. 입상이 전각 중앙의 예배도라기보다 보조적인 성격이 강하다면 좌상은 예배 중심의 존상도 표현이라고 할 수 있다.

독존도

일본 요주지[養壽寺] 소장   국립중앙박물관 소장

삼존도   **〈지장도〉 구존**

일본 엔가쿠지[圓覺寺] 소장   한국 개인 소장   삼성미술관 리움 소장

일본 닛코지[日光寺] 소장

일본 세이카도[静嘉堂]
문고미술관 소장

독일 동아시아 예술 뮤지엄 소장

호림박물관 소장

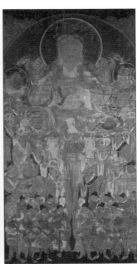

일본 호토지[寶道寺] 소장   일본 치온인 소장   일본 게조인[華藏院] 소장

그런데 현존하는 고려불화 지장보살도에는 석가모니불이나 아미타불 등의 존상 표현에서 확인되는 결가부좌한 불화가 존재하지 않는다. 즉 전부 한쪽 다리를 늘어트린 반가부좌를 한 양식적 특징을 보이는 것이다. 이는 동시대의 원나라나 고려 지장보살상과 변별되는 고려불화 지장보살도만이 가진 특수성이다.

한쪽 다리를 내리고 있는 반가부좌는 기본적으로 수월관음도에서처럼 바닥이 아닌 의자 혹은 의자처럼 돋아진 바위 등의 공간에 앉아 있는 것을 전제로 한다.▪365 즉 바닥에 앉는 것과는 다른 배경이 존재하는 셈이다.

지장보살의 반가부좌 형태는 당나라 때 보리유지菩提流志(694년 장안 도착, 727년 입적)가 번역한 『불공견색신변진언경』 권9 「광대해탈만다라품廣大解脫曼拏羅品」의 다음과 같은 기록을 통해서 확인해 볼 수 있다.

> **남면南面의 동쪽 첫째는 지장보살이다.** 왼손에는 연화를 잡았는데, 그 연꽃 안의 위로 보인寶印이 있다. 오른손은 손바닥을 치켜들고 있으며, **반가부좌**를 취한다.▪366

그러나 이 「광대해탈만다라품」에는 지장보살 외에도 대세지나 백의관세음을 비롯한 대다수의 보살이 반가부좌를 취하는 것으로 되어 있다.▪367 그러므로 이를 지장보살만의 특징적인 도상 기준으로 이해할 수는 없다. 즉 여기에서는 반가부좌가 몇몇 보살의 특징적인 자세가 아닌, 등장하는 절대다수의 보편적인 자세라는 문제가 존재하는 것이다.

그런데 흥미로운 것은 『법원주림』 권14의 「관불부觀佛部-감응연感應緣」에는 장승요의 불화로 전하는 방광보살도와 관련하여 '한 다리를 늘어트린 반가부좌'에 대한 묘사가 등장한다는 점이다.

〈당익주법취사화지장보살연唐益州法聚寺畫地藏菩薩緣〉

당나라 익주성 아래에 있는 법취사에서 지장보살을 그렸는데, 승상繩
床(pīṭha, 胡床)에 앉은 자세로 한 다리를 늘어트리고 있었는데(반가부좌),
8~9촌이었다. 본 상은 장승요의 그림이다. 인덕 2년(665) (음) 7월에 해
당 사찰의 승려가 하나를 모사했다. ■368

『법원주림』은 도세道世(?~683)에 의해 668년에 찬술되는데, 총 120권
으로 구성된 불교의 백과사전과 같은 총서이다. 이렇게 놓고 본다면 668년
이라는 찬술 연대를 비추어 볼 때 인용문의 665년은 신뢰도가 매우 높다. 즉
최소한 지장 도상의 늘어트린 반가부좌는 최소 665년 이전으로 소급되는
지장의 한 좌법인 셈이다.

인용문에 등장하는 장승요張僧繇는 육조시대의 다섯 번째 왕조인 양나
라의 양무제(재위 502~549) 때 활약한 궁정 화가이다. 즉 665년과는 100년이
넘는 시차가 존재하는 것이다. 그러나 수나라가 38년간(581~619)의 단명 왕
조라는 점을 감안한다면, 이러한 기원을 장승요까지는 아니더라도 육조시
대로까지 소급해 보는 것에는 큰 문제가 없다고 판단된다.

지장 신앙과 관련된 중요 경전인 『대방광십륜경』은 북량 때의 번역이
다. 이런 점에서 본다면 비교적 이른 시기부터 지장의 자세에 늘어트린 반가
부좌가 표현되었음을 알게 한다.

반가부좌가 지장 신앙의 전래 초기로까지 소급될 수 있는지는 불분명
하다. 그러나 이 자세가 특징적이었으므로 도세에 의해 표현되고 있다는 판
단 정도는 충분히 가능하다. 즉 늘어트린 반가부좌는 비교적 이른 시기에 확
립된 지장 도상 표현의 한 특징이었던 셈이다.

(1) 지장보살도의 반가부좌 특징과 기원

지장보살도의 반가부좌는 일본 치온인과 일본 게조인[華藏院] 소장의 지장시왕권속도 2점을 제외한 10점의 불화 모두에서 왼 다리를 아래로 늘어트리고 있다. 반면 치온인과 게조인 소장 지장시왕권속도의 경우에는 오른 다리를 늘어트리고 있다. 같은 반가부좌 자세라 하더라도 왼쪽 다리를 늘어트린 경우가 압도적으로 많다는 것을 알 수 있다.

치온인 소장본은 게조인 소장본과 유사한 불화였던 것이 상부를 중심으로 후에 일본에서 수정된 것이다. 이 과정에서 지장보살의 모습이 달라지고 사대 보살과 같은 존상 등이 추가된 것으로 추정되고 있다.[369] 그렇다면 오른쪽 다리를 늘어트리고 있는 불화 2점은 비슷한 초본에 입각한 유사 불화라고 할 수 있다. 즉 오른 다리를 늘어트리고 있는 2점조차도 다양성이 확

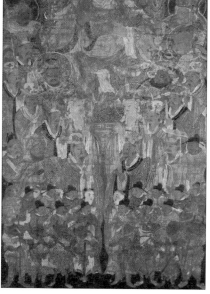

지장시왕권속도 중 좌-치온인 소장본과 우-게조인 소장본 중·하단 부분. 두 도상의 유사성을 확인해 볼 수 있다.

보되지 않는 것이다.

　　반가부좌는 동아시아 중국문화권이 추구하는 예배 존상이 갖추고 있는 기본 형태인 좌우동형左右同型과 같은 방정한 모습과는 거리가 있다. 동아시아에서 붓다를 표현한 불화는 수인을 제외하고는 전체적으로 좌우동형의 데칼코마니와 같은 대칭 구도를 취하는 것이 일반적이기 때문이다. 또 전각 중앙의 예배 존상은 의좌상의 미륵불을 제외하고는 가부좌한 좌상을 기본 원칙으로 하고 있다. 그런데 고려불화 지장보살도만은 반가부좌라는 비대칭 구조를 취하고 있는 것이다.

　　물론 동시대 중국불화에서는 결가부좌한 모습의 지장보살도도 존재한다. 이는 조금 시기가 늦기는 하지만, 보성寶成이 1422~1425년에 완성한[370] 영락본永樂本『석씨원류응화사적』등을 통해서도 판단해 볼 수가 있다.[371] 이

중국 돈황에서 출토된 결가부좌한 지장보살도.
좌-영국 런던 대영박물관 소장(10세기, 오대), 우-프랑스 파리 국가도서관 소장(10세기).

외에도 석굴암 감실에 자리한 8세기 중반의 지장보살상을 필두로 조선시대의 불상과 불화에는 결가부좌한 지장보살이 주류를 이루고 있다.[372] 즉 고려불화 지장보살도의 반가부좌는 매우 특징적인 측면인 것이다.

통일신라시대의 지장보살상은 '① 석굴암 감실 지장보살상(8세기, 국보 제24호)' 외에 '② 철원 심원사 석조지장보살좌상'과 '③ 대구 북지장사 석조지장보살좌상' 그리고 '④ 경주 낭산 (중생사) 마애보살삼존좌상(보물 제665호)'과 '⑤ 영주 부석사 자인당 대좌 후면의 지장상 부조(9세기, 보물 제1636호)'가 더 있다. 이 중 ①~④은 결가부좌를 취하고 있는 반면, ⑤는 왼쪽 다리를 늘어트린 반가부좌를 취하고 있다.[373] 즉 3점의 환조와 1점의 마애불은 결가부좌상이며, 1점의 부조만이 반가부좌상인 것이다. 이는 지장보살 도상이 전래 초기부터 도상 표현에 혼재가 존재했다는 점을 분명히 해 준다.

① 석굴암 감실 지장보살상
② 심원사 석조지장보살좌상
③ 북지장사 석조지장보살좌상
④ 경주 낭산 마애보살삼존좌상
⑤ 자인당 수미좌의 지장보살 부조

그럼에도 고려불화에는 반가부좌가 아닌 결가부좌한 지장보살도가 단한 점도 존재하지 않는다. 이는 지장보살상 및 조선불화 지장보살도와 대비되는 고려불화만의 특징적인 측면이라고 하겠다. 물론 불도가 아닌 보살도에서는 지장보살도 외에도 수월관음도 역시 반가부좌의 자세를 취하고 있다. 이는 독립 신앙적인 보살도와 관련해서 반가부좌가 존재할 수 있다는 측면에서 주목된다고 하겠다.

중국의 전통적인 심신일원론心身一元論의 관점에서는 『예기』 「옥조玉藻」 등의 구사구용九思九容에서처럼 인간의 정신은 육체에 그대로 투영된다는 인식이 존재한다.[374] 그러므로 육체적인 모습이 방정하지 못하면 정신이 흐트러진 측면으로 받아들여지게 된다. 이는 심신이원론心身二元論을 견지하는 인도문화권의 간다라 불상이 다리 자세에서 한쪽 무릎 부위가 굽은 인

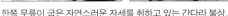

한쪽 무릎이 굽은 자연스러운 자세를 취하고 있는 간다라 불상.

①~② 파키스탄 페샤와르박물관 소장(2세기 중기)
③ 인도 뉴델리 국립박물관 소장(3세기 전기)
④ 파키스탄 라호르박물관 소장(3세기 전기)

체의 자연스러운 모습을 취하는 것과 크게 대비된다. 즉 여기에는 일원론과 이원론에 따른 문화권적인 차이가 존재하는 것이다.

동아시아의 불상은 두 다리 전체에 고르게 힘이 들어가 있는 가지런한 모습을 취하는 것이 일반적이다. 이는 앞서 검토한 13종의 지장보살도 입상의 표현을 통해서도 단적인 판단이 가능하다. 즉 한쪽 다리를 굽히고 있는 존상 표현은 동아시아의 전통문화 속에는 용납하기 어려운 측면인 것이다. 그런데 한 다리만 늘어트리는 반가부좌는 이보다도 더욱 두드러지는 비대칭을 드러낸다. 이는 이것이 동아시아의 전통과 대비되는 강한 외래적 요소임을 시사해 준다.

이 때문에 중국적 전통이 강한 유교, 그중에서도 성리학의 조선시대가 되면 고려불화 지장보살도의 주류였던 반가부좌는 급격하게 결가부좌로 수정된다. 이는 관세음보살의 유연한 자세들 역시 마찬가지이다. 즉 지장보살도에 있어서는 반가부좌가 결가부좌에 비해보다 고층의 일반론이며, 중국문화적인 영향이 덜한 모습이라고 판단해 볼 수가 있는 것이다.

반가부좌는 좌우동형을 중시하는 중국문화 속에서는 수월관음도에서처럼 특수한 독립 존상이거나, 두 상이 함께 병존하게 될 개연성이 되기도 한다. 실제로 관음·지장병존상의 일부에서는 이와 같은 병존 양상이 확인된다.[375] 반가부좌는 중국문화권의 관점에서 볼 때 단일상의 내적 통일성이 확보되지 않는다. 그러나 두 상이 병존하게 되면 좌우동형의 전체적인 통일성이 갖추어질 수 있는 것이다.

이런 점에서 본다면 지장보살의 반가부좌는 중국적인 대칭 선호를 완성하기 위해 다른 존상과의 결합 구조를 촉구했을 개연성도 있다. 바로 이러한 관점에서 검토 가능한 측면이 관음과 지장의 병존이다. 즉 관음과 지장의 병존에는 반가부좌에 입각한 중국적인 변화의 필연성도 일정 부분 존재하는 것이다.

중국 사천성 대족의 북산석각(오대십국시대). 반가부좌의 관음·지장병존상을 확인할 수 있다.

그렇다면 지장보살은 왜 반가부좌를 취하는 것일까? 반가부좌는 관음이나 미륵의 도상에서도 일부 확인되는데 이는 유목문화에 따른 의자문화와 관련된다.

농경문화는 토지를 기반으로 정주하기 때문에 바닥을 정돈하는 방식을 사용한다. 그러나 유목문화는 초지를 따라 이동하다 보니 바닥을 깨끗이 하기보다 이동식 의자를 사용하게 된다. 즉 반가부좌는 유목문화에 따른 의자문화와 관련된 것이다.

의자에는 두 가지가 존재하는데 첫째는 높은 의자이며, 둘째는 낮은 의자이다. 첫째, 높은 의자는 유목문화뿐만이 아니라, 농경의 정주문화에서도 확인되는 권위의 측면으로 이해될 수 있다.[376] 즉 군왕의 의자와 같은 양상인 것이다.

또 높은 의자에 앉게 되면 높이에 의해 무릎 이하가 편하게 내려지는 모습을 보이게 된다. 이는 고려불화에 2점이 존재하는 같은 형태의[377] 미륵하생경변상도를 통해서 판단해 볼 수 있다.

첫째의 높은 의자가 권위를 상징한다면, 둘째의 낮은 의자는 유목문화

미륵하생경변상도. 좌 일본 신노인 소장본(1350), 우 일본 치온인 소장본(14세기 전반)

라는 이동의 특수성에 따른 실용적인 측면이다. 낮은 의자는 이동에 따른 휴
대성이 용이하지만, 한편으로 앉게 되었을 때 낮은 높이로 인하여 무릎 아래
의 처리가 용이하지 않은 문제가 발생한다. 이런 상황에서 자연스럽게 나타
나는 양태가 무릎 이하를 교차하는 교각交脚이다. 또 낮은 의자에서 반가부
좌를 하게 될 경우에는 늘어트린 다리가 안쪽으로 휘는 모습이 발생한다. 여
기에서 주목되는 것은 고려불화 지장보살도 좌상도 이와 같은 모습이 일반
적으로 확인된다는 점이다.

높은 의자의 권위적 측면과 낮은 의자의 일상적 실용성은 각각의 입각점에 따른 나름의 짙은 타당성이 존재한다. 이러한 두 가지 문화가 공존하는 과정에서 혼재 양상이 나타나는 것은 당연하고 필연적이다. 특히 보살상은 수행자로서의 검소함과 동시에 예배 존상으로서의 존엄성을 내포한다는 점에서 더욱 그렇다.

이런 점에서 도상 표현의 혼란이 가장 심한 것은 미륵이다. 미륵에게는 '① 과거-석가모니 당시의 수행자', '② 현재-도솔천 내원궁의 재가인로서의 주관자', '③ 미래-성불의 붓다와 이상적인 구원의 주체'라는 측면들이 혼재되기 때문이다.

또 유목문화의 낮은 의자는 유목민인 아리안족이 인도에 정착하면서 점차 농경사회로 편입되는 과정에서 일상의 휴식과 관련된 낮은 의자로도 변모한다. 즉 낮은 의자에는 높은 의자의 권위와는 다른 편안한 휴식의 의미도 내포되어 있는 것이다.

위의 세 불상, 불화의 존상을 살펴보면 교각의 자세를 취하거나 반가부좌 한 다리가 안쪽으로 휘는 모습을 살펴볼 수 있다. 이는 '낮은 의자' 문화에 따른 것이다.
좌·중 미륵보살좌상(일본 도쿄 국립박물관 소장, 2~4세기, 쿠샨), 우 지장보살도(일본 엔가쿠지 소장)

높은 의자와 낮은 의자의 도상적인 혼재는 인도문화권에서 비롯되어 동아시아로 전파되었다. 의자문화가 뚜렷하지 않았던 동아시아의 상황에서 이와 같은 혼재를 수용하게 되고, 이에 따라 혼란한 모습을 띠게 되는 것은 당연하다. 고려의 진표계 유가종 사찰인 법주사의 〈법주사 마애여래의좌상〉(보물 제216호)은 미륵불에 대한 표현임에도 불구하고 높은 의자가 아닌 낮은 의자로 묘사되어 있어 주목된다. 즉 동아시아에 전파된 높은 의자와 낮은 의자에 따른 혼란을 잘 나타내 주는 작품인 셈이다.

불교는 유목민의 종교만은 아니다. 그러나 고대 인도의 주류인 아리안족은 유목문화를 기반으로 하며, 무더운 인도에서는 복사열을 피하기 위해 의자의 사용이 이른 시기부터 일반화된다. 후대의 자료이기는 하지만, 이는 아잔타 석굴과 엘로라 석굴 등의 불상 조각에 다양한 의좌상이 표현되는 것을 통해서도 단적인 판단이 가능하다.

〈법주사 마애여래의좌상〉(고려, 사진 출처: 불광미디어)과 윤곽도.

또 불교가 중국에 전파되는 과정에서는 필연적으로 실크로드에 위치한 다양한 유목민들의 지역을 경유하며 그들의 문화를 만나지 않을 수 없다. 이는 중국에 전래한 불교 존상에 의자가 접목될 개연성을 확대한다. 여기에는 지장 신앙의 완성이 서역남로의 오아시스 국가인 호탄이라는 점도 고려될 필요가 있다.■378 이와 같은 유목문화의 요소들이 의자에 앉은 보살의 당위성을 중국에 전파했다고 하겠다.

여기에 불교 내적으로 율장에서는 서 있는 상태에서 앉아 있는 사람에게 설법하지 말라는 금지 조항, 또는 지대가 높은 곳에 있는 사람을 위해 낮은 곳에서 설법해서는 안 된다는 등의 위계 차에 대한 명확한 측면이 존재한다.■379 이는 〈사미십계沙彌十戒〉에서부터 확인되는 "부좌와고광대상不坐臥高廣大床" 등을 통해서도 단적인 판단이 가능하다.■380

율장에서 확인되는 위계 차에 따른 의자나 좌대의 타당성은 이후 불상의 발전과 더불어 높게 배치된 좌상의 정당성을 변증하게 한다. 즉 인도의 의자문화 전통과 붓다 당시의 초기불교적인 배경, 그리고 불교의 종교화에 따른 권위 확보의 필연성으로 인해 높은 좌상은 점차 본존이나 중심 예배상의 위치로 자리하게 되는 것이다.

이상과 같은 중층적인 측면들의 연장선 속에 고려불화 지장보살도 좌상의 특징인 반가부좌도 존재한다. 중국에서 불교가 본격적으로 발전하는 것은 위진남북조시대이다. 그런데 이때 불교가 더 번성했던 화북의 5호16국과 북조北朝를 주도한 것은 한족이 아니라 만리장성 이북과 서쪽에서 중원으로 내려온 선비·흉노·갈·저·강의 5호五胡이다.

또 이 시기는 의자인 걸상이 중국문화에 뿌리를 내리는 때이기도 하다.■381 의자의 초기 명칭이 '호상胡床'이었던 것도 이와 같은 외래적 요소를 잘 나타내준다.■382 즉 유목민이 주도하던 당시로서는 반가부좌의 보살상에 대한 거부감이 적었고, 수정해야 할 필연성도 상대적으로 크지 않았다는 말이다.

(2) 왼 다리를 늘어트린 반가부좌

　반가부좌의 도상을 보면 지장보살도와 수월관음도 등에서 모두 왼 다리를 늘어트리는 경우가 압도적인 우위를 점하는 것이 확인된다. 이는 오른발을 올리고 있다는 의미인데, 그렇다면 왜 오른 다리를 높이고 왼 다리를 늘어트리는 것일까? 이는 인도문화에서 우측은 길함과 존중으로 인식되는 반면, 좌측은 흉함과 모욕으로 이해되기 때문이다.[383]

　인도의 우측 존중은 아리안족과 관련된 유목문화적인 측면과 태양이 시계 방향인 우측으로 도는 태양 숭배와 관련해서 기원한다.[384] 이는 후에 오른손으로 음식을 섭취하고, 왼손으로는 부정한 일을 처리하는 방식을 통해 고착화된다.[385] 이의 결과가 편단우견偏袒右肩이나 우슬착지右膝着地 또는 우요삼잡右遶三匝 등이다.[386] 바로 이와 같은 좌우의 존비尊卑문화에 따른 연장선상에서 왼 다리를 늘어트리는 반가부좌의 좌법 형태도 확인되는 것이다.

　그러나 중국문화는 인도문화와는 반대로 오른쪽이 아닌 왼쪽을 높이는 양상을 보인다. 이는 인도불교의 '우좌보처'가 중국불교에서는 '좌우보처'로 변모하는 양상 등을 통해서 인지할 수 있다.[387] 즉 중국문화에서는 지장이나 관음 같은 보살들이 굳이 왼 다리만 늘어트릴 필요가 없게 되는데, 바로 이 부분에서 늘어트린 발이 바뀔 수 있는 가능성이 발생하게 된다. 마치 불상의 수인에서 오른손을 중심으로 하는 천지인天地人과 지권인智拳印이, 일부에서 역천지인과 역지권인으로 만들어지는 것처럼 말이다.[388]

　흥미로운 것은 고려불화 반가부좌 지장보살도에서 왼쪽 다리를 늘어트리는 경우와 오른쪽 다리를 늘어트리는 경우의 비율이 10:2라는 점이다. 수인과 역수인의 양상이 지장보살도의 반가부좌 표현에도 확인되는 것이다.

　왼쪽 다리만 늘어트리는 것으로 지장보살의 도상이 통일되어 있다면 이는 인도문화에 따른 특징으로 판단해 볼 수 있다. 그러나 오른쪽 다리를 늘어트리는 도상도 2점이 존재한다는 것은 이 부분에서도 좌우의 인식에 따른 동아시아적인 변형이 작동하는 것을 알게 한다.

(3) 느슨한 반가부좌의 타당성

반가부좌와 관련하여 한 가지 더 주목해야 할 점은 고려불화 지장보살도와 수월관음 도상의 반가부좌에 차이가 존재한다는 점이다. 지장보살도가 오른발을 좌대, 즉 바닥에 내려놓고 있는 것과 달리, 수월관음도는 오른발을 왼 다리 위에 올려놓고 있기 때문이다.[389] 이와 같은 차이는 중국 돈황에서 출토된 지장보살도에서도 확인되는 지장보살도만의 공통된 특징 중 하나인데, 여기에는 예외적인 경우도 있다. 하지만 고려불화 지장보살도는 이와 같은 흐름을 계승하여 오른쪽 다리를 좌대에 내려놓는 느슨한 반가부좌로 통일되어 있는 것이다.

지장보살도의 왼쪽 다리는 오른발을 좌대에 놓기 위해서 왼쪽으로 벌어져 있는데, 이는 미륵 도상의 표현과 일정 부분 유사하다. 실제로 지장과 미륵은 둘 다 출가보살로 재가보살인 관세음과는 차이가 있다. 즉 미륵과 지장의 경우 수행자로서의 맥락에 따른 낮은 의자에 대한 타당성이 부여되는 것이다.

미륵은 석가모니에게 사르나르에서 수기를 받는 아일다阿逸多(Ajita)를 기원으로 한다.[390] 또 무착無著(Asaṅga)과 세친世親(Vasubandhu) 형제에 의해 중관학파와 더불어 인도 대승불교의 주류인 유식학파의 개조로 추앙된다.[391] 즉 미륵의 인도불교적인 기원과 권위는 지장에 비할 바가 아닌 것이다. 이런 점에서 같은 출가보살인 미륵의 도상이 후에 대승불교에 편입되는 지장보살의 도상에 영향을 주었을 개연성은 충분하다. 이런 점에서 본다면 고려불화 지장보살도에서 확인되는 느슨한 반가부좌의 형태는 미륵 도상의 영향과 관련해서 확립되는 하나의 좌법 형태로 이해해 볼 수가 있는 것이다.

지장의 느슨한 반가부좌와 관련해서는 출가보살에 따른 낮은 의자의

돈황 출토 지장보살도의 반가부좌

〈지장시왕도〉 부분
(프랑스 파리 기메 뮤지엄 소장, 북송)

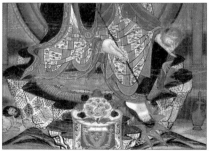

〈지장보살도〉 부분
(프랑스 파리 기메 뮤지엄 소장, 북송(11세기))

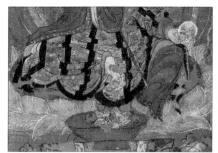

〈지장보살도〉 부분
(영국 런던 대영박물관 소장, 북송(963년))

〈지장삼존도〉 부분
(미국 프리어 갤러리 소장, 북송(11세기))

지장·(수월)관음·미륵보살의 반가부좌 자세

〈지장독존도〉 부분
(일본 요주지 소장)

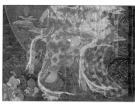

〈수월관음도〉 부분
(일본 다이토쿠지 소장)

〈미륵보살반가사유상〉 부분
(일본 마츠오카[松岡]미술관 소장, 간다라
출토, 3세기 중반)

190

타당성 외에도 편안함과 관련된 측면도 존재한다. 밀교가 발달한 팔라왕조는 8세기 중엽에서 12세기 말까지 불교적인 영향이 강한 비하르Bihar 지방을 지배하는데, 이 시기에는 여러 보살의 느슨한 반가부좌상이 다수 확인된다. 밀교와 관련하여 다수의 느슨한 반가부좌가 확인된다는 것은 성립 시기가 늦은 지장 역시 밀교적 영향과 관련될 개연성을 환기한다.

팔라왕조의 밀교 도상에는 낮은 의자가 표현됨에도 불구하고 좌대의 사자 표현 등 높은 존상의 권위를 부여하고 있다. 이는 후대의 낮은 의자와 높은 의자의 혼재 속에 낮은 의자가 권위와 더불어 편안한 휴식과 친근감을 내포하고 있다는 것을 의미한다. 실제로 이들 표현에서 확인되는 낮은 의자는 낮고 작은 유목문화의 의자가 아니라, 낮고 넓은 권위와 휴식을 상징하는 것임을 알 수 있다.

이렇게 놓고 본다면 지장보살도의 느슨한 반가부좌 양식은 출가보살의 의자라는 타당성에, 후대의 높은 의자와 낮은 의자의 혼재된 권위 속에서 편안함을 상징한다고 하겠다.

〈관세음보살상〉
(인도 뉴델리 국립박물관 소장, 10세기 팔라왕조)

〈문수보살상〉
(미국 호놀룰루 미술 아카데미 소장, 팔라왕조)

2.
반가부좌 지장독존도와 좌우보처의 발달

고려불화 반가부좌 지장보살도는 독존도가 2점 남아 있으며, 이외에 삼존도 2점과 지장도(혹 지장천신도) 1점 그리고 시왕도 4점과 시왕권속도가 3점으로 총 12점이 존재한다. 여기에서 반가부좌와 관련해 가장 중요한 것은 독존도 2점이다. 그러나 이 중 1점은 〈노영 필 고려 태조 담무갈보살 예배도〉 하단에 위치하는 부분도일 뿐이다. 이런 점에서 요주지 소장의 1점이 가장 중요하다고 하겠다.

지장독존도 좌상

〈노영 필 고려 태조 담무갈보살 예배도〉 하단 부분   〈지장독존도〉(일본 요주지 소장)

독존도가 중요한 것은 여기에 삼존 이상의 다존도로 가는 도상 구조의 변화를 추론할 수 있는 개연성이 존재하기 때문이다. 주지하다시피 지장독존도 입상이 구제의 상징을 내포하는 보조적인 존상이라면, 지장독존도 좌상부터는 전각 중심에 위치하는 예배 존상의 의미가 강하다는 점에서 더욱 그렇다.

물론 현존하는 고려불화 지장독존도 좌상은 14세기라는 시대상 당연히 고층기古層期를 반영하는 것은 아니다. 다만 이를 통해서도 반가부좌의 지장보살 안에서 '독존 → 삼존 → 지장도(혹 지장천신도) → 지장시왕 → 지장시왕권속'으로의 확대 과정을 인지해 보는 정도는 가능하다. 또 이러한 지장독존도의 발전 과정 사이에는 병존도도 존재한다. 이와 같은 양상을 간략히 도시화해 보면 다음과 같다.

지장보살의 위상이 높아지며 독립된 예배 존상으로 정착되는 과정에서 갖추어지는 도상이 좌우보처에 따른 삼존이다. 또한 여기에 사후 명부와의 결합이 강조되면서 완성되는 것이 바로 지장시왕도와 지장시왕권속도이다.

지장의 좌우보처 중 우보처는 『지장경』에 근거한 무독귀왕無毒鬼王이라는 주장과,[392] 구화산九華山의 김지장金地藏의 후원자 민공閔公(閔讓和)이라는 설, 두 가지가 존재한다.[393] 그러나 좌보처의 이름이 도명道明이라는 점은 일치한다. 물론 이 도명이 「환혼기」의 도명인지,[394] 김지장과 관련된 민공의 아들이자 김지장의 수제자 도명인지에 관해서는 정리의 여지가 있다.[395]

이처럼 지장의 좌우보처와 관련해서는 후대 김지장의 영향 및 습합이 존재한다. 이는 무엇이 맞는지를 떠나 최소한 지장의 좌우보처가 후대에 부가된 것이라는 점을 분명히 해 준다.

　두 명의 도명과 관련하여 선행하는 문건은 당연히 778년의 「환혼기」이다. 여기에 장천의 『시왕경』 성립이 당 말이라는 측면은 '2단계인 '삼존·지장도-지장천신도' → 3단계인 '지장시왕·지장시왕권속'' 순서로 신앙 구조가 확대되었다는 것을 알게 한다.[396]

　지장 신앙의 확대와 관련된 중요한 측면 중 하나는 김지장과 관련된 구화산의 영향과 습합이다. 김지장이 지장 신앙과 결합되는 가장 큰 이유는 그의 법명이 '지장'이라는 점이다.[397] 그러나 성당盛唐(713~765) 및 중당中唐(766~820)기에 지장 신앙이 강조되지 않았다면 제아무리 법명이 지장이라고 하더라도 지장 신앙과 결합했을 개연성은 크지 않다.

　7세기 중엽부터 8세기 초의 지장 신앙 유행은[398] 앞서 검토한 『지장경』 및 『지장경』의 원형에 따른 지장과 명부의 결합 외에 달리 설명할 수 있는 것이 없다. 이것이 확대되면서 8세기 중·후반에 활약한 김지장과 결합되기 시작했을 개연성이 발생한다.

　여기에 성당기 말인 755년에 발발하는 '안사의 난(755~763)'을 계기로 당의 영화는 끝이 나고 이후로는 혼란과 쇠퇴기에 접어들게 된다. 대규모의 죽음을 동반한 혼란은 명부와 결합한 지장 신앙의 확대에 유리한 조건을 제공했을 것임에 틀림없다. 이와 같은 일련의 과정, 즉 지장과 '명부의 결합 → 안사의 난'으로 인해 지장 신앙이 확대되는 과정에서 김지장과의 결합도 서서히 일어났을 것으로 판단된다.

　신행의 삼계교에 의한 현세 지장 신앙은 중당까지 영향을 미친다. 그리고 초당初唐(618~712)기에 시작되는 지장과 명부의 결합은 중당기에 오면 현세 신앙을 압도했을 것으로 판단된다. 즉 중당까지의 과도기를 거쳐, 명부의 지장 신앙은 만당晩唐(827~906)기에 완전히 일반화되는 것이다.

1) 지장보살 좌우보처의 성립과 전개

지장보살의 좌우보처는 후대에 중국불교에서 부가된 것이다. 이는 좌보처가 778년 이전으로는 거슬러 올라갈 수 없는 「환혼기」에 가장 먼저 등장하는 도명이라는 점에서 분명해진다.

그런데 돈황에서 발견된 북송의 11세기 작품인 〈지장삼존도〉의 방제傍題에는 "오도장군五道將軍"과 "도명화상"이 존재한다는 점에서 주목된다. 더 중요한 것은 오도장군이 좌보처와 같은 좌측에서 무장을 한 채 지장보살의 육환장을 잡고 있다는 점이다. 또 도명화상은 흰 털을 가진 동물과 함께 우측에 배치되어 있다. 방제에서 드러나는 것처럼 "도명화상"이 도상 안에 존재함에도 불구하고, 육환장을 오도장군이 들고 있다는 것은 오도장군의 비중과 관련해서 시사하는 바가 적지 않다.

오도장군의 기원은 북위 말인 6세기로까지 거슬러 올라가는 (오)도대신(五)道大神이다.[399] 오도대신은 육도윤회 중 명부와 직결되는 것으로 이해된 지옥을 제외한 오도(五道, 천·아수라·인간·축생·아귀)윤회를 주관하는 존재이다. 이는 오도대신이 불교의 윤회론적인 사후세계관에 의한 요청으로 탄생된 존재임을 분명히 해 준다.[400] 오도대신은 당 말에 시왕의 구조가 정리되고 『시왕경』이 만들어지는 과정에서 무복武服 형태의 제10 오도전륜대왕으로 편입되면서 일단락된다.[401]

"도명화상"이라는 방제와 그 옆에 흰 동물이 함께 있는 구조는 「환혼기」의 내용인 도명과 사자를 환기한다. 왜냐하면 김지장과 관련해서 백견白犬인 선청善聽(혹 諦聽)의[402] 등장은 19세기 초의 인물인 의윤儀潤의 『백장총림청규증의기百丈叢林清規證義記』 권3의 「지장성탄地藏聖誕」의 기록이 가장 빠르기 때문이다.[403] 즉 김지장과 관련된 설화의 구체화는 청나라 이전으로 거슬러 올라가지 못하는 것이다.

또 같은 돈황에서 발견된 983년에 그려진 프랑스 파리 기메 뮤지엄 소

道明和尚

南无地藏菩薩

五道將軍

돈황 출토 〈지장삼존도〉(미국 프리어 갤러리 소장, 11세기, 북송). 지장보살을 기준으로 좌측에는 석장을 든 오도장군의 모습과 방제가, 우측에는 도명화상과 방제 및 흰 사자의 모습을 확인할 수 있다.

장의 〈지장시왕도〉에도 방제가 있다. 그런데 이 불화의 동물 옆에는 "나무금모사자南无金毛師子"라고 적혀 있는 것이 확인된다. 즉 같은 돈황의 지장보살도에서 동물을 사자로 판단하고 있는 것이다. 이는 미국 프리어 갤러리 소장본의 동물이 「환혼기」에 입각한 사자임을 방증해 준다고 하겠다.

이렇게 놓고 본다면 「환혼기」의 영향이 돈황의 지장보살도에 존재하지만 11세기까지도 도명의 좌보처로서의 위치는 분명하지 않았음을 알게 된다. 즉 지장의 도상 변화는 모종의 『지장경』에 의한 지장과 명부의 결합이 1차적이며, 이로 인해 2차적으로 오도장군(혹 오도대신)이 결합하는 것이다. 그리고 3차에서 지장 신앙의 확대와 함께 삼존의 요구가 발생하며, 「환혼기」에 입각한 도명의 편입이 이루어진다고 하겠다.

또 지장삼존의 구성이 정리되는 과정에서 무복(甲胄) 차림의 오도대신은 시왕으로 편입되어 이탈하고, 이를 대체하는 대상으로 문복(曲領大袖袍) 차림의 『지장경』에 의한 무독귀왕이 대두한 것으로 판단된다. 즉 4차는 오도대신의 독립과 도명의 좌보처로의 전환, 그리고 무독귀왕의 우보처 추가라고 하겠다.

지장삼존의 완성

1차 | 지장과 명부의 결합
2차 | 오도대신의 추가
3차 | 「환혼기」의 도명 추가
4차 | 오도대신의 독립과 도명의 좌보처 전환 및 무독귀왕의 우보처 추가

지장삼존의 구성에 먼저 영향을 미친 문헌이 「환혼기」이고, 『지장경』은 그 이후라는 판단은 983년 조성된 프랑스 파리 기메 뮤지엄 소장본 등의 불화에서 치의緇衣의 도명과 사자만이 등장하는 도상을 통해 분명한 인지가

돈황에서 출토된 983년 작 〈지장시왕도〉(프랑스 파리 기메 뮤지엄 소장, 983년). 지장보살을 기준으로 하단 좌측에 사자 형상의 동물과 "南无金毛師子" 방제를 확인할 수 있다. 맞은편에는 도명화상이 자리하고 있다.

위 불화의 부분을 보면 도명과 사자 형상의 짐승 모습을 확인할 수 있다.
좌 - 영국 런던 대영박물관 소장본(10세기), 우 - 프랑스 파리 기메 뮤지엄 소장본(10세기)

가능하다.

　　오도대신을 대체하는 무독귀왕의 대두와 관련해서는 두 가지 필연성을 추론해 볼 수 있다. 첫째, 무복의 오도대신이 구제의 주체이자 예배 대상인 지장보살의 좌보처와 같은 위상을 가지는 것에 대한 거부이다. 이는 동아시아의 전통에서 문무文武의 인식에 차등이 존재한다는 점에서 판단될 수 있는 측면이다. 즉 오도대신은 무복을 입은 특성상 지장 신앙의 확대와 함께 좌보처와 같은 위상을 유지하기는 어려웠을 것이다. 물론 여기에는 자비의 보살 신앙에 따른 예배 존상 속에 무복의 존재가 등장한다는 부담도 일정 부분 작용했을 것이다.

　　둘째는 지장이 명부 시왕을 좌지우지할 수 있다는 점이다.[404] 이는 도명이 좌보처로 승격되는 것과 관련하여 무독귀왕 같은 군주형의 존재가 편입되는 데 유리하게 작용했을 것이다.

　　『지장경』의 무독귀왕은 경전 내용의 측면에서 등장의 타당성이 높음에도 불구하고 「환혼기」에 입각한 도명이 좌보처가 되는 것은 편입의 선후 문제, 그리고 출가보살인 지장보살과 관련하여 출가자인 도명에 대한 근접 인식이 작용하기 때문으로 이해된다. 주지하다시피 지장보살의 가장 큰 특징은 출가보살이라는 점이며,[405] 『십륜경』에서는 지장의 권속이 모두 성문이라는 점을 강하게 부각하고 있다. 이런 점에서 도명이 좌보처가 되고, 무독귀왕은 왕임에도 불구하고 우보처가 된다고 하겠다.

그런데 흥미로운 것은 지장보살이 전생에 여성일 때 무독귀왕이 어머니의 구원을 도와준 공덕으로 현재는 재수보살財首菩薩이 되어 있다는 점이다.[406] 즉 『묘법연화경』의 전생 희견보살이 현재 약왕보살인 것처럼,[407] 『지장경』의 전생 무독귀왕은 현재의 재수보살인 것이다. 이런 점에서 본다면 무독귀왕은 보살임에도 불구하고 도명이라는 승려에 미치지 못하는 아이러니한 상황이 연출된다. 이는 도명이 좌보처라는 점과 도명의 등장 이후 지장보살의 육환장을 지장보살 스스로 든 것이 아니고서는 언제나 도명이 받쳐 들 뿐, 무독귀왕은 받들지 못한다는 점에서 분명해진다.

도명과 무독귀왕의 위계 차이는 관점에 따라서는 대승불교 안에서 불합리한 측면으로 받아들여질 수 있다. 그러나 성문형의 지장과 그 권속도 성문이라는 점 등이 우선적으로 작용하면서 이와 같은 양상은 크게 대두하지 못하는 것이 아닌가 한다. 그리고 여기에는 남송 종감宗鑑의 『석문정통』(1206년 이전) 권4의 "교敎(명부시왕 신앙)의 시작은 도명화상"이라는 기록,[408] 지반志磐의 『불조통기』(1269) 권33의 "시왕에 대한 공양이 세상에 전한 것은 당나라 도명화상이다."라는[409] 기록 등에서 확인되듯 도명을 중요하게 여긴 중국불교의 인식도 존재했을 것으로 판단된다.

지장삼존에 무독귀왕이 편입되는 것은 10세기 중엽 이전이다. 이와 같은 판단이 가능한 것은 10세기 중엽에 제작된 돈황 출토 〈지장시왕도〉 속에 도명과 사자 외에도 문관 복장의 새로운 인물이 나타나기 때문이다. 방제가 손상되어 명확한 판단은 불가능하지만 본존인 지장을 중심으로 좌측(좌보처)에 피건과 가사를 수垂한 인물은 도명으로 판단된다. 이 도명의 반대편인 우측(우보처)에 문관 복색의 새로운 인물이 등장하는데, 이는 복장의 특징이나

돈황 출토 〈지장시왕도〉(영국 런던 대영박물관 소장, 10세기 중반). 하단 부분을 보면 합장을 한 두 인물이 보이는데, 지장보살을 중심으로 좌측에는 도명으로 추측되는 인물이, 반대편엔 무독귀왕으로 추측되는 인물이, 중앙에는 사자가 자리하고 있다.

이 불화가 〈지장시왕도〉라는 점에서 오도대신일 수는 없다. 왜냐하면 전술한 바와 같이 오도대신은 시왕이 구성되면서 오도전륜대왕으로 빠져나가기 때문이다. 이런 점에서 오도대신을 대체하는 지장삼존의 구조가 판단될 수 있는 것이다.

또 이 〈지장시왕도〉를 통해서 왜 사자가 하단의 중앙에 위치하는지에 관해서도 판단이 가능하다. 즉 지장삼존의 구도가 갖춰지면서 사자의 위치가 애매하게 되는데, 이로 인해 사자가 중앙에 자리 잡게 되는 것이다. 그러나 이와 같은 지장삼존의 구조는 미국 프리어 갤러리 소장의 〈지장삼존도〉가 존재하는 11세기까지도 안정되지 않았음을 알게 한다. 즉 프리어 갤러리 소장의 〈지장삼존도〉를 통해서 최소한 11세기까지도 지장삼존이 완전히 갖추어지지 않은 과도기란 점이 분명하게 인지된다.

2) 좌우보처 문제에서 도명과 민공

지장삼존의 형성에 있어서 마지막은 구화산 김지장과의 결합에 따른 수제자 도명과 후원자 민공의 습합이다. 즉 「환혼기」의 도명과 『지장경』 무독귀왕의 선행 구조를 김지장의 수제자 도명과 후원자인 민공이 대체하는 것이다.

「환혼기」의 도명과 『지장경』의 무독귀왕이 선행하고, 이것이 후에 김지장과 구화산 불교의 영향에 의해 대체된다는 판단은 다음의 두 가지 이유 때문이다.

첫째는 민공의 아들이자 김지장의 수제자 법명이 한자까지도 같은 '도명'일 수 있을까에 대한 부분이다. 물론 이것이 아주 불가능한 것은 아니다. 실제로 도명과 명부의 관계에 관해 『법화경전기』 권8 「수상주승현서隋相州僧玄緒」의 605년 내용에는 석도명釋道明의 기록이 존재하기 때문이다.■410

이는 '도명'이라는 법명이 명부와 관련해서 반복되고 있다는 것을 알게 한다.[411] 그러나 그렇다고 하더라도 김지장의 제자마저 도명일 개연성은 크지 않다.

「환혼기」의 도명과 김지장의 도명이 일치할 수 있는 가능성에 대해서는 다시금 두 가지가 추론된다.

하나는 선행한 「환혼기」(778)의 영향 속에서 김지장이 상좌의 법명을 도명으로 지었을 가능성이다. 김지장과 관련된 최초의 기록은 813년 비관경費冠卿에 의해 "천추에 믿을 만한 역사(千秋信史)"로 평가되는 「구화산화성사기九華山化城寺記」이다.[412] 이 기록에 따르면 김지장이 입적한 것은 정원貞元 10년인 794년이며, 입적할 때의 나이는 99세(출생 696년)이다.[413]

도명이 언제 출가했는지는 분명하지 않다. 그러나 김지장이 99세를 살았다는 점을 고려하고, 민공이 사찰 부지를 후원하여 김지장 교단이 안정된다는 점을 감안한다면, 아무리 늦어도 김지장의 나이 60대쯤에는 도명이 출가해야만 한다. 그러나 「환혼기」의 연대인 778년은 김지장의 나이 75세 때이다. 또 이의 유행으로 김지장이 도명이라는 법명을 지으려면 최소한 10년 이상의 차이는 벌어져야만 한다. 이런 점들을 고려해 본다면 「환혼기」의 유행과 그 영향 속에서 김지장이 상좌의 법명을 도명으로 정했을 가능성은 없다.

다른 하나는 도명이라는 법명이 후대에 가탁되었을 가능성이다. 실제로 도명이라는 법명은 비관경의 「구화산화성사기」나 이를 답습한 문헌인 『송고승전』 「구화산화성사지장전」 등에는 전혀 등장하지 않는다.[414] '민공'의 경우도 마찬가지이다.

민공이 민씨로 등장하는 최초 기록은 당·송 교체기로 오대십국 때인 송나라 순화淳化 연간(990~994)의 〈구화행사비기九華行祠碑記〉이다.[415] 그런데 여기에도 도명에 대한 언급은 존재하지 않는다. 즉 도명은 후대 「환혼기」의 영향으로 김지장의 제자 명에 부가되었을 개연성이 큰 것이다. 여기에 민공은 〈구화행사비기〉에 따르면 후에 출가한 것으로 기록되어 있다.[416] 출가인이라는 점이 분명한데도 귀족의 복장으로 묘사하는 것은 지장의 권속이 성문이라는 『십륜경』의 언급이 존재한다는 점에서 타당하지 않다. 이런 점에서 도명과 민공은 후에 김지장이 지장의 화신으로 재평가되는 과정에서 부가되었다고 보아야 할 것이다.

그러나 도명은 잘 모르겠지만 민공은 실존 인물이었을 개연성도 충분히 존재한다. 이는 민공이라는 구체적이며 특수한 인물을 구화산 측에서 주장하고 있다는 점을 통해서 판단해 볼 수 있다. 만일 민공이 가공의 인물이라면 비관경의 기록에 나오는 제갈절諸葛節 등을 주장하는 것이 보다 합리적이기 때문이다.[417] 즉 좌우보처의 타당성이 사라진다고 해서 민공의 존재 자체마저 허구가 되는 것은 아니라는 말이다.

이는 도명과 관련해서도 일정 부분 적용될 수 있다. 그것은 도명이라는 명칭에 허구성이 존재하는 것이지, 이를 통해서 민공의 아들이 출가했다는 사실 자체가 완전히 부정될 수는 없기 때문이다. 그러나 현존하는 자료만으로는 이들의 존재 자체가 분명하게 인지되는 내용이 없다. 또 이들이 존재했다고 가정하더라도 좌우보처가 되는 부분에 있어서는 심각한 왜곡이 존재한다는 점만은 매우 분명하다.

둘째는 후대의 것과 관련된 부분이기는 하지만, 한국의 지장삼존은 「환혼기」의 도명과 『지장경』의 무독귀왕이라는 점이다. 만일 지장 신앙이 김지장과의 결합 구조에서 좌우보처로 도명과 민공을 먼저 도출한 것이라면, 이의 전파국인 한반도에도 이에 대한 영향이 일부나마 남아 있어야 한다. 그러나 이와 같은 측면은 전혀 확인되는 것이 없다. 특히 김지장이 신라의 왕족 출신이라는 점은 한반도적인 영향이 작용할 개연성이 크다는 점에서 더욱 그렇다.

이는 「환혼기」의 도명과 『지장경』의 무독귀왕에 의한 삼존 구조가 먼저 존재해서 한반도로 유입되었을 개연성에 무게를 실어 준다. 이후 중국불교는 김지장의 영향으로 지장 신앙 자체가 수정되지만 한반도에서는 이와 같은 수정이 이루어지지 않는다. 즉 김지장의 영향 이전의 양태가 지속되는 것이다.

이러한 판단이 가능한 것은 중국불교에서는 김지장을 '지장왕보살'로 칭하며 그것이 일반적 명칭이 된 반면, 한국불교에서는 지장을 지장왕보살로 칭하는 경우가 존재하지 않는다는 점이다. 또 중국불교에서 흔히 살펴지는 오불관五佛冠(혹 五智冠)을 착용한 지장보살의 도상이[418] 고려불화 등 한국불교에는 존재하지 않는다는 점 등을 들 수 있다. 즉 특정 부분에서 중국 영향의 단절 구조가 목도되는 것이다.

물론 후대 한국 지장 신앙의 좌우보처인 도명과 무독귀왕의 양태를 통해서 과거를 추론해 보는 것에는 문제가 존재한다.[419] 그럼에도 최소한 이와 같은 가능성을 상정하여 방증의 자료로 삼는 것은 가능하다고 판단된다.

고려불화 지장보살도는 좌우보처를 통한 삼존 구조와 이의 확대 양상인 시왕 및 명부 권속이 존재하는 상황에도 입상을 제외한 전체는 반가부좌의 형식만을 취하고 있다. 이는 지장 신앙의 확대와 다양성 속에서도 반가부좌가 고려불화 지장보살을 상징하는 특징적인 좌법으로 유전하고 있었다는 것을 의미한다.

특히 지장이 어떤 붓다와도 결합되지 않는다는 측면은 반가부좌가 결가부좌로 수정되지 않고 계속해서 특징적인 모습으로 유전될 수 있는 하나의 배경이 되었을 것이다. 왜냐하면 관세음보살은 수월관음도에서는 반가부좌를 취하지만 일부의 〈아미타삼존도〉에서는 결가부좌하는 모습으로 표현되기 때문이다. 즉 붓다의 보처로서는 입상이나 결가부좌만 가능하지, 반가부좌를 취하는 것은 동아시아 관점에서는 보편성을 확보하기가 어렵다는 말이다.

물론 경우에 따라서는 국보 제48호인 〈서산 용현리 마애여래삼존상〉의 미륵보살처럼 보처임에도 반가부좌를 취하는 경우도 있다. 그러나 이는 극히 예외적인 경우이다. 즉 지장이 다른 붓다의 보처가 되지 않는 측면이 지장의 반가부좌가 유전할 수 있는 하나의 타당성을 제공했다는 말이다.

　이외에도 시왕이 심판자로서 의자에 앉아 있는 것은 지장보살 역시 의자에 앉을 수 있다는 타당성을 유지하는 데 일조했다고 판단된다. 실제로 고려불화 중 가장 많은 명부 권속이 표현된 일본 게조인 소장 〈지장시왕권속도〉에는 용머리 장식을 한 의자가 표현되어 있다. 이는 비슷한 시기인 원 말

〈아미타삼존도〉(일본 호온지 소장)

(혹 남송) 정도로 추정되는 시왕도와 비교해 보면 [420] 앞의 탁자가 없기는 하지만 의자가 표현되어 있어 두 작품 간 유사성을 확인할 수 있다. 즉 고려불화 지장보살도의 반가부좌 특징은 다른 붓다와의 결합 없는 개별 신앙의 독립적 전개와 명부 시왕의 영향 등이 작용하면서 유전될 수 있었다고 하겠다.

〈지장시왕권속도〉 속 지장의 의자 표현과 원 말 시왕도의 의자 표현

〈지장시왕권속도〉 부분(일본 계조인 소장)

〈제1진광대왕도〉
(미국 하버드 아서 새클러 뮤지엄 소장)

〈제4오관대왕도〉
(미국 클리블랜드 미술관 소장)

〈제5염라대왕도〉
(미국 개인 소장)

3.
입상에 대한 『십륜경』과 「환혼기」의 영향

고려불화 안의 지장독존도 입상은 일본 젠도지[善導寺], 일본 네즈[根津]미술관, 일본 도쿠가와[德川]미술관, 일본 주구지[中宮寺], 일본 초고손시지[朝護孫子寺], 일본 개인, 미국 메트로폴리탄 뮤지엄, 미국 보스턴 뮤지엄, 아서 M. 새클러 뮤지엄 소장의 총 9점이 존재한다. 국가적으로는 일본에 6점, 미국에 3점이 있는 셈이다.

1) 입상의 여의주 표현과 『십륜경』

지장보살 입상과 관련해서 가장 먼저 도상적인 영향을 살펴볼 수 있는 것은 『대방광십륜경』 권1 이다. 여기에는 지장이 남방에서 오는 것과 관련해 당시 거라제위산의 청중들 손에 여의주(혹 마니보)가[421] 저절로 생겨나 여의보를 쏟아내는 대목이 있기 때문이다.[422] 이는 사문(『십륜경』에서 사문은 성문과 혼용됨)[423] 형상의 지장보살이 신통의 힘으로 중생들을 성숙시키는 방편을 상징하는 측면이다.[424]

실제로 지장보살은 성문의 형상으로 남쪽에서 와 여래의 발에 정례하고 우요삼잡하는 것으로 되어 있다.[425] 여기에서 주목되는 도상적인 부분은 '지장이 남방에서 온다는 입상적인 측면', 그리고 '성문의 형상이라는 점'과 '여의주의 존재'이다. 그러나 경전의 내용을 보면 여의주는 지장이 직접 들고 있거나 하는 것은 아니다.

고려불화 지장독존도 입상은 연화족좌蓮花足座를 밟고 있는데, 이는 석장 및 정면이 아닌 역동적인 발의 자세와 함께 이동하는 모습을 상징한다. 즉 『십륜경』 속의 남방에서 오는 입상적 요소와 상응하는 가치로 이해해 볼 수 있는 것이다. 또 지장이 성문의 형용을 하고 있다는 것은 삭발과 성문형의 지장이 가사를 수하고 있는 것과 대응한다.

2) 「환혼기」의 영향에 의한 피건·석장·보련

9점의 고려불화 중 삭발한 모습은 ① 일본 젠도지, ② 일본 주구지, ③ 일본 개인, ④ 미국 메트로폴리탄 뮤지엄, ⑤ 미국 보스턴 뮤지엄, ⑥ 아서 M. 새클러 뮤지엄의 6점이다. 또 피건형은 ⑦ 일본 네즈미술관, ⑧ 일본 도쿠가와미술관, ⑨ 일본 초고손시지의 3점이다(책 75쪽). 즉 현존하는 지장독존도 입상만 놓고 본다면 삭발이 피건에 비해 보편성을 확보하는 것이다(책 156~158쪽).

피건지장이 상대적으로 적은 것은 중국과 일본의 지장독존도 입상에 피건이 매우 드물다는 것과 연관해서 이해될 수 있다.[426] 이런 점에서 본다면, 총 9점 중에서 피건이 3점이라는 것도 그리 적은 숫자만은 아니라고 하겠다. 또 이 중 ③ 일본 개인, ④ 미국 메트로폴리탄 뮤지엄 소장본과 ⑦ 일본 네즈미술관, ⑧ 일본 도쿠가와미술관 소장본은 같은 초본을 사용한 듯 구도와 크기까지 거의 대등한 모습의 불화이다.

그러나 『십륜경』에는 지장이 성문의 모습을 하고 있다는 점만 언급되어 있을 뿐 삭발과 피건에 대한 구체적인 묘사는 없다. 피건의 다른 이름은 '피모被帽' 또는 '풍모風帽'이다. 이는 승려의 삭발한 머리를 외부 환경으로부터 보호하려는 일종의 준모자와 같은 성격을 가지며, 양쪽 어깨까지 천을 늘어

트리는 특징을 가지고 있다.[427]

이런 점에서 본다면 삭발이 1차적이며, 피건은 삭발에 부가된 머리 보호의 속성과 일정 부분의 장식이나 장엄적 요소를 내포한다고 하겠다. 특히 서역과 같은 사막성 기후 지역에서는 피건 등으로 머리를 보호하는 것이 일반적인데,[428] 이는 중동과 아랍 등지에서 오늘날까지 일정 유지되고 있다. 이런 점에서 본다면 지장보살의 완성이 호탄이며 서역남로를 타고 중국으로 전래했다는 점에서[429] 경전에는 뚜렷한 언급이 없지만 도상의 전래 초기부터 삭발 이외에도 피건이 일부나마 존재했을 개연성도 없지는 않다. 왜냐하면 이는 기후 환경적 필연성에 의한 승려의 의복적인 측면과 연계된다는 점, 또 이른 시기의 피건지장이 돈황과 투루판 쪽의 서역 문화권에서 확인되는 측면이 존재하기 때문이다.[430] 그러나 피건의 당위성 확보에 따른 전개는 「환혼기」를 통해 돈황을 중심으로 확대된 것으로 판단되며, 이의 표현이 도상으로 나타나는 것은 9세기에 대두해서 10세기에 유행하는 정도라고 하겠다.[431]

피건의 고려 확대는 티베트 라마불교의 영향과 관련된 것으

중국 신장성 위구르자치구 투루판 교하고성 출토(7~9세기 경, 사진 제공: 조성금)

로 추정되고 있다.■432 관점에 따라서는 요遼나라를 통해서 전파된 것이라는 주장도 있다.■433 그러나『고려사』권39의 공민왕 때인 1357년 음력 (윤) 9월 7일의 승복에 대한 내용에서 흑건黑巾이 등장하는 것으로 보아 요나라보다 는 라마불교의 영향으로 보는 것이 타당하다고 판단된다.■434 다만 돈황 중심 의 피건이 더위를 피하기 위한 것이라면, 티베트와 요의 피건은 추위를 막기 위한 피건이다. 이런 점에서 양자의 모습은 유사할지 모르지만 내용과 구체 적인 면에서는 큰 차이가 존재한다고 하겠다.

다음으로 9점의 고려불화 지장독존도 입상은 모두 석장을 가지고 있다. 또 ① 일본 젠도지 소장본을 제외하고는 모두 손에 여의주를 든 모습도 확인 된다. 그러나『십륜경』에서는 지장보살의 지물로 여의주의 개연성은 존재하 지만 석장은 살펴지지 않는다.

바로 이 부분에서 주목되는 문헌이 바로「환혼기」이다.「환혼기」에 묘 사된 지장보살의 형용은 전체적으로 푸른 눈에 둥근 얼굴, 그리고 보련寶蓮 (연화족좌)을 밟은 선승의 운수납자형 모습이다. 또 피건과 간략한 영락을 착 용하고 손에는 금환의 석장을 가졌는데, 특히 긴 영락과 지보至寶를 가진 것 이 아님을 분명히 하고 있어 주목된다.■435

「환혼기」는『십륜경』과 달리 보련과 운수납자라는 입상의 행동적인 측 면을 적시하고 있다. 또 흔히 육환장으로도 칭해지는 금속 고리가 달린 석장 과 긴 영락이 아닌 간략한 영락의 패용을 강조한다. 그리고 피건의 착용과 지보, 즉 여의주를 가지지 않는다는 점을 분명히 하고 있다.

이와 같은 묘사를 고려불화 지장독존도 입상과 관련해서 판단해 보면 가장 두드러진 것은 단연 '보련'과 '피건' 그리고 '운수납자의 형상'과 '금환 석장의 묘사'이다. 9점의 고려불화는 이 중 피건을 제외한 묘사에 모두가 비 교적 충실하다.

이 중 금환 석장은 육환장을 의미하는 것으로 판단되는데, 박락으로 인

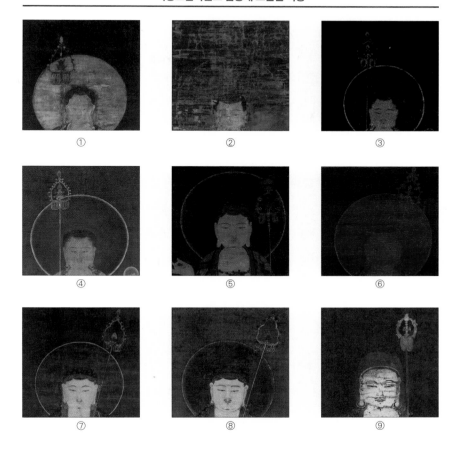

해 명확한 판단이 어려운 ⑨ 일본 초고손시지 소장본을 제외하고는 고리가 모두 6개인 육환장인 것을 알 수 있다. 이렇게 놓고 본다면 일본 초고손시지 소장본 역시 육환장을 가졌을 개연성이 크다고 판단된다.

또 9점 모두는 두 발에 맞도록 분리된 보련 위에 맨발로 서 있는 모습으로 그려져 있다. 먼저 분리된 보련은 지장보살의 역동적인 측면을 연화의 분리라는 상징적인 형상화를 통해 표현한 것으로 이해된다.

그리고 맨발은 붓다 당시의 인도 전통과 인도의 존중문화에 입각한 측면으로 동아시아 불·보살상의 표현에서 보편적으로 유지되는 대표적인 특징 중 하나이다. 물론 율장의 「피혁건도皮革健度」에 따르면 붓다 당시부터 발이 약한 사람이나 땅이 척박한 곳, 또 기온이 낮은 지역에서는 신발을 사용할 수 있도록 규정하고 있다.[436] 그러나 이는 당시 신발을 신지 않는 인도 전통의 출가 수행문화에서 일반적인 양상은 아니었다.

실제로 붓다는 신발을 신지 않았던 것으로 판단된다. 이는 불교의 신앙적 대상과 관련해서 불족적佛足迹이 존재한다는 점, 또 후일 불족적의 발전 구조 속에서 발자국 안에 천폭륜千輻輪의 법륜상法輪像이 나타나는 측면을 통해 양식화된다.[437] 이는 후일 32상의 성립과 함께 천폭륜상千輻輪相으로 편입된다.[438] 이와 같은 불족적의 상징과 양식적인 흐름으로 인해 이후 신발을 신지 않는 것은 불·보살상과 불화 속의 표현 중 가장 두드러진 특징으로 일반화된다.

인도는 무더운 기후와 개방적인 유목 전통이 있으므로 발이나 살을 보이는 것이 크게 문제될 게 없다. 그러나 기후적으로 다소 춥고 농경 중심인 동아시아에서는 살을 보이는 것에 대한 부정적인 인식이 존재한다. 이런 점에서 동아시아 불교미술의 불·보살 표현에 존재하는 발의 노출은 상당히 이례적인 전통이 아닐 수 없다.

맨발의 상징과 관련해서는 노출된 상태에서도 '연화불착수蓮花不着水'와 같은 최고의 청정을 담보한다는 의미로 해석되는 것도 가능하다.[439] 이와 같은 인식은 지장시왕도나 지장시왕권속도 그리고 석굴암 등에서 하부 신격과 권속들이 같은 공간 안에 위치하면서도 신발을 신는 것으로 위계 차이를 표현하는 것을 통해서 자못 분명해진다.[440]

그러나 불화 안에서 최고의 예경 대상인 불·보살의 맨발 표현은 필연적

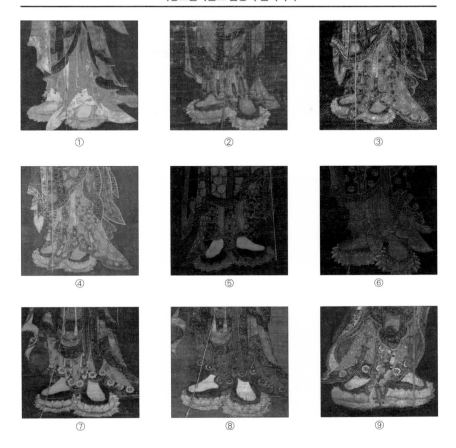

으로 이를 상징화할 수 있는 보완 구조를 요청받게 된다. 이것이 바로 발 받침 혹은 좌대에 연꽃이 사용되는 연화좌와 연화족좌의 표현이다. 즉 연화불 착수를 통한 깨침이라는 완전성의 환기인 셈이다.

　그런데 「환혼기」의 지장보살은 사후의 유명계幽冥界에 위치한다. 이곳 은 또 지옥과도 연결될 수 있는 열악한 환경이다.

원론적으로만 말한다면 사후세계인 명계와 지옥은 논리적인 층위가 다른 별개의 세계이다. 그러나 명계와 지옥의 혼재는 중국불교에서 발생한 것이 아니며, 인도불교에서부터 존재하던 문제가 중국까지 이식되는 측면이다. 이는 『대비바사론』권172의 '염마가 지옥의 주재자라는 것'이나[441] 『구사론』권11 등에서 '염마가 남섬부주의 지하 500유순 지점에 사는 귀신 세계인 염마왕국의 주관자로 역할이 변모된다'는 점 등을 통해서 분명해진다.[442]

중음中陰(中有)의 명계와 육도 중 한 세계인 지옥이 연결되어 있다는 것은 후대의 혼란이 야기한 문제임이 분명하다. 그런데 이것이 인도불교에서부터 존재하며, 중국불교로 이식되는 것이다. 그럼에도 중국불교에서는 이에 대한 비판적 인식이나 이렇다 할 해결책의 모색은 존재하지 않는다. 이는 과거에 재판하는 곳과 감옥이 하나의 연결 공간 안에 존재하는 경우가 종종 있었기 때문에 그렇지 않았나 싶다.[443] 그러나 이러한 명부와 지옥의 연결은 도리어 지장 도상과 관련하여 지장보살에게 보련과 같은 발 받침의 필연성을 강하게 요청하게 된다.

이렇게 놓고 본다면 「환혼기」에서 확인되는 구체적인 보련 기록은 매우 중요한 의미를 내포한다. 물론 불·보살의 연화좌와 연화족좌가 「환혼기」에서 기원하는 것은 아니다. 그러나 「환혼기」가 지장보살의 명부와 지옥의 연결이라는 구조 속에서 보다 강력하고 견고한 타당성을 부여받도록 했을 개연성은 충분하다. 즉 「환혼기」에 의해서 이후의 지장독존도 입상에 보련이 보다 강력하게 수용될 수 있었을 것이라는 말이다.

또 「환혼기」에는 지장보살이 피건과 간략한 영락을 착용한 채 금환 석장을 가진 보련 위의 운수납자 형상으로 묘사되어 있다. 이는 명부 중생을 구제하는 지장의 능동적이고 실천적인 모습으로 이해된다. 즉 「환혼기」에 묘사된 피건, 간략한 영락, 금환 석장, 보련, 운수납자의 형상은 모두 사후 구제자의 모습과 연결될 수 있는 것이다.

이 중에서 먼저 피건은 서역과 관련된 이동에 따른 구제를 상징하며,[444] 간략한 영락 역시 대승보살로서의 완전성을 상징하는 동시에 중생의 구제 자로서 과하지 않게 장엄하는 것으로 판단된다. 그리고 금환 석장은 유행승 의 기본적인 모습이며,[445] 보련은 명계의 더러움에 물들지 않는 청정성에 대 한 강조로 이해될 수 있다. 그렇다면 「환혼기」의 지장은 전체적으로 선승의 운수납자적인 측면과 크게 다르지 않다. 즉 「환혼기」의 지장 형상은 명부의 중생 구제에 있어서 최적화된 모습이라고 할 수가 있는 것이다.[446]

결국 9점의 지장독존도 입상에서 보이는 역동적인 자세는 『십륜경』의 남방에서 오는 지장의 모습보다는 명부 구제의 관점에서 판단해 보는 것이 보다 타당하다. 또 길지 않은 단출한 영락과 금환 석장의 묘사도 그 바탕이 『십륜경』보다는 「환혼기」에 있을 가능성이 크다. 이런 점에서 정리해 보면 9 점의 고려불화 지장독존도 입상의 형태와 구도적인 타당성은 「환혼기」의 묘 사를 중심으로 『십륜경』의 영향이 존재하는 것으로 판단될 수가 있겠다.

그런데 흥미로운 것은 「환혼기」에 나오는 지장보살의 말로서 "(당시 당나라의 지장보살상은 어째서) 손에는 지보至寶를 가졌고 노정露頂이 덮여 있지 않으며, 길고 화려한 영락을 드리우고 있단 말인가?"라고 하는 대목이 다.[447] 이는 「환혼기」 이전의 지장보살 표현은 일반적으로 지보인 여의주를 쥐며, 삭발한 모습에 길고 화려한 영락을 가진 모습으로 표현되고 있었음을 알게 해 준다.[448] 즉 전체적으로 삭발한 성문형에 관세음보살과 같은 장엄 한 영락을 하고, 지물로 여의주를 쥔 지장보살상을 인지해 볼 수가 있는 것 이다.

「환혼기」의 지장보살 묘사와 관련해서 주목되는 도상이 돈황에서 출 토된, 8~10세기 무렵에 제작된 다수의 지장독존도번地藏獨尊圖幡 입상이 다.[449] 이는 고창(투루판) 쪽에서도 일부가 확인된다.[450] 이를 보면 도상의

영국 런던 대영박물관 소장본

729년, 당   9세기, 당   9세기, 당   9세기, 당   10세기

프랑스 파리 기메 뮤지엄 소장본 ──────── 10세기

주류는 지보를 가진 상태에서 피건과 석장이 없는 것을 알 수 있다. 즉 화려한 영락은 없지만 「환혼기」가 비판하는 지장의 형상이 일부 살펴지는 것이다. 이는 「환혼기」 이후에도 지장의 입상이 오랫동안 그 이전의 전통을 고수하고 있었음을 알게 해 준다.

여의주 같은 구슬에 대한 부분은 『지장경』에 존재하지 않는다. 물론 경전의 성격상 『점찰선악업보경』 전2권에도 이와 같은 내용은 없다. 그러므로 「환혼기」의 비판은 『십륜경』에 기초한 도상 형태를 비판한 것이라는 이해가 가능하다.

또 「환혼기」의 비판은 후발의 『지장경』계 명부 도상의 입장에서, 선행한 밀교계 도상에 대한 비판으로 이해하는 관점도 존재한다. 왜냐하면 『십륜경』에는 구체적인 묘사가 없지만, 선무외善無畏(637~735)와 금강지金剛智(669~741)의 제자인 일행一行(673~727)의 『대비로자나성불경소大毘盧遮那成佛經疏』 권13과 『비로자나성불신변가지경의석毗盧遮那成佛神變加持經義釋』 권10에는 영락과 관련된 다음과 같은 구절이 있기 때문이다.

이 (지장)보살은 손에 연화를 잡고 (있으며), 모든 영락으로써 그 몸을 장엄한다.[451]

「환혼기」의 지장 도상에 대한 비판은 『십륜경』이나 밀교계 도상에서 명부와 관련해 「환혼기」를 필두로 하는 『지장경』계 도상(정확하게는 명부의 지장 도상)으로의 변화 의지를 인지해 보도록 한다. 『지장경』에는 지장보살에 대한 이렇다 할 형태 묘사가 존재하지 않는다. 이런 점에서 『지장경』과 같은 지장과 명부의 결합이 유행한 이후에도 지장보살의 도상은 『십륜경』이나 밀교계가 주도하고 있었을 개연성이 크다.

그런데 「환혼기」라는 지장에 대한 구체적인 묘사 기록이 등장하게 되면서, 이후 지장보살의 묘사가 수정되며 피건 형태가 약진하고 석장과 보주라는 지물 구조가 완성되는 것이 아닌가 한다.[452] 즉 「환혼기」는 피건을 주장하고 지보의 존재를 부정하지만 이 부분이 완전히 대체될 정도로 수정되지 않고 습합되면서 유전된다는 말이다.

실제로 9점의 지장독존도 입상 중 앞서 언급한 ① 일본 젠도지 소장본을 제외한 8점은 손에 여의주를 쥐고 있다. 또 삭발형은 ① 일본 젠도지, ② 일본 주구지, ③ 일본 개인, ④ 미국 메트로폴리탄 뮤지엄, ⑤ 미국 보스턴 뮤지엄, ⑥ 아서 M. 새클러 뮤지엄의 6점이며, 피건형은 ⑦ 일본 네즈미술관, ⑧ 일본 도쿠가와미술관, ⑨ 일본 초고손시지의 3점이다. 이러한 고려불화의 결과를 통해 석장은 필수가 되었고, 여의주는 대체로 계승되었으며, 삭발과 피건은 혼재된 상태에서 승려에게 보다 일반적인 삭발이 선호되었음을 알게 한다.[453] 그리고 영락 부분은 치렁치렁함이 없이 단출한 쪽으로 통일되었음이 확인된다. 즉 선행한 『십륜경』이나 밀교계와 후행한 「환혼기」적인 부분이 적절한 타협을 이루며 혼합·완성되는 것이다. 이는 지장독존도 입상의 기본 도상이 『십륜경』을 바탕으로 「환혼기」 묘사에 의해서 수정되었을 뿐, 『십륜경』의 도상을 「환혼기」가 완전히 대체한 것은 아니라는 점을 분명히 해 준다.

특히 여의주는 『불설지장보살발심인연시왕경佛說地藏菩薩發心因緣十王經』(이후 『발심인연시왕경』)의 육지장六地藏에 대한 묘사 중 첫째, 예천하지장預天賀地藏(여의주)과 다섯째, 금강보지장金剛寶地藏(보주)의 묘사에서도 확인된다. 그런데 흥미롭게도 육지장 중에 석장을 든 지장 역시 둘째, 방광왕지장放光王地藏과 넷째, 금강비지장金剛悲地藏의 둘이라는 점이다.[454] 이는 보주와 석장이 각자 나름의 타당성과 위상을 확보하며 유전하고 있었다는 것을 의미한다.

이 중 석장과 관련하여 『대목련경』에 의하면, 이를 통해 '(아비)지옥의 문을 열고 지옥고를 쉬게 해 준다'는 내용이 있어 주목된다.

> 붓다가 목련에게 말했다. "너는 나의 12고리가[455] (달린) 석장을 잡고, 나의 가사를 입으며(垂) 나의 발우를 (한) 손으로 받쳐 들어라. (그리고 아비)지옥문 앞에 이르러 석장을 떨쳐 세 번 소리를 내라. (그러면) 지옥문의 빗장이 스스로 열리며 자물쇠가 저절로 떨어지게 될 것이다. (이때) 지옥 중의 일체 죄인들이 나의 석장 소리를 듣고, 모두가 잠시 안식을 얻게 되리라."
> 목련이 (붓다의) 가사를 받아서 입고 손에는 석장을 쥐고서 지옥문 앞에 이르러 석장을 떨쳐 세 번 소리를 내었다. (그랬더니) 지옥문이 스스로 열리며 자물쇠가 저절로 떨어졌다. 목련이 (아비)지옥 안으로 들어갔다.[456]

붓다의 석장이 지옥문을 열고 지옥고를 쉬게 해 준다는 내용은 지장보살의 석장 인식에도 상당한 영향을 미쳤을 것으로 추론된다. 고려불화 지장독존도 입상 9점 모두가 석장을 들고 있는 것 또한 이와 같은 후대의 지옥 구제라는 적극적인 상징이 차용된 결과로 판단된다. 즉 석장과 관련하여 「환혼기」에 의한 대두와 『대목련경』과 같은 석장에 대한 인식이 중첩된 결과가 바로 9점의 지장독존도 입상이라고 하겠다.

지장다존도 속 사천왕 수용과 의미

1.
사천왕 수용의 타당성과 극락세계

고려불화 지장다존도는 지장보살의 좌우보처인 도명존자와 무독귀왕이 배치된 지장삼존도가 2점 존재하며, 이러한 삼존에 제석천, 범천과 사천왕이 추가된 지장도(혹 지장천신도)가 1점, 이외에 여기에 다시금 시왕과 판관·녹사 등이 추가된 지장시왕도가 4점, 그리고 지장시왕도에 선업동자善業童子(『시왕경』에서는 선업동자이며, 『발심인연시왕경』에서는 선·악동자)와 마우··우두와 같은 지옥의 옥졸들이 추가된 지장시왕권속도가 3점 존재한다. 즉 등장인물 수의 확대를 기준으로 '지장삼존도(2점) → 지장도(혹 지장천신도)(1점) → 지장시왕도(4점) → 지장시왕권속도(3점)'의 순서로 지장다존도는 총 10점이 존재하는 것이다.

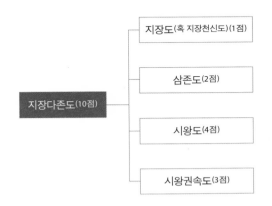

지장삼존도

일본 엔가쿠 소장   한국 개인 소장

지장도(혹 지장천신도)

삼성미술관 리움 소장

일본 닛코지 소장

일본 세이카도문고미술관 소장

독일 동아시아 예술 뮤지엄 소장

호림박물관 소장

일본 호토지 소장

일본 치온인 소장

일본 게조인 소장

1) 수미산 우주론의 구조와 극락세계

지장다존도 중 〈지장도〉(혹 〈지장천신도〉)부터는 제석천과 범천, 사천왕이 등장하기 시작한다. 또 지장시왕권속도 중 일본 호토지 소장본의 1점을 제외한 7점에는 모두 제석천, 범천과 사천왕이 묘사된 것이 확인된다.

일본 치온인 소장본의 제석천, 범천 묘사는 뚜렷하다. 그렇지만 본존인 지장보살 아래의 이천왕(동-지국, 남-증장)은 확인되지만, 위쪽에 있어야 할 이천왕(서-광목, 북-다문)은 표현되어 있지 않다. 이와 관련해서 일본 치온인 소장본은 일본 게조인 소장본과 유사한 불화였던 것이 후에 일본에서 수정되는 과정에서 변모된 것이기 때문이라는 점은 앞서 언급한 바 있다.■457 이런 점에서 본다면 일본 치온인 소장본 역시 게조인 소장본에서처럼 제석천, 범천과 사천왕이 존재했을 것으로 판단된다.

일본 게조인 소장 〈지장시왕권속도〉 부분. 제석천과 범천, 그리고 사천왕의 모습을 확인할 수 있다.

제석·범천과 사천왕은 고려불화 중 아미타구존도에는 존재하지 않는 다. 그러나 〈원각경변상도圓覺經變相圖〉(혹 〈화엄경변상도〉)와 [458] 〈약사불회도藥師佛會圖〉, 그리고 〈미륵하생경변상도彌勒下生經變相圖〉와 일본 고베 시립미 술관 소장 〈비로자나설법도毘盧遮那說法圖〉, 일본 사이후쿠지 소장의 〈관경 십육관변상도〉에서는 살펴볼 수 있다. [459]

〈원각경변상도〉
미국 보스턴 뮤지엄 소장

230

〈원각경변상도〉의 본존은 보관형의 비로자나불이며, 〈미륵하생경변상도〉의 본존은 여래형의 미륵이다. 즉 제석·범천과 사천왕이 호법신의 역할로 등장하는 것은 붓다와 관련된 불도인 것이다. 그런데 지장보살도는 보살도임에도 이들 호법신이 등장한다. 더구나 호법신이 등장하는 불도는 등장인물이 많은 대규모 불화인 데 반해 지장보살도에서는 리움미술관 소장의 〈지장도〉(혹 〈지장천신도〉)에서처럼 전체가 9존(지장삼존·제석천과 범천·사천왕)만

〈미륵하생경변상도〉　　　　　　　　〈미륵하생경변상도〉
일본 신노인 소장　　　　　　　　　　일본 치온인 소장

등장하는 소규모인 경우에도 호법신이 등장하고 있어 주목된다.

그렇다면 왜 불도임에도 불구하고 아미타불과 관련된 아미타구존도에는 사천왕이 등장하지 않는 것일까? 또 관경십육관변상도는 총 4점이 존재하는데,[■460] 왜 일본 사이후쿠지 소장의 1점에서만 사천왕이 등장하는 것일까? 즉 왜 관경십육관변상도에는 사천왕의 표현이 일반화되지 못하는 것일까?

물론 아미타구존도는 아미타불과 팔대 보살(① 관세음, ② 대세지, ③ 문수, ④ 보현, ⑤ 금강장, ⑥ 제장애, ⑦ 미륵, ⑧ 지장)만을 도상화한 것이기 때문에 제석·범천과 사천왕이 묘사될 여지가 없다. 그러나 다른 불도에서는 권속 보살과 더불어 제석·범천과 함께 사천왕이 함께 등장해 호법신으로서의 역할을 한다는 점을 상기할 필요가 있다. 즉 아미타구존도는 다른 불도에 비해서 매우 단출한 구조인 셈이다.

이와 관련해서 주목되는 내용이 『무량수경』 권상 등에 등장하는 "(극락이라는) 저 국토에는 수미산 내지 금강金剛·철위鐵圍 등의 일체 모든 산이

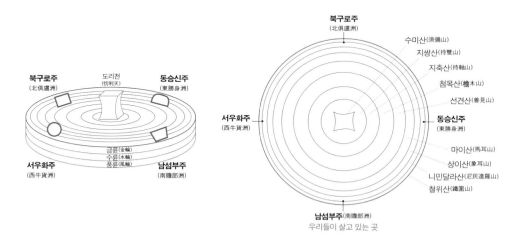

수미산과 구산팔해

없다. 또 대해大海·소해小海·시내·도랑·우물·골짜기도 존재하지 않는다."
는 구절이다.■461 여기에서 '수미산 내지 금강·철위가 없다.'는 것은 불교의
수미산 우주론에서 확인되는 구산팔해九山八海■462 전체가 존재하지 않는다
는 의미이다. 즉 극락에는 수미산 등의 일반적인 수미산 우주론 구조 전체가
존재하지 않는 것이다.

수미(Sumeru)산은 인도 우주론에서 중심이 되는 8만 4천(혹 8만) 유순 높
이의 우주산宇宙山이다.■463 사천왕은 수미산 중턱의 4만 2천 유순(혹 4만)의
사왕천四王天(Caturmahārājika-deva)에 살며, 수미산정須彌山頂인 도리천忉利天
(Trāyastriṃśa-deva)에는 제석천이 32도리천중을 거느리며 존재하는 것으로
되어 있다.■464 이 도리천까지가 지거천地居天이며, 이 수미산정, 즉 도리천 위
로는 공거천空居天이 펼쳐진다.■465

공거천은 ③ 야마천, ④ 도솔천, ⑤ 화락천, ⑥ 타화자재천까지를 욕계欲
界라고 하는데, 수미산에 위치하는 ② 도리천과 ① 사왕천을 더해서 이를 욕
계 6천이라고 한다. 이 욕계 위로 색계色界가 펼쳐지는데, 이 중 최하층인 초
선천初禪天에 속하는 천상계가 바로 ① 범중천梵衆天, ② 범보천梵輔天, ③대
범천大梵天의 범천계梵天界이다. 불교에서 일반적으로 일컫는 범천은 이 중
대범천을 지칭한다.

이 위로도 다시금 색계의 2선천·3선천·4선천의 색계 15천이 위치하
고, 그 위에 또 ① 식무변처識無邊處, ② 공무변처空無邊處, ③ 무소유처無所有
處, ④ 비상비비상처非想非非想處의 무색계無色界 4천이 존재한다. 이를 일반
적으로 욕계 6천·색계 18천·무색계 4천의 '3계28천'이라고 한다.■466 그러
나 이 중 색계 18천은 관련 전적에 따라 다소간의 출입에 차이가 있다.■467

그런데 이러한 우주론의 중심인 수미산이 법장비구法藏比丘의 서원에
의해 건립된 극락에는 존재하지 않는 것이다. 이는 극락에 지거천과 공거천
이 의지할 곳이 없다는 것을 의미한다.

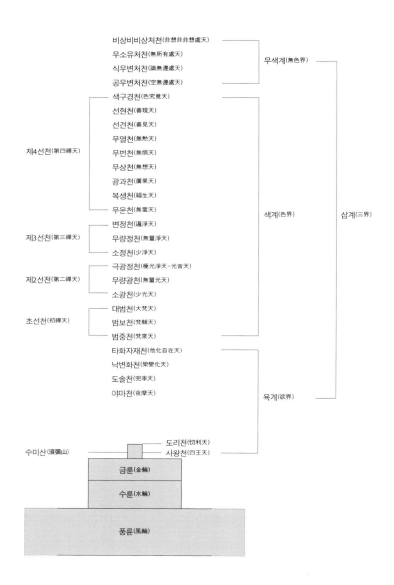

비상비비상처천(非想非非想處天)
무소유처천(無所有處天)
식무변처천(識無邊處天)
공무변처천(空無邊處天)

무색계(無色界)

색구경천(色究竟天)
선현천(善現天)
선견천(善見天)
무열천(無熱天)
무번천(無煩天)
무상천(無想天)
광과천(廣果天)
복생천(福生天)
무운천(無雲天)

제4선천(第四禪天)

변정천(遍淨天)
무량정천(無量淨天)
소정천(少淨天)

제3선천(第三禪天)

극광정천(極光淨天-光音天)
무량광천(無量光天)
소광천(少光天)

제2선천(第二禪天)

대범천(大梵天)
범보천(梵輔天)
범중천(梵衆天)

초선천(初禪天)

색계(色界)

삼계(三界)

타화자재천(他化自在天)
낙변화천(樂變化天)
도솔천(兜率天)
야마천(夜摩天)

욕계(欲界)

수미산(須彌山)

도리천(忉利天)
사왕천(四王天)

금륜(金輪)

수륜(水輪)

풍륜(風輪)

불교우주론의 수직적 공간 구조

234

여기에서 가장 문제가 되는 것은 지거천인 사왕천과 도리천이다. 공거천이야 어차피 하늘의 허공 중에 존재하는 것이므로 수미산이 그렇게까지 필연적이지는 않다. 그러나 수미산을 직접적으로 의지하는 사왕천과 도리천은 근거와 관련된 직접적인 문제가 발생하는 것이다. 실제로 이와 같은 문제로 인해『무량수경』권상에서 아난은 다음과 같이 붓다께 묻고 있다.

> 이때 아난이 붓다께 아뢰었다. "세존이시여! 만일 **저 국토에 수미산이 없다면, 그곳의 사천왕 내지 도리천은 어디에 의지해서 머물게 되는 것입니까?**
> 붓다께서 아난에게 말씀하셨다. (공거천인) 욕계 제3천인 염천炎天(혹 야마천)에서 (색계의 마지막인) 색구경천에 이르기까지 모두 어디에 의지해서 머무는가?"
> 아난이 부처님께 사뢰었다. "행업行業의 과보란 불가사의합니다."
> 붓다께서 아난에게 말씀하셨다. "행업의 과보가 불가사의하다면, 제불세계諸佛世界 또한 불가사의니라. 그 모든 중생이 공덕선력功德善力으로 행업의 땅에 머물게 된다. 그러므로 문제될 것이 없다." 아난이 부처님께 사뢰었다. "저는 이 법에 의심이 없습니다. 다만 장래의 중생들을 위하여 그 의혹을 제거하고자, 이러한 뜻을 묻는 것입니다."[468]

인용문을 보면 극락에는 수미산이 없지만 그럼에도 지거천과 공거천은 문제없이 존재한다는 의미처럼 되어 있다. 그러나 좀 더 자세히 보면 아난이 묻는 것은 지거천의 존재이며, 붓다가 답하는 것은 염천炎天, 즉 욕계 제3천인 야마천 이상에서 색구경천까지의 공거천에 대한 것임을 알 수 있다. 즉 문답이 서로 어긋나 있는 것이다.

『무량수경』에서 수미산 등의 구산팔해가 존재하지 않는다는 것의 의미는, 극락은 일체의 험지가 존재하지 않는 복된 땅임을 강조하기 위한 것이다. 그런데 이렇게 되면 공거천은 차치하고 지거천의 존재에 심각한 문제가 발생하게 된다. 이로 인해 아난이 묻자 붓다가 직접적으로는 명확한 답변을 하지 않고 공거천의 예를 들어 '행업에 의한 불가사의'임을 말하고 있는 것이다.

'행업에 의한 불가사의'란 특징적인 업력에 따른 비일반적인 결과라는 의미이다. 즉『무량수경』은 문제를 명확하게 해소하지 못하고, '수미산이 없다는 측면'을 '행업에 의한 불가사의로 존재한다'는 애매한 관점으로의 극복을 시도하고 있는 것이다.

그러나 공거천과 달리 지거천이 존재하기 위해서는 기세간器世間에 해당하는 수미산이 필수적이다. 그러므로 '행업에 따른 불가사의'라는 구조를 끝까지 밀어붙인다면 극락에는 본질적으로 수미산이 존재하지 않지만 행업의 결과에 의한 '과보 수용을 위한 수미산은 존재한다'는 것이 된다.

불교에서 모든 기세간은 중생의 공업共業에 따른 결과물이다. 이런 점에서 본다면『무량수경』의 이 구절은 '(본질적인) 수미산은 없지만 (행업에 따른) 수미산은 존재한다.'는 모순 구조를 드러내게 된다. 수미산과 관련해서 논리에 문제가 발생하는 것은 극락의 이상 구조를 강조하기 위해 모든 산을 없애자 인도 우주론의 핵심인 수미산이 빠지게 되어 전체 구조가 무너지기 때문이다.

『무량수경』에서 보다 강조하고자 하는 것은 극락 중생의 행업에 따른 수미산의 존재가 아니라 '극락에는 일체의 험지를 포함한 수미산이 존재하지 않는다.'는 측면이다. 왜냐하면 중생의 행업에 의한 수미산의 존재는 기존의 불교 우주론이 말하는 기세간적인 원리나 구조에 다를 바 없기 때문이다.

이런 점에서 극락과 관련해서 보다 선명성이 강한 '수미산이 없다는 측면'을 중심으로 수용하면 지거천인 사왕천과 제석천은 위치나 존재가 애매하게 된다. 앞서 아미타구존도나 일본 사이후쿠지 소장본을 제외한 관경십육관변상도에는 제석·범천과 사천왕의 호법신이 묘사되지 않는 점을 지적한 바 있다. 즉 아미타불이나 극락 관련 도상에 제석·범천과 사천왕이 등장하지 않은 것은 경전에 입각한 충실성으로 이해할 수 있는 것이다.

또 아미타구존도 중에서 일본 네즈미술관 소장본인 〈아미타(내영)구존도〉에는 맨 위쪽 상단에 구름문을 통한 장면 분절을 통해 극락의 칠보수七寶樹가 표현되어 있다. 즉 일부이기는 하지만 극락세계가 묘사되어 있는 것이다. 그럼에도 불구하고 제석·범천과 사천왕의 호법신은 배치되지 않는다. 이런 점에서 이는 극락의 이해와 관련된 관점의 문제이지 표현의 문제는 아니라고 하겠다.

〈아미타(내영)구존도〉(일본 네즈미술관 소장) 상단의 극락과 관련된 칠보수 표현

물론 극락은 법장비구의 서원에 의해서 완성된 완전한 세계이므로 호법신(호법선신)이 필요하지 않다는 내적인 측면도 있을 수 있다. 이 문제를 반영하는 구절이 바로 구산팔해가 존재하지 않지만 이러한 세계 구조를 "붓다의 신력神力으로 보고자 한다면 나타난다."는 구절이 아닌가 한다.[469] 즉 수미산은 존재하지 않지만 방편에 의한 화작化作을 통해서는 존재할 수도 있다는 말이다.

수미산이 붓다의 화작일 때 문제가 되는 것은 그 안에 존재하는 사천왕과 제석천이다. 왜냐하면 이들 역시 화작이어야 하기 때문이다. 즉 호법신 역시 화작일 뿐인 셈이다.

그런데 극락은 이상적인 세계이기 때문에 호법신의 필연성이 존재하지 않는다면 수미산의 화작도 크게 문제될 것은 없다. 마치 극락에는 삼악도가 없기 때문에 축생도 존재하지 않지만,[470] 그럼에도 극락조는 화작에 의해서 존재하는 것과 유사한 구조라고 이해될 수 있기 때문이다.[471]

그러나 『무량수경』에 존재하는 '수미산이 없다.'는 내용이나 '화작으로만 볼 수 있다.'는 두 가지 모두에 사천왕과 제석천의 독립적인 존재 가능성은 담보되지 않는다. 즉 극락에는 사천왕과 제석천이 존재하지 않으며, 이와 같은 상황을 반영하기 때문에 아미타불이나 극락 관련 도상에는 사천왕과 제석천, 그리고 제석천과 대응 구조 속에 존재하는 범천이 묘사되지 않는 것이다. 이는 관경십육관변상도에서도 일본 사이후쿠지 소장본을 제외하고는 이들 호법신이 살펴지지 않는다는 점을 통해서 분명해진다.

2) 조선불화 아미타불회도의 변화

고려불화와 달리 조선불화에 오면 다존도의 발달로 인해 아미타불 관련 불화도 영산회상도에서처럼 복잡성을 띠게 된다. 이 과정에서 아미타불회도에도 제석·범천과 사천왕이 들어온다. 이러한 불화의 변화를 '수미산이 없다는 측면'의 관점에서 '행업에 의한 불가사의'나 '붓다의 화작'에 대한 측면으로 무게 중심이 옮겨간 결과로 이해하는 것도 가능하다.

그러나 문제는 아미타불회도에 석가모니의 십대제자도 존재한다는 점이다. 주지하다시피 십대제자는 석가모니와 관련된 특수성으로 목건련과 부루나, 아난 등을 제외하고는[472] 극락과의 연결점이 두드러지지 않는다. 이런 점에서 본다면 관점이 변모되었다기보다는 '수미산이 없다는 측면'의 관점이 그대로 견지되는 과정에서 다존도의 필연성에 입각해 사바세계의 요소가 편입되었다는 판단이 타당하다고 하겠다. 즉 아미타불회도 속 십대제자의 존재는 극락을 이해하는 관점에 변화가 없는 가운데, 영산회상도에 따른 사바세계의 요소가 편입되었을 개연성을 환기하는 것이다.

조선불화의 아미타불회도에서 확인되는 제석·범천과 사천왕 및 십대제자 등의 편입은 조선 후기의 일부 방제傍題로 인해 사천왕의 방위와 관련된 문제를 촉발하게 된다.[473] 그러나 여기에는 사천왕의 방위 변경과 관련된 방제가 조선을 대표하는 영산회상도에는 1점도 존재하지 않는다는 측면에서 의문점이 존재한다.[474] 이 때문에 필자는 이것이 서방의 아미타불과 관련해서 사바세계의 사천왕이 편입된 결과에 따른 방위 왜곡으로 판단했다. 즉 서방극락을 기준으로 하는 방위 판단에서 발생한 방위의 왜곡이라는 관점이다. 그리고 이의 방증으로 다문천의 불탑 지물을 대신하는 몽구스에 대한 측면을 제기한 바 있다.[475]

3) 미륵 및 지장보살도의 호법신 수용

수미산은 극락처럼 특수한 정토를 제외하면 일반적인 정토에는 모두 존재하는 것이 보편적이다. 보다 정확하게 말하자면 다른 정토에 대한 기록에는 극락에서처럼 구산팔해 등이 없다는 대담한 설정이나 내용이 존재하지 않는 것이다. 이로 인해 원각경변상도나 약사불회도에는 제석·범천과 사천왕이 등장해도 전혀 문제될 것이 없게 된다.

또 미륵은『미륵상생경』에서 보처보살補處菩薩로 도솔천에 위치하는데, [476] 이때는 붓다가 아닌 재가인(모든 보처보살은 석가모니의 호명보살에서처럼 재가인을 기본으로 한다)의 모습을 하고 있다.[477] 그러나『미륵하생경』과『미륵대성불경』등에서는 하생하여 붓다가 되는 내용이 존재한다.[478] 즉 미륵하생경변상도에서는 미래의 성숙된 사바세계를 배경으로 미륵보살이 아닌 붓다의 모습을 취하는 것이다.

도솔천은 수미산정인 도리천 위의 야마천 다음에 존재한다. 또 미륵의 하생은 사바세계에서 56억 7천만 년 뒤에 이루어지는 미래의 사건이다.[479] 그러므로 미륵과 관련해서도 제석·범천과 사천왕의 존재는 필연적이다.

그런데 지장보살과 관련된 다존도는 위와 같은 불도가 아닌 보살도이다. 그럼에도 불구하고 제석·범천과 사천왕이 호법신으로 배치되어 있어 주목된다.

같은 보살도라 하더라도 고려불화의 관세음보살 중심 도상에는 제석·범천과 사천왕이 호법신으로 등장하는 다존도는 존재하지 않는다. 그런데 유독 지장에게서만 이와 같은 다존도가 존재하는 것이다. 이는 지장보살이 무불시대의 주관자라는, 붓다에 비견되는 높은 위상을 가진 보살이기 때문으로 이해된다. 즉 미륵에게 미래불의 요소가 존재한다면, 지장에게는 무불시대의 주관자라는 현재의 특징적인 측면이 존재하는 것이다.

현존하는 고려불화에는 조선시대의 영산회상도에 준하는 석가모니불회도가 확인되는 것이 없다. 이는 당시까지 주존의 불화는 걸개그림(탱화)이 아닌 벽화로 그려졌기 때문이다. 즉 옮겨지거나 보존되기 어려운 환경인 셈이다. 이와 같은 측면을 나타내 주는 것이 보물 제1614호인 1435년경의 〈안

〈안동 봉정사 영산회상벽화〉(사진 제공: 주수완)

동 봉정사 영산회상벽화〉이다.

　이 벽화는 박락이 심하기는 하지만 하단에 제석·범천과 사천왕이 묘사된 것이 확인된다.[480] 이를 통해서 본다면 고려시대의 석가모니와 관련된 벽화에도 호법신이 묘사되었음을 짐작해 보는 것은 충분히 가능하다.

　석가모니불은 엄밀한 의미에서는 과거불이다. 이 때문에 인도불교에서는 현겁賢劫(bhadrakalpa)의 과거사불過去四佛(賢劫四佛)로 '구류손불 → 구나함모니불 → 가섭불 → 석가모니불'을 규정하는 것이다.[481] 또 미륵은 현재 재가보살이지만 하생하면 붓다가 되는 미래불이다. 미륵이 하생해서 성불하는 곳 역시 석가모니와 같은 사바세계이다. 이러한 '과거-석가'와 '미래-미륵' 사이에 바로 '현재-지장'이 존재하는 셈이다.

그렇다면 영산회상도 속 제석천, 범천, 사천왕과 지장보살도의 제석천, 범천, 사천왕, 그리고 미륵하생경변상도에 등장하는 제석천, 범천, 사천왕은 모두 동일한 사바세계의 호법신임을 알 수 있다. 즉 이들은 '과거-현재-미래'라는 시간적인 차이만 존재하는 동일한 호법신인 셈이다.

고려불화의 보살도 중에서 다존도로 발전하는 것은 미륵과 지장뿐이다. 미륵과 지장 외에 동아시아에서 단독 신앙의 위상을 확보하는 보살은 관세음과 문수가 더 있다. 보현도 일부 존재하지만 이는 특수한 경우로 일반화시킬 정도까지는 아니다.[482] 이 밖에도 담무갈曇無竭이나[483] 천관天冠보살도 금강산과 지제산支提山(혹 天冠山)에서는 단독 신앙의 위상을 확보한다.[484] 그러나 이 역시 보편적인 것이 아닌 지역적이나 역사적인 특수성에 따른 측면일 뿐이다.

그러나 관세음과 문수는 단독 신앙에, 일세를 풍미하는 모습까지 보이는 대승불교를 대표하는 보살이다.[485] 그러나 이들 역시 전체를 주관하는 주존으로서 다존도로 발전하는 모습은 살펴지지 않는다. 이는 관세음과 문수가 비록 독립적이기는 하지만 아미타불이나 석가모니불, 비로자나불과 관련된 협시보살이라는 점, 또 이들은 강한 독립성까지는 확보하지만 그럼에도 붓다의 위계 또는 이와 버금가는 위상의 확보에는 실패하기 때문으로 판단된다.

그러나 이와 달리 미륵은 내세불이라는 특징을 가지며, 지장은 무불시대의 주관자라는 붓다와 비견될 수 있는 특수성을 내포한다. 이 때문에 이들은 다존도로까지 발전하며, 제석·범천 및 사천왕이라는 호법신의 위요를 받게 되는 것이다. 즉 미륵과 지장은 관세음과 문수에 비해 위계상 우위를 점하고 있다는 말이다.

2.
불교 우주론 속 사천왕과 불탑 지물

제석·범천과 사천왕 중 지장다존도에서 보다 주목되는 것은 사천왕이다. 왜냐하면 고려불화의 사천왕은 지장다존도에 7점이나 표현되어 있기 때문이다.

동아시아의 일향성一向性 구도에 입각해[486] 사천왕의 배치는 정방正方에서 본존을 가리지 않는 간방間方으로 틀어지게 된다. 그런데 여말선초, 이 사천왕의 간방 위치에 변화가 생긴다.[487] 즉 간방에 대한 이해와 기준에 변화가 발생하는 것이다. 이는 사천왕을 간방으로 배치하는 과정에서 동북방의 시작이 '고려: 북방-다문천왕多聞天王이 되느냐?'와 '조선: 동방-지국천왕持國天王이 되느냐?'의 문제이다.

여기에 조선 후기에 조성된 유물 일부의 사천왕 방제에서 불탑을 든 사천왕을 다문천왕이 아닌 광목천왕廣目天王으로 기록된 부분이 발견된다. 이로 인해 사천왕의 방위 문제는 재차 논란에 휩싸이게 된다.[488] 즉 사천왕의 방위와 관련해 여말선초의 변화가 1차로 존재하고, 이후에 조선 후기의 방제 문제가 2차로 존재하는 것이다.

그러나 본 연구에서 2차 변화는 고려불화라는 연구 범위를 벗어나는 것이므로 논의의 중심에서는 일단 차치하고자 한다. 그러나 고려불화의 변화와 관련되는 1차 변화에 대해서는 합리적인 정리가 필요하며, 이 과정에서 일부는 2차 변화와 연결된 이해가 불가피한 측면이 존재하게 된다. 왜냐하

지장도(혹 지장천신도)

삼성미술관 리움 소장

지장시왕권속도

일본 치온인 소장 (후대의 보수로 인해 이천왕만 확임됨)

일본 게조인 소장

지장시왕도

일본 닛코지 소장

일본 세이카도문고미술관 소장

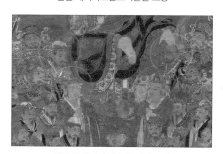

독일 동아시아 예술 뮤지엄 소장

호림박물관 소장

면 2차 변화와 관련된 관점에는 이것이 사천왕의 방위 변화가 아닌 지물 변화라는 측면이 존재하기 때문이다.

1) 불교 우주론 속의 사왕천과 다문천

사천왕과 관련된 1차 자료인 불교의 수미산 우주론에 대한 경전은 크게 두 종류로 나누어진다. 첫째는 『장아함경』 권17~22의 「세기경世記經」과 『대루탄경大樓炭經』, 『기세경起世經』, 『기세인본경起世因本經』으로 소위 '『루탄경』 계통'이라고 하는 고층의 자료이다.[489] 둘째는 『아미달마대비바사론阿毗達磨大毗婆沙論』, 『아비달마구사론阿毗達磨俱舍論』, 『아비달마순정리론阿毗達磨順正理論』 등이 속하는 소위 '『대비바사론』 계통'의 전적이다.[490] 『대비바사론』 계통 전적은 『루탄경』 계통의 경전을 후대의 세계관과 인식 변화에 맞춰 다소 변형시킨 논서들이다. 그러나 두 자료군은 전체적으로 유사하지만 부분적인 차이만을 가질 뿐이다. 즉 전반적인 변화가 아닌 후대의 합리성에 기초한 부분적인 변형만이 존재하는 셈이다.

사천왕의 거처인 사왕천은 높이가 8만 4천 유순(혹 8만 유순)인 수미산의 중턱인 4만 2천 유순(혹 4만 유순) 지점에 돌출된 유건타산由乾陀山의 정상(『대비바사론』에서는 돌출된 지점임)에[491] 위치한다.[492] 이 수미산 중턱의 바깥쪽 허공에는 51 유순의 일궁日宮과 49유순(『대비파사론』 계통은 50유순)의[493] 월궁月宮이 순환한다.[494] 일궁과 월궁은 방형인데 빛을 내뿜고 있는 모습을 멀리에서 보기 때문에 시각적으로는 원형으로 목도된다고 한다.[495] 이 태양과 달이 수미산을 중심으로 서로 반대로 나타나기 때문에 동승신주, 남섬부주, 서우화주, 북구로주의 사대주에는 낮과 밤의 교차가 발생하게 된다.

흥미로운 것은 수미산이 없는 극락에는 광원光源인 태양과 달도 존재할 수 없다는 점이다. 이 때문에 극락은 스스로 빛을 발산하는 구조로 되어 있

다.[496]

　사천왕은 수미산 중간의 돌출된 유건타산 정상의 칠보七寶로 장엄된 성을 중심으로 그 권속들과 함께 거처한다. 사천왕은 각각 동방-지국천왕持國天王(Dhṛtarāṣṭra), 남방-증장천왕增長天王(Virūḍhaka), 서방-광목천왕廣目天王(Virūpākṣa), 북방-다문천왕多聞天王(Vaiśravaṇa)이다. 이들 사천왕은 권속으로 야차들을 거느리고, 사왕천에서 구산팔해의 맨 마지막에 위치하는 철위산鐵圍山(金剛山)까지의 안쪽을 다스리고 관장하는 역할을 한다.[497] 즉 일종의 권선징악까지도 주관(防非止惡)하는 방위신과 같은 존재라고 하겠다.[498]

　이 사천왕 중에서 북방의 다문천이 가장 수승하여 다른 천왕과 달리 세 개의 천궁과 천궁 사이의 유희원遊戲園 및 연못을 소유하고 있다. 또 다문천은 다섯 야차의 시위를 받으며, 다른 세 천왕의 회합을 주도한다.[499]

　다문천이 맹주가 되는 것은 사천왕이 불교에 수용되기 이전부터 존재하던 인도의 북방 숭배와 관련된다. 인도에서 북방은 히말라야와 연관된 신성성을 내포한다. 이로 인해 히말라야 속의 카일라스Kailas(香山)는[500] 시바신의 거주처로 인식되며,[501] 시바에게 권위를 부여받은 쿠베라Kubera 역시 북방 재보신財寶神의 성격을 가지게 된다.[502] 이로 인해 다문천과 쿠베라의 습합 양상도 일부 존재한다. 그러나 다문천은 『아타르바베다』로까지 기원이 소급되므로 쿠베라보다 성립 시기가 빠르다.[503]

　이러한 북방에 대한 인식 속에서 다문천이 관할하는 대륙인 북구로주北俱盧洲(Uttara-kuru, 鬱單越)는, 동승신주東勝身洲(Pūrva-videha, 毘提訶), 남섬부주南瞻部洲(Jambu-dvīpa, 閻浮提), 서우화주西牛貨洲(Apara-godānīya, 瞿陀尼)와는 다른 이상세계와 같은 양상을 띠게 된다.[504] 이와 같은 측면들로 인해 다문천과 쿠베라가 습합되면서 다문천이 재보신의 성격을 가지게 되기도 한다.[505]

　또 불교적으로 다문천왕의 세계는 붓다 당시 국왕 중 최대 후원자였던 빈비사라왕이 사후에 태어나는 장소이다.[506] 그리고 북구로주는 영원히 입멸하지 않는 16나한 중 네 번째인 소빈타존자蘇頻陀尊者가 그의 권속 700아라한과 함께 거처하는 곳이기도 하다.[507]

이와 같은 북방에 대한 긍정적인 측면과 결합된 다문천은 사천왕의 맹주가 된다. 그리고 지물로는 『다라니집경陀羅尼集經』 등에도 확인되는 불탑과 전투에서 무력을 상징하는 창矟(혹 寶叉)을 가지게 된다.[508] 다문천이 불탑을 가지는 이유와 관련해 일부에서는 이를 다문천이 불법을 많이 듣고 도량을 수호하기 때문으로 해석하기도 한다(由於時常守護道場, 聽聞佛法, 故稱多聞). 이는 다문천이 다문 혹은 보문普聞이므로 불법을 많이 듣는 것으로 이해했기 때문으로 판단된다.[509] 그러나 인도의 신화 구조와 불교의 결합에 따른

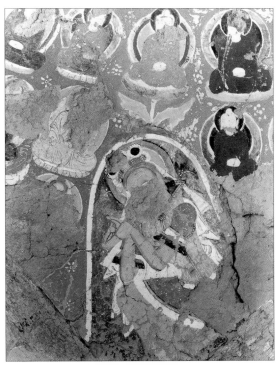

투루판 토육석굴 제44굴의 천정 모서리에 묘사된
'무장형 사천왕'(327~640, 사진 제공: 조성금)

내포 의미에서 본다면 불탑을 지니는 것은 이로 인해 아수라와의 전쟁 등에서 반드시 이긴다는 승리의 상징이다.[510]

또 현존하는 인도와 간다라 부조에서는 무복을 한 사천왕과 불탑 지물은 존재하지 않는다.[511] 이 때문에 호탄의 라왁에서 발견된 3~4세기의 사천왕상이 무복의 가장 빠른 기원으로 보기도 한다.[512] 이외에도 중국 신장성 위구르자치구의 투루판에 위치한 토육석굴 제44굴에는 고창군에서 고창국 시기(327~640)에 해당하는 스퀸치squinch에 호궤를 취하고 갑옷을 입은 사천왕이 표현되어 있기도 하다.

무복을 갖춘 사천왕의 도상이 서역에서 시작되었을 가능성이 유물을 통해서 제기되기는 하지만, 무복의 경전적 측면이 존재한다는 점에서 이러한 상이 인도에서부터 존재했을 개연성 역시 충분하다.[513] 왜냐하면 다문천이 서북인도에서 무신의 창을 든 가람 수호신의 성격을 가졌다는 내용이 『대당서역기』 권1 등에서 확인되기 때문이다.[514] 특히 이 기록은 『다라니집경』 등에서 말하는 다문천의 창 지물의 존재를 실제로 확인해 볼 수 있다는 점에서 주목된다.

2) 다문천의 불탑 지물과 타당성

다문천의 불탑 지물은 휴대용 불탑인 호지탑護持塔과 관련해서 주목된다. 이는 『사분율』 권52의 「잡건도2雜揵度二」 등을 통해서 확인된다. 여기에는 구바리瞿婆離라는 왕자 겸 장군이 군대를 이끌고 전쟁을 지휘해야 하는 다급한 상황이 기록되어 있다. 이때 두려웠던 구바리는 붓다를 찾아 상담하고, 호신물로 머리카락을 받아 전쟁에 임하게 된다. 이로 인해 대승을 거둔 구바리는 고국으로 돌아가 붓다를 기리는 발탑髮塔을 건립한다.[515]

이후 이 이야기가 널리 퍼지자 출가자들 사이에서도 휴대용 호지탑이

유행하게 된다.[516] 수행자에게 호지탑이 필요한 이유는 걸식과 유행에서의 유리함과 안녕을 얻기 위함이다. 이 「잡건도2」의 기록은 호지탑의 기원인 동시에 호지탑의 의미가 '승리'와 '호신'임을 분명히 해 준다는 점에서 다문천의 불탑 지물과 관련해 주목된다.

『다라니집경』 등에 의하면 다문천의 불탑은 불사리를 봉안한 사리탑이다.[517] 본래 사리의 개념은 다비 후 영골靈骨에만 국한되는 것이 아니라, 조발爪髮과 육신肉身(시신-法軀)도 포함하는 광의적인 것이었다.[518] 이런 점에서 다문천이 들고 있는 불탑은 영골 사리가 아닌, 발髮 사리를 봉안한 호지탑 정도로 이해하는 것도 가능하다.

〈사천왕봉발부조〉(파키스탄 라호르 박물관 소장, 2세기 전기)

이와 같은 판단이 가능한 것은 두 가지 이유 때문이다. 첫째는 불교라는 종교 전통 안에서 붓다를 상징하는 영골사리탑은 다문천왕이라고 해도 함부로 들 수 없다는 점이다. 이는 간다라의 〈사천왕봉발부조四天王奉鉢浮彫〉에서 사천왕이 붓다보다 작게 묘사되는 것이나,■519 그 어느 누구도 붓다의 정수리를 볼 수 없다는 무견정無見頂의 기록 등을 통해서■520 단적인 판단이 가능하다. 즉 불교적인 최고의 존숭 대상인 영골사리탑이나 육계肉髻 등은 제아무리 거대한 사천왕이라도 불교라는 종교 전통 안에서는 어떻게 할 수 있는 대상이 아닌 것이다. 이런 점에서 붓다를 상징하는 불사리탑을 다문천이 들고 있다는 관점은 불교의 종교 관점 안에서는 성립되기 어렵다.

둘째는 다문천왕이 불탑을 들고 있을 때의 복장이 무복이라는 점이다. 이는 인도 신화에 따르면 수미산 옆 향수해香水海 중간의 섬에 사는 아수라의 침공에 대항하는 제석천을 필두로 하는 전쟁 상황을 의미한다.■521 사천왕은 천왕이기 때문에 보통 때는 무복이 아닌 군왕의 복색을 취하게 된다.■522 이는 앞서 언급한 간다라의 〈사천왕봉발부조〉 등을 통해서 확인해 볼 수 있다.■523 즉 사천왕의 무복은 전쟁과 같은 수호의 필연성이 대두될 때이며, 이러한 상황은 불교의 우주론과 신화 구조 속에서 아수라와의 전쟁뿐이다.

실제로 제석천과 아수라의 전쟁이 벌어지면 사천왕은 천왕임에도 불구하고 제석천의 대장군과 같은 전쟁 신의 역할을 수행하게 된다.■524 이와 같은 측면이 불법 수호의 관점에서 차용되는 게 바로 사천왕의 무복과 다문천의 불탑 지물이라고 하겠다. 즉 구바리 사건에서 비롯된 불탑의 타당성이 다문천의 불탑 지물을 통해 불패의 승리와 불법의 완전한 수호를 상징하게 되는 것이다. 이 때문에 다문천은 불탑과 창이라는 언뜻 보기에는 어울리지 않는 지물을 가지는 모습을 취하게 된다. 이와 같은 양상을 반영하고 있는 것이 바로 고려불화 지장다존도 속의 다문천 표현이라고 하겠다.

지장도(혹 지장천신도)

삼성미술관 리움 소장본

지장시왕권속도

일본 게조인 소장본

지장시왕도

일본 닛코지 소장본

일본 세이카도문고미술관 소장본

독일 동아시아 예술 뮤지엄 소장본

호림박물관 소장본

3.
지장다존도에서의 사천왕 방위와 변화

1) 성인군주론과 남방이 강조되는 일향성

지장다존도에 등장하는 사천왕은 그 시작을 동북쪽을 기점으로 하여 북방-다문천을 세운다. 이는 다문천이 사천왕의 맹주라는 점을 부각해서 시작점으로 이해했기 때문이다.

중국불교의 가람 배치는 인도나 인도문화권에서처럼 동쪽을 기점으로 하는 원형이나 방형의 만다라maṇḍala식이 아닌[525] 남북을 축으로 하는 일향성一向性으로 되어 있다.[526] 중국과 동아시아에서 남향이 정방正方이 되어 중심이 되는 것은 하·은·주 삼대三代시대 중 마지막인 주周나라에서 천자天子가 정사를 보던 정전正殿이 남향을 취한 것에서 비롯된다.[527] 이 정전이 남향을 하고 있기 때문에 명칭 역시 밝은 집, 즉 '명당明堂'이 된다. 동아시아의 명당이라는 이름과 명당 건축은 모두 이러한 명당에서 기인한다.[528]

또 명당 안에서 제정일치의 군주가 남향해서 앉은 것을 '군인남면지술 君人南面之術'이라고 한다.[529] 이는 남향을 통해서 밝음으로 정치를 한다는 상징적인 의미이다. 이로 인해 '군주-남면'과 '신하-북면'이라는 방위적인 특징이 갖춰진다. 이러한 법식은 '내성외왕內聖外王'의 성군론聖君論에 입각해서[530] 동아시아의 성인을 모시는 방식에도 그대로 적용된다.

중국문화에서 성인은 군주만이 될 수 있으며, 일반인은 노력해도 성인이 되지 못한다. 즉 삼황三皇, 오제五帝와[531] 같은 군주만이 성인일 수 있는 것이다. 이로 인해 군주가 아닌 상태에서 성인이 되는 인물인 '문성文聖−공자'와 '무성武聖−관우'는 각각 뒤에 문선왕文宣王·소왕素王과[532] 관왕關王·관제關帝로 추증되어 성인의 구조를 완성하게 된다.[533] 이처럼 성인은 반드시 군주여야 한다는 관점이 바로 '성인군주론聖人君主論', 즉 성군론이다.

흥미롭게도 성인군주론은 후일 동아시아에 기독교나 이슬람이 전파되기 어렵게 하는 문화권적인 장벽의 역할을 하기도 했다. 동아시아의 관점에서 예수와 무하마드는 성인으로 인정하기에는 신분이 낮았기 때문이다. 그러나 붓다는 군주까지는 아니지만 태자(혹 왕자)였으므로 군주에 준하는 위상을 확보하는 것은 크게 어렵지 않았다.

또 불경의 번역가들은 실제로는 왕자였던 붓다를 태자로 번역해 강조함으로써[534] 붓다가 성인군주론의 관점에 쉽게 받아들여질 수 있도록 했다. 실제로 이와 같은 측면은 불교의 동아시아 전파에 있어서 매우 중요한 촉매제 역할을 하게 된다. 즉 붓다는 성인군주론의 관점에서 성인으로 받아들여지기에 용이한 구조를 확보하고 있었던 것이다.

붓다가 성인군주론의 관점에서 성인으로 인식된다는 점은 동아시아 불교미술에서 매우 중요한 의미를 확보한다. 왜냐하면 성인군주론에 입각함으로써 동아시아의 불교미술은 황궁과 황제에 준하는 법식이 그대로 적용되기 때문이다. 이로 인해 사찰에는 황기와나 쌍룡의 표현, 사찰 전각 이름에 '전殿' 자를 붙이거나, 단청의 화려한 채색 장엄 등이 모두 허용된다. 이는 군주권의 상징인 관종官鐘과 관고官鼓가 사찰에서 범종과 법고로 수용되는 한 배경이 되기도 한다.

실제로 조선을 보면 숭유억불의 상황임에도 사찰은 99칸의 한계와 무관하며 단청도 금단청錦丹靑으로 유교의 공자를 모신 대성전大成殿이나 궁궐에서 사용되는 모로단청보다 화려했다.[535] 이외에도 불상은 황색이라는 황제를 상징하는 색을 사용할 수 있었고, 임금의 위패를 사찰에서는 북면으로 배치하는 모습이 확인된다.

특히 북면의 위패 진설은 '군주남면'의 원칙을 위배하는 것으로 예의를 중시하는 유교 왕조 국가인 조선에서는 매우 위험한 행동이었다.[536] 그런데도 이것이 가능했던 이유는, 붓다는 황색의 권위를 가진 황제와 대등한 위계인데 반해, 조선의 군주는 붉은색 곤룡포로 대변되는 제후였기 때문이다. 즉 숭유억불의 조선에서조차 동아시아의 전통 관념에 따라 붓다의 위계는 조선의 군왕보다 높았던 것이다.

'군인남면지술'은 중국을 필두로 하는 동아시아 불교에서 남방이 정방이라는 방위의 기준을 결정하는 기준이 된다. 또 '성인군주론'은 붓다를 군주에 따른 예법으로 모시며 장엄하는 배경으로도 작용한다. 즉 동아시아의 가람 배치나 불교미술의 기본적인 법칙성들이 모두 이를 기반으로 도출되는 것이다.[537]

여기에 중국 전통에는 일향성에 입각해 어른이 맨 뒤쪽에 위치하며, 누구도 어른의 앞을 가로막을 수 없는 구조가 존재한다. 이는 가장 중요한 건물이 가람 배치의 맨 뒤에 위치하며, 어간御間과 어도御道를 비우는 문화로 오늘날까지 유전하고 있다. 이와 같은 남북(子午)을 축으로 하는 단일방향적인 일향성은 인도와 인도문화권이 동향을 중심으로 해서[538] 동심원同心圓이나 동심방同心方의 구조를 취하는 것과는 차이가 크다. 이와 같은 인도문화적 특징은 만다라나 인도네시아 쟈바의 보로부두르Borobudur 사원 구조 등을 통해서 단적인 판단이 가능하다.[539]

중국불교의 남향을 기준으로 하고 어간을 막지 못하는 일향성 구조는 동·서·남·북의 사천왕 배치가 본래는 정방향임에도 불구하고 간방으로 이동해 주 존상의 앞쪽에 몰려 배치되도록 한다. 이로 인해 북방–다문천왕은 본래 위치에 있지 못하고 동북쪽의 간방으로 이동하게 된다. 이는 1차적으로는 북방의 다문천이 사천왕의 맹주이기 때문에 북방을 방위의 시작인 동북쪽으로 판단한 관점에 입각한 것이다.

2) 다문천의 본존 좌측 배치와 이천왕

다문천의 동북방 배치와 관련해서는 672~675년에 개착·완성되는 당나라 낙양의 용문석굴 속 봉선사奉先寺 노사나동盧舍那洞을 주목해 볼 필요가 있다. 당의 제3대 황제인 고종(재위 649~683)의 칙명으로 이루어진 노사나동은 사천왕 표현의 과도기적인 이천왕으로 되어 있기 때문이다.[540] 즉 이천왕의 구조 속에서 보다 비중이 높은 다문천은 좌보처와 같은 좌측에 위치하고 있는 것이다.

앞서 『대당서역기』 권1을 통해 서북인도의 사찰 수호신으로 다문천이 존재한다는 점, 또 당나라 초기부터 호탄의 다문천 신앙이 중국불교를 통해 당에 확대되고 있었다는 점을 제시한 바 있다.

이런 다문천의 독립 신앙적 요소가 남북의 자오축을 중심으로 하는 일향성의 배치 방식에 수용되는 과정에서 다문천이 보다 위계가 높은 본존 중

용문석굴의 봉선사 노사나동(672~675년)의 본존 좌측에 위치한 다문천. 불탑을 들고 있다. (사진 출처: 서터스톡)

심의 좌측에 배치되는 것이다. 이와 같은 변화는 금강역사 역시 본래는 나라
연금강만 중시되던 것이 자오축의 일향성에 수용되면서 '좌-나라연, 우-밀
적'으로 변모하는 것을 통해서도 인지해 볼 수 있다. 이러한 구조 역시 봉선
사 노사나동을 통해서 확인된다.

　　다문천의 독립 신앙적 요소가 자오축의 이천왕으로 변모하는 과정에서
본존의 좌측이 되고, 이것이 다시금 사천왕으로 확대되면서 본존과 가까운
동북방에 위치하게 되는 것은 매우 자연스럽고 당연한 결과이다. 바로 이 부
분이 다문천이 동북방에 배치되는 2차적 요인인 것이다.

　　① 다문천 신앙 → ② 자오축의 이천왕으로 편입(좌측) → ③ 사천왕의
　　확대 과정에서 본존과 가까운 안쪽에 위치함(동북방)

　　다문천의 독립 신앙적인 측면과 다문천이 사천왕의 맹주라는 점은 다
문천을 방위의 시작으로 이해될 수 있는 동북방에 배치되도록 한다. 물론 여
기에는 북방이 간방으로 바뀌게 될 때 동북과 서북이 모두 가능하다는 측면
역시 존재한다.

　　이렇게 중국에서 완성된 사천왕의 방위 배치를 후대의 고려불화 지장
다존도 역시 그대로 수용하게 된다. 물론 사천왕의 확대와 정립이 이루어진
다고 해도 다문천의 독립 신앙이 사라지는 것은 아니다. 다문천의 독립 신앙
은 후대까지 지속되는데, 이는 고려의 관음과 다문천의 결합 양상 등을 통해
서 확인해 볼 수가 있다.[541]

3) 사천왕 방위 변화와 성리학의 영향

고려불화와 달리 조선불화에는 불탑을 쥔 사천왕의 방위가 동북이 아

닌 서북쪽 간방으로 이동한다. 이는 정북을 간방으로 변형시킬 때 '동북으로 이해할 것이냐?'와 '서북으로 이해할 것이냐?'에 따른 관점 차이라고 하겠다. 즉 '다문천 신앙 → 이천왕 → 사천왕의 확대'에 따른 일련의 과정은 논점에서 사라지고, 방위 문제가 중심으로 부각하는 것이다. 이는 이 문제가 사천왕의 구조가 완성된 이후에 방위의 정합성과 관련된 2차적인 문제를 초래한 것임을 분명히 해 준다.

조선불화의 사천왕 방위 변화와 관련해서는 이것이 조선 후기 사천왕에서 발견되는 일부 방제와 명문을 통해, 사천왕의 방위적인 변동은 없고 지물의 변화만 존재한다는 주장이 제기되기도 한다.[542] 즉 방위 문제가 아니라 지물의 변동으로 파악하는 관점인 것이다.

그러나 이러한 주장에는 다음과 같은 세 가지 문제점이 존재한다.

첫째, 티베트불교의 사천왕 지물과의 불일치이다. 사천왕의 지물과 관련해서는 티베트불교의 영향도 존재한다. 그런데 티베트불교 도상의 의궤인 1314년의 『약사유리광왕칠불본원공덕경염송의궤공양법藥師琉璃光王七佛本願功德經念誦儀軌供養法』과 『삼백존도상집三百尊圖像集』 등에는 비파가 지국천왕의 지물로 나타난다.[543] 지국천왕의 지물이 비파인 점은 적사장磧砂藏의 변상도와 북경 거용관居庸關의 운대雲臺 사천왕상(1345) 등을 통해서도 확인되는 부분이다.[544]

둘째, 불탑이라는 불교 안의 최고 상징물을 사천왕의 맹주인 다문천이 아닌 지국천이 가질 수 있는지에 대한 의문이다. 이는 앞서 언급한 호지탑의 의미가 사천왕의 승리와 패배하지 않는 완벽한 수호를 의미하는데, 이와 같은 불탑 지물을 지국천이 가질 수 있는지에 대한 타당성과 연관된다.

셋째, 『대당서역기』 권1에서부터 확인되는 다문천의 창 지물 문제를 어떻게 해소할 수 있느냐는 점이다. 또 창은 불탑을 염두에 둔 한 손 지물로, 비파가 양손 지물이라는 점과는 차이가 크다는 점에서 더욱 그렇다.

중국 거용관 운대 사천왕 부조 중 지국천왕(사진 출처: 위키미디어)

조선의 사천왕 방위 변화를 기록하고 있는 방제는 불교의 학문적인 역량이 쇠퇴한 조선 후기의 단편적인 기록에서만 확인된다. 주지하다시피 조선 후기는 숭유억불의 고착화로 인해서 학문적 역량이 많이 부족한 시기이다. 실제로 조선 후기의 기록에는 탑 앞의 석상을 무조건 희견보살(혹 약왕보살)이라고 하는 등 부정확한 문제가 다수 존재한다.[545] 그런데 이를 통해서 나말여초의 불화 변화를 단정한다는 것은 타당성을 확보가 쉽지 않은 일이다.

물론 여기에는 여말선초나 조선 전기에 이 문제를 해결할 수 있는 자료가 존재하지 않기 때문이기도 하다. 즉 시대에 맞는 적합한 자료가 없으므로, 후대의 자료를 통해 타당성을 확보하겠다는 시도인 것이다.

여말선초 사천왕의 변화와 관련된 판단은 두 가지로 정리될 수 있다. 첫째는 전통적인 '불탑과 창'이라는 지물의 상징성을 통해서 다문천을 판단하는 관점, 둘째는 조선 후기의 일부 방제를 신뢰하는 관점이 그것이다. 필자는 이 중 첫째의 지물과 상징적인 타당성에 보다 큰 의미 부여를 한다.[546] 왜냐하면 조선 후기의 방제와 관련해서는 아미타불회도에 입각해서 방위를 인식하는, 기준점에 따른 차이도 존재하기 때문이다. 즉 사천왕이 존재하지 않는 서방극락이라는 서쪽의 시각에서 이 세계인 사바의 사천왕을 수용하는 판단 속에 오류의 개연성이 도출될 수 있다는 말이다.[547]

그렇다면 여말선초에 왜 북방-다문천의 방향은 동북에서 서북으로 바뀌게 되는 것일까? 이 변화의 핵심에는 유·불 교체기에 따른 불교와 유교의 변화, 그리고 인도불교적인 영향으로부터 벗어나는 중국불교 또는 중국문화적인 재해석의 측면이 존재한다.

동아시아 전통에서 방위의 기준은 동쪽이다. 이는 방위의 시작이 동에서 시작되는 것이나 동북 간방의 명칭 역시 '북동'이 아닌 '동북'으로 사용되는 점 등을 통해서 단적인 판단이 가능하다. 이는 대등한 관계의 단어에서 먼저 나오는 측면을 높이는, 언어의 우월성 관점에서 동이 북보다 우선임을 인지하게 하기 때문이다. 이와 같은 언어의 우월성은 한자에서 특히 두드러지는데 용호, 남녀, 천지, 부자, 군신 등 거의 모든 측면에서 적용되고 있다. 즉 성리학의 유행에 따른 재정비 속에서 방위에 대한 부분 역시 재검토되고, 이러한 측면이 불교에도 영향을 주게 된다는 말이다.

또 동아시아에서는 북방을 죽음과 관련된 인식 속에서 터부시하는 측면이 있다. 이는 크게 두 가지로 판단될 수 있다. 첫째는 기후적으로 추위와 관련된 것으로, 이를 바탕으로 앞서 언급한 남향에 대한 긍정적 인식이 존재하게 된다. 둘째는 유목민의 남하에 따른 전쟁의 공포이다. 만리장성은 중국의 유목민에 대한 공포가 얼마나 대단했는지를 단적으로 나타내 주는 세계 최대의 인공 건조물이다. 이 북방 유목민에 의한 침략의 공포는 한반도도 마찬가지였다. 이로 인해 천리장성과 유목민이 꺼리는 바다 건너의 강화도가 왕실의 주된 피난처로 정립될 수 있게 된다.

북방에 관한 터부는 한양의 도성 건축 및 이의 운용과 관련해서도 살펴진다. 한양에는 동-흥인지문興仁之門, 남-숭례문崇禮門, 서-돈의문敦義門, 북-홍지문弘智門(혹 肅靖門)의 사대문이 있다. 이 중 북쪽 문인 홍지문은 개방하면 음기陰氣가 들어온다고 하여 특별한 상황이 아니면 언제나 닫혀 있었다. 이로 인해 오늘날까지도 동대문, 서대문, 남대문은 익숙하지만 북대문이라는 표현은 생소하게 된다.

동아시아 전통에서 앞서 언급한 남방이 정방이라는 관점은 그와 동시에 북방이 터부의 대상이 되는 상반성을 보다 뚜렷하게 한다. 이는 오행설五行說에서 남방은 화火로 붉은색이자 여름인 반면, 북방은 수水로 검은색이자 겨울이 되는 것을 통해서도 분명해진다.[548]

이와 같은 동아시아의 방위에 따른 길흉 판단은 인도문화의 방위 판단과는 사뭇 다르다. 인도불교에서는 해가 뜨는 동쪽을 길한 최상으로 인식하며,[549] 붓다의 출가나 성도 시의 방위를 모두 동쪽으로 규정하고 있다.[550] 이로 인해 인도문화 속의 사원 구조는 동향이 되며, 정문 역시 동쪽으로 내게 된다.[551] 이는 마하보디대탑의 입구가 동쪽인 것 등을 통해서 단적인 판단이 가능하다.

이와 반대로 해가 지는 서쪽은 죽음과 연관시키고 있다. 이는 붓다가 쿠시나가르의 열반 시에 머리를 북쪽으로 놓고 오른쪽으로 누워 서쪽을 보는 것을 통해서 분명해진다.[552] 즉 중국의 남북 구조와는 다른 동서 구조가 확인되는 것이다.

인도는 무더운 기후대를 가지기 때문에 동아시아에서와 같이 북방의 추위라는 측면이 강하게 영향을 미치지 못한다. 이는 서늘한 청량함이 강한 긍정성으로 작용하는 계기가 되기도 한다.[553]

또 북쪽 히말라야의 존재는 인도문화를 보호하는 외침이 불가능한 천연의 성벽 역할을 했다. 즉 인도문화에 있어서 북쪽은 부정의 대상이 아닌 긍정의 대상이며, 반대로 남쪽은 무더위로 인한 부정의 대상으로 작용하는 것이다. 이로 인해 북방은 동방과 더불어 최고의 상징성을 가지는데, 그 결과 중 하나가 앞서 언급한 다문천과 승처勝處로 번역되는 북구로주라고 하겠다.[554]

참고로 북구로주는 다른 세 곳, 즉 '동'승신주, '남'섬부주, '서'우화주와는 다른 이상적 세계이다. 이로 인해 북구로주인들은 수명이 1,000세로 요절이나 단명이 없고, 모든 제반 시설이 풍족하게 갖추어져 있는 것으로 묘사된다.[555] 이로 인해 붓다는 북구로주가 너무 편안해서 수행할 마음이 일어나지 않는다고 하여, 천상의 장수천長壽天과 더불어 삼재팔난의 팔난 — ① 지옥난地獄難, ② 아귀난餓鬼難, ③ 축생난畜生難, ④ 장수천난長壽天難, ⑤ 울단월난鬱單越難, ⑥ 맹롱음아난盲聾瘖瘂難, ⑦ 세지변총난世智辯聰難, ⑧ 생재불전불후난生在佛前佛後難 — 중 하나로 규정하기도 했다.[556] 이는 인도문화에 있어서 북방에 대한 긍정 인식 및 특수성을 잘 나타내 준다.

그러나 기후와 문화적 차이 등으로 인해 인도문화의 북방 숭배 관점은 중국문화에는 존재하지 않으며 도리어 터부적인 인식만이 존재할 뿐이다. 이런 상황에서 인도문화인 불교가 전래하면서 전통적인 동아시아의 방위 인식에 혼란이 초래된다. 물론 여기에는 앞서 언급한 '다문천 신앙→이천왕→사천왕의 확대'에 따른 변화가 존재한다는 점 역시 주지의 사실이다.

방위 인식의 혼란과 관련해서 중요한 것은 중국에서 불교가 본격적으로 확대되던 위진남북조시대에 중국의 중심지인 화북 지방을 북방 유목계인 오호(선비·흉노·갈·저·강)가 차지한다는 점이다. 소위 5호16국시대이다. 이후 중국의 통일은 오호 중 가장 강력했던 선비족의 팔주국八柱國이 주도하는 관롱집단關隴集團에 의해 이루어진다. 이것이 바로 북위에서 시작되어 '서위→북주→수→당'의 통일제국으로까지 연결된다.[557] 즉 오호부터 당까지는 북방의 이민족적인 요소가 강했으며, 이는 중국 전통의 방위 인식이 그렇게까지 큰 문제가 되지 않았다는 것을 의미한다.

그런데 한족문화를 중심으로 하는 유교가 당 말에 한유韓愈(768~824)와 이고李翶(772~841)를 거쳐 다시금 대두하기 시작한다.[558] 이것이 오대십국시대를 거쳐 한족 왕조인 북송에 오면 북송오자北宋五子(주돈이, 소옹, 장재, 정호, 정이)를 통해 신유학新儒學(Neo-Confucianism)으로 재흥하게 된다.[559] 이와 같은 흐름이 남송의 육구연陸九淵(1139~1193)과 주희朱熹(1130~1200)에 의해 정리되면서 각각 심학心學(심리학·상산학)과 이학理學(성리학·정주학·주자학)으로 정리되기에 이른다.[560] 즉 당 말에서부터 시작되는 한족문화의 강조가 당·송 교체기인 오대십국까지의 과도기를 거쳐 북송에 이르면 한족 중심으로 재편되는 모습이 발생하는 것이다. 이는 이민족에 대한 배타성이 강해지는 남송에 이르러 더욱 강조·강화된다.

신유학 중 주희에 의해서 먼저 집대성되는 이학理學은 내면의 수양과 더불어 외적 질서를 엄격하게 재단하는 것을 강조한다. 이는 주희가『대학』의 '삼강령팔조목三綱領八條目'을 강조하는 것이나,[561]『주자가례朱子家禮』를 편찬하는 것[562] 등을 통해서 단적인 판단이 가능하다.

특히 주희는 송이 북방 이민족에게 패해 남송으로 물러나 시달리는 것이 한족의 문제가 아닌 이민족의 종교인 불교 때문이라고 판단했다. 이로 인해 강력한 벽이단闢異端의 관점을 보이는데, 이는『주자어류朱子語類』권126「석씨釋氏」등을 통해서 확인해 볼 수 있다.[563] 이와 같은 주희의 관점은 이후 안향安珦(1243~1306)과 백이정白頤正(1247~1323)에 의해 고려로 전해져[564] 신진사대부에 의한 중화주의와 불교 비판으로 이어지게 된다.

주희를 필두로 하는 남송의 한족 중심 관점은 불교 역시 중국문화적인 부분으로 재편되는 당위성을 더욱 강력하게 환기한다. 바로 이와 같은 연장선상에 방위 인식에 따른 변화도 존재하는 것이다. 물론 남송의 주희에 의한 성리학의 강조는 이후 몽고에 의한 원 제국 성립으로 인해 한족 국가인 명에 이르기까지의 재혼란기를 거치게 된다.

현재까지 사천왕 방위 변화와 관련한 연구는 이 변화가 티베트불교의 영향으로 남송 말부터 원 초에 걸쳐 나타난다는 것 정도가 전부이다.[565] 그러나 사천왕의 방위 변화가 티베트불교의 영향에 의한 것이라면 남송 말부터라기보다는 원에서부터 시작되는 것이 보다 타당하다.

주지하다시피 티베트불교는 화북의 금나라보다는 몽고의 원나라에서 확대된다. 그러므로 티베트불교의 영향에 의해서 화북의 금나라도 아닌 강남 남송의 사천왕 방위가 바뀐다는 것은 이치에 맞지 않다. 특히 사천왕 방위의 변화 진원지는 유물에 입각하여 남송의 수도인 절강성 항주杭州(당시의 臨安) 지역으로 추정되고 있다는 점에서 더욱 그렇다.[566]

남송에는 주화파主和波의 관점을 견지하는 진회秦檜(1090~1155) 등의 친금 세력도 존재했지만 반금 세력 역시 폭넓게 존재하고 있었다. 이러한 흐름을 계승하여 나타난 것이 주전파主戰波의 악비岳飛(1103~1141)에 대한 지지와 이후의 몽고 지배 후에도 존재하는 반몽 정서이다. 남송인의 이와 같은 태도로 인해 강남 남인南人(남송인)은 몽고의 신분 질서 체계에서 금나라 영토 속의 화북인에 비해 한 단계 낮은 최하에 위치하게 된다.[567] 즉 화북인과 강남인의 몽고에 대한 태도는 사뭇 달랐고, 이를 몽고 역시 반영해서 신분 질서를 확립하고 있는 것이다. 물론 여기에는 금나라라는 만주족 지배를 받은 화북인의 입장에서는 또 다른 이민족인 몽고의 지배에 대한 문제의식이 강남의 남인에 비해 적었기 때문인 이유도 존재한다.

강남인의 반몽 정서는 송 말·원 초의 강남 불교를 대표하는 몽산 덕이 蒙山德異(1231~1308?)나 고봉 원묘高峰元妙(1238~1295)의 '오후인가悟後印可 강조'를 통해서 확인해 볼 수 있다.[568] 또 이는 강남의 오산불교五山佛教가[569] 원에 예속되어 있었음에도 『칙수백장청규勅修百丈淸規』로 대표되는 티베트

불교와의 변별을 통해 남송의 불교문화를 견지하려는 움직임 등을 보인다는 점을 통해서도 인지된다.[570]

이와 같은 상황들을 고려한다면 남송의 수도(절강성 임안)가 사천왕 방위 변화의 진원지라는 점은 티베트불교의 영향 이전에 남송의 내재적인 측면이 존재했을 개연성을 환기한다. 그리고 이와 관련해서는 당시 질서를 강조하며 새롭게 흥기한 성리학의 영향 외에 추론될 수 있는 요소가 많지 않다. 즉 성리학적인 측면이 먼저이고, 티베트불교적인 영향이 뒤가 되는 것이 보다 순리적이고 타당하다는 말이다.[571]

주희는 안휘성의 휘주徽州(新安) 사람으로 알려져 있지만[572] 실제로는 복건성 출신이다.[573] 그런데 안휘성과 복건성은 남송의 수도인 임안(현 항주)이 위치한 절강성과 인접한 지역이다. 이런 점에서 문화적인 간섭干涉과 영향을 추론할 수 있다. 특히 주희가 주로 강학한 곳은 절강성 무이산武夷山의 백록동서원白鹿洞書院이다.[574]

백록동서원은 조선 최초의 사액서원賜額書院인 주세붕周世鵬(1495~1554)에 의한 백운동서원(후일의 소수서원, 1550년 사액)의 탄생과 이황의『성학십도』에「백록동규도白鹿洞規圖」등이 포함되는 이유가 된다.[575] 즉 주희의 주된 강학 거점이 사천왕의 방위 변화의 진원지인 임안과 같은 절강성에 위치하는 것이다.

문화권적 충돌로 인한 불교의 개변과 변화의 문제는 불교가 동아시아로 전래하는 초기부터 존재했다. 이는 불교를 타고 유입된 인도문화의 우측 중시가 중국문화의 좌측 중시로 일정 부분 개변되는 모습을 통해서 확인해 볼 수 있다.

이의 대표적인 측면이, 간다라 불상의 오른손이 왼손의 위로 올라가는 수하관경樹下觀耕 등에서 확인되는 선정인禪定印이 중국에서는 역선정인으로 바뀌는 점,[576] 또 우측이 중시되던 우좌보처가 좌측 중심의 좌우보처로 바뀌는 측면 등을 통해서 판단해 볼 수 있다.[577] 역선정인과 좌우보처 등은 불교 전래 초기 중국문화의 입장에서 도저히 용납하기 어려운 강력한 측면과 충돌하며 신속하게 변화한다. 이는 각각 상례喪禮라는 터부적 관점과 중국의 자리 배치와 관련해서 강한 반발을 초래했기 때문이다.[578] 그러므로 무엇보다도 신속한 변화가 이루어지는 것이다.

그러나 이와는 달리 항마촉지인이나 편단우견, 우슬착지 등은 끝까지 바뀌지 않고 우측 중심의 원형을 유지한다. 이는 불교적인 기원이 뚜렷하고 상대적으로 중국문화적인 충돌이 크지 않은 측면이므로 개변의 요구가 적었기 때문이다.

이외에도 이와 같은 변화에는 중국문화의 반발적 양상으로 인해 생긴 변화로서 탄생불誕生佛의 수인인 천지인天地印에 대한 역천지인, 또는 비로자나불의 지권인과 역지권인 등이 나타나며, 혼재되는 양상을 초래하는 경우도 확인된다.[579] 즉 여기에는 인도문화적인 불교의 중국 정착과 함께 ① 완전히 바뀌는 것과 ② 완전히 바뀌지 않는 것, 그리고 ③ 부분적으로 바뀌면서 혼재되는 것의 총 3가지 층위가 존재하는 것이다.

이 중 방위 인식과 이에 따른 변화는 당연히 ③에 속한다. 특히 방위에 대한 이해는 천지인과 역천지인에서처럼 신유학의 대두 및 유교문화의 강화와 함께 변화의 진폭이 크게 나타나는 특징을 보이고 있는 부분이다.

4) 성리학의 영향과 여말선초의 변화

남송에서 사천왕의 방위 변화가 발생하기 시작했음에도 현존하는 고려불화 속 사천왕의 다문천은 언제나 동북에 위치하며 서북에 위치하는 경우는 없다. 현존하는 고려불화가 고려 말 작품이라는 점을 고려한다면 중국 남송의 방위 변화가 수용되지 않고 있는 것이다.

이와 관련해서는 크게 두 가지를 생각해 볼 수 있다. 첫째는 고려가 고구려 계승을 천명한 국가로 왕위의 형제 상속 등에서 북방의 유목문화적인 정서가 강하다는 점이다. 실제로 고려는 송과의 관계에 있어 조선이나 명에서 확인되는 것과 같은 사대주의적인 관점을 보이지 않는다. 이는 고려에 중국의 한족적 영향이 제한적이라는 것을 의미한다. 이와 같은 양상은 1123년 송의 서긍徐兢(1091~1153)이 찬술한 『고려도경高麗圖經』 등을 통해서도 단적인 판단이 가능하다.[580]

둘째는 고려 후기의 원 간섭기라는 이민족 지배 시기의 신분 질서에 주목할 필요가 있다. 원 간섭기 몽고의 민족 차등에서 고려인은 중국의 화북인이나 강남의 남인에 비해 신분이 높았다.[581] 이로 인해 원 간섭기에는 중화주의나 모화사상이 크게 두드러지지 않게 된다. 즉 고려 말 신진사대부의 확대와 1368년, 명이라는 한족 국가가 완성되며, 이러한 영향이 조선으로 이어지기 전까지 성리학적인 방위 변화 영향은 고려불교에 제한적일 수밖에 없다는 말이다.

그러나 개국 과정에서부터 명나라를 의지했던 성리학 국가 조선이 되면 상황이 달라진다.[582] 즉 중국적인 관점의 보편화가 초래되는 것이다. 이는 사천왕의 방위 변화가 조선에서 완성된다는 점에서 논리적 정합성이 확보된다. 즉 불교에서 유교로 중심 사상이 바뀌고 중화주의가 본격적으로 작동하면서 불교적인 북방-다문천의 위상보다는 중국문화적인 방위 원칙이 더 크게 작용하게 된다는 말이다. 유·불 교체에 따른 지배 이데올로기 변화가 다문천 중심의 사천왕 방위에 변화를 초래하는 근본 원인이라는 판단인 셈이다.

실제로 북송오자의 첫 번째이자 신유학의 비조鼻祖격 인물로도 평가받는 주돈이周敦頤(1017~1073)의 『태극도설太極圖說』에서 확인되는 오행五行 방위는 동쪽을 기점으로 하는 '동 → 남 → 서 → 북'으로 되어 있다.[583] 주돈이의『태극도설』은 신유학의 우주론을 확립한 중요한 저술이다. 이로 인해 남송의 주희 역시「태극도해太極圖解」와「태극도설해太極圖說解」를 찬술하게 된다.[584]

또 이『태극도설』이 축약된「태극도太極圖」는 한반도에도 막대한 영향을 미친다. 이는 퇴계 이황의『성학십도聖學十圖』중 첫째가「태극도」인 것을 통해서 단적인 판단이 가능하다.[585] 이렇게 놓고 본다면 북방-다문천을 기준으로 하던 인도불교의 관점을 유목문화가 수용해서 계승하던 것이 남송에서 한족문화가 부활하며 방위에 변화가 발생했다는 판단은 충분히 가능하다. 또 이는 고려 말 신진사대부의 확대와 더불어 고려문화에도 영향을 주게 되고, 성리학을 국시로 하는 조선에 이르러 보편화된다고 하겠다.

시왕과 명부 권속의 수용과 의미

불교미술과 관련하여 동아시아의 지장 신앙은 크게 세 차례에 걸친 변화를 보이게 된다. 첫째는 『십륜경』에 입각한 현세 수호 신앙, 둘째는 『지장경』과 관련된 사후 구제 신앙, 마지막 셋째는 『시왕경』과의 결합에 따른 명부 심판 신앙이다. 그리고 이외에 추가적인 요소로 구화산 김지장에 대한 측면이 존재한다. 그러나 김지장은 앞의 신앙들과는 논리적인 층위가 다르다. 왜냐하면 김지장은 오대십국의 후량後梁 시기를 산 포대화상 계차契此처럼[586] 인간이 신성화되어 화신의 구조 속에 편입되는 중국문화적 특수성에 따른 측면이기 때문이다.

고려불화 지장보살도 중에서 셋째에 해당하는 것이 지장시왕도와 이의 확대인 지장시왕권속도이다. 또 관음·지장병립도의 기원은 관음·지장병존도에 의한 것이므로 그 연원은 첫째와 연결된다. 물론 현존하는 고려불화의 관음·지장병립도는 '관음-현세 수호'와 '지장-사후 구제'라는 이중적인 요소로 개변된 것임은 앞서 지적한 바 있다. 또 지장독존도 입상이나 좌우보처 등을 대동한 경우는 둘째의 사후 구제 단계와 관련해서 성립한다.

그러나 현존하는 고려불화가 대부분 14세기 작품이며, 빠른 것도 13세기 후반 이상을 올라가지 못하고 있다. 그러므로 도상의 형태에 따른 판단은 가능해도 이를 통해서 성립 시기의 층위를 나누어 이해하는 것은 불가능하다.

1.
『시왕경』의 찬술 배경과 내용

지장 신앙과 『시왕경』의 결합을 알아보기 위해서는 먼저 『시왕경』에 관한 기본적인 이해를 정립할 필요가 있다.

『시왕경』의 내용을 살펴보면 이것이 지장 신앙의 영향 속에서 찬술된 것이 아니라 시왕 신앙에 따른 구성임을 분명히 해 준다. 이러한 판단이 가능한 것은 『시왕경』에 지장에 대한 요소가 극히 제한적으로 등장하며, 경전의 중심을 관통하는 것은 염라이기 때문이다. 즉 지장을 염두에 두고 시왕과의 결합을 언급한 것이 아니라 명부와 염라대왕을 중심으로 하는 시왕의 심판 구조 속에 지장이 단편적으로 등장하는 것이다.

이는 『시왕경』이 염라와 시왕을 중심으로 먼저 독립적으로 만들어졌고, 후에 명부라는 대상 범주의 중복으로 인해 지장과의 습합이 이루어진다는 것을 의미한다. 그리고 이러한 문제의식을 계승해서 『시왕경』이 후에 개변되는 것이 바로 『발심인연시왕경』이다.

『시왕경』의 전칭은 『염라왕수기사중역수생칠왕생정토경閻羅王授記四衆逆修[587]生七往生淨土經』이며,[588] 이를 축약해서 『불설예수시왕생칠경佛說預修十王生七經』,『예수시왕경預修十王經』,『시왕생칠경十王生七經』,『염라왕수기경閻羅王授記經』이라고 한다. 『시왕경』은 이와 같은 축약형 중 가장 간략한 형태이다.

『시왕경』은 앞서도 언급한 것처럼 당 말의 성도부 대성자사의 승려 장천이 찬술한 것이다.[589] 찬술자가 분명한 위경이라는 점은 중국불교사 전체를 통틀어서도 매우 이례적이다. 왜냐하면 위경은 경전의 목적과 목적의 구현을 위해서 찬술자를 감추는 것이 보통이며, 찬술자가 밝혀진다면 경전으로서의 권위를 상실하기 때문이다.

『시왕경』은 이와 같이 태생적으로 치명적인 문제점을 가지고 있음에도 불구하고 대유행을 하게 되는데, 이는 『시왕경』에 대한 민중의 요청과 열망을 잘 나타내 준다. 즉 명부와 관련된 민중의 요구가 강력했으므로 중국 찬술의 위경임을 드러냈음에도 불구하고 『시왕경』은 '경經'이라는 최상의 권위를 확보하며 유지되고 있는 것이다. 이는 중국불교의 의경과 위경의 역사에서 『시왕경』이 매우 특이한 입각점을 확보하고 있다는 것을 의미한다.

『시왕경』은 총 네 단계를 거쳐서 최종적으로 완성된 것으로 판단된다. ① 518년부터 확인되는 7·7재(49재)의 존재,[590] ② 수와 당 초의 7·7재 성행에 따른 명부 판관의 필연성,[591] ③ 염라대왕, 태산부군, 오도대신의 역할이 대두하며 구체화되는 측면이다. 이는 당나라 문헌인 『마하폐실라말나야제바갈라사다라니의궤摩訶吠室囉末那野提婆喝囉闍陀羅尼儀軌』전1권과 『염라왕공행법차제焰羅王供行法次第』전1권에 이들이 등장하고 있기 때문이다.[592] 즉 이들 문헌은 『시왕경』과 같은 구성 중심을 공유하고 있는 것이다. ④는 염라대왕, 태산부군, 오도대신을 중심으로 하는 시왕의 확대와 완성이다. 이와 같은 단계적인 발전에 따른 『시왕경』의 완성은 당시 불교와 민중적인 요청에 반향한 것으로, 『시왕경』이 일거에 유행하며 권위를 확보하는 이유를 알게 해 준다.

『시왕경』의 성립 층위
① 518년부터 확인되는 7·7재(49재) → ② 수와 당 초의 7·7재 성행과 명부의 구체화 요구 → ③ 염라대왕, 태산부군, 오도대신의 역할의 대두

와 구체화 → ④ 염라대왕, 태산부군, 오도대신을 중심으로 하는 시왕의 확대와 완성

『시왕경』의 정확한 찬술 연대는 불분명하다. 그러나 당나라 제6대 황제인 현종의 천보 15년(756)에 촉군蜀郡의 익주益州가 성도부로 개명된다. 또 대성자사는 제7대 황제인 숙종의 지덕至德 연간인 756~767년에 창건된 사찰이다. 즉 '성도부와 대성자사'가 명기된 것을 비판 없이 수용한다면 **『시왕경』의 상한 연대는 최대 756년을 넘어설 수 없는 것이다.**[593]

현재 돈황 문서에는 오대십국에서 북송 초에 이르는 『시왕경』 필사본 38종이 확인되며,[594] 이 중 20여 종 정도가 널리 알려져 있다.[595] 또 시왕경 변상도 역시 다수 현존한다.[596] 이는 중국 서남쪽 성도의 『시왕경』이 늦어도 10세기 초에는 서북쪽의 돈황으로까지 유통되었다는 것을 의미한다. 이와 같은 양상은 고창(투루판) 쪽에서도 일정 부분 확인된다.[597]

돈황에서 다수의 10세기 필사본과 시왕경변상도가 발견되었다는 점, 또 성도와 돈황의 거리 및 지역적인 특성과 당시의 교통로 등을 감안해 본다면, 늦어도 9세기 중반에는 사천에서 『시왕경』이 유행하고 있어야만 한다. 즉 『시왕경』의 성립은 8세기 말에서 9세기 중반 정도에는 이루어졌다는 유물적인 추론이 가능한 것이다.[598] 이상의 문헌과 유물적인 측면을 더하면 **『시왕경』의 찬술 연대는 756년에서 9세기 중반 사이가 되며, 더 좁게는 8세기 말에서 9세기 중반**이라는 것을 인지해 보게 된다.

『시왕경』의 구조와 내용을 보면 장천이 전체 구조를 새롭게 만든 것이 아님을 알 수 있다. 즉 당시에 유행하던 도교와 민간 요소적인 측면들을 정리해서[599] 이를 염라대왕을 중심으로 불교 안에 편입하고 재齋의식의 타당성을 강조한 정도라고 하겠다. 이는 『시왕경』의 전칭이 『염라왕수기사중역(혹 예)수생칠왕생정토경閻羅王授記四衆逆(혹 豫)修生七往生淨土經』이라는 점

돈황에서 출토된 시왕경변상도(프랑스 파리 국가도서관 소장, 10세기)

을 통해서도 분명해진다.[600] 즉 장천은 염라대왕을 필두로 하는 시왕에 대한 불교적인 관점에서의 재해석자이자 집대성자라고 하겠다.[601]

『시왕경』의 경 안에서 제시되고 있는 설법 시점은 붓다의 쿠시나가르 사라쌍수娑羅雙樹에서의 열반 직전이다. 이때 여러 보살과 제석천, 범천, 사천왕 등이 함께하는데, 시왕의 대표로 염라천자閻羅天子와 대(태)산부군大(泰)山府君이 함께 등장하고 있다.

이후 석가모니는 염라천자에게 '보현왕여래普賢王如來'라는 수기를 준다. 이것을 아난이 이상하게 여기자 붓다는 '염라의 본신은 부사의해탈부동지보살不思議解脫不動地菩薩인데 염라의 모습으로 시현示現해 사후 중생을 제도하는 것'이라고 설명해 준다.[602] 그리고는 시왕과 관련된 예수재의 공덕을 찬탄하고, 이의 설행과 동참을 독려한다.

이때 ① 지장보살을 필두로 하는 ② 용수보살龍樹菩薩, ③ 구고관세음보살救苦觀世音菩薩, ④ 상비보살常悲菩薩, ⑤ 다라니보살陀羅尼菩薩, ⑥ 금강장보살金剛藏菩薩의 육광보살六光菩薩이 오게 된다.[603] 그리고 염라천자와 28지옥의 담당자들은 이 경을 찬탄하며, 이를 믿고 받드는 이들은 지옥을 벗어나게 된다는 점을 확증해 준다. 그리고 붓다는 염라천자 등 명부 관리들에게 선행자와 49재의 봉행자 및 불상을 조성한 이 등이 사후에 천상에 태어나게 하라고 지시한다.

이후에 시왕에 의한 열 번의 심판과 그 내용이 기록되어 있는데 이를 간략히 정리해서 제시해 보면 다음 페이지의 표와 같다.

끝으로 붓다는 염라법왕에게 『시왕경』의 유통을 부촉하고, 예수재를 닦아 고통을 여의도록 하라고 설하시는 것으로 경전의 전체는 마무리된다.[604]

	명부 시왕	특징	기간
1	제1전 진광대왕	망자가 중음신으로 떠돎	7=7일
2	제2전 초강대왕	망자는 나하나루(奈河津)를 건넘	2×7=14일
3	제3전 송제대왕	망자의 주소와 이름을 점검함	3×7=21일
4	제4전 오관대왕	업칭業秤과 대왕을 보좌하는 돕는 동자가 등장함	4×7=28일
5	제5전 염라대왕	업경대業鏡臺에 죄를 비추어 봄	5×7=35일
6	제6전 변성대왕	이 세계의 추선追善 공덕을 기다림	6×7=42일
7	제7전 태산대왕	부모될 이를 갈구함	7×7=49일
8	제8전 평등대왕	자녀의 추선 공덕을 기다림	100일
9	제9전 도시대왕	추선으로 경전과 불상 조성을 기원함	1년(소상)
10	제10전 오도전륜대왕	나루가 완전히 개방됨	3년(대상)

2.
『시왕경』의 내용과 내포 의미

『시왕경』은 짧고 간단한 글이지만 경의 위상을 가질 정도로 민중으로부터 신앙적인 강력한 지지를 확보한다. 또 이를 통해서 당 말 사천의 불교적인 측면을 이해해 볼 수도 있다는 점에서 주목된다.

　『시왕경』의 내용 검토와 관련해서 먼저 경이 설해진 시점은 붓다의 열반 무렵이다. 이는 위진남북조 시기 남조에서 『열반경』이 유행한 측면과의 상호 연관성 속에 이해될 수 있다.[605] 또 시왕의 대표로 염라천자와 대산부군이 등장하는데, 뒤에 가면 염라는 법왕法王으로 표현이 바뀌고, 대산부군 역시 대산대왕이 된다.

　염라는 야마Yāma가 음역되는 과정에서 '야마夜摩 → 염마琰魔·염마閻魔 → 염라閻羅'로 변모하여 일반화된다. 염라는 본래 쌍세雙世(야마와 야미)의 의미로[606] 인도 신화 속에서 언급되는, 아담과 이브와 같은 최초의 인간이다.[607]

　염라는 최초 인간이므로 당연히 가장 먼저 죽게 된다. 바로 이 부분이 염라가 사후세계의 주관자가 되는 이유이다. 즉 최초의 인간이자 최초의 사망자이기 때문에 사후세계의 주관자라는 권한을 가지게 된다는 것이다.

　염라는 인도의 세계관 속에서 본래 욕계欲界 제3천第三天인 야마천夜摩天(Yāma-deva)의 주재자이다. 그런데 이것이 사후세계의 주관자라는 측면에서 후일 지옥과 관련된 부분과 혼용된다. 이와 같은 혼란은 초기불교의 문헌에서부터 확인된다.■608 그러다가 『대비바사론』 권172에 오게 되면 지옥의 주재자인 염라로 완전하게 변모한다.■609 이것이 세친의 『구사론』 권11 등에 이르면 다시금 귀신 세계의 주재자로 구체화되면서 지옥을 관리하는 형태로 완성된다.■610 즉 야마천주에서 점차 사후와 지옥의 주재자로 변모하는 것이다.

『시왕경』에서 염라를 '천자'라고 하는 것은 후대의 관점이므로 '야마천주'의 의미보다는 사후세계의 주관자를 뜻하는 것으로 보아야 한다. 이런 염라가 법왕으로 바뀌는 것은 수기를 받고 호법선신으로 거듭나기 때문이다. 그러나 『시왕경』에서는 염라의 본신이 '부사의해탈부동지보살'이라고 하였으니, 사실 이와 같은 구조는 전후의 내용이 맞는 상황은 아니다. 그러나 『시왕경』은 난삽하고 제대로 정리되지 않은 문헌이므로 이와 같은 부분들을 일일이 지적하거나 거론할 수는 없다.

다음으로 대산부군의 '대산大山'은 '태산泰山'의 다른 표기이다. '大대'는 '太태'와 통하는 글자이므로 太태를 통해서 같은 음가의 글자로 뜻이 통하는 '泰태'와 연결되는 것이다.■611 이는 산동의 태산에 대한 이야기가 민간으로 확대되는 과정에서 발생하는 같은 음가의 글자에 따른 변화로 판단된다.

이외에도 대산의 이해와 관련해서는 비록 불교 경전 안에서 외도外道의 말로 나오는 부분이기는 하지만, 『관정경灌頂經』 권1에는 '조상의 혼이 대산大山에 잡혀 있다.'는 내용도 살펴진다.■612 즉 한자적으로 '大대 → 太태 → 泰태'의 연결이 가능하며, 불교 경전과 관련해서는 대산이라는 사후 징벌적 상징이 존재하는 것이다.

대산부군, 즉 태산부군(혹 東嶽大帝)은 중국의 오악인 '동악-태산泰山(1,545미터), 남악-형산衡山(1,300미터), 서악-화산華山(2,155미터), 북악-항산恒山(2,016미터), 중악-숭산嵩山(1,512미터)' 중 동악인 태산을 주관하는 신격이다. 오악은 불교 전래 이전의 중국 전통 신앙과 관련되는데, 태산은 산동성의 신선 사상과 결합하면서[613] 오악 중에서도 지존(五嶽獨尊)의 위치를 확보한다. 이로 인해 진시황과 한무제 등에 의해 봉선封禪이라는 최고의 상징성을 가지게 된다.[614]

태산의 특수성과 산동 지역 최고의 신성함이라는 측면으로 인해 태산부군은 불교 이전 산동을 중심으로 사후세계를 관장하는 역할을 한다.[615] 이것이 한나라 때 확대되어 늦어도 위진남북조시대에는 중국 내륙으로까지 일반화된다.[616] 그리고 마침내 당 말에 이르러 사천에서 염라와 결합하고, 이후 시왕으로 확대·편입되는 것이다.[617]

그런데 흥미롭게도『시왕경』에서는 처음에는 '대산부군'이라는 도교적 명칭으로 칭해지다가[618] 후에는 '대산(대)왕'이라는 시왕 구조 속의 명칭으로 바뀐다는 점이다.[619] 이는 도교의 변형과 불교적인 수용을 잘 나타내 주는 단적인 측면인 동시에,『시왕경』이 경전 내의 용어조차 정리되지 않은 산만한 문헌이라는 점을 알게 해 준다.

『시왕경』에서 붓다는 염라천자에게 보현왕여래라는 수기를 준다. 이는 조선 후기『주자가례』에 입각한 유교의 삼우제三虞祭와[620] 관련된 현왕재賢王齋(혹 現王齋, 聖王齋)의[621] 독립 불화인 현왕도賢王圖(혹 現王圖, 聖王圖)가 제작되는 배경이 된다.[622]

또 염라의 본신은 앞서도 언급한 부사의해탈부동지보살로 되어 있다. 그런데 이와 같은 본신과 변화신의 개념 및 일종의 분노존忿怒尊적 측면은 중국불교의 밀교 유행과 사천 지역의 특징인 티베트불교의 영향을 일정 부분 인지해 볼 수 있도록 해 준다.

다음으로『시왕경』에는 지장보살을 필두로 하는 용수·구고관세음·상비·다라니·금강장의 육광보살이 등장한다. 이 부분이『시왕경』에서 지장과 관련된 유일한 측면이다. 이런 점에서 본다면『시왕경』의 성립에 있어 지장과 시왕의 결합이나 세계관의 통일은 이렇다 할만한 연결점이 없다는 것을 알 수 있다. 이는 육광보살이 등장만 할 뿐, 경전 내에서 설주說主나 청문請問과 같은 역할이 전혀 없다는 점에서 더욱 분명해진다.

내용적으로 본다면 육광보살은 지장을 필두로 하는 『시왕경』에서 중요하게 판단되는 여섯 보살이다. 그런데 후일 지장 신앙이 강조·확대되면서 육광보살이 지장과 결부되며 지장육광보살도地藏六光菩薩圖라는[623] 특징적인 불화로 발전하게 된다.[624] 그러나 육광보살이 지장을 포함하는 여섯 보살이라는 점에서 지장이 나머지 다섯 보살을 대동하는 지장육광보살도의 표현은 육광보살의 내용을 충실하게 반영한 것은 아니다. 즉 지장의 확대와 육광보살이라는 전거에 따른 양상이 결합되어 '지장 + 지장이 빠진 육광보살'이라는 특이한 구조가 탄생하는 것이다.

이상을 통해서 본다면 『시왕경』은 지장 신앙과는 별개로 사천이라는 지역적 특수성에 입각해 불교의 염라천자와 도교의 대산부군에 초점을 맞추어 시왕 구조를 완성해 낸 경전이라고 정리해 볼 수 있겠다. 즉 『시왕경』은 불교를 중심으로 도교를 아우르는 사후세계의 통합 구조를 보이고 있는 것이다.

1) 사천 지방의 오두미도

사천은 후한 말 태평도太平道(속칭 黃巾賊)와 더불어 도교의 시원을 이루는 오두미도五斗米道(혹 天師道)의 발생지이다.[625] 한편 사천은 험로에 따른 지역적인 폐쇄성을 가지며, 넓고 풍부한 자연환경 대비 낮은 인구 밀도를 가지고 있다. 이 때문에 중원의 황제들은 전란으로 위기에 직면하면 피난처로 사천을 선택하고는 했다. 이는 당 현종(재위 712~756) 등의 예 등을 통해서 단적인 판단이 가능하다.[626]

이와 같은 사천의 지역적인 특징과 폐쇄성은 사천의 무속 구조가 불교

교단 조직의 영향을 받으면서 도교의 체계를 갖출 수 있도록 한다. 이것이 바로 태평도와 오두미도이다.

장각張角(?~184)의 태평도는『태평경太平經』에 근거하여 발흥하지만, 후한 말 황건적에 의한 민중 봉기와 관련되면서 삼국지 군웅들의 진압으로 붕괴된다.[627] 그러나 장릉張陵(34?~156?)의 오두미도는 아들인 장형張衡(78~139)을 거쳐 손자인 장로張魯(142?~216?) 때에 삼국시대의 혼란 속에서 종교 왕국과 같은 독자 세력을 구축한다. 그러다 215년 조조에 의해 토벌된다.[628] 이 오두미도가 후일 남북조시대에 북위北魏 태무제太武帝(재위 423~452) 때의 구겸지寇謙之(?~448)에게 영향을 주어 신천사도新天師道, 즉 신도교新道教로 재탄생하게 된다.[629]

이러한 사천의 도교적 색채는 당나라의 불교 발전과 더불어 불교의 도교 수용을 촉진시킨다. 이러한 결과물 중 하나가 바로『시왕경』이다.『시왕경』에 시왕의 대표로 불교적인 염라천자와 도교적인 대산부군이 등장하는 것은 바로 이와 같은 당시의 문제의식을 잘 나타내 준다고 하겠다.

2) 오도대신과 오도전륜대왕

다소 내용적인 차이가 있기는 하지만, 염라와 대산을 제외하고 시왕 중 성립 시기가 가장 이른 것은 북위의 말인 6세기까지 거슬러 올라가는 오도대신五道大神이다.[630] 염라가 불교를 타고 전래한 인도적인 사후 심판관의 의미를 가진다면, 오도대신은 오도윤회五道輪迴를 주관하는 최종적인 구현자具現者이자 윤회판의 완성자라는 상징을 내포한다.

오도대신의 오도는 지옥을 제외한 육도인 아귀, 축생, 인간, 아수라, 천이다. 이는 제10전 오도전륜대왕도의 윤회 상황에 대한 오도의 묘사를 통해서도 단적인 판단이 가능하다.[631]

오취생사윤회도(인도 아잔타 석굴 제17굴 입구 좌측, 5세기 중후반)

불교 전적에 오도설이 적시되어 있을 때는 일반적으로 지옥이 아닌 아수라가 제외된다. 이는 부파불교 중 가장 강력했던 부파인 설일체유부에서 아수라를 제외한 오취설五趣說을 주장했기 때문이다.[632] 실제로 이와 관련된 오취생사윤회도五趣生死輪廻圖가 존재했다는 내용은 『근본설일체유부비나야잡사』 권17과[633] 『근본설일체유부비나야』 권34 등을 통해서 확인해 볼 수 있다.[634]

이런 점에서 볼 때도 명부를 지옥과 관련해서 이해하는 것은 타당하지 않다. 그러나 이는 앞서 언급한 『구사론』 권11 등에[635] 의해 인도불교 안에서 발생한 후대의 변화와 혼란을 중국불교가 그대로 수용하면서 발생하는 문제이다. 즉 중국적인 변형만은 아닌 것이다.[636]

실제로 돈황에서 출토된 지장육도도나 지장시왕도에는 오도가 아닌 육도를 방제까지 적어서 표현하고 있는 불화들도 존재한다.[637] 이는 육도윤회라는 불교적인 보편 원칙과 지옥을 제외한 오도의 축소 과정에서 중국불교

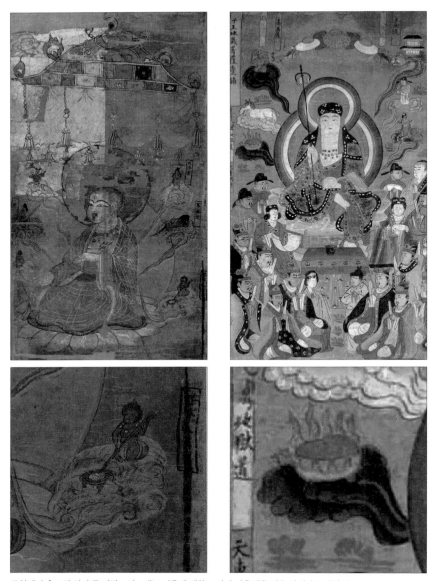

돈황에서 출토된 위의 두 지장보살도에는 지옥에 대한 묘사와 지옥임을 적은 방제가 뚜렷하다.
좌-〈지장육도도〉(영국 런던 대영박물관 소장, 8세기) 부분, 우-〈지장시왕도〉(프랑스 파리 기메 뮤지엄 소장, 10세기) 부분

안에 일부 혼란이 존재했다는 것을 의미한다.[638] 그러나 이는 크게 주목받을 정도의 논란은 아니었다.

명부가 지옥과 관련된다는 점은 초강대왕이 관할하는 곳이 나하나루(奈河津), 즉 '지옥을 흐르는 강나루'라는 점을 통해서도 분명해진다.[639] 왜냐하면 나하는 지옥을 의미하는 '나라카naraka'에 황하처럼 수량水量에 변동이 큰 물을 나타내는 '하河'를 결합한 명칭이기 때문이다.

불교의 사후세계는 '생유生有 → 본유本有 → 사유死有 → 중유中有'의 사유설四有說 중 중유(혹 中陰)에 해당한다. 즉 생유와 사유 사이에 존재하는 중간자적인 독립세계인 것이다.[640] 그러므로 중유가 육도 중 지옥과 직결된다는 판단은 타당하지 않다.[641]

그런데 『시왕경』에서는 "중음49일中陰四十九日"을 말하면서도[642] 이를 명계의 지옥과 일치시키고 있다. 이는 위의 육도윤회의 표현에서와 같은 논란이 존재하기는 했지만, 그럼에도 인도불교적 세계관의 문제를 바로잡을 능력이 중국불교 안에서 이렇다 하게 대두하지 않았다는 점, 그리고 이와 같은 변형의 수용에 대한 중국적인 필요 역시 존재했다는 판단을 가능하게 한다.[643] 즉 천도재나 49재 또는 예수재 등의 필연성이 중국불교에 존재했고, 이는 중국불교 역시 명계와 지옥의 일치 구조에 동의하도록 하였을 것으로 판단된다.

명부와 지옥의 연결 구조는 미결수와 기결수에 대한 명확한 인식의 부재로 인한 혼란의 오류라고 할 수 있다. 이는 과거 중국에서 이 두 가지가 엄밀하게 구분되지 못한 것과도 관련된다.

또 인도불교에서 명부와 지옥의 연결이 목도되기는 하지만,[644] 인도불교에는 윤회론이 강하게 작용하기 때문에 중음 49일에 대한 독립성이 일정 부분 존재할 수 있다. 그러나 윤회론이 약한 중국불교에서는 이에 대한 명확한 구분이 모호해지게 된다. 이는 49일 이후에도 100일(100재)와 1년 그리고

3년에 따른 시왕 구조를 완성하고 있는 것을 통해서 자못 분명해진다.

특히 시왕 구조의 확립이 장천이라는 일개 승려에 의한 것이라는 점, 또 『시왕경』이 이후 동아시아 중국문화권에서 광범위한 영향력을 행사했음에도 불구하고 이에 대한 두드러진 시정 노력이 진행되지 않는다는 것은 동아시아 불교의 윤회론 판단에 있어서 시사하는 바가 적지 않다. [645]

오도대신은 명칭에서부터 오도윤회의 결정이라는 필연성에 따라 대두하는 불교적인 신격임을 알 수 있다. 즉 49일이라는 중음의 끝과 윤회의 완성을 위해 요청된 존재가 바로 오도대신인 것이다. 이 오도대신이 후에 시왕의 마지막인 열 번째 오도전륜대왕으로 변모한다는 점은 앞서 언급한 바와 같다. [646] 즉 중국불교에서 말하는 윤회의 완성은 설일체유부의 49일과는 달리 중국문화적인 3년의 탈상脫喪이었던 것이다.

불교를 타고 전래한 염라대왕에 중국 전통의 태산부군과 윤회의 필연성 강조와 관련해 성립한 오도대신의 관계는 『명보기冥報記』권중卷中의 내용을 통해서 확인해 볼 수 있다. 『명보기』는 초당기에 이부상서吏部尚書를 지낸 당임唐臨(600~659)이 채록해서 정리한 문건으로 이의 해당 내용을 적시해 보면 다음과 같다.

> 목인천睦仁蒨은 조군趙郡의 감단인邯鄲人이다. … 운운
>
> 인천이 (귀신에게) 말했다.
>
> "도가(여기에서는 도교의 의미임)의 장초章醮(우리의 굿과 같은 도교의 종교의식)에는 유익함이 있는가?"
>
> (귀신인) 성경成景이 말했다.
>
> "도道란, 천제天帝의 총괄을 받는 육도六道로 이는 천조天曹가 된다. 염라왕은 인간계의 천자天子와 같고, 태산부군은 상서령尚書令과 같으며, 녹오도신錄五道神은 모든 상서尚書와 같다.

(내가 속한) 우리의 나라는 큰 주군州郡과 같다. 매양 인간사의 이치를 글로 상신하는 것을 청복請福이라고 하는데, 신神의 은혜를 구하는 것과 같다. 천조는 이것을 받아서 염라왕에게 하교하여 말한다. '모월 모일에 아무개(某甲)의 소장을 받아보니 이러이러하였다. 마땅히 이치대로 다 하여 부족하거나 넘침이 없도록 하라.' 이렇게 되면 염라는 공경히 받들어서 그것을 봉행奉行하는데, 마치 사람이 왕명을 받는 것과 같다. 그러나 마땅한 이치가 없다면 구하고 면하게 해주는 것은 불가하나니, 반드시 잘못된 문제가 있어야만 마땅한 해결(책)을 얻을 수 있는 것이다. 그러므로 (장초를 한다고 하여) 어찌 이익됨이 있겠는가!"[647]

인용문을 보면 명부는 염라왕을 군주로 해서 태산부군이 상서령, 즉 재상과 같은 위치임을 알 수 있다. 이에 반해 녹오도신은 "제상서諸尙書"라고 되어 있는 것으로 보아 오도를 주관하는 다섯 명이 마치 장관과 같은 역할을 했음을 알 수 있다. 즉 '① 지옥을 제외한 오도의 인식 확립 → ② 오도의 기록 주관자인 다섯 명의 녹오도신 → ③ 오도대신 → ④ 오도전륜대왕'의 단계별 전개상을 인지해 볼 수 있는 것이다.

당임은 초당을 산 인물이며, 『명보기』는 그가 들은 내용을 기록한 문건이다. 그러므로 목인천의 내용은 당임보다 빠르며, 최소한 그와 동시대에 이미 상당히 퍼져 있었던 이야기임을 추론해 볼 수 있다. 즉 **남북조와 초당기까지는 녹오도신이 오도대신으로 완전히 정착하지 못했던 것이다.** 그리고 이것이 『시왕경』이 완성되는 8세기 말에서 9세기 중반에 이르면 오도대신으로의 변화를 거쳐 마침내 오도전륜대왕으로 완성된다. 즉 오도대신의 점진적인 비중 확대가 목도되는 것이다.

3) 시왕에 대한 중국문화적 영향

『시왕경』은 예수재와 49재 그리고 불상과 경전 조성의 공덕을 크게 강조하고 있다. 그리고 시왕에 의한 열 번의 심판을 강조하며, 이와 같은 공덕이 작동하면 관련자는 능히 구제될 수 있다고 언급한다. 이는『시왕경』이 사찰 경제에 막대한 기여를 하게 된다는 점을 인지하게 해 준다. 이와 같은『시왕경』과 관련된 사찰의 재정 확충 구조는『시왕경』이 명백한 위경임에도 불구하고 경의 권위를 가지며 확대될 수 있는 중요한 측면이 된다.

그런데 시왕에 의한 열 번의 심판 구조에는 사후 100일과[648] 1년 그리고 3년이 포함된다. 이는 7×7=49의 중유설과는[649] 무관한 중국적인 사후세계관이 투영·습합된 결과이다.

중국문화에서는 탄생의례와 사후의례가 정확하게 일치한다. 그래서 100일과 1년인 돌은 사후 100제와 1년인 소상小喪(期年喪)과 대응한다. 그리고 3년의 대상大喪(탈상)은『논어』「양화陽貨」의 '자식은 3년이 되어야 부모의 품을 벗어날 수 있기 때문에 3년 상이 천하의 통규가 된 것'이라는 구절을 통해서 그 타당성을 살펴볼 수 있다.[650] 또 이 구절을 통해서 3년 상이 공자 이전 시대로까지 거슬러 올라가는 중국 전통의 오랜 장례 풍속임을 인지해 보게 된다.『시왕경』에 이와 같은 측면들이 담겨 있다는 것은 불교와 도교를 넘어 유교적인 부분까지도 중국문화적인 배경에서 일정 부분 수용하고 있다는 것을 분명히 해 준다.[651]

	탄생의례	사후의례
1	100일	100제
2	1년(돌)	1년(소상)
3	3년	3년(대상)

시왕은 불교적 사후세계관과 관련된 일곱 대왕과 중국 전통의 세 대왕이 결합된, 총 '10'이라는 숫자에 맞추기 위한 다양한 요소들을 편입시킨다. 그러나 이것이 어떤 뚜렷한 전승에 입각한 것이라기보다는 대부분 민간풍속 및 전승에 기초하고 있을 뿐이다. 그러므로 현재 이들의 기원과 내용을 명확하게 판단하는 것은 불가능하다.

다만 남송 때에 지반志磐이 찬술한 『불조통기』 권33에는 '시왕을 세상에 전한 것이 도명'이라고 되어 있어 주목된다.[652] 이는 두 가지로 해석될 수 있다. 첫째, 시왕이 중국불교적인 기원을 가진다는 의미이며, 둘째, 명부 이야기의 근원이 도명과 관련된다는 관점이다. 또 이 두 가지 모두와 관련된다고 판단해도 큰 문제는 없다고 하겠다.

그런데 『불조통기』 권33에는 이와 동시에 또 '(제5) 염라대왕, (제4) 오관대왕, (제8) 평등대왕(돈황 쪽에서는 '平正王'으로도 표기됨)[653], (제7) 태산대왕, (제2) 초강대왕, (제1) 진광대왕'의 여섯 왕이 "장전藏典"의 기록에 존재한다는 내용도 있어 주목된다. 이의 해당 기록을 제시해 보면 다음과 같다.

시왕의 이름 (중) 장전藏典의 전기에서 고찰 가능한 것은 여섯이다.
① 염라(대왕)와 ② 오관(대왕) | 두 명칭은 삼장재三長齋와 관련된 『제위경提謂經』의 인용에서 살펴진다.
③ 평등(대왕) | (호유정의) 『화엄경감응전』에서 살펴진다.
곽신량郭神亮이 (저승)사자를 따라 평등왕의 처소에 이르러, "약인욕요지若人欲了知 (운운"의) 사구게를 외운 것을 인연으로 다시 살아남을 얻었다.
④ 태산(대왕) | 『고금역경도기古今譯經圖紀』에서 살펴진다.
사문 법거가 번역한 『금공태산속죄경金貢泰山贖罪經』 그리고 『효경孝經』과 『(도서)원신계(道書)援神契』에는, "태산(대왕)은 천제天帝의 자

손으로 사람의 혼을 부르는 것을 주관한다."고 되어 있다.

⑤ 초강(대왕) | (남송 때의 홍매洪邁가 편찬한 지괴소설인)『이견지夷堅志』에서 살펴진다.

지주池州의 곽생郭生이 꿈에 명부에 들어가자, 왕이 읍揖하고는 앉아서 말했다. "나는 서문西門의 왕랑王郞인데, 명부의 관리가 '내가 충효하고 정직하여 만물을 해치지 않는다.'고 기록하여 초강왕이 될 수 있었다."라는 내용이 있다.

⑥ 진광(대왕) : (남송 때의 홍매가 편찬한 지괴소설인)『이견지』에서 살펴진다.

남검南劍의 진생陳生이 죽었다. 그 동생의 딸이 두 귀신을 보았는데, (이들의) 인도로 궁전에 이르자 (두 귀신이) 말하기를 '진광왕'이라 하였다. 왕이 여인에게 말했다. "백부 고통을 구제하고자 한다면, 『팔사경八師經』을 전독轉讀해야 한다." 여인이 깨어나 집안의 사람들에게 경전을 구해 오도록 하고, 승려를 청해 천 편을 독송했다. 형이 동생의 꿈에 나타나서 사례하며 말했다. "이미 천상에 태어남을 얻었다."■654

사천이 오두미도의 발생지라는 점에서 여기에서의 장전을 '도장道藏의 전적'이라는 의미로 이해하는 경우도 있다.■655 그러나 인용문을 보면 '불교의 전적을 중심으로 하는 여러 전적'이라고 이해하는 것이 타당하다.

또 인용문의 여섯 시왕의 명칭 역시 내용의 구체적인 기원을 말하기보다는 단편적인 언급에 그칠 뿐이다. 즉 뚜렷한 파악이 어려운 것이다.

『불조통기』는 1269년에 찬술된 전적이다. 이런 점에서 8세기 말에서 9세기 중반에 등장하는『시왕경』의 시왕 연원을 명확하게 언급하는 것에는 무리가 있다. 또『시왕경』의 성립이 8세기 말에서 9세기 중반이라는 점은

『시왕경』이 시왕의 집대성 구조라는 점에서 시왕의 성립 자체는 늦어도 8세기 초라는 판단을 가능하게 한다. 즉 『불조통기』와는 500년 이상의 시차가 존재하는 것이다. 그러므로 『불조통기』의 기록은 참고가 될 수는 있어도 명확한 판단 자료가 되지는 못한다.

『불조통기』는 북송의 송조육현宋朝六賢 중 한 명인 사마광司馬光(1019~1086)의 정사『자치통감資治通鑑』의 영향을 받아 남송에서 천태종을 중심으로 불문佛門의 정사를 표방한 서적이다. 즉 시대의 차이뿐만이 아니라 지역적으로나 문제의식에 있어서도 시왕과 큰 관련이 없는 문헌인 것이다.

1206년에 입적한 남송 종감宗鑑의『석문정통釋門正統』권4에는「수륙의문서水陸儀文敍」를 인용하여 '시왕의 도상은 팔선八仙■656 중 당나라 제6대인 현종(재위 712~756) 때의 장과로張果老 그림을 닮았고, 명부시왕 신앙의 시작은 도명화상'이라는 기록이 있다.■657 즉『불조통기』와 큰 시대 차이가 나지 않는 불교 문헌 안에서도 시왕의 이해에 혼란이 인식되는 것이다.

『석문정통』에서 언급된 장과로는 시왕의 형상 이해를 위해 대비된 인물에 불과하다. 이런 점에서 남송시대 시왕의 복색이 신선의 복색과 유사성을 확보한다는 점을 판단해 볼 수 있다. 그러나 이를 근거로 시왕이 도교를 기원으로 한다거나 도교와 직접적으로 연결되어 있다는 이해를 하는 것은 쉽지 않다.

또 시왕의 시작이 도명이라는『석문정통』과『불조통기』의 기록은「환혼기」의 내용을 통해서 볼 때 신뢰하기 어렵다.■658 다만 남송시대에는 도명의 「환혼기」영향이 확대되면서 명부라는 공통점을 통해 도명과 시왕의 연결이 일반화되었음을 판단해 보는 것은 충분히 가능하다.

이런 점에서 본다면『석문정통』의 기록은 종감이 살았던 12세기 시왕 신앙의 상황을 파악해 볼 수 있는 중요한 기록이기는 하지만, 이 역시 시왕의 성립에 대한 단서를 제공해 주지는 못한다고 하겠다.

4) 시왕의 기원에 대한 추론

　　시왕의 성립과 관련해서 명확한 자료가 없고 『시왕경』이 사천에서 완성된다는 점은 사천의 특수성이 작용했을 개연성을 환기시킨다. 이런 점에서 사천을 중심으로 하는 다양한 관점 속에서 시왕의 기원을 모색해 보는 것은 나름의 충분한 검토 의의를 확보한다고 판단된다.

　　먼저 제2 초강대왕初江大王은 담당처가 나하나루(奈河津)라는 점에서 나하와 관련된 명칭임을 유추해 보는 것은 그리 어렵지 않다. [659] 사후세계에 이승과 저승을 분리하는 강이 존재한다는 이야기는 희랍신화의 다섯 강 ― ① 아케론Acheron: 비통의 강, ② 코퀴토스Cocytus: 시름의 강, ③ 피리플레게톤Pyriphlegethon: 불길의 강, ④ 레테Lethe: 망각의 강, ⑤ 스틱스Styx: 증오의 강 ― 이나, 이를 차용한 단테의 『신곡』에 나오는 아케론 등 여러 문화권에 널리 퍼져 있는 전승이다. 나하인 나락가naraka의 강은 후에 죄의 경중에 따라 건너는 곳이 세 곳이라는 측면 때문에 '삼도천三途川'으로 불리게 된다.

　　삼도천은 생전의 공덕에 따라 '다리로 건너는 곳(有橋渡)'과 '배를 타고 건너는 곳(江深淵)', 그리고 '헤엄쳐서 건너는 곳(山水瀨)'의 세 곳이 있다. [660] 이 중 배를 타고 건널 때 뱃삯을 내게 되는데, 이 역시 아케론의 강에서 뱃사공 카론이 망자를 건네주는 구조와 일치한다.

　　삼도천의 구조가 시왕 또는 『시왕경』의 성립 시기로까지 거슬러 올라갈 수 있는지는 분명하지 않다. 다만 '나하진奈河津'에 진津이라는 명확한 측면이 존재하는 것으로 보아, 삼도천과 같은 구조가 완전하지는 않더라도 모종의 배를 타고 건너는 방식이 『시왕경』이 성립될 당시에 이미 성립되어 있었다는 점만은 분명하다. 그리고 이와 관련된 주관자로서 '초강初江'을 명칭으로 하는 심판관이 존재하는 것으로 이해해 볼 수 있다. 즉 분명한 기원은 아니지만, 초강대왕과 관련해서는 명칭과 내용의 상관관계에 의한 판단이 일정 부분 가능한 것이다.

다음으로 제4 오관대왕五官大王의 오관과 관련해서는 다양한 견해가 있다. 첫째는 실전된 위경인『제위파리경提謂波利經』에 근거하여 오관을 오행과 연관된 인체 내 오장五臟의 주재자로 보는 관점이다.[661] 만일 이와 같은 해석이 가능하다면『포박자抱朴子』「내편」등에 등장하는 삼시구충설三尸九蟲說 등에 의한 영향 관계가 추론될 수 있다는 점에서 주목된다.[662]

둘째는 지옥의 형벌 주재자라는 관점이다.『정도삼매경淨度三昧經』권2에는 '지옥의 오관이 오도윤회와 지옥의 죄인을 관리한다.'는 내용이 있기 때문이다.[663] 또 '오五'와 '관官'이라는 문자적 의미에는 '관이 주관하는 다섯 가지 형벌', 즉 오형五刑을 유추할 수 있는 측면도 존재한다. 이『정도삼매경』과 관련해서는 셋째 항목에서 보다 면밀하게 검토해 보도록 하겠다.

마지막 셋째는『관정경灌頂經』에 의한 것으로, 이에 따르면 오관은 인간을 주관하는 신격인 오천사五天使와 유사한 측면으로 이해된다.『관정경』에는 염라나 사후 심판과 관련해서 오관이라는 명칭이 직접적이며 여러 차례 등장한다. 그러므로 오관은『관정경』에 입각한 측면이 가장 유력하다.『관정경』에서 확인되는 오관에 대한 부분을 적시해 보면 다음과 같다.

권1

다른 도(異道: 외도)의 스승이 말하였다. "네가 소원하는 바를 따라서, 내가 마땅히 기원하여, 위로는 **오관**에 통하고 아래로는 토지신에게 말해서 청할 것이다. (그리하여) 너로 하여금 복을 구해서 얻고 위험한 액난을 벗어나 다시는 고통을 만나지 않도록 하리라." 스승이 또다시 말하였다. "혹은 '네 전생의 몸이 모든 허물과 악을 범하였다.'고 하거나, 혹은 말하기를 '7세七世 동안 재앙과 허물을 끌어들인 바를 **오관**이 기록하여 모든 죄와 징벌을 받는다.'고 하거나, 혹은 이르기를 '집안의 일족이 멸

문되는 것을 끌어들인다.'고 할 것이다."■664

권3

붓다께서 장자長子에게 말씀하셨다. "네가 이제 삼귀의와 오계를 받았
으니, 다시는 삼귀의와 오계법을 받기 전처럼 하지 말지어다. 이렇게 삼
귀의와 오계를 깨트리는 것을 '재범再犯'이라 이름한다. 만일 (재범을 넘
어) 삼범이 되면, **오관**이 틈을 얻게 될 것이다. 보왕輔王·소신小臣·도록
都錄·감사監伺와 오제五帝의 사자使者도 기회를 얻게 되어 신神·록錄·
명命을 거두어들이게 될 것이니, 모두 본죄本罪에 의거한 것이다."■665

권11

붓다께서 보광보살마하살에게 말씀하셨다. "만약 어떤 선남자와 선여
인 등이 임종할 때에 (불법을 받으려는) 이러한 마음이 생기면, 여러 고
통에서 해탈하지 않음이 없다. 왜냐하면 어떤 빚을 진 사람이 왕에게 붙
어 의지하고 있으면, 빚을 받을 사람이 문득 두려워서 재물을 달라고 하
지 못하는 것과 같다. 이 비유 또한 그러하다. 천제天帝가 용서해서 방면
하고 염라가 보내주며, 모든 **오관**의 (인간을) 감시하는 신들이 오히려
다시는 공경하고 악한 마음을 내지 않게 된다. 이러한 복으로 말미암은
연고로 악도에 떨어지지 않고 액난으로부터 해탈하며, 마음이 원하는
바를 따라서 모두 (정토나 천상에) 왕생함을 얻게 된다."■666

권13

구탈보살이 아난에게 말했다. "염라왕은 이승의 명부(名籍) 기록을 주관
하여 관할한다. 만약 어떤 사람이 악해서 모든 비법非法을 짓고, 효순孝
順하는 마음이 없어 오역죄를 지으며, 삼보를 멸해서 깨트리고 군신君臣

의 법을 없앤다. 또 어떤 중생이 오계를 지니지 않고 정법을 믿지 않으며, 설사 받았다고 하더라도 훼손하고 범하는 바가 많다면, 이와 같은 사실을 지하(명부)의 귀신과 감시하는 자가 천상의 **오관**에게 상주한다. **오관**은 (이러한) 내용을 헤아려서 죽음이 결정된 생명을 끝내게 된다. 혹은 정신에 관해서는 기록하지만, (그) 시비는 (염라의 권한이므로) 판단하지 않는다. 만약 이미 결정했다면 염라에게 상주한다. 염라는 (이를) 면밀히 살펴서 죄의 경중을 따라 헤아린다.

세간에서 혼수상태로 위독하지만 죽지 않은 채, 한 번 혼절했다가 잠시 되돌아오기를 (반복하는) 것은 그 죄와 복이 아직 (전부) 헤아려지지 못한 것이다. (이것은) 그 정신만 기록되어, 저 (염라)왕의 처소에 있으면서 혹은 7일이나 2·7일, 3·7일 내지 7·7일까지 명부에 따라 결정되기 때문이다. (그러다가) 그 정신이 풀어져 그 몸 안으로 돌아오게 되면, 마치 꿈속을 따라 그 선악을 보는 것과 같다. 그 사람이 만약 명료하다면 죄와 복의 징험을 믿을 것이다.

그러므로 나는 이제 모든 네 무리(사부대중)에게 목숨을 늘리는 신묘한 번幡을 만들게 하고, 49개의 등불과 모든 생명을 방생하도록 권하는 것이다. 이러한 번·등燈·방생의 공덕은 저 정신을 추슬러 고통을 건너는 것을 얻도록 하며, 금생이나 후생에도 액난과 조우하지 않도록 하게 된다."■667

인용문을 보면 오관은 천상에 위치하는 심판관이자 길흉화복과 생명의 주관자임을 알 수 있다. 그러나 징벌은 염라의 권한으로 분리되어 있다. 오관은 사후의 명부와 관련된 존재는 아니다. 그러나 인간을 감독하며 심판하는 역할을 하고 있다는 점에서 명부와 결합하는 과정에 오관대왕으로 변모하였을 개연성은 충분하다.

실제로『정도삼매경』을 보면 오관의 명칭은 각각 "수관도독水官都督 · 철관도독鐵官都督 · 화관도독火官都督 · 작관도독作官都督 · 토관도독土官都督"이며, 이들이 "오관도독五官都督" 혹은 "오관사자五官使者"임을 알 수 있다.[668] 그런데 흥미로운 것은 이들 오관이 이후 염라와 연결되어 권속으로 재편되는 변화가 목도된다는 점이다. 이는 오관이 오관대왕으로 변모하는 입각점이 된다는 점에서 시사하는 바가 적지 않다. 이의 해당 기록을 제시해 보면 다음과 같다.

『정도삼매경』

붓다께서 말씀하셨다. "일체중생은 그 거대한 생사의 사이에 있으면서 십습十習의 고통이 있게 된다. 어떠한 것이 십습인가? 첫째, 탄생의 고통, 둘째, 늙음의 고통, 셋째, 질병의 고통, 넷째, 좋아하는 것과 헤어지는 고통, 다섯째, 일체가 뜻대로 되지 않는 고통, 여섯째, 싫어하는 것과 함께해야 하는 고통, 일곱째, 고뇌하고 근심하는 고통, 여덟째, 굶주리고 목마른 고통, 아홉째, 춥고 가난한 고통, 열째, 죽는 고통이다.

(이외에) 다시금 세 가지 고통이 있다. 첫째, 지옥의 고통, 둘째, 아귀의 고통, 셋째, 축생의 고통이다.

또다시 두 가지 고통이 더 있다. 첫째, 귀신용鬼神龍에 의해서 (초래되는) 고통, 둘째, 뜻대로 하는 바를 얻지 못하는 고통이다.

이(상의) 모두는 익힌 습기習氣로 말미암아 고통에 이른 (결과)이다(그래서 '習'이라고 하는 것이다). 습이 모두 다하면 고통은 소멸한다. 이것이 십습행인데, 이러한 일들(습에 대한 판단)은 **오관**에 배속된다. (또) **오관은 염라에 속한다.**"[669]

『정도삼매경』

(병사屛沙: 빈비사라)왕이 붓다께 여쭈었다. "어떠한 것을 **오관**이라고 합니까?" 붓다께서 왕에게 말씀하셨다. "**오관이란, 또한 크게 나누어서 인간들을 감시하며 주관하는 이들로, 천상의 오관은 상賞과 선함을 주관한다. 지옥에도 또한 오관이 있는데, 이들은 (천상·아수라·인간·축생· 아귀계의) 오도를 주관한다.** (이 오관은) 대귀신의 왕으로 죄인을 잡아서 관리한다."[670]

『정도삼매경』이라는 경명은 일찍부터 등장하지만 여러 이본異本이 있고,[671] 현존본에서도 내용의 차이가 존재하는 모습이 확인된다.[672] 실제로 육조시대 남조 양나라의 양무제 명으로 보창寶唱이 주도해서 찬술한『경율이상』권49에는『정도삼매경』을 인용하여 오관을 살殺, 도盜, 음淫, 양설兩舌(妄), 주酒의 오계와 연결하는 내용이 있다.[673] 그러나 이는 현존하는『정도삼매경』에서는 확인되지 않는다. 이런 점에서 위에 인용한 내용 역시 얼마나 신뢰할 수 있는지는 의문이다. 즉 현존하는『정도삼매경』에는 개변의 요소가 존재한다는 말이다.

그러나 인간 행위의 선악을 관장하는 오관이 불교적으로 변용되고, 염라와 연계되는 과정이 존재한다는 점 정도를 인지해 보는 것은 크게 어렵지 않다. 또 이는 후대의 개변을 염두에 둔다고 하더라도 크게 문제가 될 정도는 아니라고 판단된다. 그리고 이와 같은 변화 과정에서 시왕의 성립 필연성과 연관되어 오관대왕으로 완성된다는 추론이 가능하다.

또 위의『정도삼매경』인용에서 확인되는, 오관이 오도와 연관되는 내용은 오관이 오도대신과 관계된다는 판단도 가능하게 한다. 물론 오도대신을 '오도장군'이라고도 한다는 점에서 양자 사이에는 이질성이 존재한다. 그러나 오도대신의 시왕 완성인 제10 오도전륜대왕이 무관형의 오도 주관자인 동시에 '전륜轉輪'이라는 전륜성왕轉輪聖王(akra-varti-rājan)과 연관된 불교적인 변형이라는 점에서 양자의 연결 가능성 역시 충분히 존재한다. 또 이는 오도대신의 성립이 왜 다른 시왕보다 빠른 6세기로까지 거슬러 올라가는지에 [674] 대한 한 해법을 제공해 준다는 점에서도 주목된다.

다음으로 제1 진광秦廣대왕은 한자만을 놓고 본다면 중국 최초의 통일 왕조인 진시황의 진秦제국과 통한다는 판단이 도출될 수 있다. 중국은 진 이전에도 삼대시대라고 하는 하夏, 은殷(商), 주周가 있었다. 그러나 하에는 역사적으로 불분명한 측면이 존재하며, 은과 주도 진과 같은 광범위한 통일제국은 아니었다. 즉 진이야말로 오늘날의 중국이 가능하도록 한 거대 국가 체제가 확립되는 진정한 통일제국인 것이다. 이로 인해 진은 서구로도 알려져 중국은 현재까지도 차이나, 즉 진으로 불리고 있다. 이는 진이 중국 민족에게 사랑받는 왕조는 아니지만 가장 강렬한 인상을 남긴 왕조라는 점을 분명히 한다.

진은 전국시대의 통일 과정과 진시황의 통일 후 진행된 만리장성 및 아방궁 축조 등으로 인해 많은 사람이 죽게 한다. 또 진을 이은 번성 왕조인 한나라에 의해 분서갱유焚書坑儒[675] 등에 따른 폭군과 폭정의 이미지가 강력하게 새겨지는 왕조이다. 특히 한비자韓非子(기원전 280?~기원전 233)의 이념과 이사李斯(기원전 284~기원전 208)가 주도한 법가에 의한 엄격한 법치주의는[676] 매정한 잔혹함을 관념화하며 진에 대한 공포와 부정적 이미지를 후대에 고착시키게 된다.

그런데 이와 같은 진의 부정적인 이미지는 오히려 지옥과 연결되는 명부의 도입에 있어서 타당한 측면으로 작용할 수 있다. 실제로 2·7일의 나하나루를 건너야만 본격적인 명부가 시작된다는 점에서 진광대왕이 관할하는 초·7일은 명부의 시작, 즉 도입부에 해당한다. 이는 중국민에게 존재하는 진의 부정적 이미지와 상당 부분 일치되는 측면이라고 하겠다.

실제로 진의 국가적인 발흥은 사천과 연결된 서쪽 지역이다. 또 그 기원은 통일제국 이전의 제후국으로까지 소급하면 기원전 10세기까지로 거슬러 올라간다.[677] 즉 진은 700년 이상 사천과 연결된 강국이었던 것이다. 이런 점에서 중국 역사상 가장 강력하고 부정적인 강한 인상을 가진 제국이자, '광대한 영토를 가졌던 진'을 진광대왕과 연결시키는 인식은 나름의 타당성을 확보한다. 이는 '秦진'이라는 한자가 국명과 성씨를 제외하고는 잘 사용되지 않는 글자라는 점에서 더욱 그렇다. 그러나 이것이 가능한 추론이기는 하지만 자료를 통한 변증은 성립하지 않는다. 즉 특정한 대안이 없는 상황에서 '진광'이라는 글자와 연관된 추론일 뿐인 셈이다.

이외에 제8 평등대왕은 제5 염라대왕의 의역意譯에 따른 명칭이므로 평등은 염라의 다른 이름에 지나지 않는다.[678] 이는 마치 음역인 아미타와 의역인 무량수가 분리된 정도라고 이해하면 되겠다.

이와 같은 염라와 평등의 분리를 통해 두 가지 지점을 추론해 볼 수 있다. 첫째는 시왕 구조 속에서 염라의 비중이 큼으로 인해서 염라가 평등으로 분화되었다는 판단이다. 이는 『시왕경』의 별칭이 『염라왕수기경』이라는 점을 통해서 인식될 수 있다. 둘째는 염라와 평등의 관계조차 이해하지 못했다는 판단이다. 이는 시왕이 사천의 불교를 중심으로 도교와 민중 신앙을 더해서 학문적 배경이 약한 장천에 의한 찬술이라는 점을 분명히 해 주는 측면이 될 수 있다.

『시왕경』을 보면 이러한 두 가지 추론이 모두 가능하다. 또 『시왕경』의 산만한 구조 속에는 염라와 평등이 같은 존재의 두 번 등장이라고 하더라도 크게 문제가 될 정도는 아니다.

일단 다른 대안이 없다는 점에서 『불조통기』 속의 여섯 시왕에 대한 내용을 일정 부분 받아들이고 여기에 위의 추론을 덧붙여 보도록 하자. 그리고 앞서 정리한 오도전륜대왕을 포함하면 판단이 불가능한 시왕은 제3 송제대왕, 제6 변성대왕, 제9 도시대왕의 셋이 남게 된다.

시왕의 전체적인 구성 방식으로 본다면 중국 전통의 태산부군과 같은 지역적인 사후 주관자들과 사천의 도교를 필두로 하는 전통 신앙, 여기에 사천과 연결되는 티베트 등의 외래적인 요소를 한데 모아서 '10'이라는 숫자에 맞춰 완성한 것이 시왕이 아닌가 판단된다.

중국은 지역이 광대하기 때문에 사후세계의 주관자도 지역과 문화 배경의 차이 등에 따라 다양하게 존재했을 것이다. 특히 사천은 지역적인 폐쇄성에 따른 무속의 다양화와 장초부록章醮符籙을 중시한 오두미도의 영향이 존재한다는 점,[679] 또 사천이 지역적으로 티베트와 연결되며, 티베트 역시 폐쇄적인 지역의 특성상 본(Bön)교 등의 강한 주술성과 이적을 강조한다는 점에서 기원 파악에 어려움이 있는 세 시왕 중 다수는 사천이나 티베트 쪽의 사후 주관자와 관련된 정도로 추정된다.

실제로 사천의 풍도산酆都山과 관련된 사후 주관자인 풍도대제酆都大帝가 시왕을 거느린다는 주장이 존재하는 것이나[680] 시왕과 연결점이 존재한다는 점은[681] 이와 같은 판단에 타당성을 부여해 준다. 그러나 풍도대제는 사천 안에서의 독립성이 강했기 때문에 시왕의 편입은 이루어지지 않았던 것으로 판단된다.

3.
『발심인연시왕경』을 통한 시왕과 지장의 결합

『시왕경』은 석가모니와 시왕의 관계를 염라대왕을 중심으로 전개한다. 그리고 이러한 석가모니와 염라가 중심인 구조 속에서 지장보살의 역할은 뚜렷하게 드러나는 것이 없다. 그러나 같은 장천의 찬술로 전해지는 『불설지장보살발심인연시왕경』에 이르면 경의 제목에서부터 지장과 시왕의 결합 구조가 분명하게 드러나고 있어 주목된다. 즉 염라를 중심으로 하는 시왕 구조가 지장을 중심으로 하는 염라와 시왕 구조로 변모하고 있는 것이다.

현존하는 『발심인연시왕경』은 일본에서 헤이안[平安, 794~1185] 말기 혹은 가마쿠라[鎌倉, 1185~1333] 초기쯤에 개변된 것이라고 한다.[682] 그러나 일본에서 완성되기 이전의 지장과 시왕을 결합한 모종의 경전이 중국에서 개변되었을 가능성은 충분하다.

이는 총 세 가지에 의해서 판단될 수 있다. 첫째, 돈황에도 내용에 차이가 있지만 같은 제목의 경전이 존재했다는 점,[683] 둘째, 돈황의 제217굴에는 만당기인 848~907년 사이에 조성된 〈(벽화)지장여시왕도(壁畵)地藏與十王圖〉가 존재한다는 점,[684] 셋째, 돈황의 10세기 중기인 959년 자료에 〈발심인연시왕경변상도〉에 상응하는 불화들이 존재하고 있다는 점이 그것이다.[685] 즉 기록과 유물의 측면에 의해서 『발심인연시왕경』의 개변이 중국에서 선행되고 후에 일본에서도 개변된 정황을 판단해 볼 수가 있는 것이다.

그러나 중국에서 개변된 『발심인연시왕경』은 오늘날에는 전해지는 것

돈황 출토 발심인연시왕경변상도.
위-프랑스 파리 국가도서관 소장본(10세기, 오대), 아래-영국 런던 대영박물관 소장본(10세기, 오대)

이 없다. 그러므로 이에 대한 검토는 후대의 요소가 존재하는 일본의 개변본을 사용할 수밖에 없게 된다. 즉『발심인연시왕경』의 검토에는 필연적으로 불명확성의 문제가 존재하는 것이다.

지장과 시왕의 결합으로 주목되는 이른 시기의 유물은 만당의 광화光化 연간인 891~901년 사이에 조성된 사천의 자중資中 서암西岩의 제89굴에 새겨진 〈(석조)지장여시왕상(石彫)地藏與十王像〉이다. 그리고 같은 사천의 만당기인 892~907년에 면양綿陽 천불애千佛崖 제9호감에 조성된 〈(석조)지장여시왕상(石彫)地藏與十王像·지옥변상地獄變相〉이 있다.■686 이 두 이른 시기의 석조상은『시왕경』의 성립이 사천이라는 점과 더불어 지장과 시왕의 결합 역시 사천에서 시작되어 돈황 쪽으로 전파된 것이라는 판단을 가능하게 해 준다.

『시왕경』에는 지장의 등장이 매우 단편적이므로 지장을 중심으로 하는 〈시왕경변상도〉가 존재할 개연성은 없다. 이는 석가모니 중심의 〈시왕경변상도〉(책 273쪽)와 지장보살 중심의 〈발심인연시왕경변상도〉를 대비해 보면 양자의 차이가 명확하다는 점을 통해서도 쉽게 인지해 볼 수 있다.

『시왕경』의 성립이 8세기 말에서 9세기 중반이며 지장과 시왕의 결합 유물이 9세기 말부터 같은 사천에서 발견된다는 점은『시왕경』이 성립한 직후에『발심인연시왕경』의 개변이 이루어졌다는 것을 알게 한다. 이는 시왕 신앙과 지장 신앙이 별도로 성립했지만 사후와 명부라는 공통점을 통해서 빠르게 결합했다는 판단을 성립시킨다.

또 시왕과 지장의 빠른 결합은『발심인연시왕경』의 저자 역시 왜 장천으로 전해지는 것인지도 알게 해 준다. 즉『발심인연시왕경』의 개변이 빨랐기 때문에『시왕경』의 찬자가『발심인연시왕경』으로까지 연결되고 있는 것이다. 그러나 현존하는『발심인연시왕경』을 보면 이의 찬자는『시왕경』의 찬술자인 장천처럼 불교에 대한 체계가 정립되어 있지 않은 사람이 아니다. 그가 누구인지는 알 수 없지만『발심인연시왕경』을 보면 이 사람이 불교의 다양한 사상 관점에 지식이 있었던 인물이었음을 판단해 보는 것은 어렵지 않다. 이에 대한 부분은 뒤에서 상술하도록 하겠다.

지장과 시왕의 결합 유물이 9세기 말부터 존재한다는 것은 최소한 이보다 1~2세대 전에는 지장과 시왕의 결합에 따른 개변이 완료되었을 것이라는 추론을 가능하게 한다.[687] 이는 또한 9세기 초·중기에는 지장과 명부가 결합되어 있었다는 것을 가능하게 해 준다는 점에서 시사하는 바가 적지 않다.

현존하는『발심인연시왕경』은 중국에서 개변된 것이 아닌 일본불교의 것이다. 이런 점에서『발심인연시왕경』을 통한 연구 접근에는 필연적인 한계가 존재할 수밖에 없다. 그러나 이를 통해서 중국불교에도 존재하던 지장과 시왕의 연결 및 경의 전체적인 구조와 의미를 파악해 보는 정도는 충분히 가능하다고 판단된다. 즉 구체적인 것은 불가능하지만 전체적인 관점과 인식의 변화 정도를 판단해 보는 것에는 큰 문제가 없다는 말이다.

『시왕경』이 완성된 뒤 지장과 결합되는『발심인연시왕경』의 이행과 관련해서는『시왕경』의 성립이 오히려 염라의 권위를 하락시켰기 때문이라는 관점도 있어 흥미롭다.[688] 즉 염라를 중심으로『시왕경』을 확립해 염라의 위상을 높이려고 했지만, 시왕의 구조 속의 염라는 제5 대왕으로 시왕 중 하나일 뿐이 되어 위상이 추락하게 되었다는 것이다. 이로 인해 대등 관계의 시왕을 관장할 수 있는 보다 높은 불교적인 존재인 지장이 요청되고, 이로 인해 왕중왕에 의한 지장왕보살의 구조가 전개되었다는 추론이다.[689] 이는『시왕경』의 성립 직후에『발심인연시왕경』으로의 개변이 이루어지는 한 타당한 설명이 된다는 점에서 주목된다.

〈발심인연시왕경변상도〉를 보면 중앙 하단에『발심인연시왕경』에 등장하는 선동자·악동자(『시왕경』에서는 선업동자임)의 옆으로 「환혼기」의 도명과

돈황에서 출토된 〈발심인연시왕경변상도〉 부분(위)과 〈시왕경변상도〉 부분(아래).
프랑스 파리 국가도서관 소장본(10세기)

사자 두 마리가 배치되어 있는 모습이 확인된다. 이와 같은 양상은 비록 사자의 수가 다르기는 하지만 〈시왕경변상도〉에서도 살펴지는 측면이다. 즉 10세기 돈황에서는 『시왕경』 또는 『발심인연시왕경』과 지장 신앙 및 「환혼기」가 명부라는 공통점 속에서 상호 혼재되어 있었던 것이다.

1) 『발심인연시왕경』의 내용과 지장 신앙

　『발심인연시왕경』에는 각화정자재왕여래의 열반 후 상법시대에 전생의 지장보살이 지옥에 처한 어머니를 구제한다는 내용과 공불空佛(허공 붓다)에[690] 의한 인도引導 부분이 존재한다.[691] 이는 『지장경』 혹은 『지장경』과 관련된 자료의 일부를 그대로 수용한 측면이라는 점에서 주목된다. 그 이유는 이 부분이 일본에서 개변된 것이 아니라면 이는『지장경』혹은『지장경』과 관련된 자료의 선행 타당성을 변증해 볼 수 있기 때문이다. 그러나 현존하는 『발심인연시왕경』이 일본에서 개변된 것이라는 점에서 이의 명확한 판단은 성립할 수 없다.

이외에도『발심인연시왕경』에는 지장이 무불시대의 주관자라는 점도 부각되고 있는데,[692] 이는『십륜경』의 영향에 따른 지장의 권위에 대한 강조라고 할 수 있다. 즉『발심인연시왕경』안에는『시왕경』의 요소를 중심으로 기존의 지장 신앙적인 측면들이 다수 함섭合攝되어 있는 것이다.

또『발심인연시왕경』에서 전생의 지장은 죽음에 임하는 사람이 자신을 부르면 즉시 나타난다는 등의 총 14가지 서원을 발하고 있다.[693] 여기에는 지장에 의한 서원의 배에 올라타면 열반에 도달한다는 내용 등[694] 아미타나 관음 신앙의 영향을 추론해 볼 수 있는 측면도 존재한다. 그리고 이러한 서원의 결과로 허공의 붓다(空佛)에게 여섯 가지 명호의 수기를 받게 된다.[695] 전생의 지장이 서원을 발하는 것은 극락세계를 이룩하는 법장비구의 48원을 환기하며, 공불의 등장은『지장경』에서 소리에 인도되는 측면을 차용한 것으로 판단된다.[696]

공불에 의한 여섯 가지 수기는 첫째, 왼손에는 여의주를 들고 오른손으로는 설법인을 취하는 예천하지장預天賀地藏, 둘째, 왼손에는 석장을 들고 오른손으로는 여원인을 취하는 방광왕지장放光王地藏, 셋째, 왼손에는 금강당金剛幢을 들고 오른손으로는 시무외인을 취하는 금강당지장金剛幢地藏, 넷째, 왼손에는 석장을 들고 오른손으로는 인섭인引攝印을 취하는 금강비지장金剛悲地藏, 다섯째, 왼손에는 보주를 들고 오른손으로는 감로인을 취하는 금강보지장金剛寶地藏, 여섯째, 왼손에는 염마당閻魔幢을 들고 오른손으로는 성변인成辨印을 취하는 금강원지장金剛願地藏이다.[697]

이는 소위 육지장에 대한 측면인데, 이러한 육지장을 통해서 여의주와 보주의 분화 및 이와 관련된 지장 도상의 일반화를 인지해 보는 것도 일정 부분 가능하다. 또 지장의 지물 및 수인과 관련해서 언제나 왼손이 먼저 언급되고 오른손이 뒤에 따라오는 모습이 확인되는데, 이는 왼쪽을 중시하는 중국문화적인 특성이 반영된 것으로 이해된다. 즉 육지장은 지장 신앙의 확대에 따른 중국적인 도상의 확대와 구체화이며, 이의 핵심에는 지장과 명부 및 시왕과의 결합이 존재한다는 것이다.

또『발심인연시왕경』에는『시왕경』의 선업동자와 달리[698] 선동자와 악동자의 분리가 살펴진다.[699] 그리고 초강대왕과 관련해서 등장하는 우두나찰牛頭羅刹과 마두나찰馬頭羅刹이라는 지옥 옥졸에 대한 모습 등도 보다 구체화되는 것이 확인된다.[700] 이 옥졸 부분은 고려불화의 지장시왕권속도 등에서도 확인된다는 점에서 일본불교 이전의 중국적 개변의 결과로 이해된다.

〈지장시왕권속도〉 부분(일본 계조인 소장).
각각 말과 소의 얼굴을 하고 있는 지옥 옥졸의 모습

또 유식학, 즉 유가종과 관련된 측면도 목도되는데,[701] 이는 당나라 초에 현장과 규기에 의한 유가종의 풍미에 따른 영향으로 이해된다.[702] 그리고 『구사론』의 세계관에 의한 염라대왕의 위치 역시 살펴진다.[703] 즉 유가종의 영향에 의한 중국적 개변으로 판단될 수 있는 측면이다. 이를 일본불교 안에서의 개변으로 보기 어려운 것은, 일본에서는 유가종이 상대적으로 번성하지 못했기 때문이다. 그러므로 이 부분은 일본적 개변의 필연성은 크지 않다고 하겠다.

이외에도 『발심인연시왕경』에는 밀교와 관련해서 「수구다라니隨求陀羅尼」가 존재한다. 「수구다라니」는 720년 당의 낙양으로 와서 현종玄宗, 숙종肅宗, 대종代宗의 3대 황제의 관정국사灌頂國師 불공不空(705~774)의 번역이다. 내용은 일체의 죄장罪障과 악도惡道를 여의고 모든 구하는 복덕을 성취하게 한다는 것이다.[704] 이 중 파제악취破除惡趣(악도를 없애고 깨트림)의 의미가 지장의 망자 구제와 결합되는 것으로 판단된다. 이로 인해 『발심인연시왕경』에는 죽은 후손이 망자를 위해 지팡이에 매다는 것으로 '지장보살에게 보내는 편지'와 함께 「수구다라니」가 열거되고 있다.[705] 즉 지장과 「수구다라니」의 연결 및 이를 통한 명부 구제의 기원이 작동하는 것이다.

이상을 통해서 본다면 『발심인연시왕경』은 『시왕경』을 바탕으로 다양한 불교적인 요소들이 첨가되며 확장된 것임을 알 수 있다. 또 그 핵심에는 지장과 시왕의 결합이 존재하는데, 그렇다고 해서 지장이 시왕을 관장하거나 시왕의 일에 적극적으로 개입하는 모습까지는 살펴지지 않는다. 즉 '지장-구제자'와 '시왕-심판자'라는 후대까지도 유전되는 역할 분담의 구체성이 목도되는 정도이다.

이런 특징들을 고려해 본다면 『발심인연시왕경』은 장천의 저술이라기보다는 『시왕경』의 아이디어에 필요에 따른 다양한 요소들이 첨가되며 발전된 형태임을 알 수 있다. 그런데 이를 『시왕경』의 찬술자인 장천의 권위를 빌어 당위성을 강조하고 있는 것이다.

『시왕경』이라는 경전을 승려인 장천이 찬술했다는 것은 누가 봐도 문제가 있는 부분이다. 그런데 『시왕경』 유행으로 인해 『발심인연시왕경』의 개변에 이르게 되자 이번에는 장천의 권위를 빌릴 정도로 장천의 위상이 높아진 것이다. 이는 『시왕경』의 대두 이후에 『시왕경』이 얼마나 크게 유행했는지를 인지해 보도록 한다는 점에서 주목된다.

2) 『발심인연시왕경』과 고려불화의 이해

『발심인연시왕경』의 개변은 고려불화와 관련해서 지장시왕도와 지장시왕권속도의 이해를 가능하게 한다. 왜냐하면 『발심인연시왕경』을 통해서 비로소 지장은 시왕과 결합되는 명부적 타당성을 완성하기 때문이다.

또 『십륜경』을 계승한 무불시대의 주관자라는 현세적인 측면은 지장시왕도와 지장시왕권속도에도 제석천, 범천과 사천왕이 등장할 수 있는 보다 강력한 배경이 되었을 것이라는 점에서도 주목된다.

〈지장도〉 부분(삼성미술관 리움 소장). 제석천과 범천의 모습을 확인할 수 있다.

리움 소장의 〈지장도〉(혹 지장천신도)는 지장보살을 중심으로 좌우보처와 제석천, 범천 및 사천왕을 그린 불화이다. 이는 상대적으로 명부의 요소가 분명하게 드러나지 않는 호법신이 그려진 불화라고 할 수 있다.

오늘날까지도 지장 신앙과 관련해서는 '지장보살 중심의 지장전이나 명주전明珠殿'과 '시왕이 비중을 함께하는 명부전이나 시왕전' 간에 차이가 존재한다. 물론 오랜 세월의 전개 과정에서 상당 부분 습합되어 있지만 과거에는 양자의 분할이 분명했다.[706] 즉 지장 신앙의 성립 시차에 따른 측면들이 일정 부분 계승되고 있는 것이다.[707]

그러나 지장시왕도나 지장시왕권속도는 지장을 제외한 무게 중심이 제석천, 범천과 사천왕이 아닌 시왕과 명부 권속에 맞추어져 있다. 여기에 이 세계와 사후의 명부를 단절의 개념, 즉 각기 다른 세계로 본다면 명부 묘사에 이 세계적인 제석천, 범천과 사천왕이 등장하는 구조에 문제가 제기될 수도 있다. 이런 점에서 본다면 지장시왕권속도 중 제석천, 범천과 사천왕이 등

장하지 않는 일본 호토지 소장본은 주목된다고 하겠다. 비록 1점이기는 하지만, 이를 통해서 사후의 명부를 '이 세계의 연장선상으로 볼 것이냐?'와 '단절된 두 세계로 볼 것이냐?'의 관점 차이가 고려 말에 존재했다는 것을 인지해 볼 수 있기 때문이다.

일본 호토지 소장 〈지장시왕권속도〉 부분. 지장보살의 하단에 묘사된 권속들 중 제석천과 범천, 사천왕의 모습은 확인할 수 없다.

더욱이 지장시왕권속도는 일본 호토지 소장본을 제외하고 같은 초본에 입각한 일본 게조인 소장본과 치온인 소장본의 2점이 더 있을 뿐이어서 현존하는 고려불화 지장시왕권속도 중에서는 결코 적은 것은 아니라고 하겠다.

그런데 『발심인연시왕경』에서 확인되는 지장의 무불시대 주관자라는 내용은 이것이 비록 『십륜경』을 차용한 것임에도 명부 역시 이 세계의 연장선상에 존재한다는 점을 분명히 해 줄 수 있어 주목된다. 이는 지장시왕도와 지장시왕권속도에 제석천, 범천과 사천왕이 등장할 수 있는 타당성을 제공하는 측면이 되기 때문이다. 즉 『발심인연시왕경』을 통해서 무불시대의 주관자라는 『십륜경』의 현세적인 측면이 명부에서도 확정되는 부분이 발생하는 것이다.

이런 점에서 본다면 〈지장도〉(혹 지장천신도)에서 지장시왕권속도까지의 총 8점의 불화 중 단 1점에만 제석천, 범천과 사천왕이 등장하지 않는 7:1의 압도적인 비율 차이의 이유를 판단해 보는 것이 가능하다.[708] 즉 여기에는 『시왕경』을 넘어서는 『발심인연시왕경』의 이승과 저승의 통합과 문제 해소의 관점이 존재하는 것이다. 이렇게 놓고 본다면 리움 소장의 〈지장도〉 역시 고려 말이라는 성립 시기로 볼 때 시왕 등의 명부 권속이 등장하지 않는다고 하더라도 명부를 아우르는 도상이라는 판단이 가능하다.

『시왕경』이 시왕과 관련된 불교적인 원형이라는 점에서 중요함에 틀림없다. 그러나 후대에 보다 폭넓은 영향을 끼치며 고려불화 지장보살도 중 다존도와 직결되는 것은 『시왕경』보다도 『발심인연시왕경』이라고 하겠다. 왜냐하면 지장과 시왕이라는 연결을 통해서 불교적인 명계의 구원 구조가 보다 선명해졌기 때문이다. 이외에도 『발심인연시왕경』은 육지장 등을 통한 지장 도상의 특징 구성에서도 매우 중요한 의미를 확보한다고 하겠다.

제5장

고려 말 지장 신앙의 확대와
고려불화

아미타구존도의
지장보살 배치와 도상

1.
아미타구존도 속 위치와 보살형 지장

지장 신앙과 아미타불의 극락정토 신앙은 발생 면에서만 본다면 완전히 별개로 발전한 다른 신앙이다. 그러나 지장 신앙이 사후의 명부로 확대되면서 점차 극락왕생이라는 개념과 연결점이 발생하게 된다.[709]

실제로 앞서 검토한 『발심인연시왕경』을 보면 염라대왕과 관련된 항목에서 십재일을 강조하는 내용 속에 아미타불이 등장한다.[710] 또 도시대왕 부분에도 아미타불을 조성하면 지옥의 열한熱寒 고통을 면하게 된다는 측면 등이 있다.[711] 즉 직접적이진 않지만 지장과 아미타 간에 나름의 연결 구조가 발생하는 모습이 확인되는 것이다.

사실 아미타불의 극락은 죽어서 가는 사후세계가 아니다. 왜냐하면 붓다는 인간계에서만 출현할 수 있기 때문이다.[712] 즉 극락은 사바세계에서 서쪽으로 10만억 국토라는 먼 곳에 위치한 이 세계와 같은 수평 세계인 인간계일 뿐이다.[713] 이런 점에서 본다면 지장 신앙이 사후세계로 확대되더라도 두 신앙은 본질적으로는 논리적인 층위를 달리한다고 하겠다.

극락이 최고임에도 너무 거리가 멀다는 문제 때문에 극락 신앙에는 이를 보완하는 두 가지 측면이 존재한다. 첫째는 '접인내영接引來迎을 통한 즉득왕생卽得往生'이며, 둘째는 사후 극락의 '구품연지九品蓮池에 가서 태어나는 극락왕생極樂往生'이다.

『관무량수불경』의 마지막 산선散善 3관의 9품 중 상배관上輩觀(상품상생,

상품중생, 상품하생)의 내용에는 ■714 아미타불이 관음보살과 대세지보살을 대동하고 극락 권속들과 함께 연화대를 가지고 내영하는 내용이 존재한다. ■715 이는 불·보살의 힘에 의해 극락의 거리 문제가 해결된다는 점에서 극락 신앙의 확대를 위한 하나의 정당한 해법이라고 하겠다. 실제로 이와 같은 내용에 근거하여 도상화되는 고려불화가 바로 아미타(내영)독존도, 아미타(내영)삼존도, 아미타(내영)구존도와 같은 내영도들이다.

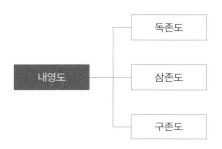

〈아미타(내영)독존도〉
(일본 쇼보지 소장)

〈아미타(내영)삼존도〉
(일본 MOA미술관 소장)

〈아미타(내영)구존도〉
(일본 도쿠가와미술관 소장)

그러나 모든 극락 신앙자에게 아미타불의 내영이 이루어지는 것은 아니다. 실제로 『관무량수불경』을 보면 상품 왕생에는 아미타불과 관음·대세지의 서방삼성西方三聖 및 극락 권속이 함께한다. 그러나 중품상생과 중품중생에는 관음·대세지가 빠지면서 내영 구조의 격이 낮아진다. 그리고 중품하생은 즉득왕생의 부각으로 방법적인 초점이 바뀌게 되며, 하품이 되면 내영의 주체가 정신正身이 아닌 화신化身의 불·보살로 변모하게 된다.[716]

또 중품중생까지는 내영을 통해서 극락에 즉득왕생하지만 중품하생부터는 내영을 통하더라도 연화화생을 해서 근기가 성숙할 때까지 연꽃에 갇혀 있어야만 한다. 『관무량수불경』에는 이 기간이 각각 중품하생은 7일, 하품상생은 49일, 하품중생은 6겁, 하품하생은 12대겁으로 되어 있다.[717] 즉 극락왕생의 방법에는 '내영에 따른 즉득왕생'과 '내영을 통하기는 하지만 다시금 연화왕생'하는 두 가지가 존재하는 것이다.

즉득왕생이 사바에서 극락으로 내영을 통해 곧장 이동하는 것이라면, 연화왕생은 극락으로 가기는 하지만 연꽃이라는 재생 공간을 거쳐야만 한다. 이는 근기가 낮은 중생을 그대로 극락에 받아 줄 수 없기 때문에 중간의 성숙 단계를 거치는 구조라고 하겠다.

그런데 연화왕생은 경전에는 나타나지 않지만 관점에 따라서는 윤회의 논리 구조 속에서 죽음을 통한 재생의 방식으로 인식되는 것도 일정 부분

일본 사이후쿠지 소장

일본 린쇼지[隣松寺] 소장(1323)

일본 치온인 소장(1323)

일본 오타카지[大高寺] 소장

일본 치온인 소장 〈관경십육관변상도〉 하단 부분. 구품연지의 묘사를 확인할 수 있다

가능하다. 현존하는 4점의 고려불화 〈관경십육관변상도〉에는 소위 구품연지로 불리는 극락의 연못이 하단과 때론 좌우에까지 상당한 비중으로 배치되어 있다. 또 이 불화 속 연꽃이 핀 상태로 앉아 있는 인물들은 가사·장삼을 수한 승려의 복색을 한 모습도 확인된다. 이는 승려의 연화왕생으로 이해할 수도 있지만 죽음을 통한 수행자로서의 재탄생 의미로도 해석될 수 있다. 극락은 여성이 없는 수행과 공부의 세계이니 이와 같은 변화도 논리적으로 충분히 가능한 측면이 존재한다.

죽음을 통해서 극락의 구품연지 연꽃 속으로 윤회 혹은 재탄생한다는 인식은 위진남북조시대에 도교에서 신선이 되는 방식으로 유행한 시해선법尸解仙法과 관련해서 ■718 중국적인 외연을 넓히게 된다. 실제로 동진시대 도사인 갈홍치천葛洪稚川(283?~343?)의 『포박자抱朴子』 「내편」에 기록된 시해선법을 보면 이것이 죽음이라는 과정을 통해 죽음을 넘어서는 장생불사長生不死의 한 방법임을 알 수 있다. ■719 즉 양자의 발생 과정은 달랐지만 '죽음을 통한 죽음의 극복'이라는 유사성으로 인해 습합이 발생하는 것이다.

시해선법이 불교에 영향을 준 측면 중 하나는 달마가 독살되어 웅이산熊耳山에 장사지낸 뒤 되살아나 파미르고원을 넘어갔다는 전승 등이다.[720] 또 여기에는 역으로 시해선법이 중국불교의 안정과 발달로 인해 사후 연화왕생이라는 측면으로 대체되면서 확대되는 부분도 존재한다. 이는 중국 정토종의 실질적인 개조인 북위시대 담란曇鸞(476~542)이 불사不死를 위해 강남에서 도사 도홍경陶弘景(452~536)을 찾아가『선경仙經』열 권을 받지만, 귀로에 낙양에서 보리유지菩提流支를 만나『관무량수불경』을 받아 극락정토신앙으로 변모한다는 내용을 통해서 일정 부분 인지해 볼 수 있다.[721]

접인내영을 통한 즉득왕생이 좋기는 하지만 이는 중품중생까지만 해당하는 방식이다. 사실『관무량수불경』의 중품중생 자격을 보면 하루만의 팔재계나 사미계 또는 구족계를 지니는 것으로 되어 있다.[722] 즉 전혀 어려운 일이 아니다.

그러나 인간의 삶에는 선업과 반대되는 악업이 있기 마련이다. 그러므로 일반 대중들의 기원은 안전장치가 존재하는 하품의 연화왕생으로 치중될 수밖에 없다. 실제로 하품에는 최고의 죄인 오역죄를[723] 필두로 하는 80억 겁의 죄악에 대한 소멸의 내용이 존재한다.[724] 이와 같은 관점이 반영된 것인지 고려불화 속의 아미타불 수인은 하품중생인을 취하는 것이 일반적이다.

그런데 연화왕생의 죽음을 통한 재탄생의 이행 과정에는 다소나마 중음에 따른 명부의 개입 여지가 존재할 수 있게 된다. 물론『관무량수불경』의 내용을 자세히 보면 연화왕생도 즉득왕생의 범주에 포함되는 것이므로 이와 같은 여지가 실제로는 존재하는 것은 아니다.[725]

그러나 일반 승려나 대중들은 이를 정확하게 분별할 수 없었고, 시해선법의 영향이나 49재와 같은 중음의 강조는 연화왕생 과정에서도 중음의 개연성을 환기시키기에 충분했다. 바로 이 부분에서 명계의 구원자인 지장과

의 연결이 가능해지게 되는 것이다. 이는 결국 명부 시왕까지의 연결을 초래하게 되는데, 이와 같은 연결 고리 역할을 하는 것이 바로 지장보살이다. 즉 '사망 → 중음의 49재를 통한 시왕의 심판과 지장의 구원 → 극락왕생'의 구조가 완성되는 것이다.[726] 이 구조는 오늘날까지 동아시아 대승불교문화권에서 유전되는 내용이다.

대승불교적인 아미타의 극락과 불교와 직접적인 관계가 적은 명부의 시왕을 하나의 코드로 연결하는 것은 중간자인 지장 신앙이 명부로 확대되지 않았다면 불가능한 일이다. 물론 아미타와 지장의 연결 구조에는 대승불교에 다양한 보살들이 존재하지만, 실질적으로 자주 거론되는 보살은 문수, 보현, 관음, 대세지의 사대 보살과 미륵, 지장 정도가 전부라는 제한적인 측면도 존재한다. 즉 『묘법연화경』에 근거하는 석가모니 팔대 보살과 달리 경전적 근거가 약한 아미타 팔대 보살에는 이들 보살이 모두 들어갈 수밖에 없는 구조라는 말이다. 이는 아미타불의 극락정토 신앙이 유행하는 확대 과정 속에서 자연스럽게 지장과의 연결 관계가 형성되고, 후에 지장 신앙의 확대와 더불어 보다 긴밀한 연결 관계가 구축될 수밖에 없었다는 것을 의미한다.

1) 아미타구존도 속 지장보살의 위치 검토

고려불화 아미타구존도는 크게 예배 존상으로서 정면을 취하는 아미타 (정면)구존도와 접인내영과 관련된 아미타(내영)구존도의 두 가지로 나누어진다. 이 중 아미타(내영)구존도는 아미타(내영)삼존도나 아미타(내영)독존도와 같이 내영도의 범주로도 묶일 수 있다. 즉 아미타(내영)구존도는 아미타구존도와 아미타내영도라는 양자에 공히 배속되는 이중적인 성격의 불화인 것이다.

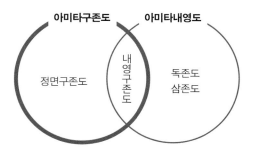

아미타불도

아미타구존도   **아미타내영도**

정면구존도   내영구존도   독존도
삼존도

    아미타구존도의 팔대 보살은 ① 관세음, ② 대세지, ③ 문수, ④ 보현, ⑤ 금강장, ⑥ 제장애, ⑦ 미륵, ⑧ 지장이다.▪727 이들 팔대 보살의 배치는 좌소우목左昭右穆의 소목론昭穆論에 의거하는데,▪728 이로 인해 미륵과 지장이 아미타불 좌우의 맨 마지막에 위치하게 된다. 즉 지장은 아미타의 앞쪽 우상에 배치되는 것이다.▪729

    두 가지 아미타구존도를 설명의 편의를 위해 아미타(내영)구존도와 아미타(정면)구존도 순으로 해서 지장보살의 위치를 표시해 보면 다음과 같다.

① 일본 도쿠가와미술관 소장본

② 일본 네즈미술관 소장본

③ 일본 게간지[桂岩寺] 소장

④ 일본 조코지[淨敎寺] 소장

① 일본 마츠오지[松尾寺] 소장

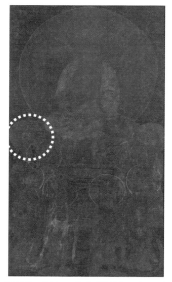

② 일본 고후쿠고코쿠겐지[廣福護國禪寺] 소장

③ 일본 도쿄예술대학 소장

④ 일본 반나지[鑁阿寺] 소장

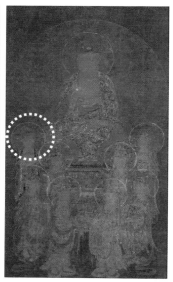

⑤ 일본 다이넨부츠지[大念佛寺] 소장

⑥ 일본 세에간지[誓願寺] 소장

⑦ 일본 야마토분카칸[大和文華館] 소장

⑧ 미국 아시안 아트 뮤지엄 소장

⑨ 미국 프리어 갤러리 소장

⑩ 국립중앙박물관 소장

아미타구존도 속 지장보살은 모두 여의주를 들고 있으며, 석장을 가진 경우는 없다. 이는 지장독존도 입상 9점이 모두 석장을 가진 것과는 차이가 있다(책 156~158쪽). 이와 같은 양상은 아미타구존도라는 다존도 안에서 면적을 많이 차지하는 석장이 전체적인 도상의 균형을 무너트릴 수 있다는 판단 때문으로 추정된다.

아미타구존도의 지장보살 위치는 일본의 도쿄예술대학 소장본만 우하右下에 위치하고, 나머지는 모두 우상임을 알 수 있다. 여기에는 우상右上 안쪽과 바깥쪽에 차이가 있기는 하지만 이는 배치에 따른 관점의 문제 정도이므로 큰 의미는 없다.

이상을 통해서 관음과 대세지라는 좌우보처를 제외하고는 소목론에 입각해 예배자 쪽을 전면으로 팔대 보살의 배치가 이루어진 것을 알 수 있다. 이렇기 때문에 팔대 보살에서 맨 마지막인 지장이 본존인 아미타와 가장 가까운 우상에 배치되는 것이다.

앞서 이야기한대로 팔대 보살의 배치에 있어서 유일한 예외는 일본 도쿄예술대학 소장본이다. 이 불화에서 지장은 우하의 안쪽에 위치하고 있다. 이 때문에 지장이 아미타불의 우보처와 같이 크게 부각되는 모습이 확인된다. 그러나 이는 관음·대세지가 안쪽에 위치한다는 점에서, 예배자 시각 중심이 아닌 아미타불의 입장에서의 재배치를 시도하는 과정에 팔대 보살의 마지막인 지장의 위치가 맨 앞으로 도출된 것일 뿐이다.

그렇지만 이와 같은 배치 조정을 통해 지장이 크게 두드러지고 있다는 점만은 주목되는 측면이라고 하겠다. 왜냐하면 이와 같은 구도 변화에는 아미타의 극락정토 신앙과 지장 신앙의 결합으로 인한 지장의 약진으로 해석할 여지가 일부나마 존재할 수 있기 때문이다.

실제로 아미타와 관련된 지장보살의 위치 상승으로 인해 대세지 대신 아미타불의 우보처에 배치되는 고려불화가 2점 존재한다. 이는 한국 개인 소장의 〈아미타(정면)삼존도〉와 ■730 삼성미술관 리움 소장의 〈아미타(내영) 삼존도〉이다(책 342쪽). 그리고 이외에 미국 메트로폴리탄 뮤지엄 소장의 〈아미타·지장병립도〉 역시 이와 같은 연장선상에서 주목해 볼 수 있는 불화이다(책 344쪽).

이런 점에서 본다면 일본 도쿄예술대학 소장의 〈아미타(정면)구존도〉를 아미타 신앙 안에서 지장보살의 위치 상승과 관련된 과도기적 측면으로 해석할 여지도 일정 부분 존재한다. 즉 일본 도쿄예술대학 소장본에서 확인되는 팔대 보살의 재배치에는 지장 신앙의 확대와 관련된 해석의 여지가 일부이지만 존재하는 것이다.

〈아미타(정면)삼존도〉(한국 개인 소장). 지장 신앙의 확대를 인지할 수 있는 고려불화 가운데 하나이다.

2) 보살형 지장보살의 특징과 등장 배경

아미타(내영)구존도 4점 중 가장 주목되는 측면은 ③ 일본 게간지[桂岩寺]와 ④ 일본 조코지[淨教寺] 소장의 지장보살 묘사가 삭발이나 피건을 쓴 성문형이 아닌 보살형이라는 점이다. 보살형 지장보살의 존재는 두 가지로 이해될 수 있다. 첫째는 지장보살의 도상적 기준이 완전히 통일되기 이전의 과도기적 유풍이라는 판단, 둘째는 송나라 1094~1098년의 일로 기록되어 있는 「지장경문변상도기地藏經文變相圖記」의 영향에 의한 후대의 변화라는 판단이다.

먼저 첫째의 판단이 가능한 것은 7세기 중반부터 8세기 초까지의 지장보살 조상에 보살형의 비율이 압도적이라는 점 때문이다.[731] 실제로 중국에서는 성문형이 유행한 이후에도 보살형의 독존 도상 역시 일부 확인된다.[732] 그러나 한반도에는 크게 이렇다 할 측면이 존재하지 않는다.

돈황 출토 보살형 지장보살도

영국 런던 대영박물관 소장(10세기)　　　　　　프랑스 파리 국가박물관 소장(10세기)

보살형 지장보살과 관련해서 주목되는 문헌은 716년 당나라로 오는 선무외善無畏(637~735)의 『지장보살의궤』의 번역이다. 여기에는 지장보살이 '성문의 형상으로 가사를 착용했음에도 불구하고 보관을 착용한다'고 기록되어 있기 때문이다. 이의 해당 기록을 제시해 보면 다음과 같다.

다음으로 (지장보살의) 화상법畫像法을 말해 보겠다. "성문의 형상을 하고 가사를 왼쪽 어깨를 덮도록 착용한다(편단우견의 의미). 왼손에는 활짝 핀 꽃을 가졌고, 오른손은 시무외인을 하고서 연화좌에 앉은 모습을 취한다. 또 앉은 보살(大士: 보살)상의 **머리에는 천관天冠을 착용하고, (몸에는) 가사를 착용한다.** 왼손에는 연꽃을 가지고 오른손은 앞서와 같이 하며, 구품연대(연화좌)에 편안히 앉아 있다."▪733

지장보살이 **머리에 '영락으로 장식된 관'을 착용하고 있다**는 내용은 『팔대보살만다라경』에서도 확인된다.▪734 그러나 이 기록에는 다른 구체적인 모습은 나타나는 것이 없다.

『지장보살의궤』의 지장보살 모습이 성문의 형상에 가사를 착용한 상태에서 천관을 쓴다는 것은 불교 도상의 통일성 관점에서 문제가 제기될 수 있다. 특히 승려는 사미십계沙彌十戒에서부터 '불착금은전보不捉金銀錢寶'가 존재한다는 점에서 더욱 그렇다.▪735 그러나 대승불교에서의 성문은 초기불교나 부파불교의 성문이 아닌 보살성문(보살비구)이다. 그러므로 영락 등의 착용도 가능하다. 이와 같은 연장선상에서 권위 확보와 밀교 도상에서의 전체적인 상호 반향과 조화 등을 고려한 측면에 의해 천관이 제시되는 것이 아닌가 한다.

그런데 고려불화의 보살형 지장은 단순히 가사에 천관을 착용한 모습이라기보다는 보의寶依에 천관을 착용한 완연한 보살형이라는 점에서 주목된다.『지장보살의궤』와는 또 다른 관점이 목도되는 것이다. 바로 이 부분에서 주목되는 문헌이 둘째의「지장경문변상도기」이다. 왜냐하면 이 문헌에는 송나라 제7대 철종의 두 번째 연호인 소성紹聖 연간(1094~1098)의 일로 '지장보살이 보의와 천관을 착용한 모습'이라고 적시되어 있기 때문이다. 이의 해당 기록을 제시해 보면 다음과 같다.

「지장경문변상도기」

소성 연간에 (지장)보살상과 경문의 변상도를 구하여 공인工人에게 그림 그리기를 명하였다. … 운운 … **세상에 불佛**(여기서는 지장보살을 가리킴)**을 알지 못하는 이들은 방포方袍**(가사)**에 원정圓頂**(삭발)**의 (모습으로) 보살상을 만든다. … (그러나) 지장보살은 실제로 보의와 천관을 착용한 모습이다.**[736]

이 기록이 주목되는 점은 성문형이 일반화된 이후 시기, 오히려 이에 대한 비판으로 보살형이 재등장하기 때문이다. 실제로 고려불화 아미타(내영) 구존도 중 ③ 일본 게간지 소장본과 ④ 일본 조코지 소장본에 등장하는 보살형 지장은 모두 보관(혹 천관)형일 뿐만 아니라, 가사가 아닌 사라로 장엄된 보의를 걸친 모습이 확인된다. 즉「지장경문변상도기」의 영향 관계가 인지되는 것이다.

현존하는 고려불화의 조성 시기나 도상적인 표현을 고려해 본다면, 보살형 지장의 묘사는 첫째의 고식古式을 계승한 것이라기보다는「지장경문변상도기」의 영향이 더 크게 인지된다고 하겠다.

이들 도상이 보살형임에도 지장보살이라는 판단이 가능한 것은 1차적으로 '아미타 팔대 보살 안에서의 위치'와 이 도상이 '손에 투명한 여의주'를 들고 있기 때문이다. 그러나 이 중 ③ 일본 게간지 소장본은 박락이 심하여

〈아미타(내영)구존도〉 속의 보살형 지장보살 부분. 좌—일본 게간지 소장본, 우—일본 조코지 소장본

정확한 판단에는 어려움이 있다. 그렇지만 현존하는 위쪽의 남은 부분을 ④ 일본 조코지의 보살형 도상과 대비해 보면 보살형임을 유추해 보는 것은 그리 어렵지 않다.

　　그렇다면 보살형 지장을 결정하는 또 다른 판단 기준은 존재하지 않는가? 이와 관련해서 주목되는 불화가 바로 ⑩ 국립중앙박물관 소장의 1307년 작인 〈노영 필 아미타여래구존도〉이다. 〈노영 필 아미타여래구존도〉의 지장보살 부분을 보면 흥미롭게도 삭발한 모습을 하고 있음에도 머리 위로 간단한 보관과 같은 장식이 있고 그 안에 화불의 존재가 확인된다.

　　이 불화의 특징적인 묘사와 관련해서는 두 가지의 판단이 가능하다. 첫째는 삭발한 상태에서 보관을 착용하고 있다는 점에서 전술한『지장보살의궤』등에 따른 도상이라는 판단이다. 둘째는 성문형과 보살형의 중간 단계 표현이라는 인식이다.

이와 같은 양자를 구분할 수 있는 근거는 지장보살의 '의복이 가사냐? 보의냐?'에 있다. 그러나 도상의 표현이 송대에 유행한 과장된 구불구불한 금선화로 되어 있어[737] 지장보살 도상만으로는 뚜렷한 판단이 용이하지 않다.

그런데 이 불화는 반대쪽의 〈노영 필 고려 태조 담무갈보살 예배도〉 하단에 지장보살의 독존 표현이 있다는 점에서 이를 통한 양자의 대비가 가능하다. 이렇게 대비해 보면 가슴의 승기지 표현 등에서 양 도상이 일치하지 않는 것을 알 수 있다.

〈노영 필 아미타여래구존도〉 속 지장보살의 의복 구조는 〈노영 필 고려 태조 담무갈보살 예배도〉 하단의 지장보살보다는 반대편 대칭 구조 속의 도상(대칭 구도상 미륵으로 판단됨)과 높은 유사도를 보이는 것이 확인된다. 이런 점에서 본다면 〈노영 필 아미타여래구존도〉 속 지장은 '보의에 천관을 쓰고 있

〈노영 필 고려 태조 담무갈보살 예배도〉 지장보살 부분

〈노영 필 아미타여래구존도〉 부분. 중단의 네 보살 중 양 끝에 지장보살과 미륵으로 보이는 보살이 배치되어 있다.

다'고 보는 것이 더 타당하다. 즉 한 작가(금어)의 양면 지장보살의 의복 형태가 통일되지 못하고 다른 방식을 취하고 있는 것이다. 이는 노영이 양면의 지장보살 표현에 있어서 서로 다른 관점에 입각한 방식을 취하고 있다는 것을 의미한다.

〈노영 필 아미타여래구존도〉 속의 미륵 도상이 가사를 수하고 있을 개연성은 존재하지 않는다. 이런 점에서 본다면 〈노영 필 아미타여래구존도〉 속 지장보살은 『지장보살의궤』 등에 전적으로 따른 도상이라기보다는 「지장경문변상도기」의 영향에 의해 변형된 것임을 알 수 있다. 또 완전한 보살형이 아닌 삭발의 표현은 이 불화가 성문형 지장과 ③ 일본 게간지 소장본과 ④ 일본 조코지 소장본에서 확인되는 보살형 지장의 이중적인 성격을 띤다는 판단을 가능하게 한다. 즉 성문형과 보살형의 연결 고리를 확보해 주는 매우 중요한 의미의 불화인 셈이다.

그렇다면 노영이 〈노영 필 고려 태조 담무갈보살 예배도〉 하단에서 성문형의 지장보살을 묘사했음에도 이와 같은 작품 내적인 통일성 부족을 드러내는 이유는 무엇일까? 그것은 〈노영 필 아미타여래구존도〉의 전체적인 구도 속에서의 통일성을 보다 강조하기 때문이 아닌가 판단된다. 이는 대칭점에 있는 보살 표현 및 의복과 수인의 유사성이 매우 높게 나타난다는 점, 또 삭발형 지장은 머리와 보관이 없어 두광 안쪽에 공백이 많이 발생하므로 이를 보완하기 위해 천관을 씌운 묘사를 한 정도로 이해될 수 있다. 즉 노영은 앞면과 뒷면이라는 작품의 전체적인 통일성보다는 〈노영 필 아미타여래구존도〉라는 부분적인 작품의 내적인 통일성과 완결성에 보다 높은 무게 비중을 부여하고 있는 것이다.

아미타구존도의 삭발형 지장 표현에서 공백이 발생하는 문제는 노영만이 봉착한 문제일 수는 없다. 다만 〈노영 필 아미타여래구존도〉는 견본絹本 위의 화려한 채색화가 아닌 옻칠을 바탕으로 한 금선화이다. 이런 점에서 빈 공간의 노출이 보다 부각될 수밖에 없다. 이 때문에 다소 무리한 듯 보이는 도상적 습합과 변형을 통해 나름의 해법을 제시하고 있는 것이 아닌가 추정된다.

지장보살이 보살형을 취하고 있는 ③ 일본 게간지 소장본과 ④ 일본 조코지 소장본 역시 〈노영 필 아미타여래구존도〉와 마찬가지로 화불을 모시고 있는 도상적 특징이 확인된다. 즉 고려불화 아미타(내영)구존도 속 지장보살의 보살형과 관련해서 목도되는 가장 큰 특징은 보관에 관세음보살과 마찬가지로 화불이 표현된다는 점이다. 이러한 세 불화를 대비해 보면 ③ 일본 게간지 소장본과 ④ 일본 조코지 소장본의 지장보살 위치에 있는 보살이 보살형 지장보살이라는 점을 보다 분명하게 인지할 수 있다.

왜 하필 보살형 지장보살에 화불이 존재하는지와 관련해서는 다음 세 가지의 추론이 가능하다. 첫째는 관음과 지장의 병립도가 존재하는 것과 관련하여 이를 관음의 영향으로 이해할 수 있다는 점, 둘째는 내용적으로 이 화불을 『지장경』의 각화정자재왕여래로 판단해 볼 수 있다는 점이다.■738 고려불화 지장보살도에서는 특별히 목도되지 않지만, 후대의 불화와 지장보살상에는 석장에 화불이 등장하는 경우가 있는데, 이를 각화정자재왕여래로 이해하는 것이 일반적이기 때문이다. 물론 이를 고려불화로까지 소급할 수 있는지, 또는 양자의 명확한 영향 관계가 존재하는지에 대해서는 현재 분명한 판단이 불가능하다. 셋째는 지장보살이 무불시대의 주관자라는 점에서 석가모니를 화불로 모셨을 개연성이다. 관세음보살이 아미타불을 화불로 모시는 방식에서 판단해 보면, 이와 유사한 관점으로 대두될 수 있는 것이 지장과 석가모니의 관계이기 때문이다.

보살형 지장의 화불과 관련해서는 이와 같은 총 세 가지의 추론이 가능하지만 이 중 한 가지를 특정할만한 뚜렷한 근거는 없다. 즉 명확한 판단은 현재로서는 불가능한 셈이다.

그럼에도 분명한 것은 노영이 불화를 그리던 1307년에는 보살형이 공존하는 가운데 성문형이 우세했다는 점이다. 이는 〈노영 필 고려 태조 담무갈보살 예배도〉 하단에 노영이 성문형의 지장을 표현하고 있다는 점, 또 이 지장보살의 옆에 노영 자신의 지장에 대한 예배 모습이 묘사되어 있다는 점을 통해서 판단해 볼 수가 있다.

끝으로 지장의 성문형과 보살형의 이중 표현과 관련해서 주목될 수 있는 측면 중 하나는 지장은 문수, 미륵과 더불어 출가보살이라는 점이다. 문수는 출가보살이므로 "문수사리법왕자文殊師利法王子"로도 불린다. 여기에서 법왕자法王子란, '법왕', 즉 '붓다의 아들'이라는 의미로 출가자를 지칭한다. 그런데 그럼에도 문수는 일계문수一髻文殊, 오계문수五髻文殊, 팔계문수八髻文殊 등의 재가적인 상투와 연관되며, 출가한 성문형으로 묘사되는 경우는 찾아보기 어렵다.

또 미륵 역시 출가자의 상징인 군지軍持(kuṇḍkā), 즉 정병淨瓶을 지물로 가지며, 내용적인 기원 역시 아일다阿逸多(Ajita)라는 석가모니의 출가 제자라는 점,[739] 또 바라나시 녹야원에서 붓다에게 수기를 받으며,[740] 대애도大

愛道(Mahābrajātatī)가 마하가섭을 통해 붓다에게 올린 금란가사金襴袈裟가 미륵에게 상속된다는 점 [741] 등의 기록으로 미륵이 출가보살임을 분명히 하고 있다.

그러나 미륵은 도솔천 내원궁內院宮에서는 출가인의 모습이 아닌 재가인 혹은 재가보살의 형상을 하고 있다. [742] 이는 석가모니 역시 강림 전의 도솔천에 있을 때 재가의 호명보살護明菩薩이었음을 통해서 분명해진다. [743] 즉 미륵은 전생과 성불 시에는 출가인 혹은 출가를 배경으로 하지만, 현재는 재가인이며 이로써 재가보살적인 측면이 존재하는 것이다.

이렇게 놓고 본다면 도상에 있어서 출가보살의 가장 큰 특징을 보이는 것은 성문형이 뚜렷한 지장보살뿐이다. 이와 같은 지장 도상의 고립성이 대승보살 안의 출가보살인 보살성문이라는 다소 느슨한 이중 구조 속에서 보살형의 지장보살로도 표현될 수 있도록 하는 것이 아닌가 한다. 즉 소승불교(부파)의 출가주의 성문聲聞 전통을 극복하고자 기원 전후에 흥기한 대승불교, 그러나 이러한 대승불교에는 재가주의적인 측면이 강했으므로 출가보살 역시 재가적인 속성을 일정 부분 내포하게 된다는 말이다. 즉 보살성문이라는 이중성에서 보살에 무게 중심이 찍히는 것도 대승의 논리 구조 안에서는 큰 문제가 없다.

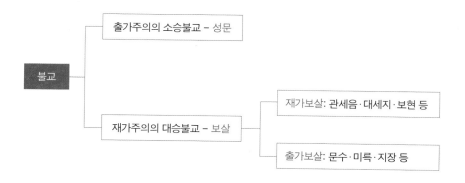

2.
아미타내영도 속 지장보살 등장과 의미

대승불교는 소승(부파)불교의 이상인격理想人格인 아라한 주의를 부정하고 기원 전후에 새로운 불교 운동으로 대두한다. 이의 핵심에는 고답적이며 난해한 소승에 대한 비판과 실천적이며 적극적인 구제자로서 보살을 대두하여 이상인격을 대체하는 측면이 존재한다.

여기에 대승에서는 석가모니 이외에도 다양한 시간(他時佛)과 공간대(他方佛)에 걸친 많은 붓다(다불사상)를 제시한다. 또 이들 붓다와 관련해서도 다수의 보살이 등장하게 된다. 즉 다양한 붓다와 보살이라는 다원적인 대승의 성취(깨달음)와 구원 구조가 나타나는 것이다.

불교의 동아시아 전래 이후 가장 강력한 현세 보살 신앙의 대변자는 보타락가산을 주처로 하는 관세음보살이다.[744] 또 대승의 이상세계와 관련해서 가장 크게 부각되는 대상은 서북인도를 기원으로 하는 극락의 아미타 신앙이다. 이후 관음 신앙과 아미타 신앙은 서로 결합하는데, 이로 인해 전파 지역인 동아시아 대승불교에서 이들 신앙은 강력한 주류를 형성하게 된다.

그런데 동아시아의 조상 숭배 문화를 배경으로 7세기 말에서 8세기 초에 지장과 명부의 결합이 이루어지고, 이후 시왕 신앙까지 결부되면서 지장 신앙은 비약적으로 확대된다. 이러한 상황은 송나라 때 신유학이 정리되고, 이후 성리학으로 완성되어 한반도에 영향을 끼치는 상황 속에서 더욱 강력해진다.

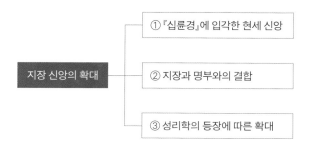

한국불교 안에 존재하는 지장 신앙과 관련된 전각은 지장전, 명부전, 시왕전 등이 있다. 또 불화로는 1차적인 지장 중심으로 '지장보살도'와 '지장시왕도', 2차적인 연결 구조로는 '시왕도'와 '삼장보살도三藏菩薩圖', 그리고 3차적인 부분적 등장으로는 '감로도'나 '반야용선도' 등이 있다.[745] 이외에도 지장 신앙과 관련된 불화로는 현왕도나 사자도使者圖 등이 더 있다. 이는 대승불교의 단일 신앙으로는 가장 많은 종류의 다양성을 가지는 것이 지장임을 분명히 해 준다.

고려 말부터 시작되는 성리학의 유행과 이에 의한 지장 신앙의 확대는 그 이전부터 존재하던 아미타 신앙과의 연결을 더욱 강화시킨다. 특히 이러한 변화가 지장 신앙의 확대에 의한 것이라는 점은 지장이 아미타 신앙 안에서 보다 강력한 모습을 보일 수 있다는 것을 의미한다. 즉 아미타 신앙 구조 안에서 지장 신앙의 약진이 목도되며, 이러한 모습이 고려불화 지장보살도에서 확인되는 것이다.

1) 고려 말 성리학의 수용과 지장 신앙의 확대

동아시아 불교에는 석가모니의 탄생(음 4월 8일)·출가(음 2월 8일)·성도(음 12월 8일)·열반(음 2월 15일)과 관련된 사대 명절이 존재한다. 그러나 탄생과 관련된 부처님오신날만 불탄절佛誕節이나 석탄절釋誕節로 불리며, '절節',

즉 명절로 편입될 뿐 성도재일, 출가재일, 열반재일은 재일齋日이라는 '일日'의 요소가 강하다. 물론 성도재일은 상황에 따라서 '성도절成道節'이라는 용어가 사용되기도 한다. 이는 성도가 사대 명절 중 두 번째로 중요하며, 재일에서 절로 넘어가는 과도기적인 측면이 존재했다는 것을 인지해 볼 수 있도록 한다.

그런데 흥미로운 것은 불교의 오대 명절에 포함되는 우란분절盂蘭盆節(Ullambana)은 '節절'이 일반적인 명칭이라는 점이다. 앞선 사대 명절이 붓다의 일생에서 가장 중요한 의미를 내포하는 것과 달리 우란분절은 조상 천도가 중심이다. 이런 점에서 사대 명절과 우란분절은 같은 불교의 명절이지만 논리적인 층위를 완전히 달리한다. 그럼에도 불구하고 우란분절은 명확한 명절의 의미인 '節절'을 확보하고 있는 것이다.[746]

이와 같은 특이한 측면이 가능한 것은 은나라의 제19대 제帝인 반경般庚 때 확립되는 조상 숭배, 즉 매니즘manism에 따른 중국불교적 특징 때문이다.[747] 이런 점에서 본다면 동아시아 보살 신앙의 중심에는 조상 숭배 및 천도문화와 관련된 지장보살이 존재한다고 해도 과언이 아니다. 그리고 여기에는 불교를 타고 전래한 인도문화 속의 효라는 측면 역시 한 역할을 하였다고 하겠다.[748]

주지하다시피 성리학의 한반도 수용에 따른 사상계의 변화는 고려 말에 발생한다. 남송의 주희는 송나라가 요와 금에 밀려 강남에서 무기력한 모습을 보이는 것을 이민족과 불교라는 외래 종교 때문으로 판단했다.[749] 이는 문제의 초점을 외부로 돌리는 전형적인 패배자의 방어 기제이다. 실제로 이와 같은 남송의 문제 있는 현실 인식과 태도는 이후 원나라에 의해 남송이 멸망하는 한 이유가 된다.

주희는 초기에는 과거 시험을 보러 갈 때 북송 대혜 종고大慧宗杲의 『대혜어록大慧語錄』을 가지고 갔을 정도로 당시 불교의 주류였었던 선불교에

매료되었던 인물이다.[750] 이러한 선불교에 대한 나름의 이해는 훗날 주희로 하여금 불교를 더욱 강력하게 비판하도록 하는 한 원인이 된다. 이러한 주희의 불교 비판은 앞서 언급한『주자어류』권126의「석씨」를 필두로,[751] 그가 주석한 유교 전적들에 다양하게 배치되어 있다.

주희는 당대에 정치적으로 괄목할만한 성취를 보인 인물이 아니다.[752] 이로 인해 후학 양성과 과거시험의 교재와 관련된 주석서인『사서집주四書集註』등의 찬술에 주력한다. 이러한 주희의 주석 작업 속에 벽이단闢異端의 강조와 불교에 대한 비판적 관점이 투영되어 있는 것은 당연하다.

주희의 불교 비판 핵심 대상은 교종보다는 선종이다.[753] 이는 두 가지 이유 때문이다. 첫째는 당나라 말 무종武宗의 회창법란會昌法難(845.8~846.4)으로 인해 교종이 붕괴되고, 북송 이래로는 선종이 주류를 형성하고 있었다는 점이다. 둘째는 교종이 객관유심주의라면 선종은 주관유심주의로, 유교의 핵심인 윤리의 가설 영역이 선종에서 더욱 성립되기 어렵다는 점 때문이다.

주희의 과거 시험 교재에 대한 주석은 유교적인 과거 시험이 존재하는 한 주희의 학문이 무너지기 어려운 구조를 형성한다. 또 이는 동시에 주희의 주석서로 공부하는 이들로 하여금 배불排佛 인식을 확고하게 하는 지속적인 작용을 하게 된다.

이러한 주희의 학문을 집대성자集大成者인 주희, 즉 주자朱子를 따서 '주자학'이라고 한다. 또 주자학의 철학적인 핵심은 북송오자北宋五子(주돈이, 정호, 정이, 장재, 소옹) 또는 송조육현宋朝六賢(북송오자, 사마광)의 학문을 바탕으로 정이程頤(伊川, 1033~1107)의 이학理學을 주로 계승한다. 이 때문에 이를 내용적으로는 인간의 심성론心性論과 우주의 보편 원리인 이理와의 관계를 중심으로 한다고 해서 '성리학性理學(理學)'이라고 한다.[754]

이 성리학이 앞서 언급한 바와 같이 원 간섭기에 안향(1243~1306)에 의해 고려로 수용된다. 안향은 1289년 음력 12월에 제25대 충렬왕(재위

1274~1308)과 함께 원나라로 가서 4개월간 머물게 된다. 이때 성리학을 공문孔門의 정통으로 판단하고 귀국 때인 1290년 음력 3월 이를 고려에 도입한다. 안향은 자신의 방에 주희의 초상화를 걸어두고, 주희의 호인 회암晦庵을 본받아 자신의 호 역시 회헌晦軒으로 고친다. 이는 안향이 주희에게 얼마나 경도된 인물인지를 알게 해 준다.∎755

성리학은 안향의 제자인 백이정(1247~1323)에 의해 실질적인 영향력을 가지는 학문으로 확대된다. 백이정 역시 1298년 제26대 충선왕(재위 1308~1313)과 함께 원나라로 들어가게 되는데, 그는 이후 만 10년간 원에 머문다. 이후 1308년 고려로 귀국할 때 주희의 『주자가례』 등의 문헌을 가지고 귀국한다.∎756

성리학의 도입기에 백이정이 중요한 이유는 그가 귀국 후 후진 양성에 많은 힘을 기울였기 때문이다. 백이정의 문하에 익제益齋 이제현李齊賢(1287~1367)을 필두로 이곡李穀(1298~1351), 백문보白文寶(1303~1374) 등 많은 문인이 배출되는데, 이 중 이제현의 학통이 목은牧隱 이색李穡(1328~1396)에게 전해진다.

이색의 학문은 다시금 야은冶隱 길재吉再(1353~1419)와 포은圃隱 정몽주鄭夢周(1337~1392), 그리고 삼봉三峯 정도전鄭道傳(1342~1398)과 양촌陽村 권근權近(1352~1409) 등에게 영향을 미친다. 즉 고려 말 신진사대부의 확대와 조선의 개국 집단으로까지 연결되는 것이다.

고려 말의 신진사대부 세력은 신돈辛旽(?~1371)의 개혁 정치 과정에서 비대해진 불교를 견제하는 정책 과정에서 확대된다.∎757 이로 인해 제31대 공민왕恭愍王(재위 1351~1374) 말년과 제32대 우왕禑王(재위 1374~1388) 때가 되면 이미 불교계가 감당하기 어려운 정도로까지 성장한다. 이를 단적으로 보여 주는 사건이 1371년(공민왕 20) 음력 8월 26일 공민왕에 의해 왕사로 책봉되어, 이후 고려불교를 주도한 나옹 혜근懶翁惠勤(1320~1376)의 탄핵 사건이다.

사굴산문閣崛山門의 나옹은 공민왕 집권 초기의 태고 보우太古普愚(1301~
1382)와 중기의 신돈에 의한 설산 천희雪山千熙(1307~1382)에 이은 말기를 대
표하는 고승이다.[758] 나옹은 1374년 음력 9월 22일, 공민왕이 자제위子弟衛
에 의해 홍서되고 우왕이 등장하는 정계 개편 과정에서[759] 구 세력으로 몰려
1차적인 타격을 입게 된다.

공민왕 재위기의 불교계 주도자

	승려	기간	장소
1기	태고 보우	1356. 4~1367. 5	광명사의 원융부
2기	설산 천희 – 신돈	1367. 5~1371. 8	승록사
3기	나옹 혜근	1371. 8~1374. 9. 22 (공민왕 홍서)	미정(혹 광명사)

그런데 우왕 2년인 1376년, 나옹은 양주 회암사를 262칸으로 수조修造
한 것과 관련해 이곳을 찾는 사람들이 인산인해를 이룬다는 것이 발단이 되
어 대간臺官(司憲府)과 도당都堂의[760] 탄핵을 받게 된다.[761] 불교국가인 고려
에서 아무리 정계 개편의 과도기라 하더라도, 당시 불교계의 실질적인 최고
인물인 왕사를, 그것도 '회암사에 사람이 많이 온다.'는 석연치 않은 이유로
대간과 도당이 탄핵한 것이다.[762] 이 탄핵으로 인해 나옹은 1376년 밀성(현
밀양) 영원사瑩源寺로 가는 도중 음력 5월 15일 여주 신륵사神勒寺에서 돌연
입적하게 된다.[763]

그런데 나옹의 입적과 관련해서 『세종실록』권85와 『동문선東文選』권
56에는 '유생儒生의 개입으로 나옹이 죽게 되었다.'는 기록이 있어 주목된
다.[764] 이러한 기록과 당시의 정황 등을 고려하여 허흥식과 종범宗梵은 나옹

의 독살설을 제기하고 있으며,[765] 최병헌은 타살설까지 주장하고 있는 상황이다.[766] 이들의 주장은 정황에 따른 것으로 이와 관련된 명확한 자료는 존재하지 않는다. 그러므로 이들 주장을 그대로 수용할 수는 없다. 그러나 당시 불교계의 최고 고승인 나옹을 탄핵해서 물리치고, 또 조선의 개국 이후이기는 하지만 나옹을 죽였다는 주장이 공공연히 나올 정도로 고려 말의 신진사대부 세력은 크게 성장해 있었던 것이다.

고려 말 성리학의 성장은 필연적으로 유교적인 조상 숭배의 강화와 확대를 동반하게 된다. 바로 이에 대한 불교적인 반향과 대응이 바로 지장 신앙의 확대와 강조이다. 물론 성리학의 전래 이전에도 동아시아는 유교적 전통에 입각해서 조상 숭배가 큰 비중을 차지하고 있었다. 그런데 이러한 유교의 조상 숭배가 성리학이 되면서 더욱더 강력해지는 것이다. 이는 백이정이 1308년 고려로 귀국할 때『주자가례』를 가지고 왔다는 측면과 연계해서 단적인 시사가 가능하다. 이후『주자가례』는 조선에 이르면 예법을 규정하는 최고의 보편성을 확보하는 성전聖典과 같은 역할을 하게 된다.[767]

2) 고려 말 지장 신앙의 확대와 고려불화

고려 말 사상계의 변화와 더불어 지장 신앙의 확대를 인지해 볼 수 있는 고려불화가 바로 한국 개인 소장의 〈아미타(정면)삼존도〉와 삼성미술관 리움 소장의 국보 제218호인 〈아미타(내영)삼존도〉이다. 두 아미타삼존도는 모두 지장보살이 우보처인 대세지보살의 자리에 위치하고 주목된다.[768] 즉 관세음보살을 넘어설 정도는 아니지만 대세지와 위치를 바꿀 정도의 비약적인 약진이 목도되는 것이다. 이는 앞서 검토한 바 있는 '아미타-극락'과 '지장-명부'의 습합이 보다 견고해졌다는 것을 의미한다.[769]

서방삼성에서 대세지를 대신해 지장이 들어가는 가장 이른 예는 앞서

〈아미타(정면)삼존도〉(한국 개인 소장)　　　　〈아미타(내영)삼존도〉(삼성미술관 리움 소장)

언급한 675년 용문석굴 보태동普泰洞의 석조삼존이다.■⁷⁷⁰ 이와 같은 삼존
형태는 돈황이나 대족에서도 확인된다.■⁷⁷¹ 또 돈황 문서 중에 '대중이 모두
함께하는 열 번의 염불(大衆爲稱十念)'에 '아미타가 3회, 관세음이 3회, 대세지
가 3회, 지장이 1회로 되어 있다'는 점,■⁷⁷² 그리고 당 말 이전에 중국에서 찬
술된 『지장보살경』에 '지장보살상을 조성하거나 그리거나 칭명염불하면, 서
방극락세계에 왕생한다.'는 노골적인 구절이 적시되어 있다는 점■⁷⁷³ 등은 아

342

미타 신앙과 지장 신앙의 결합이 중국불교에서 일찍부터 추진되어 전개된 상황을 잘 알게 해 준다. 참고로 『지장보살경』 또한 당 말에서 송 초의 돈황 본만 29종이나 존재하고 있는 상당히 유행한 단편의 경전이다.[774]

고려불화의 서방삼성에 지장이 편입되는 것도 기본적으로는 이와 같은 흐름의 연장선상에 존재한다. 다만 이것이 더욱 촉발되는 이유에 고려 말의 성리학적인 측면이 작용하고 있다는 말이다.

현존하는 고려불화 중 아미타삼존도와 아미타오존도, 그리고 아미타 (내영)삼존도를 합한 숫자는 약 22점 정도이다.[775] 이렇게 놓고 본다면 2점 에 지장보살이 들어가 있는 것도 비율상으로는 그리 낮은 수치가 아니다. 더욱이 2점 중에 〈아미타(내영)삼존도〉가 포함되어 있는 것은 더욱 주목된다. 왜냐하면 이는 지장 신앙의 확대가 『관무량수불경』에 근거한 일종의 변상도 적인 의미의 내영도마저 변화시키는 것으로 이해될 수 있기 때문이다.

지장이 포함되는 〈아미타(정면)삼존도〉 역시 문제가 없는 것은 아니다. 그러나 '아미타-극락'과 '지장-명부'의 습합 등의 관점을 고려한다면 대세지 를 대체하는 지장의 등장도 용인될 개연성이 아주 없지만은 않다. 왜냐하면 이는 특정한 경전의 내용을 나타내는 것이 아닌, 일반적인 서방삼성 도상에 변화를 주는 것이기 때문이다. 즉 일말의 용납 가능성이 존재하는 것이다.

그러나 내영도는 『관무량수불경』의 산선 3관의 내용을 묘사한 일종의 변상도이다. 그런데 이곳에 우보처로 지장보살을 넣는다는 것은 지장보살 의 압도적인 위상을 고려하지 않고서는 이해될 수 없다.[776] 바로 이와 같은 연장선상에서 주목되는 불화가 앞서도 언급된 바 있는 미국 메트로폴리탄 뮤지엄 소장의 〈아미타·지장병립도〉이다.

〈아미타·지장병립도〉는 붓다와 보살의 기본적인 위계 차이를 넘어서 는 것으로, 불교미술의 의궤성과 법칙성이라는 준칙에서 볼 때 의문점이 많 은 불화이다. 이 불화를 바라보는 가장 합리적인 방향은 당시 고려불교의 특

〈아미타·지장병립도〉(미국 메트로폴리탄 뮤지엄 소장)

정한 부분에서 지장 신앙이 관음 신앙과 아미타 신앙을 압도하기에 이르렀다는 정도이다.[777] 만일 그렇지 않다면 붓다와 보살의 사이에는 엄격한 위계 차이가 존재하므로, 의궤성을 중시하는 종교화인 불화에서 지장과 아미타가 동등한 크기와 구도를 확보할 수는 없기 때문이다.

특히 중세의 귀족제를 반영하고 있는 고려불화에서는 주존과 보조 존상을 크기는 물론이거니와 상하의 이단 구조를 통해서 이중으로 명확하게 분리한다.[778] 즉 특정 지역이나 특수한 사찰 및 종파라는 제한적인 측면이 존재한다고 가정하더라도 실질적인 영향에서 아미타를 넘어설 때만이 이와 같은 비일반적인 왜곡 도상이 나타날 수 있는 것이다.

〈아미타·지장병립도〉가 의미하는 내용은 의외로 간단할 수 있다. 그것은 지장으로 대변되는 명부의 구원과 아미타로 상징되는 극락왕생, 즉 '지장의 명부 구원 → 아미타의 내영왕생'인 것이다.

고려불화에는 없지만 돈황에서 출토된 10세기의 〈지장시왕·아미타정토도〉를 보면 이와 같은 지장과 아미타의 연결이 비교적 이른 시기부터 진행되었다는 것을 알게 한다. 물론 〈지장시왕·아미타정토도〉는 지장과 시왕을 중심으로 하고 있지만, 이를 이단 구도를 통해 서방삼성이 존재하는 극락과 분절해서 표현하고 있다. 즉 하나의 불화 속에 존재하기는 하지만, 양자는 분리된 두 개의 세계를 의미하고 있는 것이다. 이는 지장과 아미타의 '연결과 분절'이라는 이중 구조를 잘 나타내 준다고 하겠다.

〈지장시왕·아미타정토도〉를 보면 지장이 더 크게 표현되어 있는 동시에 아미타는 상단에 배치되어 있다. 이는 아미타의 위상을 고려하고, 또 극락이 멀리 떨어져 있다는 점을 표현한 게 아닌가 추정된다. 즉 일견 지장이 더 우월한 듯 보이지만 이 불화에는 아미타의 위상을 더 높게 판단할 수 있는 측면 역시 존재한다는 말이다.

그런데 〈아미타·지장병립도〉는 이와는 달리 병립이라는 단절되지 않

〈지장시왕·아미타정토도〉(프랑스 파리 기메 뮤지엄 소장, 10세기, 오대)

은 대등 관계만을 표현하고 있다. 즉 대등 외에는 다른 해석의 여지가 전혀 존재하지 않는 것이다. 이런 점에서 〈지장시왕·아미타정토도〉는 〈아미타·지장병립도〉에 이르는 과도기적 불화로서의 의미를 시사할 수는 있어도 〈아미타·지장병립도〉처럼 파격적인 불화까지는 되지 못한다. 즉 직접적인 연결 관계나 영향을 추론해 보기는 어려운 것이다.

〈아미타·지장병립도〉에서 드러나는 '지장의 명부 구제 → 아미타의 내영왕생'이 상징하는 의미는 크게 두 가지로 이해될 수 있다. 첫째는 아미타불을 내영의 아미타로 이해해서 즉득왕생을 목표로 하지만 혹시라도 문제가 생길 때를 고려하여 지장보살의 구원이라는 안전장치를 마련한 것이라는 점,[779] 둘째는 아미타불의 수인이 오른손을 늘어트린 내영인來迎印이 아닌 하품중생인이라는 측면을 통해, 지장보살의 사후 명부 구원과 극락의 연화왕생이라는 측면으로 이해해 볼 수 있다는 점이 그것이다. 즉 아미타불의 '발 자세를 근거로 해서 내영도의 관점에서 볼 것이냐'와 '수인을 근거로 해서 아미타 입상으로 볼 것이냐'의 차이가 존재하는 것이다. 그러나 이와 같은 두 가지의 관점에 따른 이해 차이의 가능성이 존재함에도 불구하고, '지장의 명부 구제와 아미타의 극락 추구'라는 점만은 자못 분명하다고 하겠다.

또 아미타와 지장의 대등 관계에 대한 이해와 관련해서는 『고려도경』 권17의 개경開京(혹 松都) 〈정국안화사靖國安和寺〉의 묘사에 등장하는 "지장왕地藏王"이라는 표현도 주목해 볼 만하다.[780] 당시 안화사 서쪽 건물 벽에는 지장보살도 벽화가 그려져 있었는데 이를 "지장왕"이라고 기록하고 있는 것이다.

지장왕이나 지장왕보살이라는 표현은 ① 명부의 왕이나 ② 시왕을 거느리는 왕 중의 왕, 그리고 ③ 위대한 서원인 대원大願의 왕이라는 의미로 해석될 수 있다. 이 중 대표적인 것이 ① 명부의 왕과 관련된 '유명교주'라는 표현이다.[781] 지장왕의 표현은 한국불교에서 일반적이지는 않지만 조선 중기

휴정休靜(1520~1604)의 『운수단가사雲水壇歌詞』 등 여러 문헌에서 살펴지기도 한다.■782 이는 지장왕이라는 존칭이 서긍徐兢에 의한 송나라의 불교적인 관점이 아닌 고려의 관점일 수 있다는 의미가 된다.

이렇게 놓고 본다면 '석가모니를 사바교주'라고 하고 '아미타를 극락교주'라고 하는 것처럼, '지장의 유명교주'라는 측면에서의 대등함도 고려해 보는 것이 가능하다. 즉 하나의 독립된 세계의 주관자로서 대등 구조가 확보될 수 있다는 말이다. 그러나 제아무리 그렇다고 하더라도 붓다와 보살의 대등이란, 불교미술에서 매우 이례적인 측면임에는 틀림없다.

그렇다면 이렇게 붓다와 보살의 위계 차이를 넘어설 정도로 지장의 위상이 확대되는 당시 사상적인 변화는 무엇이었을까? 이에 대한 불교 내적인 원인은 새로운 지장 관련 경전이 대두한 것이 아닌 이상 크게 이렇다 할 만한 측면이 존재하지 않는다. 그러므로 이와 같은 비정상적인 변화에는 불교 외적인 부분을 상정해 볼 수밖에 없고, 이에 해당하는 고려 말의 변화로 가장 대표적인 것은 성리학의 확대가 꼽히게 되는 것이다. 현존하는 절대다수의 고려불화가 14세기의 작품이며, 백이정에 의한 『주자가례』의 고려 전래가 1308년이라는 점은 이와 같은 추론에 무게를 실어 주는 측면이 된다고 하겠다.

현존하는 고려불화 안에서 확인되는 지장 신앙의 확대를 이해의 용이를 위해 순서로 제시해 보면 다음과 같은 모두 네 단계로의 정리가 가능하다.

① 일본 도쿄예술대학 소장 〈아미타구존도〉 … ② 한국 개인 소장 〈아미타(정면)삼존도〉 → ③ 삼성미술관 리움 소장 〈아미타(내영)삼존도〉 → ④ 미국 메트로폴리탄 뮤지엄 소장 〈아미타·지장병립도〉

이 중 ① 일본 도쿄예술대학 소장 〈아미타구존도〉와 관련해서는, 앞에서 언급한 바와 같이 지장보살의 배치와 관련하여 중심 존상의 시각이라는 관점에서의 이해가 타당하다. 그러므로 이는 반드시 지장 신앙의 확대와 관련된 순서인 측면에서만 판단될 수 있는 부분은 아니다. 그러나 ② → ③ → ④의 변화는 지장 신앙의 확대로 파악될 수 있는 구조가 분명하다. 다만 이를 통해 각 불화의 제작 연대 순서까지 판단되는 것은 아니다. 즉 고려 말 지장 신앙의 확대에 따른 고려불화의 변화를 살펴볼 수는 있어도 이것이 곧장 작품의 제작 시기로까지 직결되는 것은 아니라는 말이다. 이는 사상적인 변화와 혼란기에는 다양한 요소들이 동시에 복합적으로 도출될 수밖에 없기 때문이다.

제2절

관음·지장병립도의 성립과
유행의 의미

고려불화의 지장보살도 중에서 같은 시기 중국이나 일본에서는 발견되지 않는 특징적인 불화가 두 가지 있다. 첫째는 앞서 검토한 미국 메트로폴리탄 뮤지엄 소장의 〈아미타·지장병립도〉이며, 둘째는 3종 4점의 불화가 전하고 있는 관음·지장병립도이다.

관음·지장병립도는 현재 일본 사이후쿠지 구장舊藏본, 한국 개인 소장본, 일본 미나미호케지[南法華寺] 소장본의 3종이 전한다. 그런데 이 중 미나미호케지 소장본은 지장과 관음이 한 폭에 들어 있는 것이 아니라 개별적으로 분리되어 있다. 이로 인해서 관음·지장병립도는 총 3종 4점이 된다. 그러나 지장보살도의 관점에서만 본다면 미나미호케지 소장본 중 관음 독존도 입상은 제외될 수도 있기 때문에 전체를 3점으로 이해해도 큰 문제는 없다.

지장과 관련된 두 가지의 병립도는 동시대 고려불화에서만 확인되는 특징적인 도상이다. 이는 이들 불화에 대한 분석에 높은 의미를 부여하게 한다.

관음·지장병립도

일본 사이후쿠지 구장	한국 개인 소장	일본 미나미호케지 소장

첫째의 〈아미타·지장병립도〉는 앞서 검토한 바 있으므로 차치하고, 둘째의 관음·지장병립도는 중국의 『십륜경』 전래 이후에 등장하는 관음·지장병존 도상에 대한 회화적인 작품이다. 관음·지장병존도는 중국의 돈황에서 발견된 오대 시기의 작품 등 다수가 전해진다.■783 그러나 고려불화와 같은 14세기의 작품은 현재 전해지는 것이 없다.

관음·지장병존도와 관련된 가장 오랜 기록은 육조시대 양무제 때 장승요가 그린 속칭 방광보살도放光菩薩圖에 대한 부분이다.■784 이는 상근의 989년 찬술인 『지장보살상영험기』 속 「양조선적사화지장방광지기제일」(이후 「선적사화지장방광지기」)에 수록되어 있다. 이를 통해서 최소한 육조시대까지는 관음·지장병존도의 연원이 거슬러 올라가는 상황을 알게 된다.

즉 〈아미타·지장병립도〉가 고려불화에만 존재하며 또 불교미술에서 좀처럼 찾아보기 어려운 특수성을 가진 것에 반해, 관음·지장병립도는 중국의 관음·지장병존도에서 연원하지만 14세기에는 쇠퇴하여 선호되지 않던 대상이었던 것이다. 결국 〈아미타·지장병립도〉와 관음·지장병립도의 특수성은 이러한 점에 따른 차이가 존재한다고 하겠다.

고려불화 관음·지장병립도는 모두 14세기 작품이다. 그런데 흥미로운 것은 일본에는 이외에도 15세기 작품으로 추정되는 아나인[阿名院] 소장의 〈관음·지장병립도〉가 1점 더 존재한다는 점이다. 이는 고려 말에서 조선 초 한반도에는 관음·지장병립도가 나름의 신앙 영역을 분명하게 확보하고 있었다는 것을 알게 해 준다.

14~15세기에 존재하는 4종 5점의 관음·지장병립도는 동시대 관음·지장병존도의 요구가 쇠퇴한 중국불교와 변별되는 여말선초의 불교회화의 한 특징이다. 이는 중국불교와 여말선초의 한국불교 사이에 관점 차이가 존재했다는 점을 분명히 해 준다는 점에서 중요한 연구 의의를 시사한다.

〈관음·지장병립도〉(일본 아나인 소장, 15세기)

1.
관음·지장 병존의 성립과 현세 신앙

관음·지장병존도와 관련하여 가장 주목되는 문헌은 앞서 언급한 「선적사화지장방광지기」이다. 여기에 적시되어 있는 사건은 남조 양무제(재위502~549) 때의 궁정 화가로 '도교와 불교(道釋)'의 인물화로 유명한 장승요와 관련된다. 장승요는 고개지顧愷之(동진)·육탐미陸探微(남조의 송)와 더불어 언급되는 육조시대를 풍미한 도석道釋 묘사의 최고 화가이다.[785] 그런데 「선적사화지장방광지기」에는 장승요가 그렸다는 관음·지장병존도에 대한 다음과 같은 내용을 수록하고 있다.

> 양조梁朝(502~557)의 한주漢州 덕양현德陽縣 선적사의 동쪽 회랑(東廊)의 벽 위에는 장승요(장승요는 畵師의 字이다)가 지장보살과 관음의 각 1구를 그린 것이 있었다. (지장의) 형상은 승려의 모습과 같았고 옷을 여민 채 앉아 있었다. 시인時人이 첨례하면 이광異光이 불꽃처럼 뿜어져 나왔다. 인덕麟德 원년(664)에 이르러 절의 승려가 첨경瞻敬하고 보통과 다름을 찬탄하여, 이로 인해 친히 비단에 벽 위의 (그림을) 모사하고는 공양을 베푸니 발광發光함이 다름이 없었다. 시인時人이 되풀이해서 모사하는 자가 심히 많았다.
> 인덕 3년(666)에 왕기王記가 자주자사資州刺史로 부임할 때, 항상 모사본을 정성껏 공양하였다. 동행한 배 10척이 홀연 급작스러운 풍랑을 만나

9척은 침몰하였다. 이런 **파도를 만났음에도 오직 왕기의 배만은 이렇다 할 공포가 없었으니**, 마땅히 보살의 넓은 대자비가 이와 같은 위력이 있음을 알겠다.

수공垂拱 3년(687)에 이르러 (측)천(무)후(재위 690~705)가 이것을 듣고는 칙령으로 화인에게 모사케 하였는데, 방광함이 전과 같아 동同(內의 誤)도량에서 공양하였다.

대력大曆 원년(766)에 이르러서는 보수사寶壽寺의 대덕大德이 도량 중에서 이상異相의 빛을 보고는 (상황을) 묘사한 표문을 상소하였다. 황제(대종)가 이에 건심虔心으로 정례하고는 그 빛을 찬탄하여, "보살이 빛을 나타낸 때에는 국가가 항상 안태安泰한다." 하였다.

다시 어떤 상인의 처가 임신하여 28개월이 지나도 출산하지 못했다. 홀연히 (보살의) 광명을 보고는 문득 모사하여, **일심으로 보살께 (출산을) 발원하니 그날 밤에 한 남아를 출생하였다.** 상호가 단엄해서 보는 이가 환희했다.

이로 인하여 **세호世號를 '방광보살放光菩薩'이라 하였다.**[786]

인용문을 보면 장승요가 한주 선적사의 동쪽 회랑 벽 위에 그린 관음·지장의 좌상 병존도에 대한 내용임을 알 수 있다. 중국의 관음·지장 병존상과 병존도는 고려불화가 '병립상'으로 통일되어 있는 것과는 달리 좌상도 있고, 입상도 있으며, 때로는 혼재되어 있기도 하다. 즉 '병립의 통일'은 고려불화만의 특징적 구도인 셈이다.

인용문에는 이적異蹟의 주체를 '지장과 관음을 모두 가리키는 것인지'와 '지장만을 의미할 것인지'에 대한 주어 문제가 있다. 그러나 이 글의 제목이 「선적사화지장방광지기」라는 점, 그리고 이것이 『지장보살상영험기』 속에 수록되어 있다는 점, 그리고 "상약승모狀若僧貌, 염피이좌斂披而坐", 즉 승려의 모습으로 옷을 수렴한 채 앉아 있다는 묘사를 통해 관세음이 아닌 지장만의 추론이 가능하다.[787] 즉 인용문의 그림 속에서 방광하는 방광보살은 '지장과 관음'이 아닌 '지장'으로 국한해서 판단해 볼 수 있는 것이다.

　일본에서는 맨 마지막의 "방광보살"이라는 명칭 때문에 관음·지장병립도를 "방광보살도"라고도 한다.[788] 그런데 흥미로운 것은 「선적사화지장방광지기」의 기록과 유사한 시기(665년 음력 7월 이전)에 같은 장승요가 익주의 법취사에 그린 〈지장보살도〉에서도 유사한 방광이 확인된다는 점, 그리고 이 불화가 반가부좌한 지장보살독존도라는 점을 통해 「선적사화지장방광지기」의 방광보살이 지장보살만을 가리키는 것임을 알 수 있다. 즉 「선적사화지장방광지기」 만으로는 방광보살의 주체가 누군지 불분명하지만, 아래의 「제33 당익주법취사지장보살화상감응」(이하 「법취사지장보살화상감응」)을 보게 되면 방광의 주체가 지장임이 분명해지는 것이다.

　앞서도 일부 인용한 바 있는 『법원주림』 권14의 「관불부-감응연」의 해당 기록을 제시해 보면 다음과 같다.

「제33 당익주법취사지장보살화상감응第三十三唐益州法聚寺地藏菩薩畫像感應」

당나라 익주성 아래에 있는 법취사에서 지장보살을 그렸는데, 승상繩床(pītha, 胡床)에 앉은 자세로 한 다리를 늘어트리고 있었는데(반가부좌) 8~9촌이었다. 본 상은 장승요의 그림이다.

인덕 2년(665) (음) 7월에 해당 사찰의 승려가 하나를 모사했다. (그런데) 방광이 잠시 나타났다가 순간 사라졌다. (그 방광하는 빛은) 금 고리(金環)와 유사했는데, 본 상이 방광하는 것과 같았다. 이렇게 계속 모사된 그림들도 모두 방광하였다.

당(665, 당고종 16)년 (음) 8월 (고종의) 칙명으로 한 장을 왕궁으로 모셔와 공양하였다. 작금에 경성京城 내외의 도속道俗들이 (이) 그림을 (모사하여) 공양하는 것도 모두 방광을 놓았다. (이로 인해) 붓다의 위신력이 헤아릴 수 없음을 믿어 알 수가 있겠다(집집마다 한 점씩 있으나, 따로 채록하여 적지 않는다).■789

「법취사지장보살화상감응」은 「선적사화지장방광지기」의 의미를 보다 분명하게 해 주는 중요한 기록이다. 이를 통해서 본다면 장승요의 지장보살 표현에는 어떤 특징적인 측면이 존재했고,■790 그것이 방광이라는 이적과 연관된 것이 아닌가 추정된다. 그러나 이 기록만으로는 방광을 제외하고는 다른 독립적 의미를 도출할 수 있는 측면이 거의 존재하지 않는다. 그러므로 「선적사화지장방광지기」를 중심으로 지장보살의 이적을 파악해 보도록 하겠다.

「선적사화지장방광지기」에서 확인되는 지장보살의 이적은 크게 세 가지이다. 첫째는 전체를 일관하는 방광으로, 이는 다시금 본 그림의 방광과 모사본의 방광으로 나누어 볼 수 있다. 이는 「법취사지장보살화상감응」의 내용에서도 확인되는 두 인용문의 공통점이기도 하다.

방광은 이 글의 가장 중요한 핵심이라고 할 수 있는데, 이는 글의 찬자인 상근이 제목을 「선적사화지장방광지기」라고 한 것과 마지막 결론에서 "세호방광보살世號放光菩薩"이라고 적시한 것을 통해 분명해진다.

다음의 둘째는 풍랑에 대한 극복과 안전 수호이며, 셋째는 남아의 순산이다.

장승요의 지장보살도에서 첫째의 방광이 전체를 일관하는 가장 큰 특징이라는 점에서 본다면, 둘째의 해상 안전과 셋째의 남아 순산은 방광의 이적에 포함되는 작용으로 이해해 볼 수 있다. 즉 방광이 이적의 주체이고, 해상 안전과 순산은 작용인 셈이다.

남조는 화북 지역과 달리 강과 물이 풍부한 곳이다. 이로 인해 중국에서는 예로부터 '강남수향江南水鄕'이라고 말이 있다. 이렇게 놓고 본다면 풍랑의 안전은 강남의 지리적 측면을 반영하는 것이라고 하겠다. 또 남아의 순산역시도 남아 선호와 순산이라는 위험에 대한 극복을 천명한다는 점에서 시대적 요청에 대한 반영이라고 하겠다.[791]

남조의 지장 신앙은 시기적으로 『십륜경』에 의거한 현세 수호 신앙일 수밖에 없다.[792] 이는 인용문에서 확인되는 지장의 이적이 모두 현세 수호로 사후적인 측면이 전혀 존재하지 않는다는 점을 통해서도 분명해진다. 이는 오대 시기 돈황의 관음·지장병존도가 '현세-관음'과 '사후-지장'의 구조를 띠고 있는 것과는 차이가 있다.[793] 즉 비슷한 구성의 관음과 지장이 등장하는 도상임에도 지장 신앙의 변화에 따라 도상에 대한 이해가 변모하는 것이다.

1) 관음·지장 병존의 대두 배경과 이유

대승불교에는 많은 보살이 존재한다. 그런데 왜 하필 관음과 지장의 병존 양상이 나타나는 것일까? 이 문제는 다시금 두 가지로 분화될 수 있다. 그것은 '왜 병존이라는 양존(二尊)의 특수 구조를 선택했는가'와 '왜 하필 관음과 지장의 병존인가'이다. 그러나 이 두 문제는 논리적으로는 분리되지 않고 하나로 연결되어 있다.

먼저 '왜 병존인가'에 대해서 판단해 보자. 중국문화에서는 기수奇數(홀수)와 우수偶數(짝수) 간의 위계 차이를 크게 부여해 엄격한 구분을 한다. 즉 하늘이나 종교와 관련된 양陽적인 신성 대상은 홀수를 사용하고, 땅이나 음陰과 관련해서는 짝수를 사용하는 원칙이 존재하는 것이다.

또 기수와 우수는 같은 도상 안에서는 위계 차이를 나타내는 방식으로도 사용된다. 아미타구존도를 보면 기수로 아미타불이, 우수로 팔대보살이 등장한다. 또 지장보살도를 보면 기수로 지장보살과 우수로 좌우보처, 제석천과 범천 그리고 사천왕과 십대왕 등이 등장한다. 그런데 불화의 구성이 기수의 한 분과 다수의 우수로 구성되기 때문에 불화의 전체 등장 존상의 총합은 언제나 홀수, 즉 기수가 된다. 이런 점에서 본다면 종교 도상에서 병존이라는 짝수의 등장은 분명 문제의 소지가 있다.

실제로 기수와 우수의 엄격성을 확립하는 것은 아이러니하게도 불교문화이다. 사찰의 존상이나 중요한 상징들은 500나한이나 1,000불, 3,000불과 같은 다수라는 많음의 상징을 내포하는 경우를 제외하고는 전부 홀수로 배치된다. 이는 예배존상을 모시는 법칙에서 독존 → 삼존 → 오존 등을 모시는 것이나 탑의 층수가 삼층 → 오층 → 칠층 → 구층 등으로 확대되는 것, 또 절하는 횟수나 진언을 외우는 횟수 등을 통해서도 분명해진다.

실제로 동아시아 대승불교에서 존상과 관련해 짝수가 제시되는 경우는『묘법연화경』의「견보탑품見寶塔品」을 배경으로 하는 다보여래와 석가여래의 이불병좌二佛並坐, 그리고『유마경』「문수사리문질품文殊師利問疾品」에 입각한 문수와 유마의 대론 등과 같은 극히 제한적인 측면에 지나지 않는다. 그런데 이조차도 예배 대상이라기보다는 경전의 내용과 관련된 변상도적인 성격이 강하다. 즉 예배 대상과 관련된 병존 구조는 찾아보기가 쉽지 않은 것이다. 이는 기수와 우수의 차이라는 배경 문화적인 측면이 강력하게 작용하기 때문이다. 물론 여기에는 예배 대상의 홀수 배치가 예배자의 시선을 중앙으로 모아서 보다 효율적으로 집중도를 높일 수 있다는 점도 일정 부분 작용했을 것이다. 이런 점에서 본다면 예배 대상이 되는 관음과 지장의 병존 구조는 상당히 특수한 측면이라는 점을 알게 된다.

〈양산 통도사 영산전 벽화〉의 「견보탑품」 이불 병좌 부분(보물 제1826호, 1714, 사진 출처: 불광미디어)

돈황 제103굴 벽화 중 「문수사리문질품」의 문수와 유마의 대론 변상(8세기 중반)

관음과 지장의 병존이 대두하는 것과 관련해서 가장 먼저 고려되어야 할 부분은 대승보살의 독립성이 아닌가 한다. 대승에는 다양한 보살이 존재하지만, 독립 신앙의 대상으로 발전하는 것은 관음과 지장, 미륵, 문수 정도가 전부이다.[794]

관음 신앙은 본래 독립적으로 존재하던 것이 후에 극락의 아미타 신앙과 결합하면서 아미타불의 좌보처가 되기도 한다.[795] 그러나 이와 같은 관음 신앙의 성립 배경은 관세음으로 하여금 극락의 좌보처인 동시에, 남인도 보타락가산을 중심으로 하는 독립 신앙의 위상을 확보하도록 한다. 즉 주처를 분리하는 독립적 위상이 존재하는 것이다.

관음 신앙의 독립적인 현세 구제자적인 성격은『묘법연화경』에 편입되는「관세음보살보문품觀世音菩薩普門品」과[796]『수능엄경首楞嚴經』권6의 32응신 구조 등을 통해서 유전된다.[797] 또 보타락가산을 주처로 하는 이해는『화엄경』「입법계품」을 통해서 확인해 볼 수가 있다.[798]

동아시아 대승불교에서『묘법연화경』과『화엄경』은 수나라 때 지의智顗(538~597)와 관정灌頂(561~632)에 의해 확립되는 천태종과 당나라 초기의 지엄智儼(602~668)과 법장法藏(643~712)에 의해 완비되는 화엄종(혹 현수종)을 통해서 이후 막대한 영향을 미친다. 이로 인해「관세음보살보문품」은 재차『묘법연화경』에서 독립해『관음경』으로 별본 유통된다. 또「입법계품」역시 40권『화엄경』에 의한 별본 유통과 함께 강력한 독립성으로 인해 관세음보살의 대표 도상인 수월관음도가 완성되도록 한다. 이와 같은 관음 신앙의 강한 독립성은 부속 전각으로서의 관음전을 넘어 본전本殿인 원통전圓通殿이나 원통보전圓通寶殿이 존재하기에 이른다. 즉 관음 신앙에는 강한 독립성이 존재하는 것이다.

이에 비해서 미륵은 현재는 보처보살補處菩薩이지만 동시에 당래불當來佛이라는 이중성을 가진다. 이로 인해서 일반 보살보다 높은 위계에 따른 독립성을 확보하게 된다. 이는 미륵과 관련해서 미륵삼부경彌勒三部經이 존재하며, 좌우보처로 법화림法花林과 대묘상大妙相보살이 존재하는 것을 통해서 확인해 볼 수가 있다.

물론 현장과 규기에 의해 중국에서도 미륵을 신앙하는 유가법상종이 확립되면서 미륵 신앙은 동아시아에 막대한 영향을 미친다. 이에 따른 결과가 태현과 진표에 의한 통일신라의 유가종 신앙과 전개라고 하겠다.

그러나 미륵 신앙은 인도불교의 유식학에서와는 달리 중국불교에서는 일찍이 하나의 신앙 흐름으로 정착하는 데 이르지 못했다. 즉 미륵 신앙의 흥성은 현장과 규기 때인 당나라 개국 이후가 되어서야 가능해지는 것이다. 이런 점에서 본다면 육조시대의 보살 신앙 결합 구조에 미륵이 등장하는 것은 쉽지 않았다고 하겠다.

마지막으로 문수보살은 보현과 더불어 석가모니불와 비로자나불의 좌보처로 매우 중요한 위상을 차지하지만, 독립 신앙의 측면으로 보자면 앞의 관세음과 미륵에 비해 오히려 떨어진다. 또 문수 신앙의 발달은 화엄사상을 바탕으로 하여 산서성 오대산을 중심으로 초당기에 독립 신앙으로 발전해[799] 성당기에 진호국가鎭護國家적 관점과 결부되면서 확대된다. 이와 같은 결과가 772년, 당나라의 모든 사찰에 조성된 문수전文殊殿이라 하겠다.[800] 그러나 문수는 아미타불과 더불어 대승불교를 대표하는 석가모니불 및 비로자나불과 결합되기 때문에 오히려 독립성을 유지하는 데 어려움이 생긴다. 즉 석가모니불, 비로자나불과 함께하므로 위상은 높고 보편성 확보에는 용이했지만 독립성은 상대적으로 약화되는 문제가 존재하는 것이다.

실제로 772년 문수 신앙의 대유행에도 불구하고, 778년의 「환혼기」에는 명부의 사자獅子가 "대성문수보살의 화현化見(現)"으로 지장과 더불어 "유명계에 있으면서 제고난諸苦難을 구제한다."라고 나타난다.[801] 이는 두 보살의 결합 양상이 상호 대등 관계가 아닌 지장을 중심으로 하는 보조적인 문수라는 점에서 주목된다.

또 문수 신앙의 본격적인 양상은 7세기 초중반의 당나라가 되어서야 비로소 확인된다.[802] 이런 점에서 미륵 신앙에서와 마찬가지로 육조시대의 결합 구조에 문수가 등장하기에는 무리가 있다.

이렇게 놓고 본다면 관음과 지장의 병존 구조는 대승보살 중에서 관음과 지장이 가장 강한 독립성을 가지며, 그 유행 시기도 빠르다는 점에서 높은 타당성이 확보된다. 즉 병존이라는 예배 존상의 이존二尊 구성과 육조시대라는 빠른 시기, 그리고 보살 안에서의 대등 관계를 고려해 볼 때 당시로서는 관음과 지장 외에는 딱히 다른 대상이 없었던 것이다.

이와 같은 상황은 당나라 남산율종南山律宗의 종조인 도선道宣(596~667)이 650년에 찬술한 『석가방지釋迦方志』 권하卷下의 다음과 같은 기록을 통해서도 일정 부분 확인해 볼 수가 있다.

> 진晉·송宋·양梁·진陳·위魏·연燕·진秦·조趙에서부터 나라가 16(夏·成漢·2趙·3秦·4燕·5凉)으로 나뉘어 (위진남북조) 400여 년(정확하게는 379년)을 경과한 시기에 **관음·지장·미륵·미타**를 칭명염송稱名念誦하여 그 적합한 구제를 받은 이는 다 말할 수 없을 정도이다.[803]

인용문을 보면 위진남북조시대에 유행한 보살 신앙이 '관음 → 지장 → 미륵'의 순임을 알 수 있다. 이런 상황에서 미륵이 내세불이라는 보살과 불의 이중성을 갖추고 있다는 점을 생각해 본다면 관음과 지장의 병존 타당성을 인지해 보는 것은 그리 어렵지 않다.

또 관음·지장의 병존이라는 이존이 대두하여 예배 존상으로 존재할 수 있었던 것은 당시가 오호(선비, 흉노, 갈, 저, 강)로 대표되는 북방 이민족의 침략에 의해 한족의 문화가 상대적으로 약했기 때문이기도 하다. 즉 위진남북조시대는 상대적으로 중국 전통의 기수와 우수의 관점이 강하게 작동하지 않던 시기인 것이다. 이는 북위의 평성(현 대동) 운강석굴 등에 이불병좌상이 다수 존재하는 것 등을 통해서도 판단해 볼 수 있다.

2) 관음·지장 병존의 중국 쇠퇴와 고려의 잔존 이유

관음·지장 병존의 발생지는 중국불교이다. 그런데 왜 오대시대까지도 활발히 나타나는 관음·지장의 병존은 이후에 급격하게 쇠퇴하는 것일까? 그것은 위진남북조에서 오대십국시대까지 강력했던 북방 이민족의 시대가 끝나고, 960년 한족에 의한 송나라가 들어서는 것과 관련해서 이해될 수 있다.

송태조 조광윤趙匡胤(재위 960~976)은 앞선 왕조들(위진남북조부터 오대십국)이 군사적인 혼란을 겪는 것을 보고는 강력한 문치주의 노선을 표방한다. 이로 인해 송은 문화적으로는 융성하지만 요나라와 서하西夏 및 금나라 그리고 몽고에 이르기까지 계속된 군사적인 도발과 굴욕적인 외교를 감당해야만 했다.■804

북송의 문치주의 표방은 한족문화의 발전과 성숙이라는 긍정성을 나타낸다. 흔히 '중국' 하면 한족과 연결시켜서 판단한다. 그러나 후한이 붕괴되고 삼국시대를 거쳐 들어서는 조위曹魏(220~265)와 서진西晉(265~316) 이후로 송이 건국되는 960년까지 중국을 주도했던 것은 북방의 유목민과 선비족이 주가 되는 관롱집단 등이었다.■805 이 기간이 무려 644년이나 된다. 즉 중국 전통의 한족문화가 유목문화와 혼재되면서 상대적으로 약하게 작동하던 시대가 존재하는 것이다.

이와 같은 상황을 한족 중심으로 되돌려 문화적인 번영을 이루는 것이 바로 송나라이다. 송에서 제도가 정비되고, 신유학이 북송기에 토대를 확립하며 남송에서 성리학이 완성되는 것도 이와 같은 이유 때문이다. 또 이때는 당나라 말의 회창법란會昌法難(845.8~846.4)에 의해서 학문적이고 세련된 교종이 쇠퇴하고 선종의 독주 체제가 갖추어져 있었다. 이는 불교의 약화를 의미하는 동시에 중국문화의 재정비가 박차를 가할 수 있는 한 동인이 된다.

그러나 북송의 문치주의 강조로 인해 필연적으로 군사적 취약의 문제가 발생한다. 이로 인해 1126년 정강의 변(靖康之變)으로 인해 북송은 금나라에 멸망하고 만다. 이 과정에서 제8대 황제인 휘종徽宗(재위 1100~1125)과 마지막 황제인 제9대 흠종欽宗(재위 1125~1127)이 금나라에 사로잡혀 굴욕적인 모욕을 당하다가 죽게 된다. 그러나 북송의 몰락 과정에서 휘종의 아홉 번째 아들인 강왕康王 조구趙構(고종, 재위 1127~1162)가 강남(회수 이남)으로 건너가 남송을 건국한다. 이와 같은 건국 과정은 남송이 태생적으로 북방 유목민에 대한 강한 피해의식과 배타성을 가지게 되는 배경이 된다.

북송의 문치주의는 당연히 중국 전통의 한족문화가 강해지는 구조를 확립한다. 이로 인해 기수와 우수의 차별점 역시 보다 강하게 부각되는 것은 당연하다. 이는 존상으로서 병존의 타당성을 약화시키는 결과를 초래하는 한 배경이 될 수밖에 없다.

이렇게 놓고 본다면 관음·지장의 병존 도상은 초기의 '관음-현세 수호'와 '지장-현세 수호'에서 시작되어 당나라를 거치며 '관음-현세 수호'와 '지장-명부 수호'로 변모한다. 그리고 오대십국까지 유전되다가 송의 건국과 더불어 우수의 타당성이 약해지며 점차 쇠퇴한 것으로 이해해 볼 수 있다.

그러나 고려와 송의 관계는 조선과 명나라 같은 직접적인 사대주의적 관계가 아니다. 왜냐하면 북송시대에도 북방에는 송을 견제할 수 있는 요나라 등이 존재했고, 송과 요는 모두 배후의 고려를 필요로 했기 때문이다. 이는 명나라 때처럼 중국에 견제되지 않는 강력한 통일왕조가 존재하는 것과는 큰 차이가 있다.

실제로 고려의 왕궁인 개경의 만월대는 오문五門(廣化門 → 昇平門 → 神鳳

門→閶閤門→會慶門) 구조로 되어 있는데,[806] 이는 고려가 암묵적으로 황제국을 표방했다는 것을 의미한다.[807] 이는 처음부터 제후국을 표방한 조선의 정궁(법궁)인 경복궁이 삼문三門(광화문→홍례문→근정문) 구조 외에 다른 형태가 존재하지 않는 것과는 차이가 난다. 물론 만월대의 오문은 중국 자금성의 오문처럼 자오축 선상에 일직선으로 존재하는 것은 아니며 변칙적인 방식을 보이고 있다. 또 제4대 광종光宗(재위 949~975) 때와 같은 특정한 시기를 제외하고는 대외적으로 황제국을 천명할 정도에까지는 이르지 않는다.[808]

그러나 고려가 송에 종속적이지 않고 강력한 독립성을 강조했다는 것은 송의 문화가 고려에 영향은 주지만 이것이 직승되지 않는다는 것을 의미한다. 이를 잘 나타내 주는 문헌이 북송의 휘종 때인 1123년 고려를 방문한 서긍徐兢의 『고려도경』이다.[809]

또 고려 후기의 원 간섭기에 전개되는 고려인과 중국 한족의 신분적인 역전 현상은 한국사 전체를 통틀어 존재하는 유일한 특수성이다. 이런 점에서 안향과 백이정에 의해 성리학이 전래되어 확대되는 14세기가 될 때까지 고려는 기수와 우수에 대한 관점이 중국처럼 명료하지 못했을 개연성이 크다. 이는 경천사지십층석탑이나[810] 고려 왕궁에 십원전十員殿이 존재했다는 기록[811] 등의 10수數의 존재를 통해서 일정 부분 변증 받아 볼 수 있다. 즉 14세기 고려불화에만 존재하는 관음·지장병립도의 존재는 중국과 다른 문화적 전개를 거친 고려의 특수성이 빚어낸 결과라고 하겠다. 그리고 이러한 흐름은 과도기인 15세기까지 영향을 미쳐 일본 아나인 소장의 〈관음·지장병립도〉를 남기게 된다.

이상과 같은 관음·지장병립도의 중국적인 영향 관계 외에도 고려불교 안에는 관음과 지장의 병립과 관련된 한반도 내적인 요인도 존재한다. 앞서 검토한 오대산의 오만진신 신앙 구조에는 동-관음과 남-지장이라는 특정한 붓다와 연관되지 않는 관음과 지장의 독립 신앙적인 측면이 존재한다. 이와 같은 신앙적인 흐름이 고려까지 일정 부분 유전되었을 개연성도 존재하는 것이다.

주지하다시피 오대산 오만진신 신앙은 통일신라 초인 성덕왕 때 확립된다. 이것이 과연 고려 후기까지 영향을 미칠 수 있었을까? 단순히 시기적으로만 본다면 이것은 불가능하다. 그런데 오대산불교는 고려 조에 들어 태조 왕건의 후원을 받으면서 성세를 이어가게 된다.[812]

또 오대산불교의 고려 말 성세는 공민왕 말기의 불교계 최고 고승인 나옹이 두 차례나 오대산에 주석한다는 점을 통해서도 자못 분명해진다. 나옹의 1차 오대산 주석은 1360년으로 이때는 주로 오대산 북대北臺의 정상 쪽 암자인 상두암象頭菴에 머물렀다.[813] 이 시기 나옹은 북대의 아래쪽에 위치한 고운암孤雲菴에도[814] 머물렀는데, 이곳에서 당시 신성암神聖菴에[815] 주석하던 환암 혼수幻庵混修(1320~1392)를 사법嗣法 제자로 받아들인다.[816] 혼수는 1383년(우왕 8) 음력 4월 1일, 1382년 음력 12월 17일에 입적한 태고 보우太古普愚(1301~1382)를 이어 국사에 오르는 여말선초를 대표하는 중요한 고승이다.[817]

나옹의 2차 오대산 주석은 1369년으로 개경에서 병을 핑계로 물러나면서 시작된다.[818] 이때는 조선시대 사명당의 주도로 오대산에 들어서는 오대산사고五臺山史庫가 위치한 영감암靈感(鑑)菴 쪽에 주로 주석했다.[819] 이와 같은 나옹과 오대산의 인연으로 인해, 나옹이 1376년 음력 5월 15일 여주 신륵사에서 입적하자 여말선초 오대산은 나옹 문도들에 의해 대대적인 중흥불사가 이루어지게 된다.[820]

나옹의 사법제자인 혼수는 조선이 건국(1392년 음력 7월 17일)되는 1392년 음력 9월 18일에 73세의 나이로 입적한다.[821] 그런데 혼수의 뒤를 이어 조선불교를 주도한 인물 역시 나옹의 또 다른 제자인 무학 자초無學自超(1327~1405)이다. 자초는 이성계에 의해 1392년 음력 10월 11일에 왕사로 추대된다.[822] 즉 오대산과 연관 있는 나옹계가 여말선초의 불교계를 주도하고 있는 것이다.

조선 초 오대산불교의 성세는 1492년 음력 1월 17일의 『성종실록』 권 261의 기록인 "강원도는 인민이 희소한데 금강산과 오대산에는 사찰이 대단히 많고, 여기에 살고 있는 승려의 무리가 몇이나 되는지도 모르는 형편이다."라는 것을 통해서 단적인 판단이 가능하다.[823]

이런 점에서 본다면 오대산의 오만진신 신앙 구조에 따른 관음과 지장 만의 독립 구조 역시 14세기 관음·지장병립도의 발전에 일정 부분 영향을 미쳤을 개연성이 존재한다. 즉 중국적인 영향으로부터 상대적으로 자유로 웠던 고려의 국제 정세와 통일신라 이래의 오대산불교 영향 등에 입각해서 14세기 고려불화 속에 관음·지장병립도는 높은 비율로 유지될 수 있었던 것이다.

2.
관음·지장병립도의 특징과 의미

중국불교에도 관음·지장병존상이나 관음·지장병존도는 존재한다. 그럼에도 고려불화의 관음·지장병립도가 주목될 수 있는 것은 두 가지 특징 때문이다. 첫째는 앞서 언급한 14~15세기에 존재한다는 점, 둘째는 4종 5점이 모두 입상의 병립도라는 점이다. 즉 고려불화에는 좌상이나 좌상과 입상이 공존하는 병존도는 없고, 모두 병립도만 존재하는 것이다.

고려불화 중 관음과 지장 관련 불화는 반가부좌의 좌상이 절대다수를 차지한다. 또 지장독존도 입상의 의미가 구제자적 성격을 강조한 것임은 앞서 정리한 바 있다. 이런 점에서 모두가 병립도로만 되어 있는 관음·지장병립도의 존재는 관음과 지장에 의한 적극적인 구제 의미를 내포한다고 하겠다. 이와 같은 측면은 아미타(내영)삼존도나 인로왕보살도 등에서도 확인되는 양상이기도 하다.

또 관음보살과 지장보살이 지니는 상징적 의미는 14세기라는 제작 연대의 특성상 후대의 변화 결과인 '관음-현세 수호, 지장-명부 수호'이다.[824] 즉 관음·지장병립도는 현세와 명부에 대한 보다 적극적인 구제와 수호의 의미를 내포하는 것이다.

주지하다시피 고려불화에는 지장독존도, 지장삼존도, 지장도(혹 지장천신도), 지장시왕도와 양류관음도, 수월관음도와 같은 지장과 관음의 독립 신앙적인 측면이 다수 존재한다. 여기에 아미타 신앙과 지장 신앙의 결합 구조는 지장과 관음의 병존이 유지되는 통로가 되기에 충분하다.

　관음 신앙과 지장 신앙의 결합에 따른 관음·지장병립도는 선행한 중국 불교적인 배경과 이들 신앙의 독립성에 기반한 현세 수호와 명부 수호라는 논리적 층위를 달리하는 측면이 작동한 결과이다. 또 지장이 대세지를 대체하고 있는 〈아미타(정면)삼존도〉와 〈아미타(내영)삼존도〉의 존재, 그리고 고려불화에서만 확인되는 〈아미타·지장병립도〉는 지장 신앙의 확대에 따른 변화와 신앙적 습합 관계를 추론해 보기에 충분하다.

1) 병립도에서 확인되는 관음과 지장의 위치

　관음·지장병립도와 관련해서는 관음과 지장의 배치 역시 주목된다. 왜냐하면 두 점으로 분리되어 있는 일본 미나미호케지 소장의 관음·지장병립도를 제외한 나머지는 모두 참배자의 시점을 기준으로 '좌-지장, 우-관음'의 동일한 구도를 취하고 있기 때문이다. 여기에 미국 메트로폴리탄 뮤지엄 소장의 〈아미타·지장보살병립도〉 역시 동일한 '좌-지장, 우-아미타'의 위치를 취하고 있다는 점에서 의도적인 공통점이 인지된다.

　미나미호케지 소장본은 그림이 두 점으로 분리되어 있어 도상의 좌우 판단에 어려움이 있다. 이런 경우는 관음과 지장이 취하고 있는 자세나 발의 방향 등 불화 안에서의 구도를 통해 위치를 판단해 볼 수밖에 없는데, 미나미호케지 소장본은 이 역시도 동일한 좌측을 향한 자세를 취하고 있어 판단이 쉽지 않다. 즉 좌우 배치에 따른 차이점보다는 동일성이 더 크게 확보되는 것이다. 그런데 〈아미타·지장병립도〉를 보면, 좌-지장의 구조를 갖추고 있는 상태인데도 두 존상의 발이 모두 좌측을 취하고 있어 주목된다. 즉 메트로폴리탄 뮤지엄 소장의 〈아미타·지장병립도〉와 미나미호케지 소장의 〈관음·지장병립도〉 상에서 확인되는 발 모양의 구도와 배치가 상호 유사한 것이다.

〈아미타·지장병립도〉 부분(미국 메트로폴리탄 뮤지엄 소장)

〈관음·지장병립도〉 부분(일본 미나미호케지 소장)

　두 병립도에서 확인되는 유사성을 통해서 본다면, 미나미호케지 소장본 역시 좌-지장, 우-관음의 배치로 판단해도 큰 문제는 없을 것이다.[825] 또 앞서 언급한 고려불화의 모든 병립도는 좌-지장, 우-관음의 구도적인 통일성을 보인다는 점 역시 판단의 한 근거가 될 수 있다. 이런 점에서 위의 구조에 대한 판단은 더욱 높은 정합성과 타당성을 확보하게 된다. 즉 관음과 지장의 배치에서 좌우가 혼재되어 있는 중국의 대족석각이나 돈황 불화 등과는 달리, 고려불화의 구도와 배치에는 통일성이 존재하는 것이다. 이는 전체가 입상으로 이루어진 측면과 함께 고려불화 병립도만의 가장 두드러진 특징이라고 하겠다.

　그렇다면 왜 고려불화의 병립도는 중국과는 달리 좌-지장, 우-관음이라는 정형성을 확립하는 것일까? 이와 관련해서 고려불화의 내적으로 주목될 수 있는 부분이 앞서 아미타 신앙과 지장 신앙의 습합 과정에서 제시한 바 있는 한국 개인 소장의 〈아미타(정면)삼존도〉와 삼성미술관 리움 소장의 〈아미타(내영)삼존도〉이다.

두 불화를 보면 서방삼성이 지장과 습합되는 과정에서 우보처인 대세지가 지장으로 대체되는 모습이 확인되기 때문이다. 즉 아미타불을 중심으로 하는 관음과 지장의 좌우보처(좌-관음, 우-지장)와 같은 관점이 목도되는 것이다.

주지하다시피 삼존일 경우 지칭하는 방향은 본존을 중심으로 좌우보처가 된다. 그러므로 좌-관음, 우-지장이 된다. 그러나 병존일 경우에는 기준

아미타삼존도와 병립도의 지장-관음 위치적 동일성

◄──────── **14세기** ────────

├──── 아미타(정면)삼존도 ────┤──── 아미타(내영)삼존도 ────┤──────── 아미타·지장병립도 ────────┤

이 되는 본존이 존재하지 않으므로 본존 중심의 좌우라는 개념이 성립할 수 없다. 그러므로 불화를 보는 시선을 중심으로 좌-지장, 우-관음이라고 할 수 있지만, 실질적으로 두 종류 불화의 지장과 관음의 위치는 동일하게 된다. 이는 지장을 포함하는 아미타삼존의 구도가 병존도에서도 동일하게 적용되고 있다는 것을 의미한다.

실제로 〈아미타·지장병립도〉에서 지장이 좌측에 배치되는 것 역시 이와 같은 구도의 영향에 의한 것임을 짐작해 보는 것은 그리 어렵지 않다. 즉 지장을 포함하는 변형된 아미타삼존의 배치적 타당성에 입각해 좌-지장, 우-관음의 병립도 구조가 확립되는 것이다.

이는 지장이 포함되는 아미타삼존의 성립이 시기적으로 빠르며 이의

14세기 ➤ ◀ 15세기 ➤

관음·지장병립도

영향으로 현존하는 병립도의 구도가 존재하게 되었다는 것을 의미한다. 물론 현존하는 고려불화들은 대부분 14세기라는 동일 연대를 가지므로 이와 같은 접근 방법을 통한 시대 비정은 불가능하다. 다만 도상의 구조에 따른 상호 영향 관계를 통해 이치적으로 발생 순서를 추론해 보는 것이 가능하다. 그리고 이러한 구도적인 유풍은 15세기의 일본 아나인 소장의 〈관음·지장 병립도〉로까지 유전하게 된다.

2) 병립도의 상단에 대한 검토

일본 사이후쿠지 구장의 〈관음·지장병립도〉를 보면 맨 위 상단에 하나의 거대한 운형보개雲形寶蓋가 확인된다. 여기에서 보개가 분리되지 않는다는 것은 관음 신앙과 지장 신앙의 결합을 통한 현세와 명부의 수호를 상징하는 것으로 해석될 수 있다.

물론 일본 미나미호케지 소장본의 경우에는 보개가 각각으로 분리되어 있다. 그러나 이는 불화가 2점으로 독립해서 제작되었기 때문으로 이해하는 것이 타당하다. 왜냐하면 단일 보개의 존재는 조금 다르기는 하지만, 미국 메트로폴리탄 뮤지엄 소장 〈아미타·지장병립도〉에서도 확인되기 때문이다. 여기에서 보개의 상징은 앞선 〈관음·지장병립도〉에서와는 다른, 지장 신앙과 아미타 신앙의 결합에 의한 명부의 구제와 극락왕생을 의미한다. 즉 두 신앙의 결합 구조는 동일하지만 의미는 각각의 신앙에 따라 차이가 발생하는 것이다.

그런데 한국 개인 소장본에는 상단에 보개가 아닌 세 분의 화불이 등장하는 모습을 확인해 볼 수 있다. 즉 병립도에는 보개형과 화불형의 두 가지가 존재하는 것이다.

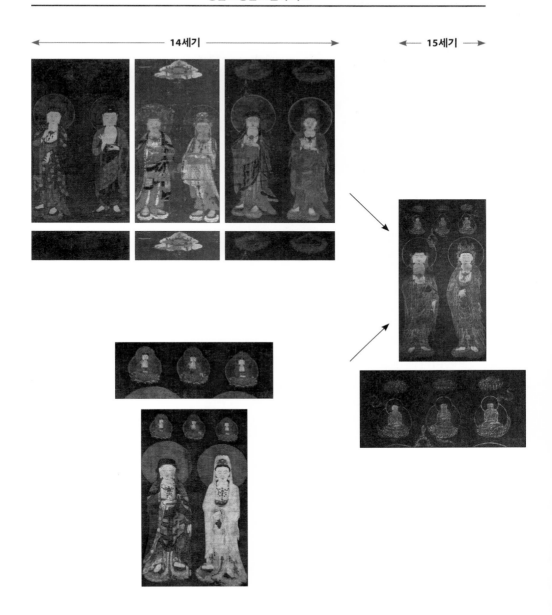

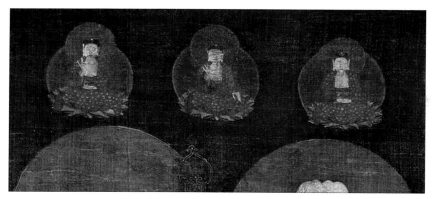
〈관음·지장병립도〉 부분(한국 개인 소장)

상단에 세 분의 화불이 등장하는 한국 개인 소장본의 〈관음·지장병립도〉를 보면, 도상이 분명하지 않아 명확한 판단은 불가능하지만, 좌측의 화불이 하품중생인을 취하고 있으며 우측 화불은 상품인을 취하는 것으로 확인된다. 중앙의 수인은 판단이 어려운데, 좌우의 수인으로 볼 때 세 화불이 모두 아미타불을 표현하고 있다는 점은 자못 분명해 보인다. 이렇게 놓고 본다면 중앙 화불의 수인은 일반적인 중품인과는 다르지만, 모종의 중품인을 표현하려고 한 것이 아닌가 한다.

이 〈관음·지장병립도〉가 중요한 것은 두 가지 이유 때문이다. 첫째, 한국불교의 존상과 불화에서는 좀처럼 확인되지 않는 상품인이 목도된다는 점이다. 둘째, 지장 신앙과 관음 신앙의 결합을 넘어 아미타 신앙까지의 연결 고리를 판단할 수 있는 특징이 있기 때문이다. 즉 '관음-현세, 지장-명부'와 '지장-명부, 아미타-극락'을 넘어서는 '관음-현세, 지장-명부, 아미타-극락'의 삼중 구조가 확인되는 것이다. 이는 관음·지장병립도와 〈아미타·지장병립도〉를 아우르는 가치로, 성립 구조만으로만 본다면 한국 개인 소장본은 이들 불화보다 빠를 수 없다. 특히 한국 개인 소장 불화의 구도가 15세기의 일

〈관음·지장병립도〉 부분(일본 아나인 소장)

본 아나인 소장본으로 계승되고 있다는 점에서 이와 같은 추론은 보다 높은 타당성을 확보받게 된다. 물론 이는 구도에 따른 성립 시차만을 의미하는 것으로 개별적인 작품들에 그대로 적용될 수 있는 측면은 아니다.

15세기 일본 아나인 소장본의 상단을 보면 보개와 세 화불이 결합된 구조임을 알 수 있다. 이런 점에서 일본 아나인 소장본은 이전 시기의 두 가지 관음·지장병립도의 양식을 모두 계승하고 있다는 판단이 가능하다. 그런데 여기에서의 보개는 관음·지장에 설시된 것이 아닌 세 화불에 대한 것임을 알 수 있다. 이는 이 불화가 보개보다는 화불에 보다 무게 비중을 두고 있다는 점을 분명히 해 준다고 하겠다.

아나인 소장본의 세 화불에는 개인 소장본과는 달리 먼 곳으로부터 오는 듯한 모습이 서기瑞氣를 통해 역동적으로 표현되어 있다. 그런데 그 오는 방향이 지시하는 곳은 세 화불이 모두 다르다. 이는 어떤 상황과 방향에서도 도달할 수 있는 아미타불의 위대성과 자재력自在力을 나타내는 것으로 이해된다.

개인 소장본의 세 화불이 정적인 것에 반해 아나인 소장본은 동적인 표현을 하고 있다는 점에서 이를 접인내영과 같은 의미로 해석할 여지도 일정 부분 존재한다. 이렇게 놓고 본다면 이 불화는 미국 메트로폴리탄 뮤지엄 소장의 〈아미타·지장병립도〉와도 모종의 연결점이 확보된다고 하겠다.

　세 화불과 관련해서 흥미로운 것은 개인 소장본의 화불과 위치가 바뀌어 있을 뿐 동일한 수인이 반복되고 있다는 점이다. 즉 왼쪽 화불의 수인은 같은 하품중생인을 취하고 있지만, 중앙과 우측 화불의 수인은 각각 상품인과 중품인 계통의 수인으로 ×자 교차를 보이고 있는 것이다. 물론 아나인 소장본의 중앙 화불 수인은 손을 복부가 아닌 가슴 쪽으로 들고 있어 변화를 보이는 측면이 존재한다. 그러나 이는 전체적인 구조상 동일한 수인의 변화

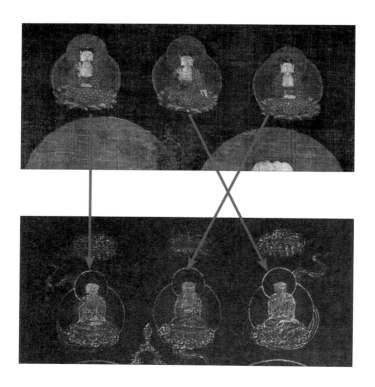

로 보는 것이 타당하다.

　아미타 화불의 수인이 ×로 교차되는 것은 '하품 수인 – 중품 수인 – 상품 수인'의 순서 배치를 '하품 수인 – 상품 수인 – 중품 수인'으로 바꿔 최고인 상품을 중앙에 놓고자 했기 때문으로 판단된다. 또 이를 통해서 아미타를 표현하는 세 화불이 특정한 공통 법식으로 유전되고 있다는 것도 알 수 있다. 즉 관음과 지장을 넘어서는 아미타까지의 결합 구조에도 특정한 방식이 존재하는 것이다.

　'관음+지장+아미타'의 신앙적 결합 구조는 매우 특수한 변화 같지만 달리 생각해 보면 두 가지로 정리될 수 있다. 첫째는 독립 신앙적인 아미타와 연계된 관음과 지장 각각의 결합이며, 둘째는 아미타삼존, 즉 서방삼존에서의 대세지를 대체하는 지장의 약진이다. 이와 같은 양상은 이미 한국 개인 소장의 〈아미타(정면)삼존도〉와 삼성미술관 리움 소장의 〈아미타(내영)삼존도〉에서 이미 확인한 바 있다. 즉 '관음+지장+아미타'의 신앙적인 결합 구조는 지장 신앙의 확대에 따른 최후의 종합적 결과물이라고 할 수 있는 것이다.

지장보살도의
동물 도상과 의미 모색

고려불화 지장보살도에는 중앙 하단에 동물이 등장하는 불화가 4점 존재한다. 이들 4점은 다시금 지장삼존도 2점과 지장시왕도 2점으로 나누어진다.

먼저 지장삼존도는 13~14세기에 제작된 일본 엔가쿠지 소장본과 보물 제1287호로 지정되어 있는 14세기의 한국 개인 소장본이다. 그리고 지장시왕도는 동일한 14세기 작품으로 독일 동아시아 예술 뮤지엄 소장본과 보물 제1048호로 지정되어 있는 호림박물관 소장본이다.

4점의 지장보살도에는 하단 중앙의 동일 위치에 동물 도상이 자리잡고 있다. 지장삼존도 2점 간에는 도상의 차이와 관련하여 동물의 형태 역시 확연히 다른 모습이 목도된다. 그러나 지장시왕도 2점은 훼손 정도의 차이가 크기는 하지만 한눈에 봐도 동일한 초본草本이 사용된 대동소이한 불화임을 알 수 있다. 이로 인해 동물의 생김새와 자세 역시 동일하게 나타난다.

지장보살도 안에 존재하는 동물에 대해서는 「환혼기」(778) 속에 등장하는 사자라는 설과 구화산의 김지장과 관련된 백견白犬이라는 두 가지 주장이 존재한다. 표현된 도상만을 놓고 본다면 목의 갈기를 통해서 이 동물이 사자임을 알 수 있는 개연성이 크다. 그러나 이를 극복하기 위해서 구화산 측에서는 백견을 선청善聽(혹 諦聽)이라는 명칭으로 특수화하고, 신견神犬과 같은 위상을 부여하는 모습이 존재하고 있어 주목된다.[826] 선청이 백견이라는 부분은 현대의 한국불교에서는 삽살개(천연기념물 제368호)의 가능성을 제시하게 한다. 또 최근에는 경주를 중심으로 이 선청이 경주 개인 동경이(천연기념물 제540호)라는 주장이 제기되기도 하였다. 즉 압축하면 사자와 백견이라는 두 가지 관점이 존재하는 것이다.

지장삼존도 부분

일본 엔가쿠지 소장

한국 개인 소장

지장시왕도 부분

독일 동아시아 예술 뮤지엄 소장

호림박물관 소장

1.
사자를 통한 문수 신앙과의 결합

지장보살도 하단에 동물이 묘사되는 것은 고려불화만의 특징은 아니다. 돈황 등에서 확인되는 다양한 지장보살도에도 동물의 존재가 확인되기 때문이다. 즉 동물의 성격과 이를 통한 구화산 김지장의 측면이 13세기 후반에서 14세기에 이르는 고려불화 지장보살도에 영향을 주었느냐가 본 논의의 초점인 것이다.

먼저 사자와 관련된 원 자료인 「환혼기」 속 사자 관련 기록을 제시해 보면 다음과 같다.

(도명이 지장보살에게) 말하고 물러가고자 하여 다시금 존용尊容을 뵈오니, 이에 ▨▨▨獅子가 관찰되었다. 도명이 물었다. "보살님, 이 축생은 어찌하여 감히 현성賢聖의 가까이에 있는 것입니까? 전사傳寫할 때에 (이 사자의) 내처來處를 요지要知코저 합니다." "너의 생각으로는 알 수 없음이다. 이는 **대성문수보살의 화현化現인데 (그) 몸이 (여기에) 있는 것으로, 나와 함께 유명계에 있으면서 모든 고난을 구제한다.**"■827

인용문을 보면 사자는 "감히 현성과 가까이"라는 말을 통해 지장과 지근의 거리에 함께 있었음을 알 수 있다. 또 사자의 수식과 관련된 세 글자가 판독되지 않는데, 이는 '금모사자'라는 주장과 관련해서 문제가 되는 부분이다.

다음으로 사자의 정체는 문수보살의 화현으로 지장과 함께 유명계의 고난을 구제하는 것으로 되어 있다. 그런데 이는 사자의 성격과 역할을 나타내는 중요한 구절인 동시에 문제가 되는 부분이기도 하다.

이렇게 놓고 본다면 인용문에서 판단이 필요한 측면은 두 가지임을 알 수 있다. 첫째는 사자가 금모사자인지에 대한 부분, 둘째는 문수가 명계에 존재하는 타당성에 대한 판단이다.

첫째, 사자의 특징과 관련해서 983년에 그려진 프랑스 파리 기메 뮤지엄 소장의 〈지장시왕도〉를 보면 "南无金毛獅子·나무금모사자"라는 방제를 확인할 수 있다. 여기에서의 '나무(namas)'는 귀의·귀경歸敬·예경한다는 뜻이므로, 사자의 성격을 규정하는 것은 '금모'라고 할 수 있다. 실제로 사자의 형상 표현 역시 황색을 사용해서 금모를 표현한 것으로 이해된다.

이 불화가 중요한 이유는 778년의 「환혼기」와는 205년의 차이가 존재하지만, 그럼에도 불화가 제작될 당시에는 「환혼기」의 미판독 세 글자의 의미를 알고 있었을 것이기 때문이다. 이런 점에서 이 불화는 778년 돈황 쪽에서 이해하는 사자에 대한 인식을 반영하고 있다고 할 수 있다. 즉 이 불화는

돈황에서 출토된 〈지장시왕도〉(프랑스 파리 기메 뮤지엄 소장, 983)의 부분. 양쪽으로 인물과 동물이 묘사된 부분에 각각 "나무도명화상"과 "나무금모사자"라는 방제가 확인된다.

「환혼기」의 미판독 세 글자를 추론해 볼 수 있는 매우 중요한 자료인 셈이다. 실제로 「환혼기」의 사자 글자는 "獅子사자"가 아닌 "師子사자"이다. 그런데 〈지장시왕도〉의 방제 역시 "師子사자"로 되어 있다. 이는 자료 일치의 측면에서도 주목되는 부분이다.

그러나 「환혼기」의 미판독 글자는 금모에 해당하는 두 자가 아닌 세 글자이다. 즉 가장 기본적이라고 할 수 있는 글자 수에서 문제가 발생하는 것이다. 여기에 다른 돈황 출토의 사자가 등장하는 불화들의 사자 색이 모두 금색(황색)을 표방하고 있지도 않다는 점 역시 주목된다. 왜냐하면 이는 동일한 돈황에서도 사자의 색에 대한 이해가 달랐음을 의미하기 때문이다.

1) 사자의 색깔 차이와 타당성

현재 확인되는 돈황 출토 사자 도상의 색은 금색을 상징하는 황색 외에도 흰색과 청색의 세 가지가 존재한다.

10~11세기라는 서로 비슷한 시기에 출토된 돈황 지장보살도의 사자 색이 다르다는 것은 금색사자에 대한 인식이 당시에 보편적이지 않았다는 것을 의미한다. 여기에 앞서 언급한 「환혼기」의 미확인 글자가 세 자라는 점을 고려한다면 '금모'라는 판단은 타당성을 상실한다.

다음 페이지의 부분도를 보면 ②, ③, ⑥에는 뚜렷한 방제의 표시가 있음에도 글자가 사라져 판독이 불가능한 상태이다. 이는 금모사자가 아닌 정황 속에서 깊은 아쉬움이 남는 대목이다. 그런데 이와 관련하여 주목해 볼 수 있는 것이 바로 방제의 길이이다. 아무래도 길이는 글자 수와 관련될 수밖에 없기 때문이다. 그런데 세 가지 방제 길이를 보면 이것이 일정하지 않다. 즉 글자의 길이가 달랐을 수 있다는 말이다. 이 역시 금모사자의 '금모' 타당성을 약화시키는 한 방증 자료가 된다.

금색(황색)

① 〈지장육도도〉
프랑스 파리 기메 뮤지엄 소장
(11세기, 북송)

② 〈지장시왕도〉
영국 런던 대영박물관 소장
(10세기 중반, 오대)

③ 〈지장시왕·아미타정토도〉
프랑스 파리 기메 뮤지엄 소장
(10세기, 오대)

백색

④ 〈지장시왕도〉
프랑스 파리 기메 뮤지엄 소장
(10세기, 북송)

⑤ 〈지장삼존도〉
미국 프리어 갤러리 소장
(11세기, 북송)

⑥ 〈지장시왕도〉
영국 런던 대영박물관 소장
(10세기 중반, 오대)

청색

⑦ 〈지장시왕도〉
프랑스 파리 기메 뮤지엄 소장
(10세기)

386

　그렇다면 983년에 조성된 파리 기메 뮤지엄 소장 〈지장시왕도〉에서는 왜 "금모사자"로 적시하고 있는 것일까? 이와 관련해서 가장 쉽게 생각할 수 있는 이유는 실제 사자의 색깔인 황색을 반영해서 종교적인 신성함을 부여한 것이라는 판단이다. 즉 사자의 실물에 기초한 상징적 재해석이라는 말이다.

　그렇다면 백색의 사자는 어떻게 이해될 수 있을까? 동아시아 전통에서 백색은 흰빛을 의미하는 길함을 상징한다. 그런데 흥미롭게도 백색은 장례 및 사후와 관련해서 사용되는 색이기도 하다. 이는 죽음과 연관되어 삿됨을 방지하고 명복을 빌어 주기 위한 것이다. 이 때문에 상복이나 상여, 화환 등 상가나 장례와 관련된 일체의 용품은 백색이 사용되며, 무덤에 흰색의 석회를 사용하는 모습 등도 확인된다. 이와 같은 전통으로 인해 오늘날까지 불교에서 망자의 연등은 백등을 사용하고 있다. 이런 점에서 본다면 왜 명부의 사자가 백색이어야 하는지에 대한 1차적인 상징성을 유추해 볼 수 있게 된다.

　다음으로 '백색=길함'의 의미와 관련해서 백색 동물은 최상이라는 상징성을 내포한다. 이는 백호와 백사 또는 백록白鹿(흰 사슴)과 백호白狐(흰 여우) 등을 통해서 확인된다. 이런 점에서 백사자는 최고의 사자라는 상징성을 가진다. 특히 불교 안에 백상白象 혹은 육아백상六牙白象에 대한 신성함이 붓다의 태몽이나 보현보살과 관련해서 존재한다는 점, 사자로 상징되는 문수보살은 보현보살과 함께 좌우보처를 형성한다는 점에서 백사자의 타당성을 일정 부분 시사받아 보는 것도 가능하다. 이것이 바로 백색으로 표현된 사자에 내포된 2차적인 상징성이라고 하겠다.

그렇다면 마지막의 청사자는 어떻게 이해될 수 있을까? 문수보살은 지혜의 상징으로 색깔로는 푸른색이 사용된다. 인도는 무덥기 때문에 시원한 청량淸凉을 지혜와 연결시키는데 이것이 바로 청색과 지혜의 결합이다.[828] 또 밝은 지혜를 나타내는 지물로는 칼과 책이 존재하는데 이는 명확한 판단과 지혜를 의미한다. 그런데 여기에서의 칼도 푸른색의 청검이 사용되며, 책도 청련화 위에 올라가 있는 경우가 다수 존재한다.[829]

사자가 문수의 지혜를 상징하게 되는 것은 사자가 강력한 동물임에도 상호 협력을 통한 집단 사냥의 지혜를 발휘하기 때문이다. 초기 경전에서부터 인도인들은 개를 어리석은 동물로, 사자를 지혜로운 동물로 대비해 비유하는 모습이 확인된다. 이는 '개에게는 돌멩이를 던지면 돌멩이를 쫓아가지만, 사자에게 돌멩이를 던지면 던진 사람을 공격한다.'는 등의 표현을 통해 단적인 판단이 가능하다.[830] 즉 사자는 눈에 보이는 현상 이면의 원인을 판단해 볼 수 있는 영리한 동물이라는 것이다.

이와 같은 인도에서의 사자에 대한 긍정적 인식은 불교에도 영향을 미쳐 붓다와 관련된 행동이 사자에 비유되는 상황을 초래한다.[831] 이는 붓다가 사자처럼 오른쪽으로 눕는다거나[832] 사자후獅子吼 또는 붓다에 대한 묘사인 32상에서 사자를 빗댄 표현이 다수 존재하는 것을 통해 판단해 볼 수 있다.[833] 이러한 흐름은 대승불교로 넘어오면 사자빈신삼매獅子頻申三昧와 같은 사자의 상징을 차용하는 요소로 전화된다."[834]

또 인도문화에는 최고의 논사나 군왕의 좌대에 네 마리의 사자를 조각하는 전통이 있다."[835] 이는 최상이라는 상징성을 내포하는데, 이것이 불교로 유입되어 사자좌나 사사자석주 같은 양식을 만들어내게 된다. 또 불상의 좌대 등에 새끼 사자를 조각하는 예좌猊座나"[836] 이로 인해 예하猊下라는 표현을 사용하는 것 등도 이와 같은 연장선상에 존재하는 측면들이다.

문수와 사자가 결합되는 것은 지혜라는 공통점에 기반을 두고 있다. 그런데 문수의 상징색이 청색이므로 사자 역시 청사자가 되는 것이다. 이런 점에서 본다면 청사자의 표현은 사자에 문수보살의 특징적인 측면을 강조한 것으로 이해될 수 있다. 즉 청색은 「환혼기」에서 사자가 문수의 화현이라고 한 부분을 시각적으로 표현한 것이라고 하겠다.

이상을 통해서 본다면 금모(황색)는 사자의 색깔에 기인한 현실적인 판단이며, 백색은 망자와 관련된 길함이라는 중국의 전통문화에 입각한 측면이고, 청색은 문수 신앙에 기반한 불교적인 측면임을 알 수 있다. 즉 세 가지의 계통이 모두 다 각기 다른 기반과 기준을 가지는 타당성을 확보하고 있는 것이다. 이는 사자와 관련해서 고유하고 명확한 관점이 10~11세기의 돈황에서 통일되어 있지 않았다는 점을 분명히 해 준다. 이런 점에서 본다면 983년에 제작된 프랑스 파리 기메 뮤지엄 소장본의 '금모'라는 방제는 종합적으로 볼 때 타당성이 결여된다고 하겠다.

2) 사자의 자세 차이와 타당성

사자의 색깔과 관련해 세 가지로 구분할 수 있다면, 자세는 크게 두 가지로 구분해 볼 수 있다. 첫째는 사원이나 황궁 등의 입구에 배치되는 허리를 곧추세워 앉은 형태이며, 둘째는 예좌 등에서 발견되는 낮게 엎드린 형태

돈황 출토 지장보살도 속 사자 도상의 자세

1. 수호

2. 조복(복종)

고려불화 속 지장보살도의 사자 도상 자세

1. 수호

  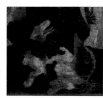

2. 조복(복종)

이다. 첫째 사자의 자세가 수호의 의미에 중심을 두고 있다면, 둘째 사자는 조복와 복종의 의도를 부각한 것으로 판단된다.

또 이러한 두 가지 도상의 존재는 10~11세기까지도 돈황의 사자 도상에 통일성이 갖추어지지 않았음을 알게 한다. 그러나 이 중 첫째를 통해서 최소한 방제가 확인되지 않더라도 이것이 사자를 의도한 도상이라는 점을 인지해 보는 것이 가능하다. 즉 이를 통해서 이 동물을 개로 볼 수 없는 중요한 판단 근거가 된다는 점이 주목되는 것이다.

그런데 이러한 돈황 출토 사자 도상의 두 가지 자세는 고려불화 4점에서도 그대로 답습되고 있다. 이의 명확한 대비를 위해 도상을 정리해 다시 살펴보자.

돈황 출토 도상과 고려불화의 동물을 대비해 보면, 1의 곧추앉은 사자는 한쪽 발을 들고 있는 것까지 동일한 것을 알 수 있다. 또 2의 엎드린 사자역시 앞발을 뻗고 있는 자세에서의 유사성이 확인된다. 이는 고려불화의 동물 도상이 앞선 불화의 영향에 따른 것이라는 점, 또 1과 같은 경우는 사자를 표현하는 도상임을 분명히 해 준다는 점에서 주목된다.

3) 문수의 유명계 존재에 대한 타당성

「환혼기」는 문수보살이 사자로 화현하여 지장과 함께 유명계에 존재하는 것으로 되어 있다. 이는 지장보살이 도명에게 다음과 같이 말하는 대목을 통해서 분명해진다.

대성문수보살의 화현化現인데 (그) 몸이 (여기에) 있는 것으로, 나와 함께 유명계에 있으면서 모든 고난을 구제한다.[837]

인용문은 두 가지로 나누어 이해될 수 있다. 첫째는 문수의 화현이 사자라는 것이며, 둘째는 지장과 함께 유명계의 문제를 해결한다는 점이 그것이다.

첫째, 사자가 문수의 화현이라는 것은 불교적으로는 납득하기 어렵다. 왜냐하면 사자, 정확히 말해서 청사자는 '문수의 탈것'으로 문수 자체가 변화한 모습은 아니기 때문이다.

인도는 윤회론을 배경 문화로 하기 때문에, 동물과 인간의 근본적인 본질에 차이가 있을 수 없다. 이는 동물과 인간의 교차 윤회를 위해서는 본질적 차이가 존재해선 안 되기 때문이다. 이와 같은 문화 배경으로 인해 인도에서는 동물이 말을 한다는 설정이 가능하게 된다. 이는 불교의 본생담 등에서 쉽게 살펴지는 방식이기도 하다.■838

또 인도의 윤회론은 동물에 대한 존중 구조를 확립하는데, 이는 아소카왕이 동물병원을 만들거나■839 기원후 인도가 육식을 금지하는 방향으로 전개되는 한 동인이 된다.

인도의 동물 존중 구조는 신화 속에서도 살펴진다. 이와 같은 결과가 신의 탈것으로 신성성을 확보하는 동물들의 존재이다. 예컨대 브라흐만의 탈것인 백조 앙사나 비슈누의 탈것인 맹금류 가루다, 그리고 시바의 탈것인 백우白牛 난디와 같은 경우가 여기에 해당한다. 흥미로운 것은 비슈누가 가루다를 얻을 때, 주종에 따른 복종 관계가 아니라 상호 대등한 관계에 입각한 계약 관계가 등장한다는 점이다.■840 이는 양자가 대등한 분리적 존재임을 분명히 해 준다.

기원 전후에 성립되는 대승불교는 인도의 신화적인 영향에 의해 일부 보살들의 탈것이 갖추어진다. 대표적인 것이 문수보살의 청사자와 보현보살의 육아백상이다. 육아백상은 인도 신화에서 이나발라伊羅鉢那(혹 埋羅婆那, Airāvaṇa)라는 이름을 가진 제석천의 탈것으로 등장하는데,■841 이는 인도의 군주들이 거대한 코끼리를 타는 것과 연관된 신화 구조로의 인입(引入)으로 판단된다. 주지하다시피 불교에서 육아백상은 보현보살의 견고한 실천력(大行)을 상징한다.

특정 보살을 그와 성격적으로 연관된 특정 동물과 결합시키는 인도 신화의 방법이 불교적으로 수용된 부분은 주목할만하다. 왜냐하면 이로 인해 중국불교 안에서 관세음보살과 용의 결합 구조도 대두할 수 있게 되기 때문이다.[842]

또 특정 보살과 특정 동물의 결합 구조는 문수보살의 사자 연결로 인해 지장과 사자의 결합은 존재할 수 없다. 이는 지장과 사자가 아닌 백견의 결합이 가능하도록 하는 한 배경이 된다. 즉 지장의「환혼기」를 통한 사자의 연결이 1차이며, 이의 대체로서 2차의 백견이 등장했다는 말이다.

그러나 대승불교에서의 청사자나 육아백상은 독립된 이름까지 붙여지진 않는다. 이는 대승의 동물이 인도 신화에서처럼 구체화에 이르지는 않았다는 것을 의미한다. 또 대승 안에서는 문수와 보현의 화현된 존재가 청사자나 육아백상이 아니라는 점도 분명하다. 즉 청사자나 육아백상은 문수와 보현의 상징이 될 수는 있지만, 그 자체가 문수와 보현의 변화된 모습일 수 없다는 말이다.

그런데 인용문에서 지장은 사자를 문수의 화현이라고 하는 납득하기 어려운 진술을 하고 있다. 이는 인도와 대승불교에 대한 이해가 부족한 측면이 아닐 수 없다. 물론 대승불교에서 응신의 대표격인 관세음보살은 동물로 변현(變現)하기도 한다. 이는「관세음보살보문품」이나『능엄경』의 32응신 구조를 통해서 확인해 볼 수 있다.[843] 또 문수도 밀교적인 영향을 받게 되면 동물이나 사자로 화현하는 측면도 존재한다. 이는『삼국유사』「대산오만진신」의 36변현 등을 통해서 확인해 볼 수가 있다.[844] 그러나 문수의 변현은 관세음과 달리 중생 구제의 위신력을 드러내기 위한 것일 뿐, 사자의 모습을 통한 구제나 조력을 위한 변현은 아니다. 또 36변현에도 '말이 사자를 낳는 형상(馬産師子形)'이나 '소가 사자를 낳는 형상(牛産師子形)'은 있어도, 청사자의 독립성이나 이를 통한 중생 교화, 구제 모습 등은 전혀 살펴지지 않는다. 청사자가 문수의 탈것이라는 역할이 고정된 대상이라는 점을 고려한다면, 문수가 청사자로 화현한다는 주장은 교리적으로나 이치적으로 타당하지 않은 주장인 셈이다.

다음으로 둘째는 사자로 화현한 문수가 지장과 함께 명계의 문제를 해결한다는 언급이다. 이 부분은 또다시 두 가지로 분절된다. 하나는 문수 신앙이 명계로까지 확대되었다는 점이며, 둘은 문수 신앙과 지장 신앙의 결합이 목도된다는 점이 그것이다.

앞서 문수 신앙이 초당기와 성당기에 산서성 오대산을 중심으로 진호국가의 관점에서 비약적으로 확대되었음을 제시한 바 있다. 이와 같은 확대 과정에서 문수 신앙이 명계까지 영향을 미쳤을 개연성도 일부 존재한다. 이는 신앙의 확대에 의해 범위가 이 세계(현세)를 넘어설 수도 있기 때문이다. 이와 같은 양상은 화엄사상이 강력해지자, 『화엄경』 사구게가 지옥을 깨트린다는 언급 등을 통해서도 단적인 판단이 가능하다.[845]

또 오대산이 위치한 산서성은 태항太行산맥을 경계로 산동성과 분리되는데, 산동성에는 사후세계의 주관자이기도 한 태산부군의 태산이 위치한다. 즉 불교적으로 태산과 태산부군에 대한 대체 양상이 오대산과 문수보살을 통해서도 나타날 수가 있는 것이다.

그러나 동시기에 보다 적합한 명계의 주관자로 지장보살이 강력하게 대두하면서, 문수와 명계의 관계는 제대로 정립되지 못하고 오히려 지장에 부속되었을 개연성이 존재한다. 이는 문수 신앙의 유행으로 당나라의 모든 사찰에 문수전이 건립되는 것이 772년이며,[846] 「환혼기」가 778년으로 불과 6년밖에 차이 나지 않는다는 점을 통해서 추론해 볼 수가 있다.

이런 점에서 본다면 문수의 화현으로서 사자와 지장의 결합에는 나름의 납득되는 측면도 존재한다고 하겠다. 왜냐하면 여기에서의 사자를 명부와 연결된 불완전한 문수 신앙의 확대로 이해하고, 이것이 다시금 지장 신앙 안으로 편입되는 구조로 판단해 보는 것이 가능하기 때문이다. 즉 사자가 문수의 화현이라는 것은 명부에서 주가 되지 못하는 문수 신앙의 한계를 상징하며, 이로 인해 지장에게 흡수되는 상황을 나타낸다고 할 수 있는 것이다.

이와 같은 판단이 가능하다면 「환혼기」의 내용인 '사자가 문수의 화현으로 존재하는 구조'와 '지장에게 동물인 사자가 하위에 위치하는 구조'의 문제점을 모두 해소할 수 있다. 즉 문수가 사자로 화현하여 지장과 함께한다는 것은 불가능하지만, 이를 상징적으로 해석해서 문수 신앙의 명부적인 확대가 강력한 지장 신앙 안으로 편입되는 구조로 이해해 볼 수는 있는 것이다. 물론 여기에는 「환혼기」가 상징 기록이 아닌 도명의 체험담이라는 점에서 문제가 완전히 해소될 수 없는 한계가 존재한다.

2.
김지장 설화의 백견과 개의 상징

구화산 김지장에 대한 내용은 모친상과 관련해서 구화산에 은거했던 비관경費冠卿이 ■847 어린 시절 보고 들은 일을 813년에 찬술한「구화산화성사기九華山化城寺記」가 가장 중요한 1차 자료가 된다. ■848 이 기록이 정리되어 송나라의 찬녕贊寧(919~1001)에 의해 998년에 찬술된『송고승전』권20「감통편感通篇」에〈당지주구화산화성사지장전唐池州九華山化城寺地藏傳〉으로 수록된다. ■849 그리고 이 내용이 다시금 명나라 때인 1417년에 간행되는『신승전神僧傳』(1417) 권8의 첫 번째「지장」으로 편입된다. ■850 즉 전체가 비관경의 기록을 답습하고 있는 비관경계 자료라고 할 수 있는 것이다. 이외에 중요한 자료로는『전당시全唐詩』(1705년 찬술)에 수록되어 있는 김지장의 시 2수가 있다. ■851 여기까지가 연대가 올라가는 1차 자료와 그 계통 자료라고 할 수 있다.

2차 자료는 오대십국 때 송의 순화淳化 연간(990~994)의 자료로〈구화행사비기九華行祠碑記〉를 들 수 있다. ■852 그리고 시대가 떨어지는 3차 자료는 청나라 때인 19세기 초의 승려 의윤儀潤이 찬술한『백장총림청규증의기百丈叢林清規證義記』권3의「지장성탄地藏聖誕」에 전하는 김지장에 대한 내용, ■853 중화민국시대에 발행된『구화산지九華山志』전8권이 있다. ■854

1차 자료에 의한 비관경계 기록에는 김지장의 이름이 '김교각金喬覺'이라거나 백견에 대한 내용 및 도명과 민공에 관한 부분이 전혀 존재하지 않는다.『전당시』의 시 2수 역시 시라는 특성상 이와 같은 구체적인 언급은 당연히 존재할 수 없다.

민공은 민씨閔氏로 해서 2차 자료인 〈구화행사비기〉에 최초로 등장한다.[855] 그러나 이는 1차 자료와 약 180년의 시간이 지난 기록임에도 민공의 이름이 '민양화閔讓和'라거나 아들인 도명과 관련된 내용은 일체 존재하지 않는다. 또 김교각이라는 이름과 백견에 대한 부분도 살펴지는 것은 없다.

김지장의 이름이 교각이라는 구체화는 1689년의 자료에서부터라는 측면이 일부 확인된다.[856] 또 백견 선청의 등장과 민공이 민양화로 김지장에게 구화산을 보시하고, 아들인 도명이 출가하며 민공 자신도 출가한다는 내용 등은 모두 3차 자료인 의윤의 『백장총림청규증의기』 권3에 수록되어 있다.[857] 물론 여기에는 김지장이 김교각이라는 내용 역시 뚜렷하게 존재한다. 그리고 이것을 중화민국의 『구화산지』 권4 「거사부居士附」 등이 답습하는 모습을 보이고 있다.[858] 즉 기록만으로는 김교각과 선청, 그리고 민양화와 도명이란 이름은 청나라 이전으로 소급되지 못하는 것이다. 이는 이들 명칭의 신뢰도를 낮게 하는 측면이 된다.

이상에서 언급한 김지장 설화의 변화 양상을 간략히 정리해 보면 다음과 같다.

① 813년, 「구화산화성사기」
  : 도명과 민공 및 백견에 대한 내용 없음
② 990~994년, 〈구화행사비기〉
  : 민씨의 등장
③ 19세기 초, 「지장성탄」
  : 민공이 구체화된 민양화와 도명 및 백견 선청이 등장하고, 민공도 출가하는 것으로 나옴

그러나 1, 2차 기록에 없다고 해서 반드시 신뢰할 수 없는 기록이라고만은 단정할 수 없다. 왜냐하면 그중에는 오래되었어도 제대로 기록되지 않은 전승도 존재하기 때문이다.

그러나 명나라 기록인 『신승전』 권8 「지장」에서의 누락은 치명적이다. 왜냐하면 『신승전』은 영명한 황제로 친불교적이었던 제3대 영락제(成祖, 재위 1402~1424)의 주도로 신이승神異僧의 기록을 집취한 것이기 때문이다.[859]

명나라 초기 구화산은 성세를 보이고 있었다. 그러므로 김지장에 대한 내용 중 일부가 수록 과정에서 배제되거나 소외되는 일은 있을 수 있다. 그러나 전체가 누락되는 것은 가능하지 않다. 이는 바꿔 말하면 『신승전』이 간행되는 1417년까지는 교각과 선청 그리고 민양화와 도명이라는 구체적인 이름이 존재하지 않았다는 것을 의미한다. 즉 이들 이름의 등장과 기존 지장 신앙과의 습합은 『신승전』이 간행되는 1417년 이후라는 말이다.

이와 관련해서 구화산의 지장 신앙을 재차 부흥시키는 것이 명 말 사대 고승 — ① 운서 주굉雲棲株宏(1532~1612), ② 자백 진가紫柏眞可(1543~1603), ③ 감산 덕청憨山德淸(1546~1623), ④ 우익 지욱蕅益智旭(1599~1655) — 중 한 분인 우익 지욱이라는 관점이 제기되고 있어 주목된다.[860] 즉 우익에 의한 성세 과정에서 설화가 구체화되었을 개연성이 존재한다는 것이다.

이상의 『신승전』에 구체적인 김지장 설화가 존재하지 않는다는 점, 또 김지장 설화의 구체화와 관련해서 연대적으로 우익 이후일 개연성이 크다는 점 등은 최소한 지장보살의 좌우보처가 「환혼기」의 도명과 오도대신을 계승한 무독귀왕이라는 점을 분명히 해 준다.[861]

현존하는 25점의 고려불화 지장보살도는 2점이 13세기 후반으로 소급될 가능성이 존재하고,[862] 이를 제외한 나머지는 모두 14세기로 추정되고 있다. 이런 점에서 고려불화 지장보살도 속 지장의 좌우보처가 구화산 김지장의 영향을 받은 도명과 민양화가 될 가능성은 전혀 존재하지 않는다.

실제로 후대의 중국불교 지장보살상이나 지장보살도에서 살펴지는 구화산 김지장의 영향에 의한 오불관五佛冠의 지장보살 도상[863] 역시 고려불화에는 단 1점도 존재하지 않는다. 또 김지장이 신라인임에도 불구하고, 이에 대한 내용이 한국불교 안에서 전해지는 내용 또한 이렇다 할 만한 것이 없다. 이는 1417년의『신승전』에 김지장 설화가 기록되지 않은 것과 무관하지 않다고 판단된다.

중국불교 내 김지장 설화가 영향력을 미친 것은 1417년 이후로, 한반도의 경우 이 시기 조선의 억불기에 들어선 상황이므로 수용되기는 어려웠을 것이란 판단이 가능하다. 즉 후대에 완성되는 김지장 설화는 한국불교의 영향이 극히 제한적일 수밖에 없었고, 고려불화 지장보살도에는 시대상 이러한 영향이 미칠 수 없었던 것이다.[864]

1) 고려 지장보살도의 우보처 판단

도상적으로 보면 도명은「환혼기」의 도명이나 김지장의 도명이 같은 승려이므로 구분되지 않는 것이 맞다. 그러나 무독귀왕과 민공의 구체화인 민양화 간에는 신분과 위계에 따른 차이가 존재할 수밖에 없다.

지장보살도 안에서 우보처는 좌보처인 출가한 삭발 도상의 도명존자 반대편에 위치한다. 그러므로 파악에 착오가 있을 수 없다. 고려불화의 우보처는 지장삼존도 2점과 지장도(혹 지장천신도) 1점, 그리고 지장시왕도 4점과 지장시왕권속도 3점에서 확인된다. 그런데 지장시왕권속도 중 일본 치온인 소장본은 후대의 수리 과정에서 좌우보처 부분이 다른 도상으로 대치되었다. 그러므로 이를 제외하고, 현재 우보처를 확인할 수 있는 고려불화는 총 9점이다. 이의 해당 부분을 도시해 보면 다음과 같다.

지장삼존도

지장도(혹 지장천신도)

한국 개인 소장　　　　일본 엔가쿠 소장　　　　삼성미술관 리움 소장

지장시왕도

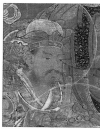

일본 닛코지 소장　　일본 세이카도문고미술관
소장　　독일 동아시아 예술 뮤지엄
소장　　호림박물관 소장

지장시왕권속도

일본 호토지 소장　　일본 게조인 소장

400

우보처 도상의 특징은 군왕을 나타내는 통천관通天冠, 원유관遠遊冠[865] 및 이의 변형된 관모를 착용하고, 손에는 경함이나 홀을 쥐고 있는 것이 일반적임을 알 수 있다. 다만 삼성미술관 리움 소장의 보물 제784호인 〈지장도〉(혹 〈지장천신도〉)의 우보처는 특별한 지물 없이 합장을 하고 있어 이채롭다. 경함 안에는 불교 경전이 들어가 있다기보다는 도상의 특성상 명부의 치부책 수납을 상징하는 것으로 판단된다. 여기에 복장 역시 군왕을 나타내는 곡령대수포曲領大袖袍 및 이의 변형된 복색을 착용하고 있는 것이 확인된다.

우보처의 표현 방식은 군왕에 준하는 것인데, 이는 같은 불화 안에서 시왕과의 대비를 통한 판단이 가능하다. 즉 지방의 재력가나 호족 정도의 위치라고 할 수 있는 민양화의 표현으로는 무리가 있는 것이다.

특히 결정적인 것은 일본 호토지 소장본의 우보처가 헐벗은 모습에 이국적인 복색 및 우락부락하고 큼지막한 귀고리를 한 매우 기괴한 방식으로 표현되고 있다는 점이다. 이는 같은 불화 속의 다른 시왕들이 군왕의 점잖은 형태를 취하고 있는 것과 크게 대비된다. 즉 주변에 위치한 문복의 네 시왕 및 무복 차림의 오도전륜대왕과도 확연한 차이가 목도되는 것이다(책 175쪽). 이는 불화를 제작하는 불모(금어)가 무독귀왕에게서 '귀鬼'의 의미를 부각하는 과정에서 나타난 도상 표현으로 판단된다. 즉 다른 도상들은 무독귀왕에서 '왕王'에 방점을 찍고 있다면, 호토지 소장본은 '귀鬼'의 의미를 크게 부각하고 있는 것이다.

도상의 관모 부분이 박락으로 인해 구분이 쉽지는 않지만, 자세히 보면 전체적인 관모의 형태는 주변의 시왕에 비해 뒤떨어지지 않는다. 즉 어떤 의미에서 시왕과 변별되는 '귀+왕'이라는 표현에 충실한 셈이다.

일본 호토지 소장본의 우보처 도상은 14세기까지의 고려불교 안에서 지장의 우보처를 무독귀왕으로 봤다는 명확한 증거가 된다. 이 도상은 도저히 민양화를 표현한 것으로는 볼 수가 없기 때문이다. 또 비록 1점에 불과하지만 이를 통해서 당시의 우보처에 대한 인식을 판단해 보는 것에 문제가 없다고 생각한다. 왜냐하면 오늘날도 마찬가지지만 불화의 도상에 대한 판단과 인식은 불모의 공통성을 기반으로 하기 때문이다.

불교미술이라는 종교미술의 의궤성과 법칙성이 강조되는 상황에서 개별 도상의 특수성이 존재할 수는 있어도 도상 자체에 특수성을 제시하는 것은 불가능에 가깝다. 이런 점에서 이는 동일한 '우보처–무독귀왕'이라는 인식 속에 존재하는 개별적인 도상 표현의 차이로 보는 것이 타당하다. 또 이는 앞서 검토한 김지장의 영향이 고려불화 지장보살도에는 존재하지 않았다는 추론과도 일치되는 판단이기도 하다.

우보처–민양화의 가능성이 존재하지 않는다면, 백견에 대한 측면 역시 고려불화 지장보살도에 영향을 미쳤을 개연성은 없다. 특히 백견은 문헌적으로는 19세기 초 의윤에 의해 처음 등장한다는 점에서 제아무리 소급해도 청 초 이상의 가능성은 없다고 판단된다. 즉 이것이 고려불화 지장보살도에 영향을 주었을 가능성은 전혀 존재하지 않는 것이다. 이런 점에서 고려불화 지장보살도 4점에서 확인되는 동물은 「환혼기」에 입각한 사자로 보는 것이 타당하다고 판단된다.

2) 백견 설화의 타당성과 상징적 의미

고려불화 지장보살도와 백견의 관계는 일체 존재하지 않는다. 그러나 김지장과 관련해서 백견의 설화가 삽입되며, 이것이 청나라 중국불교에 막대한 영향력을 행사한다는 것은 매우 이례적인 일임에 틀림없다.

대승불교 안에는 문수–청사자, 보현–육아백상의 구조가 존재한다. 그러나 지장–백견의 구조는, 개의 의미를 고려한다면, 그것이 설령 백견이라고 할지라도 종교적인 동물로 인식되기에는 부족함이 있다.

인도불교를 제외하고 중국불교의 신앙 형태에서 보살과 동물을 연결시킨 예로는 관세음-용의 구조가 존재할 뿐이다. 중국불교의 대웅전 후면 벽의 자항보도慈航普渡에 기룡관음騎龍觀音이 다수 묘사되는 것 등은 이에 따른 결과물이다.

관세음보살의 좌우보처는 선재동자와 해상용왕海上龍王이다. 이는 보타락가산을 배경으로 하는 관세음과 물 혹은 바다의 관련성을 나타내 준다.[866] 그러나 인도불교에서 중요한 용왕은 팔대 용왕 등에서처럼 용왕의 명칭이 뚜렷하게 나타난다.[867] 그런데 해상용왕은 뚜렷한 이름을 가지고 있지 않다. 이는 관세음-용의 연결이 중국불교 안에서 완성되는 과정에서 뚜렷한 명칭이 부여되는 단계까지는 이르지 못했기 때문이다.

물론 문수의 청사자나 보현의 육아백상에게도 뚜렷한 명칭이 존재하는 것은 아니다. 그러나 이들 동물이 단순히 탈것의 의미만을 가진다면 해상용왕은 관세음의 우보처가 된다는 점에서 양자의 논리적인 층위는 다르다. 실제로 좌보처인 선재동자는 「입법계품」에 근거한 선재동자이다. 그러나 해상용왕은 명칭이 뚜렷하지 않은 대명사일 뿐이며, 이는 경전적 배경의 불투명성을 분명히 한다고 하겠다.

관세음-용의 연결이 중국불교적인 측면이라는 점을 고려한다면 중국불교 안의 지장에게도 동물이 부여될 개연성 역시 충분히 존재한다. 다만 김지장과 백견의 연결은 일반적인 종교의 관점에서 볼 때 매우 이질적이다.

(1) 김지장과 백견의 결합 의미

개는 누가 봐도 종교적인 신성한 동물이 되기에는 어려운 대상이다. 그런데도 김지장은 왜 하필 백견이라는 개와 결합하는 것일까? 즉 '김지장에게 왜 백견이 요청되는가?'는 지장의 명부 신앙과 관련해서 검토될 수 있는 중요한 특징인 것이다.

김지장과 백견의 결합은 크게 세 가지로 추론될 수 있다. 첫째는『지장경』
이나■868『불설귀문목련경佛說鬼問目連經』■869,『대목련경大目連經』■870,『부모
은중경변경문게송父母恩重經變經文偈頌』■871,『불설관불삼매해경佛說觀佛三昧
海經』■872,『불설시아귀감로미대다라니경佛說施餓鬼甘露味大陀羅尼經』■873 등의
지옥 묘사에 등장하는 고통을 주는 대상으로서의 지옥 개의 존재이다. 사후세
계와 관련된 개의 설정은 희랍신화 속의 머리가 셋 달린 케르베로스Cerberus
를 통해서도 확인되는 사후와 관련된 보편 인식 중 하나라는 점은 크게 주목
된다.■874

동아시아 불교의 지옥 묘사에 옥졸로 등장하는 동물은 크게 두 종류로
구분된다. 하나는 후대에 추가되는 호두虎頭나 표두豹頭와 같은 무서운 동물
이며, 둘은『시왕경』과『발심인연시왕경』에서 확인되는 우두牛頭와 마두馬頭
처럼 인간에게 혹사당하는 동물이다.■875

여기에는 이율배반적인 이중 논리가 존재한다. 호두나 표두와 관련해
서는 인간을 공격하는 공포의 대상이 되는 동물이 다시금 인간을 괴롭힌다
는 설정이다. 그러나 우두와 마두와 관련해서는 이승의 인간에게 혹사당한
동물이 명부에서는 반대로 인간 위에 군림한다는 측면이다. 이렇게 놓고 본
다면 이러한 두 구조 속에는 모순율이 존재하는 것을 알 수 있다. 즉 인과율
이 한 번은 순으로 작동하고, 한 번은 역으로 작동하는 것이다. 그러나 설화
와 교훈 구조가 강한 지옥의 묘사에서 이는 크게 문제될 것은 없다.

옥졸이 되는 동물에 특정한 성격이 부여되고 있다면, 개는 인간과 가까
우면서도 약자라는 특성상 특정한 성격을 부여하기가 쉽지 않다. 실제로 불
교의 지옥 개 설정은 지옥에서 고통을 주는 대상으로 등장하기는 하지만, 이
후에 옥졸과 같은 특정한 위치로까지 발전하진 못한다.

둘째는 인간이 개로 윤회한다는 측면이다. 개가 인간과 가장 가까운 동
물이라는 점은 윤회론의 기반 속에 하등한 인간이 개로 윤회한다는 관점을

대두시킨다. 이는『대목련경』에서 목건련의 어머니인 청제부인이 지옥을 벗어나 정토 왕생하는 중간 과정에 아귀와 왕사성의 개로 환생한다는 내용을 통해서 확인해 볼 수가 있다.[876]

실제로 이러한『대목련경』의 내용이 반영된 것으로 1589년에 제작된 일본 야쿠센지[藥仙寺] 소장의 〈감로도甘露圖〉가 존재한다. 여기에는 도상의 하단인 소아귀小餓鬼와 관련된 부분에 개가 묘사되어 있기 때문이다.

셋째는 개가 죽은 영혼을 볼 수 있다는 견시犬視(sagdid)의 측면이다. 견시는 개와 사후의 연결 구조 속에서 주목되는 부분인데, 조로아스터교와 연관된 중앙아시아 소그드인의 관념에서 기원한다.[877] 이러한 소그드인의 견

〈감로도〉(일본 야쿠센지 소장, 1589)

시 관념이 실크로드를 타고 중국에 영향을 미치는 것이다. 이는 일본 미호 뮤지엄 소장의 6세기 후반에서 7세기 초의 중국 소그드인 무덤 석관 등을 통에서 확인해 볼 수 있다.■878

견시가 중국 전통적인 것은 아니지만, 6세기 후반에서 7세기 초라는 상당히 이른 시기에 중국 내륙에 전파되었다는 것은 시사하는 바가 적지 않다. 왜냐하면 이와 같은 측면이 청조에서 확립되는 백견 구조에 영향을 미칠 개연성이 존재하기 때문이다.

이상과 같은 '지옥 개'와 '지옥 환생자로서의 개' 그리고 '망자를 보는 개'라는 개와 지옥 또는 개와 사후의 연결 구조는 김지장이 이상화된 개인 백견과 연결되는지에 대한 하나의 타당한 이유를 살펴볼 수 있게 해 준다.

실제로 백견의 백색에는 앞선 돈황 출토 지장보살도 속 백색 사자의 검

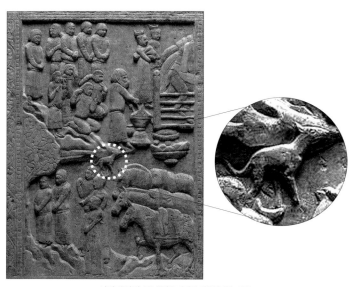

석관상위병 부분(일본 시가현 미호뮤지엄 소장).
6세기 후반~7세기 초의 이 석관에는 견시가 묘사되어 있다.

토에서 제시한 것과 같은 '사후와 길상'의 의미가 내포된다. 또 백견의 명칭으로 등장하는 선청은 '잘 듣는다'는 의미로 전령의 의미가 내포될 수 있다. 이는 개의 일반적인 인식인 충직함에 기반한 판단이 아닌가 한다. 즉 백견과 선청을 연결하면 지장보살의 명을 수행하는 '사후와 통하는 길한 전령' 정도의 의미가 도출되는 것이다.

여기에 더해 후대에 추가되는 것으로, 선청의 다른 이름인 제청諦聽은 '진리를 듣는다'는 의미로서,[879] 이는 지장보살의 가르침을 잘 받들어 따른다는 정도로 이해될 수 있다. 이렇게 놓고 본다면 김지장과 백견의 결합은 앞선 시대에 등장한 개의 이미지를 다양한 상징화를 통해서 재수용한 것임을 알 수가 있다.

(2) 사자와 개 도상의 관련성

중국불교 안에서의 일이기는 하지만, 후대의 김지장 설화가 선행한 「환혼기」의 사자를 대체하는 것은 매우 흥미로운 변화이다. 이는 두 가지로 판단해 볼 수 있다.

첫째, 지장 신앙의 독립성이 확대되며, 문수 신앙과 결별하는 과정에서 발생하는 사건이라는 판단이다. 앞서 772년의 문수 신앙 대유행과 778년의 「환혼기」의 대두를 언급하면서 지장 신앙을 중심으로 하는 문수 신앙의 습합을 언급한 바 있다. 그러나 문수 신앙은 이후 독립 신앙으로서 위력이 약해지지만, 비로자나나 석가모니의 좌보처라는 높은 위상은 그대로 유지된다. 이로 인해 지장 신앙과 문수 신앙의 결합은 「환혼기」의 지장 신앙 관점에서와는 달리 분리될 수밖에 없게 된다. 즉 문수 신앙의 독립성이 약해지면서 지장 신앙과의 관계 역시 단절될 수밖에 없다는 말이다.

그러나 돈황 출토 지장보살도에 「환혼기」의 사자 도상이 다수 존재한다는 점은 이후 사자에 대한 대체의 가능성을 추론할 수 있게 한다. 이와 같은 상황에서 지옥이나 망자와 연관되는 백견이 대두되고, 이것이 점차 발전하는 과정에서 청나라에서 김지장 설화와 결합되는 것이 아닌가 판단해 볼 수 있는 것이다.

고려 말의 지장보살도에도 사자가 등장하는 불화가 4점 존재한다. 이는 사자 도상의 유전이 후대까지도 계속되었다는 것을 의미한다. 이러한 흐름이 백견의 대두와 함께 청조에서 새로운 변화를 맞이하는 김지장 설화 속에서 '대체'라는 가시적인 결실을 맺게 된다는 말이다.

둘째, 불교 설화 구조 속에 사자와 개의 연결 고리가 존재한다는 판단이다. 이는 강력한 문수 신앙을 견지한 신라 자장율사의 최후와 관련된 석남원(현 정암사)의 기록 속에서 살펴진다. 이의 해당 기록을 제시해 보면 다음과 같다.

「자장정율」

(어느 날) 어떤 노거사가 남루한 방포方袍(方衣, 즉 가사를 의미)를 (수하고 서), **칡으로 된 삼태기에 죽은 강아지를 담아 가지고 와서**는 시자에게 이르러 말하기를, "자장을 보러왔다."라고 하였다. (자장의) 문인이 말하기를, "(스승을) 받들어 모시면서부터 나의 스승님 휘諱를 함부로 부르는 이를 보지 못하였는데, 너는 어떤 사람이기에 이러한 광언狂言을 하는가?" 하였다. (이에) 거사가 말하기를, "다만 너의 스승에게 고하여라."라고 하였다. 마침내 (문인이) 들어가서 고하니, 자장이 깨닫지 못하고 말하기를 "심각한 광자狂者인가 보다." 하였다. 문인이 나와서 그를 쫓으니, 거사가 말하기를 "돌아가리라, 돌아가리라. 아상我相이 있는 자가 어떻게 나를 볼 수 있겠는가?"라고 하며, 이에 **삼태기를 뒤집어서 터니 (죽은) 개(새끼)가 변화하여 사자보좌師子寶座가 되었다.** (그러자 그) 자리에 올라가 방광하며 떠나갔다.[880]

「개창조사전기」, 「제일조사전기」

(자장은 살라와 상살라의) 두 사찰을 왕래하며 문수를 기다렸다. 하루는 어떤 비승비속의 노거사가 파가사破袈裟를 착용하고, 어떤 **칡덩굴로된 삼태기에 죽은 개를 담아 가지고 와서** 시자에게 말하였다. "자장화상을 보고자 하여 왔다." 시자가 그가 조사의 휘를 함부로 부르는(直稱) 것에 노하여 석장으로 쫓으니, 거사가 말하기를, "너의 스승에게 고한 연후에 가겠다."라고 하였다. 시자가 들어가 조사에게 고하니 조사가 말하기를, "광패인狂悖人인데 어찌 그를 물리치지 않았느냐." 하였다. 시자가 나와서 말하며 쫓으니, 거사가 말하기를 "돌아가리라, 돌아가리라. 아상이 있는 자가 어찌 나를 볼 수 있겠는가?"라고 하고는, 이에 **칡덩굴로 된 삼태기를 뒤집으니 죽은 개가 (곧) 사자좌獅子座로 변하였다.** 그 좌대에 올라 대광명을 놓으며 허공을 타고 갔다.■881

인용문을 보면 찢어진 가사를 착용한 비승비속의 노거사로 화현한 문수보살이 삼태기에 죽은 개를 담은 채 정암사의 자장율사를 찾아온다. 그러나 자장이 이를 인지하지 못하고 광인 취급을 하니, 죽은 개를 사자(보)좌로 환원시켜 타고 갔다는 내용이다.

여기에서 '사자(보)좌'는 좌대가 사자좌라는 의미가 아니라, 전후 문맥상 직접 사자를 탄다는 의미로 이해된다. 즉 사자(보)좌는 죽은 개의 본신인 사자인 것이다. 이는 개와 사자의 연결 또는 양자의 변화 가능성을 나타내 준다.

이것이 경전적인 내용은 아니다. 그러나 개와 사자의 치환이 불교 내적으로 가능한 측면이 존재한다면, 「환혼기」의 사자(문수 신앙)가 지장 신앙과 결별하면서 백견으로 바뀔 수 있는 통로가 존재한다고 할 수 있다. 즉 사자가 개로 대체될 가능성이 지장 신앙의 흐름과 불교 설화적인 양자의 관점에 공히 존재하고 있는 것이다.

(3) 지장보살도 속 사자의 배치

사자가 등장하는 고려불화 지장보살도는 총 4점이다. 그런데 사자의 위치가 하단 중앙으로 모두 동일하게 확인된다. 즉 나름의 배치 원칙이 존재하고 있는 것이다.

돈황 출토 지장보살도에서 사자의 위치는 지장의 명부 신앙이「환혼기」와 결합하는 1차 과정과 이것이 오도대신과 결합하는 2차 과정, 그리고 오도대신이 『지장경』의 무독귀왕으로 대체되는 3차 과정을 거치는 가운데, 위치가 애매한 사자가 지장삼존의 중간으로 이동하는 모습이 확인된다. 이와 같은 단계별 변화 과정을 간략히 제시해 보면 다음 페이지의 경우와 같다.

다음의 정리된 표에서 볼 수 있듯 배치된 돈황 출토 지장보살도가 시기적으로 배열되어 있는 것은 아님을 알 수 있다. 즉 이는 도상의 변화를 나타내는 것일 뿐 성립 시기를 의미하는 것은 아니라는 말이다. 왜냐하면 변화의 과도기에는 이전 시기와 이후의 변화된 모습이 혼재되어 나타나는 것이 일반적이기 때문이다. 이는 전통에 대한 고수와 새로운 변화의 간극에 따른 제작자의 유파와 성격 차이 등에 의해 발생하는 측면이기도 하다.

고려불화 지장보살도의 사자 위치는 지장삼존의 구조가 완성되는 대영박물관 소장의 〈지장시왕도〉와 같은 변화를 수용한 결과로 판단된다. 고려불화 지장보살도 25점 중 사자가 등장할 수 있는 구도의 불화는 〈지장삼존도〉 2점과 〈지장도(혹 지장천신도)〉 1점, 그리고 〈지장시왕도〉 4점과 〈지장시왕권속도〉 3점의 총 10점이다.[882] 그런데 이 중 사자가 묘사된 불화는 4점에 불과하다.[883] 즉 전체의 40퍼센트인 셈이다.

이렇게 사자의 등장 비율이 제한적인 이유는 무엇일까? 이와 관련해서 생각될 수 있는 측면 역시 도명과 무독귀왕을 좌우보처로 하는 지장삼존의 완성 및 정형화이다. 현존하는 13세기 후반부터 14세기의 지장보살도는 모두 지장삼존의 구조가 완비된 이후의 작품이다. 이런 점에서 본다면 지장삼

〈지장시왕도〉 부분(프랑스 파리 기메 뮤지엄 소장, 983)

〈지장삼존도〉(미국 프리어 갤러리 소장, 11세기)

〈지장시왕도〉(영국 런던 대영박물관 소장, 10세기 중반)

존의 정립 과도기의 속성을 가지는 사자의 표현이 필연적이지 않다는 것을 알게 된다.

「환혼기」의 영향으로 도명과 사자가 수용되는 것은 도명과 무독귀왕을 좌우보처로 하는 지장삼존의 완성 과정에 따른 과도기적 속성이 강하다. 이런 점에서 지장삼존의 구조가 완비된 이후에는 사자 표현의 필연성이 약해지며 위축될 수밖에 없게 된다. 즉 도상의 안정 과정에서는 사자가 표현될 필연성이 존재하지만, 삼존 구조가 완비된 후에는 이에 대한 필연성이 약화된다는 말이다.

또 사자가 하단의 중앙에 위치하는 구조는 동아시아의 일향성 구도에서 볼 때는 본존인 지장보살을 어간을 가로막는 것이 된다. 이는 고려 말 성리학의 확대에 따른 영향 속에서 사자의 표현이 위축될 수밖에 없다는 것을 의미한다. 즉 원칙이 중시될수록 중심 존상인 지장보살의 어간에 사자가 배치될 개연성은 낮아지는 것이다. 실제로 조선불화 지장보살도에 오면 어간의 사자 표현은 사라지게 된다.

성리학의 영향과 관련해서 한 가지 더 고려될 수 있는 부분에는 기수(홀수)와 우수(짝수)문화도 존재한다. 기수와 우수의 관점은 불교미술에서 중심 존상(기수)을 제외한 부속 대상은 대칭적인 짝수를 형성하도록 한다. 그런데 「환혼기」에 입각한 한 마리의 사자 표현이 짝수로 분화하는 것은 쉽지 않다. 즉 사자의 대칭화에는 「환혼기」의 내용에 따른 어려운 측면이 존재하는 것이다.

사자의 대칭화와 관련해서는 돈황 출토, 파리 국가도서관 소장의 10세기 〈발심인연시왕경변상도〉가 존재하고 있어 주목된다. 〈발심인연시왕경변상도〉에는 사자가 좌우로 두 마리가 배치되어 있기 때문이다. 그런데 도명은 대칭 대상이 없이 홀로 존재한다.

〈발심인연시왕경변상도〉에 도명이 혼자 존재하는 것과 관련해서는 두 가지 판단이 가능하다. 첫째는 도명을 환혼의 대상인 견문자見聞者, 즉 국외

〈발심인연시왕경변상도〉(프랑스 파리 국가도서관 소장, 10세기)

자局外者로 보았기 때문이라는 판단, 둘째는 당시 기수와 우수에 따른 관점이 명료하지 못한 채 혼란상이 존재한다는 판단이 그것이다. 도명이 혼자 등장하는 것에는 이와 같은 양자의 판단이 모두 가능하다. 그러나 분명한 것은 이 〈발심인연시왕경변상도〉를 통해서 최소한 어간을 가리는 문제와 기수와 우수에 따른 문제 제기가 10세기에도 존재하고 있었다는 것을 알 수 있다.

지장 신앙과 문수 신앙의 결별을 통해 타당성이 약해지고 여기에 지장 삼존이 완비되면서 위상이 추락한 사자가 지장보살의 전면인 어간을 차지한다는 것은 분명 문제의 소지가 있는 측면이다. 이로 인해 사자 도상의 표현에 본격적인 위축이 발생한다고 하겠다.

고려불화 지장보살도의 사자 표현은 조선불화 지장보살도에 오게 되면 완전히 사라지게 된다. 물론 사자 도상의 소멸에는 근원적으로 이것이 불교적인 배경, 즉 경전적인 타당성이 존재하지 않기 때문이라는 측면 역시 존재한다고 하겠다.

제6장

결론

이상을 통해서 지장 신앙의 성립과 사상을 바탕으로 현존하는 고려불화 지장보살도 25점에 대한 특징과 내용 및 아미타불도 속의 지장보살에 대한 측면 등을 검토해 보았다. 이와 같은 연구 접근으로 각 장에서 새롭게 정리되는 측면은 대략 다음과 같다.

제2장에서는 지장 신앙의 사후 확대 및 명부와의 결합과 시점 등을 문헌 자료를 통해서 검토해 보았다.

지금까지는 호탄의 거라제위산에서 현세 지장 신앙이 완성되었다는 것이 일반적인 관점이지만, 명부와의 연결에는 분명한 판단에 어려움이 있었다. 그러나 이 책에서는 호탄의 지장 신앙이 확대되는 과정에서 명부와의 연결도 발생했을 가능성을 제기하고, 이것이 당나라 초기에 영향을 미친다는 점을 분명히 했다. 또 중국의 지장과 명부의 결합은 687년에서 778년 사이의 약 90년에 걸쳐서 완성되었음을 밝혀 보았다.

다음으로 『지장경』에 중국적 변형은 존재하지만, 원자료에 해당하는 Q자료는 중국문화적 산물일 수 없다는 점을 분명히 했다. 이는 현존하는 지장과 관련된 문헌 및 유물과 『지장경』에 존재하는 모계 효의 강조 및 인도문화권만의 특징적인 구조 등을 통해서 판단될 수 있었다. 즉 Q자료라는 해법을 통해서 지장과 명부의 연결이 빠르게 나타나는 동시에, 『지장경』이라는 문헌의 구체성이 명나라의 가흥대장경에 와서야 수록되는 충돌의 문제를 해소하게 되는 것이다.

제3장에서는 지장 신앙의 한반도 전래 및 전개와 관련된 특징을 검토해 보았다. 이를 통해서 드러나는 것은 두 가지로 진표계의 미륵 신앙과 지장 신앙의 결합, 그리고 오만진신 신앙 구조 속에서 확인되는 남대-지장 신앙의 강한 독립성이다.

이 책에서는 진표계 지장과 관련된 고려불화로 〈노영 필 아미타여래구존도 및 고려 태조 담무갈보살 예배도〉를 제시했다. 이 불화는 진표에 의해 본격적으로 개착開鑿되지만, 원 간섭기에 담무갈보살의 성산이 되는 금강산의 지장 신앙적 위상을 잘 나타내 주고 있기 때문이다. 이는 진표계의 지장에 대한 인식이 고려 후기까지도 계승될 수 있다는 판단을 제공한다는 점에서 주목된다.

다음으로 오만진신 구조 속의 남대-지장은 고려불화 지장보살도에서 확인되는 반가부좌로 통일된 강력한 독립성과 관음·지장의 병립이라는 병립도의 타당성을 변증해 준다는 점에서 시사하는 바가 크다. 즉 고려불화 지장보살도의 반가부좌 통일과 병립도라는 한국적 특징을 변증하는 타당한 해법이 되는 것이다. 물론 여기에는 통일신라와 고려 후기라는 상당한 시차가 존재한다.

그러나 오대산불교가 고려 말까지 강력한 영향을 행사했다는 점을 통해서 이의 가능성이 존재할 수 있음을 분명히 제시해 보았다. 이는 고려불화 지장보살도의 한국적 특징을 이해하는 중요한 관점이 된다는 점에서 중요한 의미점이 된다.

제4장에서는 고려불화 지장보살도 안에 존재하는 내적 특징과 지금까지 깊게 논의되지 않았던 의미들에 관해서 검토해 보았다.

먼저 고려불화 지장보살도 좌상 16점(독존 2점, 다존 14점)이 모두 반가부좌임을 부각하고, 이것이 지장의 독립 신앙적인 측면의 강조와 연관됨을 밝혔다. 또 이와 같은 독립 신앙적 특징은 고려불화의 특징적 도상인 병립도로 유전될 수 있는 개연성과 직결된다는 점도 분명히 했다.

그리고 지장삼존에서의 좌우보처가 '오도대신과 「환혼기」의 도명'에서 '도명과 『지장경』의 무독귀왕'으로 변모한 상황을 분명히 하고, 김지장 설화의 도명과 민공일 개연성은 존재하지 않음을 정리하였다. 또 고려불화 지장보살도의 삼존 표현 역시 도명과 무독귀왕이라는 것을 일본 호토지 소장본을 통해서 확실시하였다.

다음으로 지장삼존도 이상의 지장다존도 7점(지장천신도, 지장시왕도 4점, 지장시왕권속도 3점 중 일본 호토지 소장본을 제외한 7점)에 존재하는 사천왕과 관련해서, 지장다존도에 사천왕이 등장할 수 있는 측면을 '무불시대의 주관자'와 '유명교주'라는 측면을 통해 타당성을 정리했다.

또 다문천의 불탑 지물에 사천왕의 맹주라는 의미와 아수라와의 전쟁에서 승리라는 이중성이 내포된다는 점을 분명히 했다. 이는 불탑 지물이 다문천 외의 천왕이 가질 수 없는 지물임을 분명히 한 것이다.

또 여말선초의 사천왕의 변화와 관련해 이것이 기존의 티베트불교의 영향에 의한 것이라는 주장을 반박하고, 성리학의 대두에 의한 것임을 새롭게 제시했다. 이는 조선 후기의 방제에 입각한 사천왕의 방위 변화에 대한 문제까지도 정리할 수 있다는 점에서 주목되는 측면이 된다.

끝으로『시왕경』과『발심인연시왕경』을 통해서 지장 신앙과 시왕 신앙의 결합이『시왕경』직후에 발생하는 사건이라는 점, 그리고 시왕의 연원과 관련된 다양한 추론과 타당성을 제시해 보았다.

제5장에서는 고려불화 안에서 다른 신앙과 관련된 부분을 다루었다. 즉 제4장이 고려불화 지장보살도의 내적인 측면에 대한 것이라면, 제5장은 다른 신앙과 관련된 외연에 대한 부분인 것이다.

먼저 아미타구존도 안에 존재하는 지장보살 도상과 관련해서, 보살형 지장이 존재한다는 점을 최초로 정리하고, 이의 과도기적인 모습이 표현되어 있는〈노영 필 아미타여래구존도〉를 제시하였다. 또 지장 신앙의 약진으로 인해 서방삼성에서 대세지를 대체하는 지장이 등장하게 된다는 점과 이러한 양상이 마침내〈아미타·지장병립도〉로까지 연결된다는 점을 제시했다. 그리고 고려 말 지장 신앙의 상승은 성리학의 도입 및 확대에 대한 고려불교의 대응이었다는 점도 명확히 하였다. 이는 이후 조선불교에서 더욱 강조되는 지장 신앙으로까지 연결된다.

다음으로 여말선초에 걸쳐서, 5종 6점이 존재하는 관음·지장병립도의 의미가 '현세-관음'과 '사후-지장'이라는 점을 분명히 했다. 또 병립의 위치가 관찰자의 입장에서 '좌-지장'과 '우-관음'으로 통일되어 있는데, 이는 서방삼성에서 지장이 대세지를 대체하는 것에 의한 측면임을 밝혔다. 그리고 이와 같은 아미타의 우측에 존재하는 지장의 구조는 〈아미타·지장병립도〉로까지 이어진다.

또 관음·지장병립도에는 관음 신앙과 지장 신앙의 결합을 넘어서는 아미타 신앙과의 습합도 확인된다는 점을 분명히 하고, 이 역시 〈아미타·지장병립도〉와 연결될 수 있음을 분명히 하였다.

끝으로 고려불화 지장보살도 4점에 표현되어 있는 사자 도상의 의미를 「환혼기」에 입각한 문수의 화현이라는 의미에서 정리하고, 이러한 인식에는 문제가 다수 존재한다는 점을 지적했다. 또 프랑스 파리 기메 뮤지엄 소장의 〈지장시왕도〉 방제에서 확인되는 '금모사자'라는 명칭 역시 잘못임을 분명히 하였다.

다음으로 지장보살도의 사자를 김지장 설화의 백견인 선청과 관련해서 검토해 보았는데, 이의 타당성은 존재하지 않지만 사자와 개의 연결 관계가 존재한다는 점을 제시했다. 또 이와 같은 변화가 대승보살에서 확인되는 동물과의 연결이 중국적으로 수용된 측면과 연관되어 나타난다는 점도 분명히 하였다.

이와 같은 연구 접근을 통해 지장 신앙의 성립과 확대 및 고려불화 지장보살도를 통한 내용 분석까지 검토해 볼 수가 있었다. 이는 사상과 유물이라는 양 방면에 의한 검토라는 점에서 보다 의미 깊은 연구 타당성을 확보한다.

불교미술은 사상과 신앙을 현실적으로 구현하는 시대적 가치라는 점에서 양자에 대한 고른 이해와 접근은 보다 분명한 이해를 위해 필연적이라고 할 수가 있기 때문이다. 이런 점에서 미술과 미술사를 넘어서는 미술사상사의 인식적 지평이 더욱 강조되는 것이 타당하다고 판단된다.

제1장 서론

1 張總 著, 金鎭戊 譯, 『地藏 I - 經典과 文獻資料 研究』(서울: 東國大學校出版部, 2009) ; 張總 著, 金鎭戊 譯, 『地藏 II - 彫刻과 繪畵』(서울: 東國大學校出版部, 2009).

2 张总, 「阎罗王授记经 缀补研考」, 『敦煌吐魯番研究』 第5卷(2000) ; 张总, 「风帽地藏像的由来与演进」, 『世界宗教文化』 第1期(2012) ; 尹富, 「論三階教與地藏信仰 - 兼論淨土教對地藏信仰的吸收與排斥」, 『國學研究』 第21卷(2008) ; 尹富, 「『地藏菩萨本愿经』綜考」, 『四川大学学报』 第153号(2007) ; 尹富, 「七世紀中葉至八世紀初地藏造像論考」, 『法鼓佛學學報』 第4期(2009).

3 罗华庆, 「敦煌地藏图像和"地藏十王厅"研究」, 『敦煌研究』 第9次(1993) ; 张书彬, 「中古敦煌地藏信仰传播形态之文本图像与仪轨」, 『美术学报』 第2期(2014) ; 党燕妮, 「俄藏敦煌文献中 阎罗王授记经 缀合研究」, 『敦煌研究』 第2期(2007).

4 杜斗城 著, 『敦煌本「佛說十王經」 校錄研究』(甘肃: 甘肃教育出版社, 1989) ; 黃征·吳像 编校, 『敦煌願文集』(長沙: 岳麓書社, 1995).

5 楊寶玉 著, 『敦煌本佛教靈驗記校注研究』(甘肃省: 甘肃人民出版社, 2009) ; 郑阿财 著, 『敦煌写本道明和尚还魂故事研究』(台北: 新文丰出版股份有限公司, 2010).

6 陈佩妏, 「从地藏造像的组合看其与西方净土信仰的关系」, 『宗教学研究』 第2期(2010) ; 陈佩妏, 「中原地区早期地藏造像之样式渊源和信仰」, 『云南社会科学』 第2期(2010).

7 田军, 「中地藏菩萨及其信仰」, 『紫禁城』 第3期(1999).

8 李翎, 「韩国佛教绘画中的地藏图式」, 『法音』 第6期(2011).

9 常青, 「敦龙门石窟地藏菩萨及其有关问题」, 『中原文物』 第9次(1993).

10 朱坤, 「九华山金地藏考略」, 『铜陵职业技术学院学报』 第2期(2013) ; 王诗越, 「论蕅益智旭在九华山地藏信仰兴起中的贡献」, 『皖西学院学报』 第34卷 第6期(2018).

11 櫻井德太郎 著, 『地藏信仰』(東京: 雄山閣, 1988) ; 望月信成 著, 『地藏菩薩 - その源と信仰をさぐる』(東京: 學生社, 1989) ; 上原昭一·宮次男 外 著, 『觀音·地藏·不動 - 民衆のねがい』(東京: 集英社, 1989) ; 大島建彦 編, 『民間の地藏菩薩』(東京: 北辰堂, 1992) ; 石川純一郎 著, 『地藏の世界』(東京: 時事通信社, 1995) ; 田中久夫 著, 『地藏信仰と民俗(新裝版)』(東京: 岩田書院, 2002) ; 渡浩一 著, 『お地藏さんの世界 - 救いの說話·歷史·民俗』(東京: 慶友社, 2011) ; 速水侑 著, 『觀音·地藏·不動』(東京: 吉川弘文館, 2018).

12 眞鍋廣濟 著, 『地藏菩薩の研究』(京都: 三密堂書店, 1969).

13 寺本婉雅 著, 『于闐國佛教史の研究』(東京: 國書刊行會, 1974) ; 羽溪了諦, 「大集經と佉羅帝との関係」, 『宗教研究』第11卷 第5号(1934).

14 小南一郎, 「『十王經』の形成と隋唐の民衆信仰」, 『东方学報』第74冊(2002).

15 松本榮一 著, 『敦煌画の研究』(京都: 同朋舍出版, 1985).

16 金廷禧, 「朝鮮時代 冥府殿 圖像の 研究」(서울: 韓國精神文化研究院 博士學位論文, 1992). 이 논문은 金廷禧 著, 『朝鮮時代 地藏十王圖 研究』(서울: 一志社, 2004)로 간행.

17 金廷禧, 「高麗末·朝鮮前期 地藏菩薩畵의 고찰」, 『美術史學研究』제157호(1983) ; 「朝鮮時代의 冥府信仰과 冥府殿 圖像研究」, 『美術史學報』제4집(1991) ; 「朝鮮前期의 地藏菩薩圖」, 『講座美術史』제4권(1992) ; 「中國 道教의 十王信仰과 圖像-『玉歷寶鈔』를 중심으로」, 『美術史學』제6호(1994) ; 「韓·中 地藏圖像의 比較考察-頭巾地藏을 중심으로」, 『講座美術史』제9호(1997) ; 「生死輪廻圖 考」, 『講座美術史』제11권(1998) ; 「大足 寶頂山 石窟의 地獄變相 研究」, 『美術史學研究』제224호(1999).

18 金泰訓, 「地藏信仰의 現代的 意義」, 『韓國宗教史研究』제12집(2004) ; 「地藏十王信仰과 민간신앙-全北地域을 중심으로」, 『韓國宗教』제30집(2006) ; 「죽음관을 통해 본 十王信仰-佛教와 道教를 중심으로」, 『韓國宗教』제33집(2009) ; 「韓國 地藏信仰의 思想的 淵源」, 『韓國宗教』제34집(2010) ; 「韓國 地藏信仰의 原流」, 『韓國思想과 文化』제56집(2011).

19 한태식(普光), 「地藏思想에 관한 연구」, 『淨土學研究』제15집(2011) ; 金泰訓, 「韓國 地藏信仰의 原流」, 『韓國思想과 文化』제56집(2011) ; 박미선, 「『占察經』의 成立과 그 思想」, 『歷史와 實學』제32집(2007).

20 廉仲燮, 「『地藏經』의 중국 유행시기와 인도문화권 찬술의 타당성 검토」, 『東아시아佛教文化』제37호(2019).

21 손진(정완), 「地藏感應談의 변용과 수용에 대한 고찰-『三寶感應要略錄』을 중심으로」, 『淨土學研究』제28집(2017).

22 홍재성(법공), 「三階教와 地藏信仰」, 『淨土學研究』제5집(2002) ; 홍재성(법공), 「地藏思想과 三階教-地藏系 經典을 中心으로」, 『淨土學研究』제15집(2011) ; 권탄준, 「三階教 信行禪師의 사회적 실천의 菩薩行」, 『東아시아佛教文化』제29호(2017) ; 김철수, 「佛教의 末法思想과 三階教의 사회 활동성」, 『東洋社會思想』제1집(1998).

23 金廷喜, 「中國 道教의 十王信仰과 圖像-『玉歷寶鈔』를 중심으로」, 『美術史學』제6호(1994) ; 金泰訓, 「죽음관을 통해 본 十王信仰-佛教와 道教를 중심으로」, 『韓國宗教』제33집(2009) ; 何卯平, 「나라박물관 소장 中國 寧波 佛畵〈十王圖〉연구-陸信忠筆, 陸仲淵筆〈十王圖〉를 중심으로」, 『佛教美術史學』제10집(2010) ; 조성금, 「吐魯番 出土〈佛說預修十王生七經變相圖〉」, 『東岳美術史學』제11호(2010) ; 구미래, 「四十九齋의 儀禮基盤과 地藏信仰의 특성」, 『淨土學研究』제15집(2011) ; 한태식(普光), 「生前預修齋 信仰 研究」, 『淨土學研究』제22집(2014).

24 문상련(正覺), 「地藏信仰의 전개와 신앙의례」, 『淨土學研究』제15집(2011) ; 박미선, 「圓光의 占察法會와 三階教」, 『韓國思想史學』제24집(2005) ; 박미선, 「新羅 占察法會와 密教」, 『東方學誌』제155호(2011) ; 이경란, 「占察修行을 통해 본 新羅 初期 地藏信仰 양상」, 『東北亞文化研究』제61집(2019).

25 박광연,「新羅 眞表의 彌勒信仰 재고찰」,『佛教學研究』제37호(2013);廉仲燮,「韓國佛教 戒律觀 根本問題 고찰-中國文化圈의 특수성을 중심으로」,『宗教研究』제72집(2013);廉仲燮,「法住寺 喜見菩薩像과 石蓮池에 대한 사상적 고찰」,『大同哲學』제66집(2014);廉仲燮,「韓國佛教의 戒律적인 특징과 현대 曹溪宗의 戒律傳統」,『宗教文化研究』제30호(2018).

26 文明大,「魯英의 阿彌陀·地藏佛畵에 대한 考察」,『美術資料』제25호(1979);文明大,「魯英筆 阿彌陀九尊圖 뒷면 佛畵의 再檢討-高麗 太祖의 金剛山拜帖 曇無竭(法起)菩薩 禮拜圖」,『古文化』제18집(1980);김승희,「魯英의 金剛山曇無竭(法起)·地藏菩薩現身圖」,『아름다운 金剛山』(서울:國立中央博物館, 1999);廉仲燮,「魯英 筆 高麗 太祖 曇無竭菩薩 禮拜圖의 타당성 검토」,『國學研究』제30집(2016).

27 廉仲燮,「五臺山 文殊華嚴 신앙의 특수성 고찰」,『韓國佛教學』제63집(2012);「新羅五臺山의 정립에 있어서 文殊信仰과 華嚴」,『淨土學研究』제29집(2018);「新羅五臺山의 文殊信仰과 五萬眞身信仰 검토」,『韓國佛教學』제92집(2019);「韓國五臺山 五萬眞身信仰의 특징과 北臺信仰의 변화」,『佛教學研究』제70호(2020);「寶川과 孝明의 五臺山 隱居 기록 속 문제점 검토」,『韓國佛教學』제95집(2020).

28 朴魯俊,「五臺山信仰의 起源研究-羅·唐 五臺山信仰의 比較論的 考察」,『嶺東文化』제2호(1986);신동하,「新羅 五臺山信仰의 구조」,『人文科學研究』제3호(1997);박미선,「新羅 五臺山信仰 占察禮懺의 내용과 성격」,『韓國思想史學』제33집(2009);여성구,「新羅의 地藏結社와 住處信仰」,『韓國學論叢』제38권(2012);이선성(성안),「地藏菩薩信仰과 五臺山 南臺의 관련성 一考」,『哲學·思想·文化』제32호(2020);장미란,「新羅 五臺山信仰體系의 變容背景과 의미」,『東아시아文化研究』제44권(2000).

29 金廷禧,「高麗末·朝鮮前期 地藏菩薩畵의 고찰」,『美術史學研究』,제157호(1983);金廷禧,「朝鮮前期의 地藏菩薩圖」,『講座美術史』제4권(1992);鄭于澤,「高麗佛畵에 있어 圖像의 傳承」,『美術史學研究』제192호(1991);鄭于澤,「日本에서 발견된 高麗佛畵」,『美術史論壇』제1호(1995);鄭于澤,「日本에 있어 高麗佛畵 受容의 一斷面」,『美術史論壇』제3호(1996);鄭于澤,「高麗佛畵의 領域」,『佛教美術史學』제5집(2007);鄭于澤,「高麗의 中國佛畵 선택과 변용」,『美術史研究』제25호(2011);鄭于澤,「美國所在 韓國佛畵 調査 研究」,『東岳美術史學』제13호(2012).

30 권희경,「高麗의 地藏菩薩畵-日本 蓮地善導寺所藏과 根津美術館所藏의 地藏畵를 중심으로」,『東洋文化研究』제5권(1978);朴英淑,「高麗時代 地藏圖像에 보이는 몇 가지 問題點」,『美術史學研究』제157호(1983);文明大,「高麗佛畵의 樣式變遷에 대한 고찰」,『美術史學研究』제184호(1989);全惠淑·金眞熙,「高麗時代 地藏菩薩圖의 服飾에 관한 연구」,『服飾文化研究』제7권 제1호(1999);유대호,「朝鮮 前期 地藏菩薩像 研究」,『美術史學研究』제279·280호(2013);신광희,「高麗佛畵의 유사성과 의미-地藏菩薩圖를 중심으로」,『佛教學報』제85집(2018).

31 林玲愛,「武裝形 四天王像의 淵源 再考-간다라 및 西域을 중심으로」,『講座美術史』제11호(1998);林玲愛,「順天 松廣寺 四天王像의 方位問題와 造成時期」,『書誌學研究』제30집(2005);林玲愛,「北方 多聞天의 寶塔 圖像 解釋-圖像 形成 原因과 元·高麗 이전의 양상」,『美術史와 視角文化』제9호(2010);林玲愛,「朝鮮時代 四天王像 尊名의 變化」,『美術史學研究』제265호(2010);林玲愛,「石窟庵 四天王像의 圖像과 佛教經典」,『講座美術史』제37권(2011);廉仲燮,「毘沙門天의 塔持物과 몽구스지물의 성립배경과 의미분석」,『溫知論叢』

제33집(2012) ; 廉仲燮,「한국 4天王 塔持物의 위치변화에 대한 재고점」,『宗敎文化硏究』제 22호(2014) ; 廉仲燮,「佛敎美術의 天王 수용과 위치 문제 고찰-毘沙門天의 獨立신앙과 左·右의 位階 문제를 통한 관점 환기」,『圓佛敎思想과 宗敎文化』제62집(2014) ; 이대암,「朝鮮時代 라마계 天王門의 受容 및 展開에 대하여-天王門의 배치와 四天王 배열에 관한 문제」,『建築歷史硏究』제55호(2007) ; 李承禧,「高麗末 朝鮮初 四天王像圖 硏究」,『美術史硏究』제22호(2008) ; 朴銀卿·韓政鎬,「四天王像 配置形式의 變化 原理와 朝鮮時代 四天王 名稱」,『美術史論壇』제30호(2010).

32 沈盈伸,「高麗時代 毘沙門天像 硏究」,『美術史硏究』제16호(2002) ;「四天王 갑옷의 의미 再考」,『美術史學報』제42집(2014) ;「印度의 神觀과 佛敎 神將 이미지의 形象化」,『美術資料』제95호(2019).

33 양희정,「高麗時代 阿彌陀八大菩薩圖 圖像 硏究」,『美術史學硏究』제257호(2008) ; 文明大,「高麗 阿彌陀8大菩薩圖(9尊圖)의 圖像學」,『講座美術史』제54호(2020).

34 黃金順,「觀音·地藏菩薩像의 來世救濟 信仰」,『美術史硏究』제19호(2005) ; 김아름,「觀音·地藏並立 圖像의 淵源과 唐·宋代의 觀音·地藏並立像」,『講座美術史』제45호(2015) ; 김아름,「放光菩薩 信仰의 기원과 전개」,『美術史學』제32호(2016) ; 廉仲燮,「麗末鮮初 觀音·地藏並立圖의 기원과 내포 의미 검토」,『國學硏究』제40호(2019).

35 朱坤,「九华山金地藏考略」,『铜陵职业技术学院学报』第2期(2013) ; 金世焕,「浅谈九华山金地藏的传说及其文学性」,『中國學』第53輯(2015) ; 王诗越,「论蕅益智旭在九华山地藏信仰兴起中的贡献」,『皖西学院学报』第34卷 第6期(2018).

36 金鎭戊,「中國 地藏信仰의 淵源과 金地藏」,『淨土學硏究』제15집(2011).

제2장 지장 신앙의 성립과『지장경』의 정립 과정

37 櫻井德太郎 著,『地藏信仰』(東京: 雄山閣, 1988), p. 4 ; 金廷禧 著,『朝鮮時代 地藏十王圖 硏究』(서울: 一志社, 2004), p. 37.

38 眞鍋廣濟 著,『地藏菩薩の硏究』(京都: 三密堂書店, 1969), pp. 2-3 ; 眞鍋廣濟,「地藏信仰の源流と地藏菩薩」,『地藏信仰』(東京: 雄山閣, 1983), p. 4 ; 錦織亮介 著,『天部の佛像事典』(東京: 東京美術, 1987), pp. 183-193 ; 莊明興 著,『中國中古の地藏信仰-國立臺灣大學文史叢刊110』(台北: 國立臺灣大學校大學院, 1999), pp. 18-19 ; 金泰訓,「地藏信仰의 韓國的 變容에 關한 硏究」(益山: 圓光大 博士學位論文, 2010), pp. 10-11 ; 이경란,「地藏菩薩의 외형적 특징에 관한 연구」,『韓國佛敎學』제97집(2021), pp. 360-366.

39 莊明興 著,『中國中古の地藏信仰-國立臺灣大學文史叢刊110』(台北: 國立臺灣大學校大學院, 1999), pp. 24-25.

40 양희정,「高麗時代 阿彌陀八大菩薩圖 圖像 硏究」,『美術史學硏究』제257호(2008), pp. 71-72 ; 이경란,「地藏菩薩의 외형적 특징에 관한 연구」,『韓國佛敎學』제97집(2021), p. 357.

41 양희정은 인도불교 팔대보살 도상 안의 지장보살을 총 12종 제시하며, 각각의 지물까지 정리해 주고 있어 도움이 된다. 이를 제시해 보면 다음과 같다. ① 엘로라 석굴 제12굴 1층 복도-연꽃 봉

오리, ② 엘로라 석굴 제11굴 2층 최북단감(最北端龕)-보주 또는 연봉오리로 추측, ③ 라트나기리 제1승원지-세 갈래 꽃, ④ 라트나기리 제1승원지-세 갈래 꽃, ⑤ 라트나기리 제1승원지-불명, ⑥ 랄리타기리 제3승원지 부근-세 갈래 꽃, ⑦ 랄리타기리 파라바디언덕 북쪽-세 갈래 꽃, ⑧ 랄리타기리 제1승원지 부근-세 갈래 꽃, ⑨ 우다야기리-세 갈래 꽃, ⑩ 우다야기리 대탑大塔-수련상 또는 보주로 추측, ⑪ 비하르주 출토 상인방석A-세 갈래 꽃, ⑫ 비하르주 출토 상인방석B-세 갈래 꽃(「高麗時代 阿彌陀八大 菩薩圖 圖像 硏究」, 『美術史學硏究』 제257호(2008), p. 80).

42 莊明興 著, 『中國中古的地藏信仰-國立臺灣大學文史叢刊110』(台北: 國立臺灣大學校大學院, 1999), p. 24 ; 이경란, 「地藏菩薩의 외형적 특징에 관한 연구」, 『韓國佛教學』 제97집(2021), p. 357.

43 羽溪了諦, 「『大集経』と佉羅帝との関係」, 『羽渓博士米寿記念-仏教論説選集』(東京: 大藏出版社, 1971), pp. 680-695 ; 羽溪了諦, 「『大集經』と佉羅帝との關係」, 『宗教研究』 第11卷 第5号 (1934), pp. 736-741.

44 高崎直道, 鄭舜日 譯, 「華嚴思想의 展開」, 『華嚴思想』(서울: 經書院, 1996), pp. 30-31 ; 『宋高僧傳』 2, 「唐洛京大遍空寺實叉難陀傳」(『大正藏』 50, 718c), "以華嚴舊經處會未備。遠聞于闐有斯梵本。"

45 『歷代三寶紀』 12, 「沙門釋僧就-新合大集經六十卷」(『大正藏』 49, 103a), "見今譯經崛多三藏口每說云。于闐東南二千餘里。有遮拘迦國。彼王純信敬重大乘。諸國名僧入其境者並皆試練。若小乘學即遣不留。摩訶衍人請停供養。王宮自有摩訶般若大集華嚴三部大經。並十萬偈。王躬受持親執鍵鑰。轉讀則開香花供養。又道場內種種莊嚴。眾寶備具。兼懸諸雜花時非時果。誘諸小王令入禮拜。彼土又稱。此國東南二十餘里。有山甚嶮。其內安置大集華嚴方等寶積楞伽方廣舍利弗陀羅尼華聚陀羅尼都薩羅藏摩訶般若八部般若大雲經等。凡十二部皆十萬偈。國法相傳防護守視。" ; 莊明興 著, 『中國中古的地藏信仰-國立臺灣大學文史叢刊110』(台北: 國立臺灣大學校大學院, 1999), pp. 30-31.

46 『大乘大集地藏十輪經』 1, 「序品第一」(『大正藏』 13, 722a), "安忍不動猶如大地。靜慮深密猶如祕藏。"

47 『大方廣十輪經』 1, 「序品第一」(『大正藏』 13, 681c), "忍辱堅固亦如大地。總持正法心無二相。" ; 『佛說地藏菩薩陀羅尼經』 全1卷(『大正藏』 20, 656a).

48 尹富, 「中國地藏信仰研究」(四川: 四川大學 博士學位論文, 2005), pp. 105-106 ; 윤재석, 「中國 古代〈死者의 書〉와 漢代人의 來世觀-鎭墓文을 중심으로」, 『中國史研究』 제90권(2014), pp. 34-38.

49 金泰訓, 「韓國 地藏信仰의 原流」, 『韓國思想과 文化』 제56집(2011), p. 352 ; 羽溪了諦, 「『大集経』と佉羅帝との関係」, 『羽渓博士米寿記念-仏教論説選集』(東京: 大藏出版社, 1971), pp. 680-695.

50 『大乘大集地藏十輪經』 1, 「序品第一」(『大正藏』 13, 721a), "一時。薄伽梵在佉羅帝耶山。諸牟尼仙所依住處。" ; 『大方廣十輪經』 1, 「序品第一」(『大正藏』 13, 681a), "一時。佛在佉羅堤耶山。牟尼仙所住之處。"

51 寺本婉雅 著, 『于闐國佛教史の研究』(東京: 國書刊行會, 1974), pp. 16-20.

52 『大方等大集經』55,「月藏分第十二分布閻浮提品第十七」(『大正藏』13, 368a), "爾時. 世尊
    以于填國土付囑難勝天子千眷屬. 散脂夜叉大將十千眷屬. 殺羊脚大夜叉八千眷屬. 金華
    鬘夜叉五百眷屬. 熱舍龍王千眷屬. 阿那緊首天女十千眷屬. 他難闍梨天女五千眷屬) '毘
    沙門王神力所加. 共汝護持于填國土.'"

53 『一切經音義』11,「寶積經第十卷」(『大正藏』54, 375c), "于闐(···此國令卽貫屬安西四鎮之
    城此其一鎮也於彼城中有毘沙門天神廟七層木樓神居樓上甚有靈驗 ··· 云云)."

54 『大唐西域記』12,「瞿薩旦那國」(『大正藏』51, 943a), "瞿薩旦那國(唐言地乳即其俗之雅言
    也. 俗語謂之渙那國. 匈奴謂之于遁. 諸胡謂之谿旦. 印度謂之屈丹. 舊曰于闐訛也)."

55 같은 책(943a·b), "自云. 毘沙門天之祚胤也. 昔者此國虛曠無人. 毘沙門天於此棲止. 無憂
    王太子在呾叉始羅國. 被抉目已無憂王怒譴輔佐遷其豪族. 出雪山北居荒谷間. 遷人逐物
    至此西界. (推擧酋豪尊立爲王. 當是時也東土帝子蒙譴流徙居此東界. 群下勸進又自稱
    王. 歲月已積風敎不通. 各因田獵遇會荒澤. 更раль 宗緖因而爭長. 忿形辭語便欲交兵. 或有
    諫曰. 今何遽乎因獵決戰未盡兵鋒. 宜歸治兵期而後集. 於是迴駕而返. 各歸其國校習戎
    馬. 督勵士卒. 至期兵會. 旗鼓相望日日合戰. 西主不利. 因而逐北遂斬其首. 東主乘勝撫
    集亡國. 遷都中地方建城郭. 憂其無土恐難成功. 宣告遠近誰識地理. 時有塗灰外道. 負大
    瓠盛滿水. 而自進曰. 我知地理. 遂以其水屈曲遺流. 周而復始. 因即疾驅忽而不見. 依彼
    水迹峙其基堵. 遂得興功卽斯國治. 今王所都於此城也. 城非崇峻攻擊難剋. 自古已來未
    能有勝. 其王遷都作邑建國安人) 功績已成齒耋云暮. 未有胤嗣恐絕宗緖. 乃往毘沙門天
    神所祈禱請嗣. 神像額上剖出嬰孩. (捧以回駕國人稱慶. 既不飮乳恐其不壽. 尋詣神祠重
    請育養. 神前之地忽然隆起. 其狀如乳. 神童飮吮. 遂至成立. 智勇光前風敎遐被) 遂營神
    祠宗先祖也. 自茲已降奕世相承. (傳國君臨不失其緖. 故今神廟多諸珍寶. 拜祠享祭無替
    於時. 地乳所育因爲國號)."

56 『大唐大慈恩寺三藏法師傳』5,「起尼乾占歸國終至帝城之西漕」(『大正藏』50, 251a), "自云.
    毘沙門天之胤也. 王之先祖即無憂王之太子在. 呾叉始羅國. 後被譴出雪山北. 養牧逐水
    草至此建都. 久而無子. 因禱毘沙門天廟. 廟神額上剖出一男. (復於廟前地生奇味. 甘香
    如乳. 取而養子)遂至成長. 王崩後嗣立. 威德遐被力幷諸國. 今王即其後也. (先祖本因地
    乳資成. 故于闐正音稱地乳國焉)."

57 廉仲燮,「毘沙門天의 塔持物과 몽구스지물의 성립배경과 의미분석」,『溫知論叢』제33집
    (2012), pp. 233-238.

58 『佛祖統紀』29,「瑜伽密敎」(『大正藏』49, 295c).

59 廉仲燮,「毘沙門天의 塔持物과 몽구스지물의 성립배경과 의미분석」,『溫知論叢』제33집
    (2012), pp. 238-240.

60 『圖畫見聞志』5,「相藍十絶」, "其八. 西庫有明皇先敕車道政往于闐國傳北方毗沙門天王樣
    來. 至開元十三年封東嶽時. 令道政於此依樣畫天王像爲一絶."

61 『高僧傳』4,「義解一-朱士行一」(『大正藏』50, 346b·c) ;『神僧傳』1,「朱士行」(『大正藏』50,
    950b).

62 『佛祖統紀』권40에는 '城'이 '域'으로 되어 있다.『佛祖統紀』40,「玄宗(隆基睿宗三子)」(『大正
    藏』49, 375b), "天寶元年. 西域康居(音渠)大石五國."

---

63 화려한 삼지창 종류로 추정된다.

64 『佛祖統紀』29,「瑜伽密教」(『大正藏』49, 295c), "天寶元年西城大石康居五國. 入寇安西. 召師入內. 上親秉香鑪. 師誦仁王護國密語. 方二七遍. 上忽見神兵可五百人. 帶甲荷戈立於殿庭. 師曰. 此毘沙門天王第二子獨健. 副陛下意往救安西. 請設食以遣之. 至四月安西奏. 二月十一日. 城東北黑雲中見金甲人丈餘. 空中鼓角大鳴聲震天地. 寇人帳幕間有金鼠齧斷弓弦. 五國即時奔潰. 須臾城樓上見天王形. 謹圖其像以進驗之. 即誦呪日也. 乃勅諸道. 於城西北隅置天王像(今城樓軍壘立天王堂者即其故事)."; 『宋高僧傳』1,「唐京兆大興善寺不空傳(慧朗)」(『大正藏』50, 714a); 『大宋僧史略』3,「城闉天王」(『大正藏』54, 254a·b); 『釋門正統』4,「興衰志」(X75, 311b·c).

65 『舊唐書』67,「列傳 17-魏徵」; 『新唐書』93,「列傳 18-李靖」.

66 마노 다카야 著, 이만옥 譯,「托塔天王/中壇元帥」,『道教의 신들』(서울: 들녘, 2001), pp. 104-111.

67 李瑛·安贊淳,「唐传奇『虯髥客传』与『聂隐娘』中的女侠形象比较分析」,『中國語文學』제84집(2020), pp. 15-18.

68 유수민,「『封神演義』속 哪吒 형상 小考-道教的 토착화 및 幻想性과 관련하여」,『中語中文學』제61집(2015), pp. 12-13.

69 『毘沙門儀軌』全1卷(『大正藏』21, 228c), "天寶元載四月二十三日. 內謁者監高慧明宜天王第二子獨健. 常領天兵護其國界. 天王第三子那吒太子. 捧塔常隨天王."; 『北方毘沙門天王隨軍護法儀軌』全1卷(『大正藏』21, 224c), "爾時那吒太子. 手捧戟. 以惡眼見四方白佛言. 我是北方天王吠室羅摩那羅闍第三王子其第二之孫."

70 유수민,「『封神演義』속 哪吒 형상 小考-道教的 토착화 및 幻想性과 관련하여」,『中語中文學』제61집(2015), pp. 4-13.

71 『宋高僧傳』14,「明律篇第四之一(正傳二十人附見五人)-唐京兆西明寺道宣傳(大慈)」(『大正藏』50, 591a), "貞觀中曾隱沁部雲室山. 人睹天童給侍左右. 於西明寺夜行道足跌前階有物扶持履空無害. 熟顧視之乃少年也. 宣遽問. 何人中夜在此. 少年曰. 某非常人. 即毘沙門天王之子那吒也. 護法之故擁護和尚. 時之久矣宣曰. 貧道修行無事煩太子. 太子威神自在. 西域有可作佛事者. 願為致之. 太子曰. 某有佛牙寶掌雖久頭目猶捨. 敢不奉獻. 俄授於宣. 宣錄供養焉."

72 유수민,「『封神演義』속 哪吒 형상 小考-道教的 토착화 및 幻想性과 관련하여」,『中語中文學』제61집(2015), p. 4.

73 『開元釋教錄』11,「大集部(但是大集流類皆編於此)」(『大正藏』55, 558c), "大乘大集地藏十輪經十卷(第十三分一帙). 大唐三藏玄奘譯(出內典錄第二譯). 大方廣十輪經八卷. 失譯(今附北涼錄第一譯). 右二經同本異譯(其舊十輪經大周錄云曇無讖譯出長房錄檢長房入藏錄中乃云失譯周錄誤也)."; 『衆經目錄』2,「大乘經重翻」(『大正藏』55, 189b).

74 『大唐大慈恩寺三藏法師傳』1,「起載誕於緱氏終西屆于高昌」(『大正藏』50, 225b), "遂共入道場禮佛. 對母張太妃. 共法師約為兄弟. 任師求法. 還日請住此國三年. 受弟子供養. 若當來成佛. 願弟子如波斯匿王. 頻婆娑羅等與師作外護檀越."; 샐리 하비 리긴스 著, 신소연·김민구譯,『玄奘法師』(서울: 民音社, 2010), p. 44.

75 『大唐大慈恩寺三藏法師傳』5,「瞿薩旦那國」(『大正藏』50, 251b·c), "于闐王聞法師到其境。
躬來迎謁。… 法師前為渡河失經。到此更使人往屈支。疏勒訪本。及為于闐王留連。未獲即
還。因修表使高昌小兒逐商伴入朝。陳己昔往婆羅門國求法。今得還歸到于闐。"; 샐리 하비
리긴스 著, 신소연·김민구 譯,『玄奘法師』(서울: 民音社, 2010), p. 237.

76 『大唐西域記』12,「瞿薩旦那國」(『大正藏』51, 943c), "王城西南二十餘里。有瞿室餕伽山(唐
言牛角)。山峯兩起。巖隒四絕。於崖谷間建一伽藍。其中佛像時燭光明。昔如來曾至此處。
為諸天。人略說法要。懸記此地當建國土。敬崇遺法。遵習大乘。"

77 矢吹慶輝 著,『三階教の研究』(東京: 岩波書店, 1973), pp. 593-601 ; 홍재성(법공),「三階教
와 地藏信仰」,『淨土學研究』제5집(2002), p. 168.

78 김철수,「佛敎의 末法思想과 三階教의 사회 활동성」,『東洋社會思想』제1집(1998), p. 260.

79 구보타 료온 著, 崔俊植 譯,『廢佛事件』,『中國儒佛道 三教의 만남』(서울: 民族社, 1994), pp.
125-140 ; 道端良秀 著, 戒環 譯,『中國佛教史』(서울: 우리출판사, 1997), pp. 84-87 ; 토오도
오 교순·시오이리 료오도 著, 車次錫 譯,『中國佛教史』(서울: 대원정사, 1992), pp. 232-235.

80 莊明興 著,『中國中古的地藏信仰-國立臺灣大學文史叢刊110』(台北: 國立臺灣大學校大學
院, 1999), pp. 47-51.

81 尹富,「中國地藏信仰研究」(四川: 四川大學 博士學位論文, 2005), pp. 38-39.

82 『大方等大集經』50,「大方等大集月藏經卷第五」(『大正藏』13, 331a-337b); 권탄준,「三階
教 信行禪師의 사회적 실천의 菩薩行」,『東아시아佛教文化』제29호(2017), p. 166.

83 강경중,「信行의 三階教에 대한 고찰」,『人文學研究』제106권(2017), pp. 19-21.

84 『大乘大集地藏十輪經』1,「序品第一」(『大正藏』13, 721a), "說月藏已。";『大方廣十輪經』1,
「序品第一」(『大正藏』13, 618a), "說《月藏》訖。"

85 矢吹慶輝 著,『三階教の研究』(東京: 岩波書店, 1973), pp. 593-601 ; 홍재성(법공),「三階教
와 地藏信仰」,『淨土學研究』제5집(2002), p. 168.

86 尹富,「論三階教與地藏信仰-兼論淨土教對地藏信仰的吸收與排斥」,『國學研究』第21卷
(2008), p. 192 ; 莊明興 著,『中國中古的地藏信仰-國立臺灣大學文史叢刊110』(台北: 國立
臺灣大學校大學院, 1999), pp. 67-80.

87 陈佩妏,「从地藏造像的组合看其与西方净土信仰的关系」,『宗教学研究』第2期(2010), p.
192, "从实物材料看, 中原北方地区的造像如龙门石窟普泰洞外上元二年(675)造像。莲华
洞长寿二年(693)任智满造像。老龙洞景云二年(711)造像。双窑李去泰造像。万佛洞焦大
明造像。蔡大娘洞比丘尼九娘造像等, 都是这种弥陀。观音与地藏的三尊像组合。"

88 『大乘大集地藏十輪經』1,「序品第一」(『大正藏』13, 726a), "或作剡魔王身。或作地獄卒身。
或作地獄諸有情身。";『大方廣十輪經』1,「序品第一」(『大正藏』13, 684c), "或作閻羅王身。
或作地獄卒身。"; 莊明興 著,『中國中古的地藏信仰-國立臺灣大學文史叢刊110』(台北: 國
立臺灣大學校大學院, 1999), pp. 119-120.

89 李兴中,「民俗学视野中的地藏信仰」,『池州学院学报』第17卷 2期(2003), pp. 40-41.

90 尹富,「中國地藏信仰研究」(四川: 四川大學 博士學位論文, 2005), pp. 79-89.

91 清水邦彦 著,『日本に於ける地藏信仰の展開-祖師から民衆まで』(横浜: 神奈川大学, 2016), p. 24 ; 莊明興 著,『中國中古的地藏信仰-國立臺灣大學文史叢刊110』(台北: 國立臺灣大學校大學院, 1999), pp. 84-90 ; 尹富,「中國地藏信仰研究」(四川: 四川大學 博士學位論文, 2005), pp. 46-48.

92 『地藏菩薩像靈驗記』全1卷,「梁朝善寂寺畫地藏放光之記第一」(X87, 588a), "梁朝. 漢州德陽縣善寂寺東廊壁上. 張僧繇. (張僧繇者. 畫師之字也) 畫地藏菩薩幷觀音全一㘽."

93 『지장경』의 성립 시기와 관련하여 쥐앙밍싱과 짱쫑 및 김정희(金廷禧)는 당 말·오대(莊明興, 『中國中古的地藏信仰-國立臺灣大學文史叢刊110』, 台北: 國立臺灣大學校大學院, 1999, pp. 143-145 ; 张总 著,『地藏信仰研究』, 北京: 宗教文化出版社, 2003, p. 8 ; 金廷禧 著,『朝鮮時代 地藏十王圖 硏究』, 서울: 一志社, 2004, p. 63)를 인푸는 오대(「中國地藏信仰研究」, 四川: 四川大學 博士學位論文, 2005, pp. 170-171), 마나베코사이[眞鍋廣濟]는 989년(『地藏菩薩像靈驗記』) 이전(『地藏菩薩の硏究』, 京都: 三密堂書店, 1969, pp. 85-91), 뤼뤼[呂澂]는 명초(『新修漢文大藏經目錄』, 濟南: 齊魯書社, 1980, p. 92)를 주장한다. 즉 대체로 당 말에서 송 말이 일반적이며, 일부는 명 초까지로도 보고 있는 것이다.

94 『三國遺事』3,「塔像第四-臺山五萬眞身」(『大正藏』49, 999b), "赤任南臺. 南面置地藏房. 安圓像地藏及赤地畫八大菩薩爲首一萬地藏若. 福田五員晝讀地藏經金剛般若. 夜占察禮懺. 稱金剛社." ;『五臺山事蹟記』,「五臺山聖跡幷新羅淨神太子孝明太子傳記」, "南臺南面創地藏房內安圓像地藏. 又以赤地畫成八大菩薩爲首一萬地藏. 亦以精衆五員晝讀地藏經金光般若夜念占察禮懺. 號爲金剛結社."

95 『太平廣記』100,「釋證二-僧齊之」, "勝業寺僧齊之 … 天寶五載午月中病卒. … 初齊之入. 見王座有一僧一馬及門. 僧亦出. 齊之禮謁. 僧曰. 五地藏菩薩也." ; 같은 책,「釋證二-李思元」, "唐天寶五載夏五月中. 左淸道率府府史李思元暴卒. … 院內地皆於淸池. 院內堂閣皆七寶. 堂內有僧. 衣金縷袈裟. 坐寶床. 思元之禮謁也. 左右曰. 此地藏菩薩也." ; 李昉 等 編, 김장환·이민숙 外 譯,『太平廣記』4(서울: 학고방, 2001), pp. 756-765.

96 『太平廣記』379,「再生五-王掄」, "天寶十一年. 朔方節度判官大理司直王掄. 巡至中城. 病死. 凡一十六日而蘇. … 及冥中. 以此業得見地藏菩薩. 汝同此善. 當得更生."

97 같은 책,「再生五-費子玉」, "天寶中. 犍爲參軍費子玉官舍夜臥. 忽見二吏至床前. 費參軍子玉驚起. 問誰. 吏云. 大王召君. 子玉云. 身是州吏. 不屬王國. 何得見召. 吏云. 閻羅. 子玉大懼. 呼人備馬. 無應之者. 倉卒隨吏去. … 子玉復揚言. 欲見地藏菩薩."

98 张书彬,「中古敦煌地藏信仰传播形态之文本. 图像与仪轨」,『美术学报』第2期(2014), pp. 77-79.

99 尹富,「中國地藏信仰研究」(四川: 四川大學 博士學位論文, 2005), pp. 262-273 ; 莊明興 著, 『中國中古的地藏信仰-國立臺灣大學文史叢刊110』(台北: 國立臺灣大學校大學院, 1999), pp. 193-194.

100 尹富,「中國地藏信仰研究」(四川: 四川大學 博士學位論文, 2005), p. 167.

101 张总 著,『地藏信仰研究』(北京: 宗教文化出版社, 2003), p. 24.

102 『지장보살경』은 당 말에서 송 초의 돈황본만 29종이 존재하고 있어 주목된다. 이와 같은 유물적인 측면에 입각해서, 인푸는『지장경』에 앞선 경전으로『지장보살경』에 주목하고 있다.(「中國地

藏信仰硏究』, 四川: 四川大學 博士學位論文, 2005, p. 156). 그러나 필자는『지장경』혹은『지장경』과 관련된 자료에 의해서『지장보살경』이 성립되었다고 판단한다. 이와 같은 추론의 이유는『지장보살경』이 당시 유행하던 지장 신앙을 한데 아우르는 정도의 경전일 뿐, 근본적인 자기 조리와 사상성을 내포하는 경전이 아니기 때문이다. 즉『지장보살경』에 의해서 지장과 명부의 결합이 초래되었다는 판단은 존재할 수 없다는 입장이다.

103 『地藏菩薩像靈驗記』全1卷,「幷序」(X87, 587c), "汝當憶念. 吾在忉利天宮. 慇懃付屬. 令娑婆世界已來眾生. 悉使解脫永離諸苦. 佛遇授記. 爾時諸世界化身地藏. 來集佛所. 共復一形. 涕淚哀戀. 白言. 我從久遠劫來. 蒙佛接引. 便獲不可思議神力. 具大智慧. 我所分身. 遍滿百千萬億恒河沙世界. 每一世界. 化百千萬億身. 每一一身. 度百千萬億人. 令歸敬三寶. 永離生死. 至涅槃樂. 但於佛法中所為善事. 一毛一渧. 一沙一塵. 或毫髮計. 我漸度脫. 使獲大利. 唯願世尊. 不以後世惡業眾生為慮. 如是三白佛言已."; 『地藏菩薩本願經』上,「分身集會品第二」(『大正藏』13, 779b·c), "汝當憶念吾在忉利天宮. 殷勤付屬. 令娑婆世界. 至彌勒出世已來眾生. 悉使解脫. 永離諸苦. 遇佛授記. 爾時. 諸世界分身地藏菩薩. 共復一形. 涕淚哀戀. 白其佛言. 我從久遠劫來. 蒙佛接引. 使獲不可思議神力. 具大智慧. 我所分身. 遍滿百千萬億恒河沙世界. 每一世界. 化百千萬億身. 每一身. 度百千萬億人. 令歸敬三寶. 永離生死. 至涅槃樂. 但於佛法中. 所為善事. 一毛一渧. 一沙一塵. 或毫髮許. 我漸度脫. 使獲大利. 唯願世尊不以後世惡業眾生為慮. 如是三白佛言."; 眞鍋廣濟 著, 『地藏菩薩の硏究』(京都: 三密堂書店, 1969), pp. 85-86.

104 「대산오만진신」의『지장경』을『십륜경』의 이칭으로 보는 관점도 존재한다. 이의 가능성에 대해서는 뒤에 다시 논구하게 된다. 박미선,「新羅 五臺山信仰 占察禮懺의 내용과 성격」,『韓國思想史學』제33집(2009), pp. 61-62 ; 유대호,「唐代 地藏菩薩 圖像의 成立과 統一新羅로의 流入」,『佛敎美術史學』제18집(2014), p. 56.

105 지장이 무불시대의 주관자라는 점은『대방광십륜경』권1의 해당 부분에서는 확인되지 않으므로 주의가 요구된다.『大乘大集地藏十輪經』1,「序品第一」(『大正藏』13, 721c), "名曰地藏. 已於無量. 無數大劫. 五濁惡時無佛世界. 成熟有情."; 『大方廣十輪經』1,「序品第一」(『大正藏』13, 681c), "是地藏菩薩摩訶薩. 於無量阿僧祇劫. 為五濁惡世成熟眾生."

106 渡浩一 著,『お地藏さんの世界-救いの說話·歷史·民俗』(東京: 慶友社, 2011), p. 8.

107 『地藏菩薩本願經』上(『大正藏』13, 777c), "唐于闐國三藏沙門實叉難陀譯."

108 『宋高僧傳』2,「唐洛京大遍空寺實叉難陀傳」(『大正藏』50, 718c), "以證聖元年乙未. 於東都大內大遍空寺翻譯."

109 廉仲燮,「『地藏經』의 중국 유행시기와 인도문화권 찬술의 타당성 검토」,『東아시아佛敎文化』제37호(2019), pp. 168-183.

110 최완수 著,『韓國佛像의 원류를 찾아서 1』(서울: 대원사, 2002), pp. 34-38.

111 『宋高僧傳』2,「唐洛京大遍空寺實叉難陀傳」(『大正藏』50, 718c), "釋實叉難陀. 一云施乞叉難陀. 華言學喜. 葱嶺北于闐人也."

112 尹富,「中國地藏信仰硏究」(四川: 四川大學 博士學位論文, 2005), pp. 170-176.

113 『開元釋教錄』12,「大乘經單譯(一百三十一部二百九十三卷二十四帙)」(『大正藏』55, 603a), "占察善惡業報經二卷(亦名大乘實義經云出六根聚經). 外國沙門菩提登譯(莫知年代出大

周錄今附隋錄)。"

114   문상련(正覺), 「地藏信仰의 전개와 신앙의례」, 『淨土學研究』 제15집(2011), pp. 143-144 ; 한태식(普光), 「地藏思想에 관한 연구」, 『淨土學研究』 제15집(2011), pp. 20-26.

115   『衆經目錄』 2, 「衆經疑惑五」(『大正藏』 55, 126c), "占察善惡業報經二卷 / 前二十一經. 多以題注參差衆錄. 文理復雜. 真偽未分. 事須更詳. 且附疑錄." ; 尹富, 「中國地藏信仰研究」(四川: 四川大學 博士學位論文, 2005), pp. 29-30 ; 莊明興 著, 『中國中古의 地藏信仰-國立臺灣大學文史叢刊110』(台北: 國立臺灣大學校大學院, 1999), pp. 35-37 ; 张总 著, 『地藏信仰研究』(北京: 宗教文化出版社, 2003), pp. 15-16 ; 박미선, 「『占察經』의 成立과 그 思想」, 『歷史와 實學』 제32집(2007), pp. 249-256 ; 홍재성(법공), 「三階教와 地藏信仰」, 『淨土學研究』 제5집(2002), pp. 176-180 ; 金泰訓, 「地藏信仰의 韓國的 變容에 關한 研究」(益山: 圓光大 博士學位論文, 2009), p. 27.

116   홍재성(법공)은 『점찰경』을 신행과 연관지어 이해하는 모습을 보이고 있어 주목된다(「三階教와 地藏信仰」, 『淨土學研究』 제5집(2002), pp. 175-176).

117   羅淨淑, 「高麗時代 淨土信仰 研究」(서울: 淑明女大 博士學位論文, 2010), p. 147, "민간에서 유행한 목륜(木輪)의 점찰법(占察法)에 『대승대집십륜경』에서 설하고 있는 십불륜(十佛輪) 그리고 십악업(十惡業) 등의 사상을 결부시켜 제작된 것이 『점찰선악업보경』의 상권이라고 보고 있다."

118   金廷禧, 「韓·中 地藏圖像의 比較考察-頭巾地藏을 중심으로」, 『講座美術史』 제9호(1997), p. 65.

119   『地藏菩薩儀軌』 全1卷(『大正藏』 20, 652a-c).

120   眞鍋廣濟 著, 『地藏菩薩の研究』(京都: 三密堂書店, 1969), p. 114.

121   같은 책, pp. 119-124.

122   『大方等大集經』 57~58, 「須彌藏分第十五聲聞品第一~須彌藏分第十五陀羅尼品第四」(『大正藏』 13, 381c-394a) ; 尹富, 「中國地藏信仰研究」(四川: 四川大學 博士學位論文, 2005), pp. 22-25.

123   『佛說地藏菩薩經』 全1卷(『大正藏』 85, 1455c) ; 尹富, 「中國地藏信仰研究」(四川: 四川大學 博士學位論文, 2005), p. 156.

124   지장 관련 경전들은 다음의 문헌에 잘 정리되어 있어 참고가 된다. 眞鍋廣濟 著, 『地藏菩薩の研究』(京都: 三密堂書店, 1969), pp. 108-170 ; 张总 著, 『地藏信仰研究』(北京: 宗教文化出版社, 2003), pp. 4-5 ; 한태식(普光), 「地藏思想에 관한 연구」, 『淨土學研究』 제15집(2011), pp. 14-25.

125   『宋高僧傳』 2, 「譯經篇第一之二-唐洛京大遍空寺實叉難陀傳」(『大正藏』 50, 718c), "天后明揚佛日崇重大乘. 以華嚴舊經處會未備. 遠聞于闐有斯梵本. 發使求訪并請譯人. 叉與經夾同臻帝闕. 以證聖元年乙未. 於東都大內大遍空寺翻譯. 天后親臨法座煥發序文. 自運仙毫首題名品. 南印度沙門菩提流志沙門義淨同宣梵本. 後付沙門復禮法藏等. 於佛授記寺譯成八十卷."

126   『宋高僧傳』 5, 「義解篇第二之二-周洛京佛授記寺法藏傳(大儀)」(『大正藏』 50, 732a), "至天后朝傳譯首登其數. 實叉難陀齎華嚴梵夾至同義淨復禮譯出新經."

---

127 『雲棲法彙』17,「雲棲大師山房雜録1-唐譯地藏經跋(比丘性安請題)」(J33, 94b), "地藏經譯
於唐實叉難陀. 而時本譯人爲法燈法炬. 不著世代. 不載里族. 於藏無所考. 雖小異大同.
理固無傷. 而覈實傳信必應有據.";尹富,「中國地藏信仰研究」(四川:四川大學 博士學位論
文, 2005), pp. 161-162;张总 著,『地藏信仰研究』(北京:宗教文化出版社, 2003), p. 8. 법등
(法燈)·법거(法炬)의 역의 3권본 등장은 홍무남장(洪武南藏, 1372-1398) 이후로, 주굉(袾宏)
역시 이를 따른 것으로 판단된다. 유대호,「朝鮮 前期 地藏菩薩像 研究」,『美術史學研究』제
279·280호(2013), p. 109.

128 박도화,「朝鮮時代 刊行 地藏菩薩本願經 版畵의 圖像」,『古文化』제53집(1999), pp. 5-7;유
대호,「朝鮮 前期 地藏菩薩像 研究」,『美術史學研究』제279·280호(2013), pp. 108-109.

129 尹富,「中國地藏信仰研究」(四川:四川大學 博士學位論文, 2005), p. 162.

130 『大唐內典録』2,「沙門釋法炬(一百三十二部一百四十二卷經)」(『大正藏』55, 232c).

131 眞鍋廣濟 著,『地藏菩薩の研究』(京都:三密堂書店, 1969), pp. 83-85.

132 莊明興 著,『中國中古的地藏信仰-國立臺灣大學文史叢刊110』(台北:國立臺灣大學校大學
院, 1999), p. 130;张总 著,『地藏信仰研究』(北京:宗教文化出版社, 2003), p. 8;한태식(普
光),「地藏思想에 관한 연구」,『淨土學研究』제15집(2011), p. 27.

133 张总 著,『地藏信仰研究』(北京:宗教文化出版社, 2003), pp. 7-8.

134 尹富,「中國地藏信仰研究」(四川:四川大學 博士學位論文, 2005), pp. 163-167.

135 『地藏菩薩像靈驗記』全1卷,「清泰寺沙門知祐感應地藏記第二十九」(X87, 594c), "沙門智
祐. 是西印度人也. 天福中年來至. 而住清泰寺. 所持像經中. 有地藏菩薩變像. 并本願功
德經梵夾. 其像相者. 中央圓輪中. 畫菩薩像. 冠帽持寶錫. 左右有十王像. 各五人. 左五
者. 一泰廣王. 二初江王. 三宗帝王. 四五官王. 五閻羅大王. 右五者. 一變成王. 二太山
王. 三平等王. 四都市王. 五五道轉輪王. 一一. 各具司命司祿府君典官等."

136 眞鍋廣濟 著,『地藏菩薩の研究』(京都:三密堂書店, 1969), pp. 85-86;尹富,「中國地藏信仰
研究」(四川:四川大學 博士學位論文, 2005), pp. 170-171;莊明興 著,『中國中古的地藏信
仰-國立臺灣大學文史叢刊110』(台北:國立臺灣大學校大學院, 1999), p. 133;张总 著,『地
藏信仰研究』(北京:宗教文化出版社, 2003), p. 8.

137 莊明興,『中國中古的地藏信仰-國立臺灣大學文史叢刊110』(台北:國立臺灣大學校大學
院, 1999), pp. 143-145;张总 著,『地藏信仰研究』(北京:宗教文化出版社, 2003), p. 8;金廷
禧 著,『朝鮮時代 地藏十王圖 研究』(서울:一志社, 2004), p. 63.

138 『三寶感應要略録』3,「二地藏菩薩過去爲女人尋其母生處救苦感應(出本願經)」(『大正藏』
51, 854a-c), "過去不可思議阿僧祇劫有佛. 號覺花定自在王如來. 像法之中. 有婆羅門. 宿
福深厚. 衆所欽敬. 其母信邪輕三寶. 是時聖女. 廣說方便. 勸誘其母. 令生正見. 而此女
母未令生信. 不久命終. 魂神墮在地獄. 時聖女遂賣家宅. 廣求香花及諸供具. 於先佛塔
寺. 大眞供養瞻禮尊容. 私自念言. 佛名大覺. 若在世時我母死. 後儻來問佛. 必知生處. 時
彼佛以聲造空中言. 女勿致悲哀. 我今示汝母之去處. 但早返送. 端坐思惟吾名號. 即當知
母所生去處. 時聖女即歸其舍. 以憶母故. 端坐念彼佛名. 經一日一夜. 忽見自身. 到一海
邊. 其水湧沸. 多諸惡獸. 盡復鐵身. 飛走海上. 見諸男女. 百千萬出沒海中. 被諸惡獸爭取
飡噉. 又見夜叉其形容異. 時聖女問一鬼名無毒言. 此是何處. 無毒答言. 此是大鐵圍山西

面第一重海。聖女言。我聞此山內地獄在中。是事實否。無毒答言實有。聖女又問。此水何緣而沸。多諸罪人。鬼言。此是閻浮提造惡眾生新死之者。經四十九日。後無人繼嗣為作功德拔苦難。生時又無善果。當據本業所感地獄。自然先渡此海。海東去萬由旬。又有一海。其苦倍此。彼海之東。又有一海。其苦復倍。三業惡果之所招感。苦號三塗業海。聖女又問。地獄何在。答曰。三海之內是大地獄。其數百千。各各差別。聖女又問。我母元來未久。不知生處何趣。鬼言。菩薩之母。在生習何行業。女言。我母邪見。譏毀三寶。設或暫信。旋又不敬。鬼言。母姓氏何。女言。我父我母。俱婆羅門種。父號尸羅善見。母號悅帝利。鬼言。聖者却返。無致憂惱悲戀。悅帝利罪。女生天以來。經今三日。承孝順之子為母設供修福。非唯菩薩之母得脫。此日罪人。悉等受樂。俱同生天訖。聖女如夢。歸悟此哀已。便於覺花定自在王如來塔像之前。立誓願。願我盡未來劫。有罪苦眾生。廣設方便。使令解脫。時鬼王無毒者。今財首菩薩是。婆羅門女者。即地藏菩薩是也。"

139 尹富,「中國地藏信仰研究」(四川:四川大學博士學位論文,2005), pp.167-168.

140 『三國遺事』3,「塔像第四-臺山五萬眞身」(『大正藏』49,999b), "赤任南臺。南面置地藏房。安圓像地藏及赤地畫八大菩薩為首一萬地藏像。福田五員畫讀地藏經金剛般若。夜占察禮懺。稱金剛社。"

141 여성구,「新羅의 地藏 結社와 住處信仰」,『韓國學論叢』제38권(2012), pp.119-123 ; 이선성(성안),「地藏菩薩信仰과 五臺山 南臺의 관련성 一考」,『哲學·思想·文化』제32호(2020), pp.150-153 ; 이경란,「地藏菩薩의 외형적 특징에 관한 연구」,『韓國佛敎學』제97집(2021), p.371.

142 『開元釋敎錄』7,「總括群經錄上之七」(『大正藏』55,551a), "占察善惡業報經二卷(云出六根聚經亦云大乘實義經亦名地藏菩薩經亦直云占察經)。";『貞元新定釋敎目錄』10,「總集群經錄上之十」(『大正藏』55,849b), "占察善惡業報經二卷(亦出六根聚經名大乘實義經亦名地藏菩薩經亦直云占察經亦名地藏菩薩業報經)。"

143 『三國遺事』3,「塔像第四-臺山五萬眞身」(『大正藏』49,999b), "黑地北臺。南面置羅漢堂。安圓像釋迦及黑地畫釋迦如來為首五百羅漢。福田五員畫讀佛報恩經涅槃經。夜念涅槃禮懺。稱白蓮社。";『五臺山事蹟記』,「五臺山聖跡并新羅淨神太子孝明太子傳記」, "北臺南面創羅漢房內安圓像釋迦。又以黑地畫成釋迦如來爲首一萬彌勒菩薩五百大阿羅漢。亦以精衆五員畫讀佛報恩經涅槃經夜念涅槃禮懺。号爲白蓮結社。"

144 『三國遺事』3,「塔像第四-臺山五萬眞身」(『大正藏』49,999b), "川將圓寂之日。留記後來山中所行輔益邦家之事云。"

145 같은 책(999a), "以神龍元年(乃唐中宗復位之年聖德卽位四年也)乙巳三月初四日始改創眞如院。大王親率百寮到山。營構殿堂。并塑泥像文殊大聖安于堂中。"; 같은 책,「溟州(古河西府也)五臺山寶叱徒太子傳記」(『大正藏』49,1000a), "在位二十餘年。神龍元年三月八日。始開眞如院(云云)。";『五臺山事蹟記』,「五臺山聖跡并新羅淨神太子孝明太子傳記」, "至唐則天嗣聖十九年壬寅。新羅王薨而無子。… 云云 … 以唐神龍元年乙巳八月初三日。王親率軍民而到山始開眞如院造安泥像文殊。"

146 廉仲燮,「新羅五臺山의 文殊信仰과 五萬眞身信仰 검토」,『韓國佛敎學』제92집(2019), p.243.

147 연소영,「『太平廣記』冥界地獄故事 分析-佛教의 地獄 受容 樣相을 중심으로」,『中國語文學論集』제78호(2013), pp. 365-366.『태평광기』의 불교와 관련된 명부 기록 중 흥미로운 것은 망자의 생환에『금강경』의 독송 구조가 존재한다는 점이다(같은 논문, p. 381). 이는 후대의 예수재(預修齋)에서『금강경』이 저승 빚의 탕감 대상으로 등장한다는 점에서 주목된다.

148 『太平廣記』379,「再生五-王掄」,"天寶十一年。朔方節度判官大理司直王掄。巡至中城。病死。凡一十六日而蘇。初疾亟屬纊之際。見二人追去。恍惚以爲人間。不知其死也。須臾入大城門。見朔方節度李林甫。相見拜揖。以爲平生時也。又見李邕。裴敦複數人。於一府庭。言責林甫命。掄方悟死事耳。林甫手持紙筆。與邕等辯對。俄而見其案。冥司斷曰。林甫死後破家。楊國忠代爲相。其冬。林甫死。楊國忠果代之。掄兄攝。亡已六年。時見之。攝云。爾未當死。若得錢三千貫。即重生也。掄家在西定遠。去中城數百里。便見一山下有崎嶇小道(道原作遙。據明抄本改)。馳歸其家。斯須而升堂告妻云。我已死矣。若得錢三千貫。即再生。其夕。畢家咸聞窗牖間。窣然有物聲。犬亦迎吠。既明。其妻泣言。夢掄已死。求錢三千貫。即取紙剪為錢財。召巫者焚之。掄得之。即與人間錢不殊矣。冥中無晝夜。長如十一月十二月太陰雪時。有鬼王。衣紫衣。決罪福。判官數十人。其定罪以負心為重。其被考理者。多僧尼及衣冠。掄在生時無他過。及定罪。唯舉食肉罪。旁見小吏(小吏原作丁吏。據明抄本改)。曰。此人雖食肉。不故殺。然食肉者信罪矣。殺而食之。罪又甚焉。掄未病時。曾解衣寫金光明經。手自封裹。置於佛堂內。及冥中。以此業得見地藏菩薩。汝同此善。當得更生。即令取經。經即掄所封裹之經也。鬼王判官數人。皆平生相友善。相見恍惚。不敘故。亦見其先府君夫人。拜伏之後。都無問訊。如不相識。又見諸先亡兄弟。亦無兄弟情。兄攝近亡。相睦如生。當以日近故亡。至其視事之所。見親故有當貴及壽夭。皆宿命先定。不可移改。俄而放歸。有一吏曰。君有祿及壽。然此中之事。必不得泄之。言畢。奄然而活。亡已十六日也(出通幽記)。";같은 책,「再生五-費子玉」,"天寶中。犍為參軍費子玉官舍夜臥。忽見二吏至床前。費參軍子玉驚起。問誰。吏云。大王召君。子玉云。身是州吏。不屬王國。何得見召。吏云。閻羅。子玉大懼。呼人備馬。無應之者。倉卒隨吏去。至一城。城門內外各有數千人。子玉持誦金剛經。爾時恒心誦之。又切念雲。若遇菩薩。當訴以屈。須臾。王命引入。子玉再拜。甚歡然。俄見一僧從雲中下。子玉前致敬。子玉復揚言。欲見地藏菩薩。王曰。子玉此是也。子玉前禮拜。菩薩云。何以知我耶。因謂王曰。此人一生誦金剛經。以算未盡。宜遣之去。王視子玉。忽怒問其姓名。子玉對云。嘉州參軍費子玉。王曰。犍(犍原作此。據明抄本改。)為郡。何嘉州也。汝合死。正為菩薩苦論。且釋君去。子玉再拜辭出。菩薩云。汝還。勿復食肉。當得永壽。子玉禮聖容。聖容是銅佛。頭面手悉動。菩薩禮拜。手足悉展。子玉亦禮。禮畢出門。子玉問。門外人何其多乎。菩薩云。此輩各罪福不明。已數百年為鬼。不得記生。子玉辭還舍。復活。後三年。食肉又死。為人引證。菩薩見之。大怒雲初不令汝食肉。何故違約。子玉既重生。遂斷葷血。初子玉累取三妻。皆雲被追之。亦悉來見。子玉問。何得來耶。妻云。君勿顧之耳。小妻。君於我不足。有恨而來。所用已錢。何不還之。子玉云。錢亦易得。妻云。用我銅錢。今還紙錢耶。子玉云。夫用婦錢。義無還理。妻無以應。遲回各去也(出廣異記)。";尹富,「中國地藏信仰研究」(四川: 四川大學 博士學位論文, 2005), pp. 119-123.

149 『太平廣記』100,「釋證二-僧齊之(好交遊貴人。頗曉醫術。而行多雜。天寶五載五月中病卒。二日而蘇。因移居東禪定寺。院中建一堂。極華飾。長座橫列等身像七軀。自此絕交遊。精持戒。自言曰。初死見錄至鬼王庭。見一段肉。臭爛在地。王因問曰。汝出家人。何因殺人。齊之不知所對。王曰。汝何故杖殺寺家婢。齊之方悟。先是寺中小僧何

_____
435

馬師與寺中青衣通。青衣後有異志。馬師怒之。因構青衣於寺主。其青衣。不臧之人也。寺主亦素怨之。因眾僧堂食未散。召青衣對眾。且椎殺之。齊之諫寺主曰。出家之人。護身口意。戒律之制。造次不可違。而況集眾殺乎。馬師贊寺主。寺主大怒。不納齊之。遂椎撲交至。死於堂下。故齊之悟王之問。乃言曰。殺人者寺主。得罪者馬師。今何為見問。王前臭肉。忽有聲曰。齊之殺我。王怒曰。婢何不起而臥言。臭肉忽起為人。則所殺青衣。與齊之辯對數反。乃言曰。當死時。楚痛悶亂。但聞旁有勸殺之聲。疑是齊之。所以訴之。王曰。追寺主。階吏曰。福多不可追。曰。追馬師。吏曰。馬師命未盡。王曰。且收青衣。放齊之。)初齊之入。見王座有一僧一馬。及門。僧亦出。齊之禮謁。僧曰。吾地藏菩薩也。汝緣福少。命且盡。所以獨追。今可堅持僧戒。舍(捨의 誤)汝俗事。住閒靜寺。造等身像七軀。如不能得錢。彩畫亦得。齊之既蘇。遂乃從其言焉(出紀聞)。"

150 『太平廣記』100，「釋證二-李思元」，"唐天寶五載夏五月中。左清道率府府史李思元暴卒。(卒後心暖。家不敢殯。積二十一日。夜中而才蘇。即言曰。有人相送來。且作三十人供。又曰。要萬貫錢與送來人。思元父為署令。其家頗富。因命具饌。且鑿紙為錢。饌熟。令堂前布三十僧供。思元白曰。蒙恩相送。薄饌單蔬。不足以辱大德。須臾若食畢。因令焚五千張紙錢於庭中。又令具二人食。置酒肉。思元向席曰。蒙恩釋放。但懷厚惠。又令焚五千張紙錢畢。然後偃臥。至天曉。漸平和。乃言曰。被捕至一處。官不在。有兩吏存焉。一曰馮江靜。一曰李海朝。與思元同召者三人。兩吏曰。能遺我錢五百萬。當舍汝。二人不對。思元獨許之。吏喜。俄官至。謂三人曰。要使典二人。三人內辦。官因領思元等至王所。城門數重。防衛甚備。見王居有高樓十間。當王所居三間高大。盡垂簾。思元至。未進。見有一人。金章紫授。形狀甚貴。令投刺謁王。王召見。思元隨而進至樓下。王命卻簾。召貴人登樓。貴人自階陛方登。王見起。延簾下。貴人拜。王答拜。謂貴人曰。今既來此。即須置對。不審在生有何善事。貴人曰。無。王曰。在生數十年。既無善事。又不忠孝。今當奈何。因嚬蹙曰。可取所司處分。貴人辭下。未數級。忽有大黑風到簾前。直吹貴人將去。遙見貴人在黑風中。吹其身忽長數丈。而狀隳壞。或大或小。漸漸遠去。便失所在。王見佇立。謂階下人曰。此是業風。吹此人入地獄矣。官因白思元等。王曰。可捻籌定之。因簾下投三正絹下。令三人開。二人開絹。皆有當使字。唯思元絹開無有。王曰。留二人。舍思元。)思元出殿門。門西牆有門東向。門外眾僧數百。持幡花迎思元。云。菩薩要見。思元入院。院內地皆於清池。院內堂閣皆七寶。堂內有僧。衣金縷袈裟。坐寶床。思元之禮謁也。左右曰。此地藏菩薩也。思元乃跪。諸僧皆為贊歡呼。思元聞之泣下。菩薩告眾曰。汝見此人下淚乎。此人去亦不久。聞昔之梵音。故流涕耳。謂曰。汝見此間事。到人間一一話之。當令世人聞之。改心修善。汝此生無雜行。常正念。可復來此。因令諸僧送歸。思元初蘇。(其三十人食。別其二人肉食。皆有贈益。由此也。思元活七日。又設大齋畢。思元又死。至曉蘇云。向又為菩薩所召。怒思元曰。吾令汝具宣報應事。何不言之。將杖之。思元哀請乃放。思元素不食酒肉。及得再生。遂乃潔淨長齋。而其家盡不過中食。而思元每人集處。必具冥中事。人皆化之焉。)(出紀聞)。"

151 莊明興 著，『中國中古的地藏信仰-國立臺灣大學文史叢刊110』(台北: 國立臺灣大學校大學院, 1999)，pp. 121-126.

152 楊寶玉 著，「還魂記」，『敦煌本佛教靈驗記校注研究』(甘肅省: 甘肅人民出版社, 2009)，pp. 375-377.

153 「환혼기」의 도명에 대해서는 여러 전적에 따른 인물적 접근이 검토된 바 있으며，『법화경전기』권 8의 석도명(「書寫救苦第十之二-隋相州僧玄緒一」，『大正藏』51, 82c-83a)으로 보는 경우도

있다. 그러나 「환혼기」의 도명과 『법화경전기』의 도명은 이름 외에 내용 면에서는 차이가 매우 크다. 그러나 『법화경전기』 권8을 통해서 도명과 명부의 결합이 수나라 때도 존재하고 있었다는 점은 알 수 있다. 즉 도명과 명부의 연결은 수를 이어 당으로 이어지고 있는 것이다. 鄭阿財 著, 「见证与宣传-敦煌佛教灵验记研究」, 『敦煌写本道明和尚还魂故事研究』(台北: 新文丰出版股份有限公司, 2010), p.216.

154 菊竹淳一·鄭于澤 編, 『高麗時代의 佛畵(解說篇)』(서울: 時空社, 1997), pp.104-105.

155 「환혼기」의 가장 대표적인 지장 표현이 피건이다. 全惠淑·金眞熙, 「高麗時代 地藏菩薩圖의 服飾에 관한 연구」, 『服飾文化研究』 제7권 제1호(1999), p.190 ; 金廷禧 著, 『朝鮮時代 地藏十王圖 研究』(서울: 一志社, 2004), p.49.

156 오대에서 송 초까지의 돈황 출토 지장보살도는 약 17점 정도가 존재하는데, 이중 대다수는 피건 지장이다. 金廷禧, 「韓·中 地藏圖像의 比較考察-頭巾地藏을 중심으로」, 『講座美術史』 제9호(1997), p.80.

157 楊寶玉 著, 「還魂記」, 『敦煌本佛教靈驗記校注研究』(甘肅省: 甘肅人民出版社, 2009), pp.376-377, "擧頭西顧。見一禅僧。目比青蓮。面如滿月。寶蓮承足。纓絡裝(莊)嚴。錫振金鐶。納(衲)裁雲水。菩薩問道明。汝識吾否。道明曰。耳目凡賤。不識尊容。汝熟視之。吾是地藏也。彼處形容與此不同。如何閻浮提形▨▨▨▨▨襴。手持志(至)寶。露頂不覆。垂珠花纓。此傳之者謬▨▨▨▨殿堂亦怪焉。閻浮提衆生多不相識。汝子細觀我▨▨▨▨色短長。一一分明。傳之於世。"

158 6점의 삭발형 지장독존도 입상의 소장처는 다음과 같다. ① 일본 젠도지[善導寺], ② 일본 주구지[中宮寺], ③ 일본 개인, ④ 미국 메트로폴리탄 뮤지엄, ⑤ 미국 보스턴 뮤지엄, ⑥ 아서 M. 새클러 뮤지엄.

159 참고로 여말선초의 지장보살상은 피건지장의 비율이 압도적으로 높다. 유대호는 그의 석사논문에서 여말선초 지장보살상 50점의 삭발과 피건을 도표로 정리해 놓고 있다. 그 비율은 삭발: 피건이 16:34로 확인된다(유대호, 「朝鮮 前期 地藏菩薩像 研究」(서울: 弘益大 碩士學位論文, 2011), pp.57-58). 유대호, 「朝鮮 前期 地藏菩薩像 研究」, 『美術史學研究』 제279·280호(2013), pp.94-99.

160 여의주를 '마니주'라고 하는 것은 용을 매개로 하여 두 구슬을 같은 것으로 인식하는 관점 때문이다. 『經律異相』3, 「寶珠六」(『大正藏』53, 14a), "明月摩尼珠一。明月摩尼珠。多在龍腦中。若衆生有福德者。自然得之。猶如地獄。自生治罪之器。此寶亦名如意珠。常出一切寶物。衣服飲食隨意所欲。得此珠者。毒不能害。火不能燒。或云。是帝釋所執。金剛與阿修羅鬪時。碎落閻浮提。又言。諸過去久遠佛舍利。法既滅盡。變成此珠以爲利益(出大智論第五十九卷)。" ; 『法苑珠林』28, 「雜異部第五」(『大正藏』53, 490b).

161 『作法龜鑑』上, 「地藏請」(『韓佛全』10, 558b), "掌上明珠。光攝大千之界。… 掌上明珠一顆寒。自然隨色辨來端。幾廻提起親分付。暗室兒孫向外看。"

162 『불교의식문』에서 "장상명주일과한(掌上明珠一顆寒)"으로 나타나는데, 지장보살의 여의주 도상에 기운이 방출되는 모습이 존재하는 경우도 있는 것으로 보아 송나라 때 크게 유행하는 『수능엄경』에서 '화주(火珠)를 통해 숙업(宿業)을 본다.'는 측면이 혼입되는 것이 아닌가 한다. 또 경전에 따라서는 전륜성왕의 칠보 중 신주보(神珠寶)가 마니주와 화주를 포함하는 측면으로 등

장하는 경우도 있다. 이렇게 되면 화주 역시 마니주의 범주에서 이해될 개연성도 일정 부분 존재하게 된다. 그러나 보통 화주란 '불을 포함한다'는 의미에서 돋보기와 같은 정도로 사용되는 것이 일반적이다. 『大佛頂如來密因修證了義諸菩薩萬行首楞嚴經』8(『大正藏』19, 144a), "故有惡友。業鏡。火珠披露宿業對驗諸事。"; 『悲華經』2, "大施品第三之一"(『大正藏』3, 175c), "時轉輪王過三月已。以主藏寶臣貢上如來閻浮檀金作龍頭瓔。八萬四千上金輪寶。白象紺馬。摩尼珠寶妙好火珠。主藏臣寶。主四兵寶。"

163 尹富, 「中國地藏信仰硏究」(四川: 四川大學 博士學位論文, 2005), pp. 283-288; 陈佩妏, 「中原地区早期地藏造像之样式。渊源和信仰」, 『云南社会科学』第2期(2010), pp. 140-141; 河原由雄, 「敦煌畫地藏圖資料」, 『仏教芸術』第97号(1974), pp. 99-100; 莊明興 著, 『中國中古的地藏信仰-國立臺灣大學文史叢刊110』(台北: 國立臺灣大學校大學院, 1999), pp. 98-106. 용문 석굴에 지장보살 명칭이 분명한 조상(彫像)은 총 34구가 존재한다(常青, 「敦龙门石窟地藏菩萨及其有关问题」, 『中原文物』第9次(1993), pp. 27-29).

164 『法苑珠林』95, 「感應緣-宋李淸」(『大正藏』53, 988c-989a), "宋李淸者。吳興於潛人也。仕桓溫大司馬府參軍督護於府得病還家而死。經夕蘇活。說云。… 敬言僧達道人是官師甚被敬禮。當苦告之。還內良久遣人出云。門前四層寺官所起也。僧達常以平旦入寺禮拜。宜就求哀。淸往其寺見一沙門。語曰。汝是我前七生時弟子。已經七世受福。迷著世樂忘失本業。背正就邪當受大罪。今可改悔。淸還先興中夜寒驫凍。至曉門開僧達果出至寺。淸便隨逐稽顙。僧達云。汝當革心爲善歸命佛法歸命比丘僧。受此三歸可得不橫死。受持勤者。亦不經苦難。淸便奉受。又見昨所遇沙門。長跪請曰。此人僧中宿世弟子。忘失正法方將受苦。先緣所追今得歸命。願垂慈愍。答曰。先是福人當易扶濟耳。便還向朱門。俄遣人出云。李參軍可去。敬時亦出與淸一靑竹枝。令閉眼騎之。淸如其語。忽然至家。… (右此一驗出冥祥記)。"

165 『冥報記』3(『大正藏』51, 801a·b), "華州鄭縣人。張法義。… 貞觀十(636)年。入華山伐枝。遇見一僧坐巖中。… 至十九(645)年。法義病死。… 貞觀十一年。法義父使刈禾。義反顧張目私罵。不孝。合杖八十。始錄一條。即見巖穴中僧來。判官更迎。問僧何事。僧曰。張(法)義是貧道弟子。其罪並懺悔滅除。天曹案中已勾畢。今枉追來不合死。主典曰。經懺悔者。此案亦勾了。至如張目罵父。雖蒙懺悔。事未勾了。僧曰。若不如此。當取案勘之。應有福利。判官令主典將法義諮王。宮在東。殿宇宏壯。侍衛數千人。僧亦隨至王所。王起迎僧曰。師當直來耶。答曰。未當次直。有弟子張法義。被錄來此。其人宿罪。並貧道勾訖。未合死。主典又以張目事諮王。王曰。張目在懺悔後。不合免。然師爲來。請可特放七日。法義謂僧曰。七日旣不多時。復來恐不見師。請即住隨師。師曰。七日七年也。可急去。"; 『法苑珠林』89, 「感應緣(略引一驗)-唐居士張法義」(『大正藏』53, 946b-946c), "(右一驗出寘報記)。"

166 『大唐大慈恩寺三藏法師傳』6, 「起十九年春正月入西京終二十二年夏六月謝御製經序并答」(『大正藏』50, 252b); 『大唐大慈恩寺三藏法師傳』10, 「起顯慶三年正月隨車駕自洛還西京至麟德元年二月玉華宮捨化」(『大正藏』50, 279a), "以今唐十九年春正月二十五日還至長安。"; 『大唐西域記』12(『大正藏』51, 946c), "出舍衛之故國。背伽耶之舊郊。踰葱嶺之危隘。越沙磧之險路。十九年春正月。達于京邑。謁帝雒陽。"; 샐리 하비 리긴스 著, 신소연·김민구 譯, 『玄奘法師』(서울: 民音社, 2010), pp. 223-253.

167 현장(玄奘)의 전기와 관련된 자료들은 『대당서역기』전12권과 『자은전』전10권을 제외한 모든 자료는 대만의 석광중(釋光中)이 총 1403쪽으로 모아 놓은 것이 있어 참조된다. 釋光中 編, 『大唐玄奘三藏傳史彙編』(台北: 佛陀教育基金會, 2006).

168 샐리 하비 리긴스 著, 신소연·김민구 譯, 『玄奘法師』(서울: 民音社, 2010), pp. 245-257.

169 『大唐大慈恩寺三藏法師傳』 10, 「起十九年春正月入西京終二十二年夏六月謝御製經序并答」(『大正藏』 50, 276c-277a);『續高僧傳』 4, 「譯經篇四-京大慈恩寺釋玄奘傳一」(『大正藏』 50, 458a).

170 『地藏菩薩像靈驗記』 全1卷, 「荊州雁雄依先祖奉法飯依地藏功德免地獄苦記第廿一」(X87, 593c), "荊州有士. 以鷹獵為業. 舉世立名為鷹雄. 行年五十一. 惱瘴痛方死. 妻子捨塚間. 虎狼食之. 三日方蘇. 到舊室. 妻驚怖. 謂狂鬼變. 雄具語蘇由曰. 吾死得火車迎. 在車為猛火被燒. 有一沙門. 以水灌車上. 火滅身凉. 即生希有念. 到王所. 有百千萬猪羊雞雉等禽獸. 白王. 吾等非彼奪報命哉. 乞對雁雄. 王曰. 汝等致此訴. 雁雄定是惡人. 先祖奉法. 飯依地藏菩薩. 以彼孫胤. 大聖救免火車苦. 雄見庭鳥獸. 念地藏. 忽變為人形. 王即放吾. 是故蘇來. 更捨家發心自稱佛奴. 遊行人間. 勸令飯地藏菩薩而已矣."

171 『周易』, 「文言傳」, 〈坤卦第二-ZY02坤卦18〉.

172 『宗鏡錄』 9(『大正藏』 48, 461b);『三寶感應要略錄』 2, 「第六王氏感地藏菩薩感應(出經傳別記等)」(『大正藏』 51, 838b);『法界宗五祖略記』 全1卷, 「三祖賢首國師」(X77, 621b);『大方廣佛華嚴經感應略記』 全1卷, 「地獄消滅」(X77, 633b);『華嚴感應緣起傳』 全1卷, 「偈功破獄(覺林菩薩全章偈文見後)」(X77, 641c-642a);『華嚴持驗紀』 全1卷, 「後魏安豐王延明」(X77, 650b·c);『地藏菩薩像靈驗記』 全1卷, 「京師人僧俊地藏感應記第五」(X87, 588C-589a) 등.

173 戒環 著, 『賢首 法藏 研究』(서울: 운주사, 2011), p. 58.

174 『華嚴經傳記』 4, 「諷誦第七-京師人姓王(失名)」(『大正藏』 51, 167a), "文明元年京師人. 姓王. 失其名. 既無戒行. 曾不修善. 因患致死. 被二人引. 至地獄門前. 見有一僧云. 是地藏菩薩. 乃教王氏. 誦一行偈. 其文曰. 若人欲求知. 三世一切佛. 應當如是觀. 心造諸如來. 菩薩既授經文. 謂之曰. 誦得此偈. 能排地獄. 王氏盡誦. 遂入見閻羅王. 王問此人. 有何功德. 答云. 唯受持一四句偈. 具如上說. 王遂放免. 當誦此偈時. 聲所及處. 受苦人皆得解脫. 王氏三日始蘇. 憶持此偈. 向諸沙門說之. 參驗偈文. 方知是華嚴經第十二卷夜摩天宮無量諸菩薩雲集說法品. 王氏自向空觀寺僧定法師說云. 然也."

175 『大方廣佛華嚴經隨疏演義鈔』 42(『大正藏』 36, 324b), "即纂靈記云. 文明元年. 洛京人. 姓王. 名明幹. 既無戒行. 曾不修善. 因患致死. 彼二人引至地獄. 地獄門前見. 有一僧云. 是地藏菩薩. 乃教王氏誦一行偈. 其文曰. 若人欲了知. 三世一切佛. 應當如是觀. 心造諸如來. 菩薩既授經. 謂之曰. 誦得此偈. 能排地獄之苦. 王氏既誦. 遂入見閻羅王. 王問此人曰. 有何功德. 答唯受持一四句偈. 具如上說. 王遂放免. 當誦偈時. 聲所到處. 受苦之人皆得解脫. 王氏王(三의 誤)日方蘇. 憶持此偈. 向空觀寺僧定法師. 說之參驗偈文. 方知是舊華嚴經第十二卷. 新經當第十九夜摩天宮無量諸菩薩雲集說法品偈. 王氏自向空觀寺僧定法師說之也.";『大方廣佛華嚴經隨疏演義鈔』 15(『大正藏』 36, 116b·c), "纂靈記云. 京兆人. 姓王名明幹. 本無戒行. 曾不修善因患致死. 被二人引至地獄. 地獄門前見一僧云. 是地藏菩薩. 乃教誦偈云. 若人欲了知三世一切佛. 應當如是觀. 心造諸如來. 菩薩授經已. 謂之曰. 誦得此偈. 能排汝地獄苦. 其人誦已遂入見王. 王問. 此人有何功德. 答云. 唯受持一四句偈. 具如上說. 王遂放免. 當誦此偈. 時聲所至處. 受苦之人皆得解脫. 後三日方蘇. 憶持此偈. 向諸道俗說之. 參驗偈文. 方知是華嚴經. 夜摩天宮無量菩薩雲集所說. 即覺林

菩薩偈也。今經偈云。若人欲了知三世一切佛。應觀法界性一切唯心造。大意是同。意明地獄皆由心造。了心造佛地獄自空耳。既一偈之功能破地獄。"

176 『大方廣佛華嚴經感應傳』全1卷(『大正藏』51, 175c), "垂拱三年四月中。華嚴藏公。於大慈恩寺。講華嚴經。寺僧曇衍為講主散講。設無遮會。後藏公往崇福寺。巡謁大德成癈。二律師。時塵律師報藏公曰。今夏賢安坊中郭神亮檀越。身死經七日。却蘇入寺禮拜。見薄塵自云。傾忽暴已。近蒙更生。當時有使者三人。來追至平等王所。問罪福已。當合受罪。令付使者引送地獄。垂將欲入。忽見一僧云。我欲救汝地獄之苦。教汝誦一行偈。神亮驚懼。諸僧救護。卑賜偈文。僧誦偈曰。若人欲了知三世一切佛應當如是觀心造諸如來。神亮乃志心誦此偈數遍。神亮及合同受罪者數千萬人。因此皆得離苦。不入地獄。斯皆檀越所說。當知此偈能破地獄。誠叵思議。藏答塵曰。此偈乃華嚴第四會中偈文。塵初不記是華嚴。猶未全信藏公。乃索十行品撿看。果是十行偈中最後偈也。塵公歎曰。纔聞一偈。千萬人一時脫苦。況受持全部。講通深義耶。"

177 『華嚴經傳記』4,「諷誦第七-華嚴經傳記」(『大正藏』51, 167a), "方知是華嚴經第十二卷夜摩天宮無量諸菩薩雲集說法品。"

178 『大方廣佛華嚴經』10,「夜摩天宮菩薩說偈品第十六」(『大正藏』9, 466a).

179 『大方廣佛華嚴經隨疏演義鈔』42(『大正藏』36, 324b), "方知是舊華嚴經第十二卷。新經當第十九夜摩天宮無量諸菩薩雲集說法品偈。";『大方廣佛華嚴經隨疏演義鈔』15(『大正藏』36, 116b), "方知是華嚴經。夜摩天宮無量諸菩薩雲集所說。即覺林菩薩偈也。今經偈云。若人欲了知三世一切佛。應觀法界性一切唯心造。大意是同。"

180 『宗鏡錄』9(『大正藏』48, 461b), "地獄門前見一僧。云是地藏菩薩。乃教誦偈云。若人欲了知。三世一切佛。應觀法界性。一切唯心造。"

181 『天地冥陽水陸齋儀梵音删補集』2(『韓佛全』11, 498b) 등 다수.

182 『唐大薦福寺故寺主翻經大德法藏和尚傳』全1卷(『大正藏』50, 281c), "大帝永隆年中。雍州長安縣人郭神亮者修淨行暴終。諸天引詣知足天宮禮敬慈氏。有一菩薩讓之云何不受持華嚴。亮以無人講。為辭曰。有人見講胡得言無。及甦委說。眾驗藏之弘轉妙輪人天咸慶矣。"

183 戒環 著,『賢首法藏 研究』(서울: 운주사, 2011), p. 27-28.

184 『華嚴經傳記』3,「講解下-華嚴經傳記」(『大正藏』51, 164a), "近永隆年中。雍洲長安縣人。廓神亮梵行清淨。因忽患暴終。諸天引至兜率天宮。禮敬彌勒。有一菩薩。語亮云。何不受持華嚴。對曰。為無人講。菩薩曰。有人見講。何以言無。亮後再蘇。具向薄塵法師。論敘其事。以此而詳。首之弘轉法輪。"

185 권탄준,「三階教 信行禪師의 사회적 실천의 菩薩行」,『東아시아佛教文化』제29권(2017), pp. 168-170 ; 강경중,「信行의 三階教에 대한 고찰」,『人文學研究』제106권(2017), pp. 19-21.

186 화엄종이 후발 주자의 입장에서 다른 유력한 종파와 신앙을 견제하는 모습은 신라불교와 관련된 기록에서도 살펴진다. 이는 화엄종의 의상이 남산율종(南山律宗)의 도선(道宣)보다 수승하다는『삼국유사』「전후소장사리」의 기록(『大正藏』49, 993b), 현장의 제자인 신라의 순경(筍卿)이 화엄종의 '시종발심변성불이(始從發心便成佛已)' 주장을 비판하자 산 채로 지옥에 떨어졌다는 '순경날락가설(順憬捺落迦說)'(『宋高僧傳』4,「唐新羅國順璟傳」(『大正藏』50, 728b)), 그리고 현장 → 원측(圓測) → 도증(道證)의 계보를 잇는 신라 유가종의 시조인 태현

(太賢)보다 황룡사(皇龍寺)의 화엄종 승려인 법해(法海)의 위신력이 훨씬 수승하다는 『삼국유사』 「현유가해화엄(賢瑜珈海華嚴)」(『大正藏』50, 1009c-1010a)의 기록 등을 통해서 확인해 볼 수 있다.

187 용문 석굴과 향당산 석굴의 지장보살상과 관련된 조상기 연구를 통해서 확인된다. 尹富, 「中國地藏信仰研究」(四川: 四川大學 博士學位論文, 2005), pp. 283-288·290-291 ; 河原由雄, 「敦煌畵地藏圖資料」, 『仏教芸術』第97号(1974), pp. 99-100.

188 尹富, 「中國地藏信仰研究」(四川: 四川大學 博士學位論文, 2005), pp. 105-106.

189 『佛說地藏菩薩經』全1卷(『大正藏』85, 1455b·c), "爾時地藏菩薩住在南方瑠璃世界。以淨天眼観地獄之中受苦眾生。鐵碓擣鐵磨磨鐵犂耕鐵鋸解。鑊湯湧沸猛火旦天。飢則吞熱鐵丸。渴飲銅汁。受諸苦惱無有休息。地藏菩薩不忍見之。即從南方來到地獄中。與閻羅王共同一處別床而座。有四種因縁。一者恐閻羅王斷罪不憑。二者恐文案交錯。三者未合死。四者受罪了出地獄池邊。若有善男子善女人。造地藏菩薩像。寫地藏菩薩經。及念地藏菩薩名。此人定得往生西方極樂世界。從一佛國至一佛國。從一天堂至一天堂。若有人造地藏菩薩像。寫地藏菩薩經。及念地藏菩薩名。此人定得往生西方極樂世界。此人捨命之日。地藏菩薩親自來迎。常得與地藏菩薩共同一處。聞佛所説皆大歡喜信受奉行。"

190 같은 책, "即從南方來到地獄中。與閻羅王共同一處別床而座。… 此人定得往生西方極樂世界。從一佛國至一佛國。從一天堂至一天堂。"

191 대성자사(大聖慈寺)는 대자사(大慈寺)로도 불린 사찰로 당 숙종의 지덕 연간인 756~758에 칙건(敕建)되었다고 한다. 张总 著, 『地藏信仰研究』(北京: 宗教文化出版社, 2003), pp. 24-25.

192 『예수시왕생칠경』이 일본에서 헤이안(794~1185) 말기 혹은 가마쿠라(1185~1333) 초기 즈음 『지장보살발심인연시왕경』으로 개변되었다는 견해가 있는데, 이에 대해서는 후술하겠다. 眞鍋廣濟 著, 『地藏菩薩の研究』(京都: 三密堂書店, 1969), pp. 127-131 ; 张总 著, 『地藏信仰研究』(北京: 宗教文化出版社, 2003), pp. 24-25.

193 金鎭戊, 「中國 地藏信仰의 淵源과 金地藏」, 『淨土學研究』제15집(2011), p. 80의 각주 1.

194 『地藏菩薩本願經』上, 「忉利天宮神通品第一」(『大正藏』13, 778b), "我今盡未來際不可計劫。為是罪苦六道眾生。廣設方便。盡令解脫。而我自身。方成佛道。" ; 田军, 「中地藏菩萨及其信仰」, 『紫禁城』第3期(1999), pp. 35-38. 『지장경』에는 지장보살의 서원이 깔끔한 4구로 정리된 것은 없다. 이러한 정리는 후대에 만들어져 빠르게 정착된 것일 뿐이다. 『瑜伽集要焰口施食儀』全1卷(『大正藏』21, 476c), "眾生度盡方證菩提。地獄未空誓不成佛。大聖地藏王菩薩摩訶薩。" ; 『占察善惡業報經疏』卷上(X21, 424c), "眾生度盡。方證菩提。地獄未空。不取正覺。"

195 廉仲燮, 「4차 산업 시대의 韓國佛教 出家 問題와 미래적 대안」, 『禪學』제50호(2018), p. 134, "이 세상에 지옥을 벗어나라고 말하는 종교는 많아도, 스스로 지옥을 선택해서 중생을 구제하겠다는 적극적인 실천 노력을 보이는 종교는 불교밖에 없다." ; 한태식(普光), 「地藏思想에 관한 연구」, 『淨土學研究』제15권(2011), p. 16.

196 조수동, 「地藏信仰에 나타난 定業消滅 사상」, 『哲學論叢』제52집(2008), pp. 47-49 ; 金泰訓, 「地藏信仰의 韓國的 變容에 關한 研究」(益山: 圓光大 博士學位論文, 2009), pp. 37-39 ; 莊明興 著, 『中國中古的地藏信仰-國立臺灣大學文史叢刊110』(台北: 國立臺灣大學校大學

院, 1999), pp. 22-23 ;『入楞伽經』2,「集一切佛法品第三之一」(『大正藏』16, 527b), "大慧。憐愍眾生作盡眾生界願者。是為菩薩。大慧。菩薩方便作願。若諸眾生不入涅槃者。我亦不入涅槃。是故菩薩摩訶薩不入涅槃。";『入楞伽經』1,「一切佛語心品第一之一」(『大正藏』16, 487b), "大慧。一闡提有二種。一者。捨一切善根。及於無始眾生發願。云何捨一切善根。謂謗菩薩藏。及作惡言:『此非隨順修多羅。毘尼解脫之說。捨一切善根故。不般涅槃。二者。菩薩本自願方便故。非不般涅槃一切眾生而般涅槃。大慧。彼般涅槃。是名不般涅槃法相。此亦到一闡提趣。"

197   尹富,「中國地藏信仰研究」(四川: 四川大學 博士學位論文, 2005), pp. 267-273 ; 莊明興 著,『中國中古的地藏信仰-國立臺灣大學文史叢刊110』(台北: 國立臺灣大學校大學院, 1999), pp. 193-194.

198   『釋門正統』4,「利生志」(X75, 304a), "起教於道明和尚。"

199   『佛祖統紀』33,「法門光顯志第十六」(『大正藏』49, 322a), "十王供世傳。唐道明和上。"

200   蕭登福 著,『道佛十王地獄說』(臺北: 新文豐出版公司, 1996), p. 241.

201   『高麗史』127,「列傳40」,〈叛逆-金致陽〉, "又於宮城西北隅。立十王寺。其圖像奇怪難狀。潛懷異志。以求陰助。"

202   『魏書』83下,「列傳外戚71下」,〈胡國珍〉, "國珍年雖篤老而雅敬佛法時事齋潔自彊禮拜。至於出入侍從猶能跨馬擐鞍。神龜元年(518)四月七日。步從所建佛像發至自閶闔門四五里八日。又立觀像晚乃肯坐勞熱增甚因逐寢疾。靈太后親侍藥膳十二日薨年八十。給東園溫明秘器五時朝服各一具衣一襲贈布五千匹錢一百萬蠟千斤大鴻臚持節監護喪事。太后還宮成服於九龍殿遂居九龍寢室肅宗服小功服舉哀於太極東堂。又詔自始薨至七七皆為設千僧齋。令七人出家百日設萬人齋二七人出家。"

203   小南一郎,「『十王經』の形成と隋唐の民眾信仰」,『東方学報』第74册(2002), pp. 184-195.

204   申採湜 著,『東洋史概論』(서울: 三英社, 2004), p. 24.

205   『阿毘達磨大毘婆沙論』115,「業蘊第四中惡行納息第一之四」(『大正藏』27, 85a), "云何業障。謂五無間業。何等為五。一害母。二害父。三害阿羅漢。四破僧。五惡心出佛身血。";『阿毘曇心論經』2,「業品第三 別譯」(『大正藏』28, 843b) 등.

206   『佛說太子瑞應本起經』上(『大正藏』3, 479a) ;『佛本行集經』48,「舍利目連因緣品下」(『大正藏』3, 701a·b).

207   李柱亨,「佛傳의 '舍衛城神變' 說話」,『震檀學報』제76호(1993), pp. 152-172 ; 中村元 著, 金知見 譯,『佛陀의 世界』(서울: 김영사, 1990), p. 224.

208   『승가나찰소집경』에서는 이 사건을 성도 후 7년으로 보고 있다.『僧伽羅刹所集經』下(『大正藏』4, 114b), "第七於三十三天。"

209   『大唐大慈恩寺三藏法師傳』2,「劫比他國(中印度)」(『大正藏』50, 233a·b) ;『大唐西域記』4,「劫比他國」(『大正藏』51, 893a·b).

210   『大唐西域記』6,「拘尸那揭羅國」(『大正藏』51, 904a·b), "有窣堵波。是摩訶摩耶夫人哭佛之處。… 告摩耶夫人曰。大聖法王今已寂滅。摩耶聞已悲哽悶絕。與諸天眾至雙樹間。… 如來聖力金棺自開。放光明合掌坐。慰問慈母遠來下降。諸行法爾。願勿深悲。"

211 테오도르 체르바츠키 著, 연암종서 譯, 『涅槃의 槪念』(서울: 經書院, 1993), pp. 106-110 ; 平川彰 著, 『インド佛教史上』(東京: 春秋社, 2006), pp. 329-330.

212 『大唐西域記』6, 「拘尸那揭羅國」(『大正藏』51, 904b·c), "三從棺出. 初出臂. 問阿難治路. 次起坐. 為母說法. 後現雙足. 示大迦葉波."

213 『善見律毘婆沙』2(『大正藏』24, 687a), "爾時阿闍世王. 登王位八年佛涅槃." ; 藍吉富 著, 원필성 譯, 『데바닷다, 그는 정말 惡人이었는가』(서울: 雲舟社, 2004), p. 58 ; 廉仲燮, 「律藏의 破僧事 研究」(서울: 成均館大 博士學位論文, 2007), p. 53.

214 廉仲燮, 「『觀無量壽經』「序分」의 來源과 의의 고찰」, 『大同哲學』 제44집(2008), pp. 17-23.

215 『佛說觀無量壽佛經』全1卷(『大正藏』12, 341a·b), "時有一臣. 名曰月光. 聰明多智. 及與耆婆. 為王作禮. 白言. 大王. 臣聞毘陀論經說. 劫初已來. 有諸惡王貪國位故. 殺害其父一萬八千. 未曾聞有無道害母. 王今為此殺逆之事. 污剎利種. 臣不忍聞. 是栴陀羅. 我等不宜復住於此. 時二大臣說此語竟. 以手按劍. 却行而退. 時阿闍世驚怖惶懼. 告耆婆言. 汝不為我耶. 耆婆白言. 大王. 慎莫害母. 王聞此語. 懺悔求救. 即便捨劍. 止不害母. 勅語內官. 閉置深宮. 不令復出." ; 廉仲燮, 「高麗〈觀經序分變相圖〉의 내용과 의미 고찰Ⅰ-「觀經序分」의 내용분석과 역사적 배경을 중심으로」, 『溫知論叢』 제24집(2010), p. 443.

216 『維摩詰所說經』上, 「弟子品第三」(『大正藏』14, 539c-544a).

217 韓甲振 譯, 『2500年 前의 比丘·比丘尼의 詩』(서울: 韓振出版社, 1995), p. 9.

218 廉仲燮, 「『地藏經』의 중국 유행시기와 인도문화권 찬술의 타당성 검토」, 『東아시아佛教文化』 제37호(2019), p. 179.

219 Gregory Schopen, "Filial Piety and the Monk in the Practice of Indian Buddhism: A Question of 'Sinicization' Viewed from the Other Side," T'oung pao 70(1984), pp. 110-126.

220 『金剛般若波羅蜜經』全1卷(『大正藏』8, 749a), "如來滅後. 後五百歲."

221 『妙法蓮華經』4, 「見寶塔品第十一」(『大正藏』9, 32b) ; 『正法華經』6, 「七寶塔品第十一」(『大正藏』9, 102b) ; 『添品妙法蓮華經』4, 「見寶塔品第十一」(『大正藏』9, 167a) ; 『妙法蓮華經』4, 「法師品第十」(『大正藏』9, 165a-166c) ; 『添品妙法蓮華經』4, 「法師品第十」(『大正藏』9, 169c-170b) ; 『正法華經』8, 「歎法師品第十八」(『大正藏』9, 119a-122b) ; 車次錫, 「法華經의 法師(dharma-bhāṇaka)에 대한 考察」, 『韓國佛教學』 제18집(1993), pp. 305-327.

222 『지장경』의 여성주의 강조와 관련해서는 지장이 여성 신에서 유래했기 때문이라는 관점도 있어 주목된다. 이경란, 「地藏菩薩의 외형적 특징에 관한 연구」, 『韓國佛教學』 제97집(2021), p. 367.

223 『地藏菩薩本願經』上, 「忉利天宮神通品第一」(『大正藏』13, 777c), "一時. 佛在忉利天. 為母說法."

224 같은 책(778b-779a).

225 같은 책, 「觀眾生業緣品第三」(『大正藏』13, 779c-780a).

226 같은 책, 「閻浮眾生業感品第四」(『大正藏』13, 780c-781a).

227 같은 책,「如來讚歎品第六」(『大正藏』13, 782c), "盡此一報女身。百千萬劫。更不生有女人世界。何況復受。除非慈願力故。要受女身。度脫眾生。承斯供養地藏力故。及功德力。百千萬劫。不受女身。"

228 『悲華經』7,「諸菩薩本授記品第四之五」(『大正藏』3, 211b) 등.

229 『大方等大集經』56,「月藏分第十二法滅盡品第二十」(『大正藏』13, 379c) 등.

230 김철수,「佛教의 末法思想과 三階教의 사회 활동성」,『東洋社會思想』제1집(1998), p. 260.

231 권탄준,「三階教 信行禪師의 사회적 실천의 보살행」,『東아시아佛教文化』제29권(2017), pp. 168-170 ; 강경중,「信行의 三階教에 대한 고찰」,『人文學研究』제106권(2017), pp. 19-21.

232 『周易』,「繫辭上傳」, "ZY繫辭上01 : 天尊地卑。乾坤定矣。卑高以陳。貴賤位矣。"

233 『佛說無量壽經』上(『大正藏』12, 268c), "設我得佛。十方無量不可思議諸佛世界。其有女人聞我名字。歡喜信樂。發菩提心。厭惡女身。壽終之後復為女像者。不取正覺。";『佛說大阿彌陀經』上,「四十八願分第六」(『大正藏』12, 338c), "第二願。我作佛時。我剎中無婦女 ; 無央數世界諸天人民。以至蜎飛蠕動之類。來生我剎者。皆從七寶水池蓮華中化生。不得是願終不作佛。";같은 책(329c), "第三十二願。我作佛時。十方無央數世界有女人。聞我名號喜悅信樂。發菩提心厭惡女身。壽終之後其身不復為女。不得是願終不作佛。"

234 도교에서 가장 유명한 신선인 팔선(八仙) 중에는 하선고(何仙姑(瓊))와 남채화(藍采和)의 두 인물이 여성이다. 남채화는 원나라부터는 남성으로 인식되기도 한다. 이러한 중국문화의 관점은 여인오장설(女人五障說) 등의 인도불교적인 요소와는 차이가 크다.

235 『地藏菩薩本願經』上,「忉利天宮神通品第一」(『大正藏』13, 779a), "無毒答曰。此是閻浮提造惡眾生新死之者。經四十九日後。無人繼嗣為作功德。救拔苦難。生時又無善因。當據本業所感地獄。自然先渡此海。";『地藏菩薩本願經』下,「利益存亡品第七」(『大正藏』13, 784a), "若能更為身死之後。七七日內。廣造眾善。能使是諸眾生。永離惡趣。得生人天。受勝妙樂。現在眷屬。利益無量。";같은 책(784b), "無常大鬼。不期而到。冥冥遊神。未知罪福。七七日內。如癡如聾。";같은 책(784b), "是命終人。未得受生。在七七日內。念念之間。望諸骨肉眷屬。與造福力救拔。"

236 『地藏菩薩本願經』下,「利益存亡品第七」(『大正藏』13, 784b), "若有男子女人。在生不修善因。多造眾罪。命終之後。眷屬小大為造福利一切聖事。七分之中。而乃獲一。六分功德。生者自利。";같은 책(784b), "如精勤護淨。奉獻佛僧。是命終人。七分獲一。"

237 廉仲燮,「불교 숫자의 상징성 고찰-'4'와 '7'을 중심으로」,『宗教研究』제55집(2009), pp. 244-253.

238 『地藏菩薩本願經』上,「如來讚歎品第六」(『大正藏』13, 783a), "至七日已來。";같은 책(783b), "或七遍。";같은 책(783b), "乃至一七日中。";같은 책(783b), "七日之中。";『地藏菩薩本願經』下,「見聞利益品第十二」(『大正藏』13, 788a), "一日至七日。";같은 책(788a), "是人更能三七日中。";같은 책(788b), "一七日。或三七日。";같은 책(788c), "三七日中念其名。";같은 책(789a), "三七日內勿殺害。";같은 책,「囑累人天品第十三」(789c), "得七種利益。"

239 羽溪了諦,「『大集経』と佉羅帝との関係」,『羽溪博士米寿記念-仏教論説選集』(東京 : 大藏出版社, 1971), pp. 680-695.

240 『斑鳩古事便覽』(『日佛全』117, 38c), "東御殿三殊勝地藏尊立像-二尺五寸. 此像者. 敏達天皇六年丁酉冬十月. 太子六歲時. 自百濟國將來. 我朝地藏最初也. 依聖明王願化人來而作之. 是地藏化現. 作者殊勝也. 以赤栴檀造之. 御衣木殊勝也. 仍而三殊勝之尊像也."; 金煐泰 編, 『동아시아 韓國佛敎史料-日本文獻 篇』(서울: 東國大學校出版部, 2015), p. 263; 문상련(正覺), 「地藏信仰의 전개와 신앙의례」, 『淨土學硏究』제15집(2011), p. 140.

241 金福順, 「圓光法師의 행적에 관한 종합적 고찰」, 『新羅文化』제28권(2006), pp. 259·262-263.

242 권탄준, 「三階敎 信行禪師의 사회적 실천의 菩薩行」, 『東아시아佛敎文化』제29호(2017), p. 167.

243 박미선, 「圓光의 占察法會와 三階敎」, 『韓國思想史學』제24집(2005), pp. 184-187.

244 『三國遺事』4, 「義解第五-圓光西學」(『大正藏』49, 1003a), "故光於所住嘉栖岬. 置占察寶以為恒規."

245 『續高僧傳』13, 「本傳十七-唐新羅國皇隆寺釋圓光傳五(圓安)」(『大正藏』50, 524a), "少覺不悆. 經于七日. 遺誡淸切. 端坐終于所住皇隆寺中. 春秋九十有九. 卽唐貞觀四年也." 원광(圓光)의 생몰과 관련된 다양한 측면은 김복순이 「圓光法師의 행적에 관한 종합적 고찰」, 『新羅文化』제28권(2006), p. 276에 표로 정리해 놓은 것이 있어 도움이 된다.

246 『三國遺事』5, 「神呪第六-仙桃聖母隨喜佛事」(『大正藏』49, 1011c-1012a), "粧點主尊三像壁上. 繪五十三佛. 六類聖衆. 及諸天神. 五岳神君(羅時五岳. 謂東吐含山. 南智異山. 西雞龍. 北太伯中父岳. 亦云公山也)每春秋二季之十日. 叢會善男善女. 廣為一切含靈. 設占察法會. 以為恒規."; 이경란, 「占察修行을 통해 본 新羅 初期 地藏信仰 양상」, 『東北亞文化硏究』제61집(2019), p. 167.

247 『三國遺事』4, 「義解第五-蛇福不言」(『大正藏』49, 1007b), "後人為創寺於金剛山東南. 額曰道場寺. 每年三月十四日. 行占察會為恒規."; 홍재성(법공), 「地藏思想과 三階敎-地藏系 經典을 中心으로」, 『淨土學硏究』제15집(2011), p. 183.

248 『三國遺事』5, 「孝善第九-大城孝二世父母 神文代」(『大正藏』49, 1018a), "時有開士漸開. 欲設六輪會於興輪寺. 勸化至福安家."

249 『三國遺事』3, 「塔像第四-臺山五萬眞身」(『大正藏』49, 999b), "赤任南臺. 南面置地藏房. 安圓像地藏及赤地畫八大菩薩為首一萬地藏像. 福田五員晝讀地藏經金剛般若. 夜占察禮懺. 稱金剛社."; 『五臺山事蹟記』, 「五臺山聖跡幷新羅淨神太子孝明太子傳記」, "南臺南面創地藏房內安圓像地藏. 又以赤畫成八大菩薩爲首一萬地藏. 亦以精衆五員晝讀地藏經金光般若夜念占察禮懺. 號爲金剛結社."

250 『大乘大集地藏十輪經』10, 「大乘大集地藏十輪經序」(『大正藏』13, 777a·b).

251 『大乘大集地藏十輪經』1(『大正藏』13, 728a), "(法海寺沙門神昉筆受.)"; 홍재성(법공), 「三階敎와 地藏信仰」, 『淨土學硏究』제5집(2002), p. 170-171.

252 『注進法相宗章疏』全1卷(『大正藏』55, 1141b), "十輪經抄三卷. 大乘昉撰."; 矢吹慶輝 著, 『三階敎の硏究』(東京: 岩波書店, 1973), p. 639. 김영태와 문상련(正覺)은 신방(神昉)이 『지장경소』도 찬술했다고 적고 있지만(「地藏信仰의 전개와 신앙의례」, 『淨土學硏究』제15집(2011),

p.142), 이는 『십륜경초』를 의미하는 것으로 판단된다.

253 『大唐大慈恩寺三藏法師傳』6,「起十九年春正月入西京終二十二年夏六月謝御製經序并答」(『大正藏』50, 252b) ; 『大唐大慈恩寺三藏法師傳』10,「起顯慶三年正月隨車駕自洛還西京至麟德元年二月玉華宮捨化」(『大正藏』50, 279a), “以今唐十九年春正月二十五日還至長安。” ; 『大唐西域記』12(『大正藏』51, 946c), “出舍衛之故國。背伽耶之舊郊。蹋葱嶺之危隥。越沙磧之險路。十九年春正月。達于京邑。謁帝雒陽。” ; 샐리 하비 리긴스 著, 신소연·김민구 譯, 『玄奘法師』(서울: 民音社, 2010), pp. 223-253.

254 『大唐大慈恩寺三藏法師傳』10,「起顯慶三年正月隨車駕自洛還西京至麟德元年二月玉華宮捨化」(『大正藏』50, 277b) ; 샐리 하비 리긴스 著, 신소연·김민구 譯, 『玄奘法師』(서울: 民音社, 2010), p. 278.

255 샐리 하비 리긴스 著, 신소연·김민구 譯, 『玄奘法師』(서울: 民音社, 2010), pp. 37·283-302.

256 정병삼 著, 『義湘 華嚴思想 研究』(서울: 서울大學校出版部, 1998), p. 91.

257 尹富,「中國地藏信仰研究」(四川: 四川大學 博士學位論文, 2005), pp. 65-70.

258 같은 논문, pp. 79-89.

259 같은 논문, pp. 283-288·290-291.

260 『仁王經疏』1,「佛說仁王護國般若波羅蜜經序品第一」(『大正藏』33, 370c), “又十輪經第二頌云。” ; 『解深密經疏』4(『韓佛全』1, 258b), “十輪經第九意同大般若。” ; 『解深密經疏』5(『韓佛全』1, 291c), “若依能斷般若經及直本經十輪經第五。”

261 南武熙,「圓測의 生涯復元과 그의 政治的 立場」, 『韓國古代史研究』제28권(2002), p. 121 ; 조경철,「新羅 圓測의 生涯에 대한 검토-身分과 貴族問題를 중심으로」, 『韓國古代史研究』제57권(2010), pp. 381-384.

262 『梵網經古迹記』3(『韓佛全』3, 454b), “又十輪云。” ; 『菩薩戒本記』全1卷(『韓佛全』11, 45a), “如十輪經說。” ; 『瑜伽論記』9(『韓佛全』13, 801c), “如十輪經說。” ; 『瑜伽論記』10(『韓佛全』2, 733a), “如十輪經說。” ; 『瑜伽論記』12(『韓佛全』14, 79b), “十輪經據中下纏犯。” ; 『瑜伽論記』14(『韓佛全』3, 8c), “十輪經據中下纏犯。”

263 『三國遺事』4,「義解第五-關東楓岳鉢淵藪石記」(『大正藏』49, 1008b), “至七日夜。地藏菩薩手搖金錫來為加持。手臂如舊。菩薩遂與袈裟及鉢。” ; 같은 책,「眞表傳簡」(『大正藏』49, 1007b), “若無聖應。決志捐捨。更期七日。二七日終。見地藏菩薩。現受淨戒。” ; 『宋高僧傳』14,「唐百濟國金山寺眞表傳」(『大正藏』50, 794a), “經於七宵。詰旦見地藏菩薩手搖金錫為表策發教發戒緣作受前方便。”

264 『三國遺事』4,「義解第五-眞表傳簡」(『大正藏』49, 1007c), “然志存慈氏。故不敢中止。乃移靈山寺(一名邊山又楞伽山)又懃勇如初。果感彌力。現授占察經兩卷(此經丹陳隋間外國所譯。非今始出也。慈氏以經授之耳)并證果簡子一百八十九介。謂曰。於中第八簡子喻新得妙戒。第九簡子喻增得具戒。斯二簡子是我手指骨。餘皆沈檀木造。喻諸煩惱。汝以此傳法於世。作濟人津筏。” ; 같은 책,「東楓岳鉢淵藪石記(此記乃寺主瑩岑所撰承安四年己未立石)」(『大正藏』49, 1008b), “滿三七日。即得天眼見兜率天眾來儀之相。於是地藏慈氏現前。慈氏摩師頂曰。善哉大丈夫。求戒如是。不惜身命。懇求懺悔。地藏授與戒本。慈氏復與二

性。一題曰九者。一題八者。告師曰。此二簡子者。是吾手指骨。此喩始本二覺。又九者法爾。八者新熏成佛種子。以此當知果報。";한태식(普光),「地藏思想에 관한 연구」,『淨土學硏究』제15집(2011), p. 40-42.

265 『점찰경』과 관련해 「진표전간(眞表傳簡)」에는 미륵에게 받은 것으로 되어 있지만, 「동풍악발연수석기(東楓岳鉢淵藪石記)」에서는 금산사(金山寺)에서 스승인 순제(順濟)에게 받은 것으로 되어 있어 주목된다. 『三國遺事』4,「義解第五-東楓岳鉢淵藪石記(此記乃寺主瑩岑所撰承安四年己未立石)」(『大正藏』49, 1008a·b), "師往金山藪順濟法師處容染。濟授沙彌戒法傳教供養次第祕法一卷。占察善惡業報經二卷曰。汝持此戒法於彌勒地藏兩聖前。懇求懺悔。親受戒法。流傳於世。"

266 유대호「唐代 地藏菩薩 圖像의 成立과 統一新羅로의 流入」,『佛教美術史學』제18집(2014), p. 55 ; 梁凡,「论地藏信仰与弥勒信仰的内在联系-以地藏经典和弥勒经典为中心的分析与比较」,『池州学院学报』第28卷 5期(2014), pp. 70-71.

267 『大唐大慈恩寺三藏法師傳』1,「起載誕於緱氏終西屆于高昌」(『大正藏』50, 226a), "乃誓遊西方以問所惑。并取十七地論以釋眾疑。即今之瑜伽師地論也。" ; 『大唐故三藏玄奘法師行狀』全1卷(『大正藏』50, 214b).

268 『大唐大慈恩寺三藏法師傳』10,「起顯慶三年正月隨車駕自洛還西京至麟德元年二月玉華宮捨化」(『大正藏』50, 277b), "法師顧視合掌良久。遂以右手而自支頭。次以左手申左髀上。舒足重疊右脇而臥。迄至命終竟不迴轉。不飲不食至五日夜半。弟子光等問。和上決定得生彌勒內院不。法師報云。得生。言訖喘息漸微。"

269 『三國遺事』4,「義解第五-眞表傳簡」(『大正藏』49, 1007b), "投金山寺崇濟法師講下。落彩請業。" ; 『三國遺事』4,「義解第五-關東楓岳鉢淵藪石記」(『大正藏』49, 1008a), "師往金山藪順濟法師處容染。"

270 홍재성(법공),「三階教와 地藏信仰」,『淨土學硏究』제5집(2002), p. 185-186.

271 羅淨淑,「高麗時代 占察法會의 設行과 의미」,『佛教研究』제46집(2017), p. 215.

272 羅淨淑,「高麗時代 地藏信仰」,『史學研究』제80호(2005), pp. 129-130.

273 『三國遺事』4,「義解第五-心地繼祖」(『大正藏』49, 1009b), "寓止中岳(今公山)適開俗離山深公傳表律師佛骨簡子設果訂法會。決意披尋。既至。後期不許參例。乃席地扣庭。隨眾禮懺。經七日。天大雨雪。所立地方十尺許雪飄不下。眾見其神異。許引入堂地。攝謙稱恙。退處房中。向堂潛禮。肘顙俱血。類表公之仙溪山也。地藏菩薩日來間慰。"

274 진표계의 미륵과 지장 신앙의 이중 구조가 유물로 잘 남아 있는 것이, 진표의 지시로 영심永深에 의해 개창되는 법주사(法住寺)에 위재하는 고려시대의 〈보은 법주사 마애여래의좌상〉(보물 제216호)과 그 반대편에 위치해 있는 〈마애지장보살반가좌상〉이다. 文明大,「法主寺 磨崖彌勒·地藏浮彫像의 硏究」,『美術資料』제37호(1985), pp. 47-49.

275 최몽룡 著,『韓國美術의 自生性』(서울: 한길아트, 1999), p. 42 ; 長部和雄 著,『唐代密教史雜考』(神戶: 神戶商科大學學術研究會, 1971), pp. 134-135 ; 長部和雄,「唐代の後期密教: 唐代密教の中國的性格」,『佛教史學』Vol.10 no.2(1962), 參照.

276 『八大菩薩曼荼羅經』全1卷(『大正藏』20, 675b·c) ; 『佛說大乘八大曼拏羅經』全1卷(『大正

藏』20,676b·c);『佛說八大菩薩經』全1卷(『大正藏』14,751c), "妙吉祥菩薩摩訶薩。聖觀自在菩薩摩訶薩。慈氏菩薩摩訶薩。虛空藏菩薩摩訶薩。普賢菩薩摩訶薩。金剛手菩薩摩訶薩。除蓋障菩薩摩訶薩。地藏菩薩摩訶薩。"; 양희정, 「高麗時代 阿彌陀八大菩薩圖 圖像研究」, 『美術史學研究』제257호(2008), p.79.

277   양희정, 「高麗時代 阿彌陀八大菩薩圖 圖像 研究」, 『美術史學研究』제257호(2008), p.69 ; 『三門直指』全1卷(『韓佛全』10,147c) ; 安震湖 編, 「上篇」, 『釋門儀範』(서울: 法輪社, 2000), p.90.

278   文明大, 「高麗 阿彌陀8大菩薩圖(9尊圖)의 圖像學」, 『講座美術史』제54호(2020), pp.264-268.

279   文明大, 「魯英의 阿彌陀·地藏佛畵에 대한 考察」, 『美術資料』제25호(1979), pp.47-57 ; 文明大, 「魯英筆 阿彌陀九尊圖 뒷면 佛畵의 再檢討-高麗 太祖의 金剛山拜岾 曇無竭(法起)菩薩 禮拜圖」, 『古文化』제18집(1980), pp.2-12.

280   文明大, 「高麗佛畵의 樣式變遷에 대한 고찰」, 『美術史學研究』제184호(1989), pp.11-12.

281   廉仲燮, 「魯英 筆 高麗 太祖 曇無竭菩薩 禮拜圖의 타당성 검토」, 『國學研究』제30집(2016), p.581 ; 菊竹淳一·鄭于澤 編, 『高麗時代의 佛畵(解說篇)』(서울: 時空社, 1997), p.69.

282   金鐸, 「金剛山의 由來와 그 宗敎的 意味」, 『東洋古典硏究』제1집(1993), p.229-230 ; 廉仲燮, 「魯英筆 高麗 太祖 曇無竭菩薩 禮拜圖의 타당성 검토」, 『國學研究』제30집(2016), p.566 ; 廉仲燮, 「金剛山 楡岾寺의 연기설화 검토」, 『韓國佛敎學』제83집(2017), p.59.

283   許興植, 「指空의 遊歷과 定着」, 『伽山學報』제1호(1991), p.92 ; 廉仲燮, 「한국불교 聖山인식의 시원과 전개-五臺山·金剛山·寶盖山을 중심으로」, 『史學研究』제126호(2017), p.99.

284   〈關東楓岳山鉢淵藪開刱祖眞表律師🔲身骨藏立石🔲銘〉 ;『三國遺事』4, 「義解第五-關東楓岳鉢淵藪石記」(『大正藏』49, 1008c-1009a), "行至高城郡。入皆骨山。始創鉢淵藪。開占察法會。… 律師與父復到鉢淵。同修道業而終孝之。師遷化時。登於寺東大嵓上示滅。弟子等不動真體。而供養至于骸骨散落。於是以土覆墳。乃爲幽宮。有青松即出。歲月久遠而枯。復生一樹。後更生一樹。其根一也。至今雙樹存焉。凡有致敬者。松下覓骨。或得或不得。予恐聖骨埋滅。丁巳九月。特詣松下。拾骨盛筒。有三合許。於大嵓上雙樹下。立石安骨焉云云。此錄所載真表事跡。與鉢淵石記。互有不同。故刪取瑩岑所記而載之。後賢宜考之。無極記。"

285   『東文選』118, 「碑銘」, 〈金剛山長安寺重興碑〉 ;『稼亭先生文集』6, 「碑銘」, 〈金剛山長安寺重興碑〉.

286   廉仲燮, 「魯英 筆 高麗 太祖 曇無竭菩薩 禮拜圖의 타당성 검토」, 『國學研究』제30집(2016), p.586-591.

287   9점의 지장독존도 입상의 소장처는 다음과 같다. ① 일본 젠도지[善導寺], ② 일본 네즈[根津] 미술관, ③ 일본 도쿠가와[德川]미술관, ④ 일본 주구지, ⑤ 일본 초고손시지[朝護孫子寺], ⑥ 일본 개인, ⑦ 미국 메트로폴리탄 뮤지엄, ⑧ 미국 보스턴 뮤지엄, ⑨ 아서 M. 새클러 뮤지엄.

288   廉仲燮, 「魯英 筆 高麗 太祖 曇無竭菩薩 禮拜圖의 타당성 검토」, 『國學研究』제30집(2016), p.585.

289 『東文選』118,「碑銘」,〈金剛山長安寺重興碑〉;『稼亭先生文集』6,「碑銘」,〈金剛山長安寺
重興碑〉, "像設則有毗盧遮那. 左右盧舍那. 釋迦文. 巍然當中. 萬五千佛. 五十三佛. 周匝
圍繞. 居正殿焉. 觀音大士千手千眼. 與文殊. 普賢. 彌勒. 地藏. 居禪室焉. 阿彌陁五十三
佛. 法起菩薩. 翊盧舍那. 居海藏之宮. 皆極其莊嚴."

290 류상수,「日本 不動院 所藏 高麗〈萬五千佛圖〉研究」,『佛敎美術史學』제17집(2014), pp.
101-103.

291 韓國學文獻研究所 編,「金剛山楡岾寺事蹟記」,『乾鳳寺本末事蹟·楡岾寺本末寺誌』(서울:
亞世亞文化社, 1977);振興會資料,「史傳: 金剛山楡岾寺事蹟記-楡岾寺寄本」,『佛敎振興
會月報』제1권 7호(1916), pp.42-44;廉仲燮,「金剛山 楡岾寺의 연기설화 검토」,『韓國佛敎
學』제83집(2017), pp.44-51.

292 『佛說無量壽經』上(『大正藏』12, 266c-267a);『佛說大阿彌陀經』上,「五十三佛分第三」
(『大正藏』12, 327c-328a).

293 『五臺山事蹟記』,「閔漬跋文」, "大德十一年二月日."

294 振興會資料,「史傳: 金剛山楡岾寺事蹟記-楡岾寺寄本」,『佛敎振興會月報』제1권 7호
(1916), p.44, "大德元年丁酉十一月日.";韓國學文獻研究所 編,「楓嶽山長安寺事蹟記-跋
文」,『乾鳳寺本末事蹟·楡岾寺本末寺誌』(서울: 亞世亞文化社, 1977), p.326;「寶盖山石臺
記」, "大德十一年丁未八月日."

295 『五臺山事蹟記』,「閔漬跋文」, "沙門而一見之. 慨然發嘆. 旣已殫力修葺. 來謂余曰. 是山之
名. 聞於天下. 而所有古稽. 皆羅代鄕言. 非四方君子所可通見. 雖欲使人人能究是山寺之
靈異. 豈可得乎. 若他日. 或有天使到山. 而求觀古記. 則其將何以示之哉. 願以文易其鄕
言. 使諸觀者明知大聖靈奇之跡. 如日月皎然耳. 予聞其言. 以爲然. 雖自知爲文不能副其
意. 亦重違其請. 而筆則云爾. 大德十一年二月日.(宣授朝列大夫翰林直學士匡靖大夫僉
議都僉議司事延英殿大司學提修史判文翰署事閔漬記)"

296 邊東明,「鄭可臣과 閔漬의 史書編纂活動과 그 傾向」,『歷史學報』제130집(1991);이창국,
「元干涉期 閔漬의 現實認識」,『民族文化論叢』제24집(2001), pp.132-134.

297 韓國學文獻研究所 編,「楓嶽山長安寺事蹟記-跋文」,『乾鳳寺本末事蹟·楡岾寺本末寺誌』
(서울: 亞世亞文化社, 1977), p.326, "云云 … 寫成一軸. 先使人囑予以筆削.";『五臺山事蹟
記』,「閔漬跋文」, "云云 … 亦重違其請. 而筆削云爾."

298 『論語』,「述而第七」, "子不語怪力亂神."

299 廉仲燮,〈4. 閔漬의 慈藏에 대한 관점과 특징〉,「慈藏의 傳記資料 硏究」(서울: 東國大 博士學
位論文, 2015), pp.93-100;廉仲燮,「五臺山事蹟記의 版本과 閔漬의 慈藏傳記 자료 검토-
새로 발견된 閔漬의 慈藏傳記 자료를 중심으로」,『佛敎學硏究』제46호(2016), pp.122-144.

300 廉仲燮,「新羅五臺山의 文殊信仰과 五萬眞身信仰 검토」,『韓國佛敎學』제92집(2019), p.
239-249.

301 廉仲燮,「韓國五臺山 五萬眞身信仰의 특징과 北臺信仰의 변화」,『佛敎學硏究』제70호
(2020), pp.14-25.

302 같은 논문, pp.20-25.

303 진여원(眞如院)은 705년(성덕왕 4) 성덕왕에 의해서 창건되었다.『三國遺事』3,「塔像第四-臺山五萬眞身」(『大正藏』49, 999a), "以神龍元年(乃唐中宗復位之年聖德即位四年也)乙巳三月初四日始改創真如院. 大王親率百寮到山. 營構殿堂. 并塑泥像文殊大聖安于堂中.";같은 책,「溟州(古河西府也)五臺山寶叱徒太子傳記」(『大正藏』49, 1000a), "在位二十餘年. 神龍元年三月八日. 始開真如院(云云)."; 『五臺山事蹟記』,「五臺山聖跡并新羅淨神太子孝明太子傳記」, "至唐則天嗣聖十九年壬寅. 新羅王薨而無子. … 云云 … 以唐神龍元年乙巳八月初三日. 王親率軍民而到山始開眞如院造安泥像文殊."

304 廉仲燮,「新羅五臺山의 정립에 있어서 文殊信仰과 華嚴」,『淨土學研究』제29집(2018), p. 337.

305 廉仲燮,「韓國五臺山 五萬眞身信仰의 특징과 北臺信仰의 변화」,『佛教學研究』제70호(2020), pp. 6-7.

306 『五臺山事蹟記』,「五臺山聖跡并新羅淨神太子孝明太子傳記」, "聖德王. 又於東臺北角下創觀音房. 內安圓像觀音. 又以青地畫成一萬觀世音常以精衆五員晝讀八卷金光明經仁王般若大悲心呪夜念觀音禮懺. 號爲圓通結社. 南臺南面創地藏房. 內安圓像地藏. 又以赤地畫成八大菩薩爲首一萬地藏亦以精衆五員晝讀地藏經金光般若夜念占察禮懺. 號爲金剛結社. 西臺南面創彌陀房. 內安圓像無量壽. 又以白地畫成無量壽如來爲首一萬大勢至亦以精衆五員晝讀法華經夜念彌陀禮懺. 号爲水精結社. 北臺南面創羅漢房. 內安圓像釋迦. 又以黑地畫成釋迦如來爲首一萬彌勒菩薩五百大阿羅漢. 亦以精衆五員晝讀佛報恩經涅槃經夜念涅槃禮懺. 号爲白蓮結社. 中臺眞如院. 仍前所安泥像文殊宜於後壁. 又以黃地畫成一萬文殊并三十六化形. 亦以精衆五員晝讀華嚴經大般若夜念華嚴禮懺. 號爲華嚴結社. 以寶叱徒房改名爲華嚴寺. 內安圓像毘盧遮那三尊及大藏經. 亦以精衆五員長年轉讀大藏夜念神衆. 又趂年行百日華嚴會. 號爲法輪結社. 以爲五臺五社之本社. 又於文殊岬加排佛下院已爲山內六社都會之地. 亦以精衆七員晝夜長行禮念神衆以河西府道內八州之稅爲如上各寺. 福田凡三十七員四事供養之資則君上之壽遠文武之協和. 萬民之官樂百穀之豊登罔不在玆也."

307 『三國遺事』3,「塔像第四-臺山五萬眞身」(『大正藏』49, 999b·c), "青在東臺. 北角下北臺南麓之末. 宜置觀音房. 安圓像觀音及青地畫一萬觀音像. 福田五員晝讀八卷金經仁王般若千手呪. 夜念觀音禮懺. 稱名圓通社. 赤任南臺. 南面置地藏房. 安圓像地藏及赤地畫八大菩薩爲首一萬地藏像. 福田五員晝讀地藏經金剛般若. 夜▨察禮懺. 稱金剛社. 曰方西臺. 南面置彌陀房. 安圓像無量壽及白地畫無量壽如來為首一萬大勢至. 福田五員晝讀八卷法華. 夜念彌陀禮懺. 稱水精社. 黑地北臺. 南面置羅漢堂. 安圓像釋迦及黑地畫釋迦如來為首五百羅漢. 福田五員晝讀佛報恩經涅槃經. 夜念涅槃禮懺. 稱白蓮社. 黃處中臺. 直▨(眞如)院中安泥像文殊不動. 後壁安黃地畫毘盧遮那為首三十六化形. 福田五員晝讀華嚴經六百般若. 夜念文殊禮懺. 稱華嚴社. 寶川庵改創華藏寺. 安圓像毘盧遮那三尊及大藏經. 福田五員長門藏經. 夜念華嚴神衆. 每年設華嚴會一百日. 稱名法輪社. 以此華藏寺為五臺社之本寺. 堅固護持. 命淨行福田鎮長香火. 則國王千秋. 人民安泰. 文虎和平. 百穀豊穰矣. 又加排下院文殊岬寺為社之都會. 福田七員晝夜常行華嚴神衆禮懺. 上件三十七員齋料衣費. 以河西府道內八州之稅充為四事之資. 代代君王不忘遵行幸矣."

308 廉仲燮,「韓國五臺山 五萬眞身信仰의 특징과 北臺信仰의 변화」,『佛教學研究』제70호(2020), pp. 14-20.

309　『금광반야(경)』는『금광명경』과『반야경』으로 해석할 수도 있다. 그러나『반야경』이 중대와 관련해서 등장하고,『금광명경』역시 동대에서 확인된다. 또『대산오만진신』에는『금강반야』로 되어 있으니,『금강반야경』즉『금강경』으로 이해하는 것이 타당하다.

310　『五臺山事蹟記』,「五臺山聖跡幷新羅淨神太子孝明太子傳記」,"聖德王. 又. … 南臺南面創地藏房. 內安圓像地藏. 又以赤地畵成八大菩薩爲首一萬地藏. 亦以精衆五員晝讀地藏經金光般若夜念占察禮懺. 號爲金剛結社."

311　『三國遺事』3,「臺山五萬眞身」(『大正藏』49, 999b), "川將圓寂之日. 留記後來山中所行輔益邦家之事云. … 赤任南臺. 南面置地藏房. 安圓像地藏及赤地畵八大菩薩爲首一萬地藏像. 福田五員晝讀地藏經金剛般若. 夜圖(占)察禮懺. 稱金剛社."

312　『五臺山事蹟記』,「五臺山聖跡幷新羅淨神太子孝明太子傳記」;『三國遺事』3,「塔像第四-臺山五萬眞身」(『大正藏』49, 999b·c).

313　『地藏菩薩本願經』下,「地神護法品第十一」(『大正藏』13, 787a·b), "世尊. 我觀未來及現在衆生. 於所住處. 於南方淸潔之地. 以土石竹木. 作其龕室. 是中能塑畵. 乃至金銀銅鐵. 作地藏形像. 燒香供養. 瞻禮讚歎. 是人居處. 卽得十種利益. 何等爲十. 一者. 土地豊壤. 二者. 家宅永安. 三者. 先亡生天. 四者. 現存益壽. 五者. 所求遂意. 六者. 無水火災. 七者. 虛耗辟除. 八者. 杜絶惡夢. 九者. 出入神護. 十者. 多遇聖因. 世尊. 未來世中. 及現在衆生. 若能於所住處方面. 作如是供養. 得如是利益."

314　『大乘大集地藏十輪經』1,「序品第一」(『大正藏』13, 722a), "一時. 薄伽梵在佉羅帝耶山. 諸牟尼仙所依住處. … 爾時. 南方大香雲來. 雨大香雨; 大花雲來. 雨大花雨. 大妙殊麗寶飾雲來. 雨大殊麗妙寶飾雨(大妙殊麗寶飾의 誤). 大妙鮮潔衣服雲來. 雨大鮮潔妙衣服雨. 是諸雲雨充遍其山. 諸牟尼仙所依住處. … 世尊說是地藏菩薩諸功德已. 爾時. 地藏菩薩摩訶薩. 與八十. 百. 千. 那庾多頻跋羅菩薩. 以神通力. 現聲聞像. 從南方來. 至佛前住."

315　『大方廣十輪經』1,「序品第一」(『大正藏』13, 382a), "佛復讚歎地藏菩薩言 汝從南方來. 八十頻婆百千那由他菩薩以神通力俱來至此. 悉作聲聞像在如來前."

316　『佛說地藏菩薩陀羅尼經』全1卷(『大正藏』20, 656b), "佛復讚嘆地藏菩薩言. 汝從南方來. 八十頻婆百千那由他菩薩以神通力俱來至此. 悉作聲聞像在如來前."

317　『佛說地藏菩薩經』全1卷(『大正藏』85, 1455b), "爾時地藏菩薩住在南方瑠璃世界. … 卽從南方來到地獄中."

318　『不空羂索神變眞言經』9,「廣大解脫曼拏羅品第十二」(『大正藏』20, 270C), "南面從東第一. 地藏菩薩."

319　尹富,「中國地藏信仰硏究」(四川: 四川大學 博士學位論文, 2005), p.149.

320　『作法龜鑑』上,「地藏請」(『韓佛全』10, 558b), "精勤. 南無南方化主本尊. 地藏菩薩千聲萬聲.";문상련(正覺),「地藏信仰의 전개와 신앙의례」,『淨土學硏究』제15집(2011), pp.177-178.

321　金廷喜,「朝鮮前期의 地藏菩薩圖」,『講座美術史』제4권(1992), p.91.

322　佐和隆硏,「地藏菩薩の展開」,『佛敎藝術』第97号(1974), p.8 ; 金廷禧,「高麗末·朝鮮前期 地藏菩薩畵의 고찰」,『美術史學硏究』, 제157호(1983), p.32.

323　定方晟 著,『須彌山と極樂-佛敎の宇宙觀』(東京: 講談社, 1979), pp.84-85 ; 定方晟 著,『佛敎

にみる世界觀』(東京: 第三文明社, 1980), pp. 23-24.

324 『開元釋教錄』7,「總括群經錄上之七」(『大正藏』55, 551a), "占察善惡業報經二卷(云出六根聚經亦云大乘實義經亦名地藏菩薩經亦直云占察經)。";『貞元新定釋教目錄』10,「總集群經錄上之十」(『大正藏』55, 849b), "占察善惡業報經二卷(亦出六根聚經名大乘實義經亦名地藏菩薩經亦直云占察經亦名地藏菩薩業報經)。"

325 문상련(正覺)(「地藏信仰의 전개와 신앙의례」『淨土學研究』제15집(2011), p. 148)과 여성구(「新羅의 地藏 結社와 住處信仰」『韓國學論叢』제38권(2012), p. 125)는 '대산오만진신'의 『지장경』을 『본원경』으로 이해하는 반면, 박미선(「新羅 五臺山信仰 占察禮懺의 내용과 성격」『韓國思想史學』제33집(2009), pp. 61-62)과 유대호(「唐代 地藏菩薩 圖像의 成立과 統一新羅로의 流入」『佛教美術史學』제18집(2014), p. 56)는 『지장경』의 성립을 후대로 보기 때문에 『십륜경』의 이칭으로 이해하는 모습을 보이고 있다.

326 하슬라(河西)는 757년 명주(溟州)로 개칭된다. 『三國史記』9,「新羅本紀 9」, "景德王 757年 陰曆 12月: 河西州為溟州。領州一郡九縣二十五。"

327 廉仲燮,「韓國五臺山 五萬眞身信仰의 특징과 北臺信仰의 변화」『佛教學研究』제70호(2020), pp. 8-14.

328 『翻譯名義集』50,「眾山篇第二十九」(『大正藏』54, 1099a), "補陀落迦。或云補涅洛迦。此云海島。又云小白華。西域記云。有咀落迦山。南海有石天宮。觀自在菩薩游舍。"

329 강소연,「水月, 清淨慈悲의 美學-高麗時代 水月觀音圖의 '水月'의 圖像學적 의미」『韓國佛教學』제58집(2010), pp. 391-392.

330 鄭炳三,「統一新羅 觀音信仰」『韓國史論』제8권(1982), pp. 7-8.

331 廉仲燮,「韓國五臺山 五萬眞身信仰의 특징과 北臺信仰의 변화」『佛教學研究』제70호(2020), p. 13.

332 坪井俊映 著, 韓普光 譯,『淨土教概論』(서울: 弘法院, 1996), pp. 350-352 ; 章輝玉 著,『淨土佛教의 세계』(서울: 佛教時代社, 1997), pp. 246-267.

333 『三國遺事』3,「興法第三-洛山二大聖 觀音 正趣 調信」(『大正藏』49, 996c).

334 「白花道場發願文」全1卷(『韓佛全』2, 9a·b) ; 金煐泰,「白花道場發願文의 몇 가지 문제」『韓國佛教學』제13집(1998), pp. 16-23.

335 『三國遺事』3,「興法第三-洛山二大聖 觀音 正趣 調信」(『大正藏』49, 996c), "乃見真容。謂曰。於座上山頂雙竹湧生。當其地作殿宜矣。師聞之出崛。果有竹從地湧出。"

336 고려불화 수월관음도는 절대다수가 쌍죽으로 되어 있는 반면, 중국의 수월관음도는 삼근자죽(三根紫竹)의 표현이 일반적이다. 조수연,「高麗後期 水月觀音菩薩圖의 雙竹 表現 研究」『CHINA 研究』제15집(2013), 228-229쪽 ; 지미령,「高麗 水月觀音圖의 대나무 圖像에 관한 고찰」『佛教文藝研究』제3집(2014), pp. 23-30.

337 金廷喜,「朝鮮前期의 地藏菩薩圖」『講座美術史』제4권(1992), p. 91.

338 『大乘大集地藏十輪經』1,「序品第一」(『大正藏』13, 721c).

339 鄭于澤,「日本에서 발견된 高麗佛畵」『美術史論壇』제1호(1995), p. 264 ; 菊竹淳一·鄭于澤 編,『高麗時代의 佛畵(解說篇)』(서울: 時空社, 1997), p. 105 ; 신광희,「高麗佛畵의 유사성과

의미-地藏菩薩圖를 중심으로」, 『佛教學報』 제85집(2018), p. 204.

340 김정희는 육보살과 관련해서 『지장경』에 등장하는 문수보살(제1품), 정자재왕보살(제4품), 보현보살(제5품), 보광보살(제6품), 관세음보살(제12품), 허공장보살(제12품) 등으로 파악하고 있어 주목된다(「朝鮮前期의 地藏菩薩圖」, 『講座美術史』 제4권(1992), p. 90). 또 15세기의 일본 요다지[興田寺] 소장본〈지장삼존육보살도〉의 좌측 방제에 "六光菩薩"이라고 되어 있는 점을 통해서, 『십륜경』의 육광보살(지장보살, 용수보살, 구고관세음보살, 상비보살, 다라니보살, 금강장보살)로 보는 관점을 제기하기도 했다(p. 91). 그러나 『십륜경』의 육보살에는 지장보살도 포함된다는 점에서 문제의 소지가 있다.

341 김정희가 도표로 정리해 놓은 조선 초기 지장보살도 16점 중 육보살을 거느린 도상은 7점이며, 팔보살을 거느린 도상이 1점 확인된다. 즉 전체 16점 중 8점이므로, 50퍼센트나 되는 것을 알 수 있다(「朝鮮前期의 地藏菩薩圖」, 『講座美術史』 제4권(1992), p. 88).

342 鄭于澤, 「美國所在 韓國佛畵 調查 硏究」, 『東岳美術史學』 제13호(2012), p. 48, "〈아미타여래·지장보살병립도〉 도상은 당시의 신앙 경향(관음·지장병립도)을 반영하고, 유포되어 있던 도상을 원용하여 고려인들이 창안해 낸 동아시아 불교 도상 가운데 유일하고 특이한 사례라는 점에서 주목해야 할 만한 가치를 지녔다."

343 〈아미타·지장병립도〉의 이례적인 모습 때문에, 원본은 좌보처로 관세음이 존재했다는 관점도 일부 존재한다. 즉 지장이 우보처에 위치하고 있는 한국 개인 소장의 〈아미타삼존도〉와 같은 불화였을 것이라는 판단이다. 그러나 〈아미타·지장병립도〉의 중앙 위로 공통의 보개가 존재한다는 점, 또 아미타, 지장이 대등한 크기라는 점에서 이는 정당한 해법이 될 수 없다. 왜냐하면 보개는 후에 추가됐을 개연성이 존재한다고 하더라도, 붓다와 보살, 특히 본존인 아미타와 협시인 관세음이 대등한 크기로 삼존을 구성할 수는 없기 때문이다.

344 廉仲燮, 「靈山會上圖에 관한 상징과 의미 분석」, 『佛教學硏究』 제27호(2010), p. 328.

345 『作法龜鑑 下』, 「破佛及經袈裟燒送法」(『韓佛全』 10, 603c), "破佛及經袈裟燒送法-我以淸淨心. 焚燒故功德. 願此香烟熁, 變成香雲蓋. 遍滿十方界. 供養無量佛. 諸法從緣生. 亦從因緣滅. 我佛大沙門. 常作如是說. 唵. 尾盧摩羅. 娑婆訶."; 白坡亘璇 著, 김두재 譯, 『作法龜鑑』(서울: 東國大學校出版部, 2010), p. 300; 張彥遠 著, 조송식 譯, 『歷代名畵記 上』(서울: 時空社, 2008), pp. 45-46; 강선정·조우현, 「朝鮮 中期 西山大師와 碧巖大師의 袈裟 遺物에 대한 연구」, 『韓國服飾學會紙』 제61권 3호(2011), pp. 134.

346 『三國遺事』 1, 「王曆第一」(『大正藏』 49, 961b), "甲戌還鐵原太祖-戊寅六月裔死. 太祖即位于鐵原京己卯移都松岳郡. 是年創法王慈雲王輪內帝釋舍那. 又創天禪院(即普膺). 新興文殊通地藏▨▨▨▨前十大寺皆是年所創."

347 羅淨淑, 「高麗時代 地藏信仰」, 『史學硏究』 제80호(2005), pp. 132-134.

348 『東文選』 64, 「記」, 〈智異山水精社記〉.

349 羅淨淑, 「高麗時代 淨土信仰 硏究」(서울: 淑明女大 博士學位論文, 2010), p. 150.

350 金承一, 「高麗 後期 地藏十王圖 硏究」(서울: 東國大 碩士學位論文, 2021), p. 107.

351 鄭于澤, 「高麗의 中國佛畵 선택과 변용」, 『美術史硏究』 제25호(2011), pp. 115-120.

352 서금석, 「高麗 仁宗代 '年號' 제정을 둘러싼 갈등」, 『韓國史學報』 제68호(2017), pp. 109-112.

353 『大方廣佛華嚴經』50,「入法界品第三十四之七」(『大正藏』9,717c);『大方廣佛華嚴經』68, 「入法界品第三十九之九」(『大正藏』10,366c), "於此南方有山。名補怛洛迦。彼有菩薩。名觀 自在。";『大方廣佛華嚴經』16,「入不思議解脫境界普賢行願品」(『大正藏』10,732c).

354 강소연,「水月, 淸淨慈悲의 美學-高麗時代 水月觀音圖의 '水月'의 圖像學적 의미」,『韓國佛教 學』제58집(2010), pp.391-393.

355 고려불화로는 일본 고잔지 소장〈수월관음도〉가 유일하다.

356 『大方廣十輪經』1,「序品第一」(『大正藏』13,382a);『大乘大集地藏十輪經』1,「序品第一」 (『大正藏』13,722a).

357 『作法龜鑑』上,「地藏請」(『韓佛全』10,558b), "精勤。南無南方化主本尊。地藏菩薩千聲萬 聲。";문상련(正覺),「地藏信仰의 전개와 신앙의례」,『淨土學研究』제15집(2011), pp.177-178.

358 『大學章句』, "古之欲明明德於天下者。先治其國。欲治其國者。先齊其家。欲齊其家者。先脩 其身。欲脩其身者。先正其心。欲正其心者。先誠其意。欲誠其意者。先致其知。致知在格物。 - 治。平聲。後放此。/明明德於天下者。使天下之人皆有以明其明德。心者。身之所主也。 誠。實也。意者。心之所發也。實其心之所發。欲其一於善而無自欺也。致。推極也。知。猶識 也。推極吾之知識。欲其所知無不盡也。格。至也。物。猶事也。窮至事物之理。欲其極處無不 到也。此八者。大學之條目也。- 物格而后知至。知至而后意誠。意誠而后心正。心正而后身 脩。身脩而后家齊。家齊而后國治。國治而后天下平。治。去聲。後放此。/物格者。物理之極 處無不到也。知至者。吾心之所知無不盡也。知旣盡。則意可得而實矣。意旣實。則心可得而 正矣。脩身以上。明明德之事也。齊家以下。新民之事也。物格知至。則知所止矣。意誠以下。 則皆得所止之序也。";이상돈,「理一分殊論으로 보는 朱子의 格物致知說」,『韓國哲學論集』제 44권(2015), pp.49-58.

359 『周禮』,「夏官司馬第四」, "ZL夏官第四00: 方相氏狂夫四人。大僕下大夫二人小臣上士四人 祭僕中士六人御僕下士十有二人府二人史四人胥二人徒二十人。", "ZL夏,方相氏00: 方相氏。 掌蒙熊皮黃金四目玄衣朱裳執戈揚盾帥百隸而時難以索室毆疫。大喪先柩。及墓入壙以戈 擊四隅毆方良。";김윤희,「朝鮮時代 國葬으로 본 魂魄의 守護神 方相氏의 기능 고찰」,『서울民 俗學』제6호(2019), pp.31-38.

360 朴英淑,〈地藏立像과 引路王菩薩과의 關係〉,「高麗時代 地藏圖像에 보이는 몇 가지 問題點」, 『美術史學研究』제157호(1983), p.22.

361 한태식(普光),「生前預修齋 信仰 研究」,『淨土學研究』제22집(2014), pp.28-29.

362 黃金順,「觀音 · 地藏菩薩像의 來世救濟 信仰」,『美術史研究』제19호(2005), pp.65-66;한태 식(普光),「地藏思想에 관한 연구」,『淨土學研究』제15집(2011), pp.19-26;『地藏菩薩像靈驗 記』全1卷,「梁朝善寂寺畫地藏放光之記第一」(X87,588a).

363 廉仲燮,「麗末鮮初 觀音 · 地藏竝立圖의 기원과 내포 의미 검토」,『國學研究』제40호(2019), pp. 120-123.

364 김아름,「觀音 · 地藏竝立 圖像의 淵源과 唐 · 宋代의 觀音 · 地藏竝立像」,『講座美術史』제45호 (2015), pp.315-327.

365 『法苑珠林』14,「敬佛篇第六之二觀佛部感應緣之餘」,〈唐益州法聚寺畫地藏菩薩緣〉(『大正藏』53, 392c),“唐益州郭下法聚寺畫地藏菩薩。却坐繩床垂脚。高八九寸。”;『三寶感應要略錄』3,「第三十三唐益州法聚寺地藏菩薩畫像感應」(『大正藏』51, 854c).

366 『不空羂索神變真言經』9,「廣大解脫曼拏羅品第十二」(『大正藏』20, 270C),“南面從東第一。地藏菩薩。左手執蓮花臺上寶印。右手揚掌。半加趺坐。”

367 같은 책(706b),“… 云云 … 左大勢至菩薩。左手按脇執蓮花。右手揚掌結加趺坐。後白衣觀世音母菩薩。左手執蓮花。右手仰伸髀上。半加趺坐。… 云云。”

368 『法苑珠林』14,「敬佛篇第六之二觀佛部感應緣之餘-唐益州法聚寺畫地藏菩薩緣」(『大正藏』53, 392c),“唐益州郭下法聚寺畫地藏菩薩。却坐繩床垂脚。高八九寸。本像是張僧繇畫。至麟德二年七月。當寺僧圖得一本。”;『三寶感應要略錄』3,「第三十三唐益州法聚寺地藏菩薩畫像感應」(『大正藏』51, 854c).

369 菊竹淳一·鄭于澤 編,『高麗時代의 佛畫(解說篇)』(서울: 時空社, 1997), p. 105 ; 신광희,「高麗佛畫의 유사성과 의미-地藏菩薩圖를 중심으로」,『佛教學報』제85집(2018), p. 204.

370 이영종,「『釋氏源流』와 中國과 韓國의 佛傳圖」(서울: 서울大 博士學位論文, 2016), p. 6.

371 張總 著, 金鎭戊 譯,『地藏 II-彫刻과 繪畫』(서울: 東國大學校出版部, 2009), pp. 173-175.

372 유대호,「朝鮮 前期 地藏菩薩像 研究」,『美術史學研究』제279·280호(2013), pp. 94-103.

373 유대호,「唐代 地藏菩薩 圖像의 成立과 統一新羅로의 流入」,『佛教美術史學』제18집(2014), pp. 57-58.

374 『禮記』,「玉藻第十三」,“LJ13, 031: 君子之容舒遲。見所尊者齊遫。足容重。手容恭。目容端。口容止。聲容靜。頭容直。氣容肅。立容德。色容莊。坐如尸。燕居告溫溫。”;『小學』,「敬身第三」,“007: 君子有九思。視思明。聽思聰。色思溫。貌思恭。言思忠。事思敬。疑思問。忿思難。見得思義。”;『擊蒙要訣』,“所謂九容者。足容重。手容恭。目容端。口容止。聲容靜。頭容直。氣容肅。立容德。色容莊。所謂九思者。視思明。聽思聰。色思溫。貌思恭。言思忠。事思敬。疑思問。忿思難。見得思義。”;『孟子』,「離婁 上」,“15: 孟子曰。存乎人者。莫良於眸子。眸子不能掩其惡。胸中正。則眸子瞭焉。胸中不正。則眸子眊焉。聽其言也。觀其眸子。人焉廋哉。”

375 김아름,「觀音·地藏立立 圖像의 淵源과 唐·宋代의 觀音·地藏立立像」,『講座美術史』제45호(2015), p. 319.

376 이해주,「아잔타석굴 제26굴 佛塔浮彫 佛倚坐像 고찰」,『新羅文化』제53권(2019), pp. 168-177 ; 주수완,「彌勒倚坐像의 圖像的 起源에 대한 연구-아잔타 17굴〈忉利天降下〉圖像을 중심으로」,『震檀學報』제111호(2011), p. 180.

377 〈미륵하생경변상도〉의 양식적 특징과 차이에 관해서는 다음의 연구가 참조된다. 鄭于澤,「高麗佛畫에 있어서 圖像의 傳承」,『美術史學研究』제192호(1991), p. 7 ; 鄭于澤,「高麗佛畫의 領域」,『佛教美術史學』제5집(2007), p. 221 ; 손영문,「高麗時代〈彌勒下生經變相圖〉研究」,『講座美術史』제30권(2008), pp. 63-64.

378 羽溪了諦,「『大集経』と佛羅帝との関係」,『羽溪博士米寿記念-仏教論説選集』(東京: 大藏出版社, 1971), pp. 680-695.

379 『四分律』21,「百衆學法之三」(『大正藏』22, 712b·c), "人坐。己立。不得為說法。尸叉罽賴尼。… 若比丘。人坐己立故為說法者。犯應懺突吉羅。以故作故。犯非威儀突吉羅。若不故作。犯突吉羅。"; 같은 책(712c), "人臥。己坐。不得為說法。除病。尸叉罽賴尼。如上。(七)。人在座。己在非座。不得為說法。除病。尸叉罽賴尼。如上。(八)。人在高坐。己在下坐。不得為說法。除病。尸叉罽賴尼。如上。(九)。人在前行。己在後。不得為說法。除病。尸叉罽賴尼。如上。(九十)。人在高經行處。己在下經行處。不應為說法。除病。尸叉罽賴尼。如上。(九十一)。"; 『彌沙塞部和醯五分律』10,「第一分之七衆學法」(『大正藏』22, 77a), "人坐。比丘立；人在高坐。比丘在下；人臥。比丘坐。人在前。比丘在後。人在道中。比丘在道外；為覆頭人。為反抄衣人。為左右反抄衣人。為持蓋覆身人。為騎乘人。為挂杖人說法。皆如上說。"

380 『四分律』34,「受戒揵度之四」(『大正藏』22, 810b), "盡形壽不得高廣大床上坐。"; 『彌沙塞部和醯五分律』17,「第三分初受戒法下」(『大正藏』22, 717a), "盡壽不坐臥高大床上。" 등.

381 호상(胡床)의 기원은 후한의 제12대 영제(재위 168~189) 때이며, 이것이 일반화되는 것은 5호16국시대이다. 홍선아,「한국 胡床의 始原과 조형에 관한 연구」,『韓國家具學會誌』제2권 2호(2013), pp. 157-159 ; 최진열,「北魏後期 洛陽 거주 西域人과 西域文化」,『大同文化研究』제87집(2014), p. 252.

382 『後漢書』113,「志13-五行一」, "靈帝(재위 168~189)好胡服。胡帳。胡床。胡坐。胡飯。胡空侯。胡笛。胡舞。京都貴戚皆競為之。此服妖也。"

383 廉仲燮,「한국〈毘藍降生相圖〉에서의 右手와 左手의 타당성 고찰」,『溫知論叢』제25집(2010), pp. 430-435 ; 廉仲燮,「佛教塔의 구조와 탑돌이에 대한 고찰-불교탑돌이의 형성배경과 동아시아적인 변화를 중심으로」,『韓國禪學』제37호(2014), pp. 135-137 ;『四分律』50,「房舍揵度初」(『大正藏』22, 940b) ;『十誦律』48,「增一法之一」(『大正藏』23, 351a).

384 李哲憲,「月精寺 탑돌이의 전승과 현재」,『韓國禪學』제37호(2014), p. 181의 각주 2 ; 구미래,「月精寺 탑돌이의 민속과 계승방안」,『韓國禪學』제37호(2014), p. 229.

385 『四分律』49,「法揵度第十八」(『大正藏』22, 930c-931a) ;『四分律』50,「房舍揵度初」(『大正藏』22, 940b) ; 廉仲燮,〈1. 인도문화와 右手樣相〉,「韓國〈毘藍降生相圖〉에서의 右手와 左手의 타당성 고찰」,『溫知論叢』제25집(2010), pp. 430-432.

386 廉仲燮,〈1. 印度의 禮法과 右遶三匝〉,「佛教塔의 구조와 탑돌이에 대한 고찰-불교탑돌이의 형성배경과 동아시아적인 변화를 중심으로」,『韓國禪學』제37호(2014), pp. 134-138.

387 廉仲燮,「동아시아 佛像에서 확인되는 逆手印 문제 고찰-인도와 동아시아의 문화권적인 관점 차이를 중심으로」,『東아시아佛教文化』제25호(2016), pp. 486-490.

388 같은 논문, pp. 493-503.

389 김승일은 지장보살도에서 확인되는 '느슨한 반가부좌'를 유희좌의 형태로 보고 사유와 연관지어 이해하는 모습을 보이기도 한다(「高麗 後期 地藏十王圖 研究」, 서울: 東國大 碩士學位論文, 2021, p. 41).

390 『大唐西域記』7,「婆羅痆斯國」(『大正藏』51, 905c), "三佛經行側有窣堵波。是梅呾麗耶(唐言慈。即姓也。舊曰彌勒。訛略也)菩薩受成佛記處。"

391 『大唐大慈恩寺三藏法師傳』3,「起阿踰陀國終伊爛拏國」(『大正藏』50, 233c), "是阿僧伽菩薩說法處。菩薩夜昇覩史多天。於慈氏菩薩所受瑜伽論。莊嚴大乘論。中邊分別論。晝則下天為眾說法。";『大唐西域記』5,「阿踰陀國」(『大正藏』51, 896b), "無著菩薩夜昇天宮。於慈氏菩薩所受瑜伽師地論。莊嚴大乘經論。中邊分別論等。晝為大眾講宣妙理。"; 주수완,「彌勒倚坐像의 圖像的 起源에 대한 연구-아잔타 17굴〈忉利天降下〉圖像을 중심으로」,『震檀學報』제111호(2011), p. 179.

392 『地藏菩薩本願經』上,「忉利天宮神通品第一」(『大正藏』13, 778c-779a).

393 『九華山志』1,「六。應化」(GA72, 86a), "時有閔老閣公。素懷善念。每齋百僧。必虛一位。請洞僧足數。僧乃乞一袈裟地。公許之。衣徧覆九峯。遂盡喜捨。其子求出家。即道明和尚。公後亦離塵網。"; 金鎭戊,「中國 地藏信仰의 淵源과 金地藏」,『淨土學研究』제15집(2011), p. 92; 金世煥,〈5. 閔公施地〉,「浅谈九华山金地藏的传说及其文学性」,『中國學』第53輯(2015), p. 327.

394 楊寶玉 著,『敦煌本佛教靈驗記校注研究』(甘肅省: 甘肅人民出版社, 2009), pp. 375-377.

395 『九華山志』1,「六。應化」(GA72, 86a).

396 지장과 시왕의 결합 역시 당 말로 판단된다. 陈佩妏,「从地藏造像的组合看其与西方净土信仰的关系」,『宗教学研究』第2期(2010), pp. 192-193,

397 金鎭戊,「中國 地藏信仰의 淵源과 金地藏」,『淨土學研究』제15집(2011), p. 85, "법명을 '지장'으로 하고 있다는 사실로부터, 이것이 수계사(受戒師)로부터 받은 것이든 아니면 스스로 택한 것이든 분명히 지장보살의 본원사상(本願思想)을 의식하고 있었던 것이 아닐까 하는 추론을 할 수 있다."

398 尹富,〈第三節 七世紀中葉至八世紀初地藏造像的興盛〉,「中國地藏信仰研究」(四川: 四川大學 博士學位論文, 2005), pp. 79-103; 尹富,「七世紀中葉至八世紀初地藏造像論考」,『法鼓佛學學報』第4期(2009), pp. 93-98.

399 新文豊出版公司編輯部 編,「關中石刻文字新編」,『石刻史料新編』第1号 22卷(台北: 新文豊出版公司, 1977), p. 16876, "又畵一人縛於柱上。題字云此是▨道大神▨罪人。"; 张总 著,『地藏信仰研究』(北京: 宗教文化出版社, 2003), pp. 372-373; 莊明興 著,『中國中古的地藏信仰-國立臺灣大學文史叢刊110』(台北: 國立臺灣大學校大學院, 1999), p. 141.

400 小南一郎,「『十王經』の形成と隋唐の民衆信仰」,『東方学報』第74册(2002), pp. 220-227.

401 尹富,「中國地藏信仰研究」(四川: 四川大學 博士學位論文, 2005), p. 128; 张总 著,『地藏信仰研究』(北京: 宗教文化出版社, 2003), pp. 372-373.

402 謝澍田 編著,『地藏菩薩 九華垂迹』(上海: 華東師範大學出版社, 1994), p. 75, "名叫 善聽。又叫 諦聽。"

403 『百丈叢林清規證義記』3,「地藏聖誕」(X63, 402c), "神僧傳云。佛滅度一千五百年。地藏降迹新羅國主家。姓金。號喬覺。永徽四年。年二十四歲祝髮。攜白犬善聽。航海而來。至江南。池州府東。青陽縣。九華山。端坐九子山頭。七十五載。至開元十六年。七月三十夜成道。計年九十九歲。時有閣老閔公。素懷善念。每齋百僧。必虛一位。請洞僧(即地藏也)足數。僧乃乞一袈裟地。公許。衣遍覆九峯。遂盡喜捨。其子求出家。即道明和尚。公後亦離俗

網。反禮其子為師。故今侍像。左道明。右閔公。職此故也。"

404　金鎭戊,「中國 地藏信仰의 淵源과 金地藏」,『淨土學研究』제15집(2011), p.80.

405　지장보살이 출가보살이라는 인식은 694년에 조성된 섬서성(陝西省) 빈현(彬縣)의〈대불사조
상기(大佛寺造像記)〉속 "경조출가보살(敬造出家菩薩)"이라는 기록을 통해 중국불교 안에
서도 확인해 볼 수 있다. 尹富,「中國地藏信仰研究」(四川: 四川大學 博士學位論文, 2005), p.
289.

406　『地藏菩薩本願經』上,「忉利天宮神通品第一」(『大正藏』13, 779a), "佛告文殊師利 : 時鬼王
無毒者。當今財首菩薩是。"

407　『妙法蓮華經』6,「藥王菩薩本事品第二十三」(『大正藏』9, 53a-55a) ;『正法華經』9,「藥王菩
薩品第二十一」(『大正藏』9, 125a-127a) ;『添品妙法蓮華經』6,「藥王菩薩本事品第二十二」
(『大正藏』9, 187c-189c) ; 植木雅俊 譯,『(梵本)法華經 下』(東京: 岩波書店, 2009), pp.420-
461 ; 廉仲燮,「法住寺 喜見菩薩像과 石蓮池에 대한 사상적 고찰」,『大同哲學』제66집(2014),
pp.138-144.

408　『釋門正統』4,「利生志」(X75, 304a), "起教於道明和尚。"

409　『佛祖統紀』33,「法門光顯志第十六」(『大正藏』49, 322a), "十王供世傳。唐道明和上。神遊
地府見十王分治亡人。因傳名世間。"

410　『法華經傳記』8,「書寫救苦第十之二-隋相州僧玄緖一」(『大正藏』51, 82c-83a), "僧玄緖。
偏重法華。有同房師友。釋道明。姓元同緣人也。少而高尚多奇。苦節禪誦之譽。有聞遐邇。
以大業元年三月。於本寺而卒。其年七月。玄緖因行至郊野。日暮忽遇伽監。便往投宿至門
首。乃見道明從寺方出。儀容言語不異平生。遂引緖至房。緖私心怪之而不敢問。至後夜明
遂起謂緖。此非常處。上人慎勿上堂。至曉鐘時。復來語緖。不許上堂。而形體頓銷衰。顏色
殊改。明去後秘緖遂往食堂後窗邊。觀覩其事。禮佛行香。皆如僧法。昔貴高迚者多列座。
而在維那唱。施粥已即見。有人昇粥將來。將來粥皆作血色。行食遍並見。諸僧舉身火然宛
轉悶絕。躄地如一食之間。維那計靜請僧。一時無復苦相。緖駭懼還所止房。少時明至。轉
更憔悴。緖問之。明曰。此是地獄苦不可言。緖復問曰。何幸至此。明曰。為往時取僧一束
柴。煮染衣忘不陪償。當此一年然足受罪。明乃以手褰衣。臍膝已下。並皆焦黑。因泣涕而
言曰。上人慈悲願見救度。緖驚歎謂明曰。公精練之人。猶尚如此。況吾輩當復何如。不審。
何方可得相免。明曰。買柴百束倍為僧溫室。并寫法華經一部。緖曰。吾當自竭所有。一
日之內。為君辦之。願公早離此苦。因遂分別。緖即還寺。依言為酬。并寫經重更往尋。寂
無所見。其夜夢明威儀庠序。來謂緖。依公大恩。離苦生淨土矣。"

411　杜斗城 著,『敦煌本「佛說十王經」校錄研究』(甘肅: 甘肅教育出版社, 1989), pp.240-243.

412　『欽定古今圖書集成博物彙編神異典』114,「九華山化城寺記」(B15, 616a-c) ;『九華山志』1,
「六。應化」(GA72, 87a), "與地藏為同時同地之人。其所記自足為千秋信史。"

413　『欽定古今圖書集成博物彙編神異典』114,「九華山化城寺記」(B15, 616b), "時年九十九貞
元十年夏忽召眾告別罔知攸適。"

414　『欽定古今圖書集成博物彙編神異典』114,「九華山化城寺記」(B15, 616a-c) ;『宋高僧傳』
20,「唐池州九華山化城寺地藏傳」(『大正藏』50, 838c-839a).

415 张总 著, 『地藏信仰研究』(北京: 宗教文化出版社, 2003), p.394.

416 같은 책.

417 『欽定古今圖書集成博物彙編神異典』114, 「九華山化城寺記」(B15, 616b), "至德初有諸葛節等. 自麓登峰山深無人雲日雖鮮明居唯一僧閉目石室. 其旁折足鼎中唯白土少米烹而食之."

418 『九華山志』1(GA72, 1a).

419 金廷喜, 「朝鮮前期의 地藏菩薩圖」, 『講座美術史』 제4권(1992), p.89.

420 2010년 국립중앙박물관에서 개최된 〈고려불화대전〉에서는 남송시대의 시왕도가 고려불화로 소개되었다(國立中央博物館 編, 『高麗佛畫大展』(서울: 國立中央博物館, 2010), pp.170-173). 그러나 이를 부정하는 관점도 존재한다. 金承一, 「高麗 後期 地藏十王圖 研究」(서울: 東國大 碩士學位論文, 2021), p.107, "고려시대의 시왕 관련 작품들은 지장시왕도 이외에도 일본 세이카도문고미술관 소장의 10폭 〈시왕도〉를 비롯하여 국립중앙박물관에 소장되어 대고려전에 공개되었던 3점의 〈시왕도〉, 그 외에 하버드대학교 미술관, 클리블랜드 미술관, 덴버 미술관에 각각 소장된 〈시왕도〉 등의 사례들이 고려시대 작품으로 알려져 있으나, 기본적인 화풍이나 채색으로 보았을 때 이들 작품들의 국적은 고려가 아닌 중국 남송으로 보아야 한다는 것이 대다수 연구자들의 견해이다."

421 张总 著, 『地藏信仰研究』(北京: 宗教文化出版社, 2003), pp.230-232.

422 『大方廣十輪經』1, 「序品第一」(『大正藏』13, 681a·b), "又復皆悉見其兩手有如意珠雨如意寶. 其如意寶各出光明. 如是光中皆見十方恒沙世界一切諸佛. 是諸佛所各有菩薩而自圍遶."; 같은 책(681b·c), "兩手各皆出. 摩尼寶光明. 一切諸衣鬘. 雜飾嚴身具."; 『大乘大集地藏十輪經』1, 「序品第一」(『大正藏』13, 721a·b), "又各自見兩手掌中持如意珠. 從是一一如意珠中雨種種寶. 復從一一如意珠中放諸光明. 因光明故. 一一有情. 皆見十方殑伽沙等諸佛世界."; 같은 책(721b), "兩手皆珠現. 雨眾寶放光. 照十方除罪. 息苦獲安樂."

423 『大方廣十輪經』1, 「序品第一」(『大正藏』13, 681a), "是地藏菩薩作沙門像."; 같은 책(722b), "爾時. 地藏菩薩摩訶薩. 與八十. 百. 千. 那庾多頻跋羅菩薩. 以神通力. 現聲聞像."

424 같은 책(681a), "又復皆悉見其兩手有如意珠雨如意寶."; 같은 책(721b), "又各自見兩手掌中持如意珠."; 『佛說地藏菩薩陀羅尼經』全1卷(『大正藏』20, 656b), "又復皆悉見其兩手有如意珠雨如意寶."

425 『大方廣十輪經』1, 「序品第一」(『大正藏』13, 681c), "是地藏菩薩作沙門像. 現神通力之所變化. … (682a), 佛復讚歎地藏菩薩言. 汝從南方來. 八十頻婆百千那由他菩薩以神通力俱來至此. 悉作聲聞像在如來前. 頂禮佛足右繞三匝."; 『大乘大集地藏十輪經』1, 「序品第一」(『大正藏』13, 722b), "又爾時地藏菩薩摩訶薩. 與八十百千那庾多頻跋羅菩薩. 以神通力現聲聞像. 從南方來至佛前住. 與諸眷屬恭敬頂禮世尊雙足. 右遶三匝在如來前."; 같은 책(727b), "地藏真大士, 具杜多功德, 現聲聞色相, 來稽首大師."

426 金廷禧, 「高麗末·朝鮮前期 地藏菩薩畫의 고찰」, 『美術史學研究』, 제157호(1983), p.35.

427 张总 著, 『地藏信仰研究』(北京: 宗教文化出版社, 2003), p.233; 全惠淑·金眞熙, 「高麗時代 地藏菩薩圖의 服飾에 관한 연구」, 『服飾文化研究』 제7권 제1호(1999), pp.186·190-192.

428 정은우, 「高麗 中期 佛教彫刻에 보이는 北方的 요소」, 『美術史學研究』 제265호(2010), p. 59, "두건은 머리를 따뜻하게 하거나 바람으로부터 보호하기 위해 쓰는 모자이다. 주로 돈황을 비롯한 사막 지역의 상들에서 가장 먼저 보이며 주로 지장보살상의 한 형식으로 발전하게 된다."

429 佐和隆研, 「高麗の佛像」, 『佛教藝術』 第97号(1974), p. 11 ; 朴英淑, 「高麗時代 地藏圖像에 보이는 몇 가지 問題點」, 『美術史學研究』 제157호(1983), p. 19.

430 金承一, 「高麗 後期 地藏十王圖 研究」(서울: 東國大 碩士學位論文, 2021), pp. 38-39, "피건형의 지장보살상이 등장하게 된 배경에는 여러 가지 견해들이 있는데, 피건지장의 조성지가 돈황, 투루판, 한국이라는 점에 주목하여 중생을 구제하기 위해 변경지역(邊境地域)을 보행하는 지장보살의 모습을 형상화한 것이란 견해, 티베트와의 교류 기록을 근거로 13~14세기 전반에 걸쳐 티베트를 통하여 피건형 지장보살이 들어왔다는 견해, 돈황 지역에서 고려로 도상이 직접 전해졌을 것이라는 견해, 요(遼)의 나한상(羅漢像)에서 두건이 등장하여 고려로 전해졌을 것이라는 견해 등이 있다(佐和隆研, 「地藏菩薩의 展開」, 『佛教藝術』 第97号(1974), p. 11 ; 菊竹淳一 著, 『高麗佛畵』(東京: 每日新聞社, 1981), pp. 12-13 ; 金廷禧, 「韓·中 地藏圖像의 比較考察-頭巾地藏을 중심으로」, 『講座美術史』 제9호(1997), pp. 79-80 ; 정은우, 「高麗 中期 佛教彫刻에 보이는 北方的 요소」, 『美術史學研究』 제265호(2010), pp. 59-61). 하지만 대체적으로 피건형 지장보살상이 투루판과 돈황을 비롯한 중앙아시아 지역에서 주로 나타난다는 점을 보았을 때, 피건형 도상의 등장은 중앙아시아의 문화와 연관이 있으리라고 생각된다."

431 张总, 「风帽地藏像的由来与演进」, 『世界宗教文化』 第1期(2012), pp. 83-84.

432 金廷禧 著, 『朝鮮時代 地藏十王圖 研究』(서울: 一志社, 2004), pp. 47-48.

433 정은우, 「高麗 中期 佛教彫刻에 보이는 北方的 요소」, 『美術史學研究』 제265호(2010), pp. 59-61.

434 『高麗史』 39, 「世家 39」, "恭愍王 6年 閏9月 戊申: 僧服黑巾大冠." ; 『高麗史』 72, 「志 26」, 〈輿服一〉, "僧服黑巾大冠." 조선 후기의 기록이기는 하지만, 정약용의 「서암강학기(西巖講學記)」에 목재(木齋)의 말로 "번승(番僧)", 즉 토번승(吐蕃僧)에 따른 것으로 판단하고 있어 주목된다. 『茶山詩文集』 21, 「書-西巖講學記」, "國鎭問. 近世幅巾之制如何. 木齋曰幅巾起於兩漢之交. 在西京. 蓋是賤者之服. 卓巾綠幘. 卽其權輿也. 後世士大夫漸復著之. 至晉盛行. 朱子幅巾說. 其制甚正. 而我東儒者鮮解其文. 遂失其制. 蓋番僧及道士所著. 甚類近制. 使今人能從沙溪之言. 可以得正. 余嘗考據諸說. 橫㡌爲之. 庶不悖古也."

435 楊寶玉 著, 「還魂記」, 『敦煌本佛教靈驗記校注研究』(甘肅省: 甘肅人民出版社, 2009), pp. 376-377, "彼處形容與此不同. 如何閻浮形▨▨▨襴. 手持志(至)寶. 露頂不覆. 垂珠花纓. 此傳之者謬▨▨▨殿堂亦怪焉. 閻浮提衆生多不相識. 汝子細觀我▨▨▨色短長. 一一分明. 傳之於世."

436 『四分律』 39, 「皮革揵度之餘」(『大正藏』 22, 845b-886a) ; 『彌沙塞部和醯五分律』 21, 「第三分之六皮革法」(『大正藏』 22, 144a-146b) ; 『十誦律』 25, 「七法中皮革法第五」(『大正藏』 23, 178a-181c) ; 『Vinaya-Piṭaka』, 「mahā-vagga」, 〈5皮革揵度〉, pp. 194-198.

437 『中阿含經』 11(『大正藏』 1, 493c), "大人足下生輪. 輪有千輻." ; 『衆許摩訶帝經』 3(『大正藏』 3, 940b), "一太子足下有千輻輪紋轂輻輞輻三悉皆圓滿."

438 천부륜상(千輻輪相)은 32상 중 두 번째로 열거되는 것이 가장 보편적이다. 『長阿含經』 1, 「(一)

第一分初大本經第一」(『大正藏』1, 5a), "二者足下相輪. 千輻成就. 光光相照.";『大方便佛報恩經』7, 「親近品第九」(『大正藏』3, 164c), "二者. 足下千輻輪.";『普曜經』2, 「欲生時三十二瑞品第五」(『大正藏』3, 496a), "手足輪千輻理.";『過去現在因果經』1(『大正藏』3, 627b), "二者. 足下千輻網輪相具足." 등.

439 백족화상(白足和尚) 담시(曇始) 같은 경우도 이와 같은 상징성을 입고 있는 것이 아닌가 한다. 『三國遺事』3, 「興法第三-阿道基羅(一作我道. 又阿頭)」(『大正藏』49, 987a), "始足白於面. 雖涉泥水. 未嘗沾濕. 天上咸稱白足和尚云.";『高僧傳』10, 「神異下-釋曇始九」(『大正藏』50, 392b), "始足白於面. 雖跣涉泥水未嘗沾涅. 天下咸稱白足和上."

440 동일한 화폭 안에서 발생하는 신발의 유무는 위계 차이로 해석될 수 있는 동시에, 불화의 효율적인 표현이라는 특수한 상황에 따라 의도적인 공간 왜곡의 개연성도 일정 부분 존재한다.

441 『阿毘達磨大毘婆沙論』172, 「定蘊第七中攝納息第三之七」(『大正藏』27, 866b·c).

442 『阿毘達磨俱舍論』11, 「分別世品第三之四」(『大正藏』29, 58c), "諸鬼本處琰魔王國. 於此瞻部洲下過五百踰繕那有琰魔王國.";같은 책(59a), "琰魔王使諸邏刹娑. 擲擲有情置地獄者名琰魔卒. 是實有情. 非地獄中害有情者. 故地獄卒非實有情.";『阿毘達磨順正理論』31, 「辯緣起品第三之十一」(『大正藏』29, 516c-518a);『阿毘達磨藏顯宗論』16, 「辯緣起品第四之五」(『大正藏』29, 851b·c). 『발심인연시왕경』은 『구사론』등의 세계관 영향을 받아 염마왕국을 설정하고 있어 주목된다. 『佛說地藏菩薩發心因緣十王經』全1卷, 「第五閻魔王國(地藏菩薩)」(X1, 405a), "閻魔王國(自人間地去五百臾善那)名無佛世界. 亦名預於國亦名閻魔羅國."

443 Lother Ledderose, "The Ten Kings and the Bureaucracy of Hell", *Ten thousand things: module and mass production in Chinese art*, Princeton University Press, 2000, pp. 164-165.

444 정은우, 「高麗 中期 佛教彫刻에 보이는 北方의 요소」, 『美術史學研究』제265호(2010), p. 59.

445 『根本說一切有部毘奈耶雜事』34(『大正藏』24, 375a), "佛言：杖頭安鐶圓如盞口. 安小鐶子搖動作聲而為警覺."

446 张总, 「风帽地藏像的由来与演进」, 『世界宗教文化』第1期(2012), pp. 85-87.

447 楊寶玉 著, 「還魂記」, 『敦煌本佛教靈驗記校注研究』(甘肅省: 甘肅人民出版社, 2009), pp. 376-377, "彼處形容與此不同. 如何閻浮提形▨▨▨襴. 手持志(至)寶. 露頂不覆. 垂珠花纓."

448 쨩종은 이 구절이 의미하는 것이 삭발과 피모가 공존하는 상황에서 삭발이 다수였다는 정도로 이해하고 있다. 张总 著, 『地藏信仰研究』(北京: 宗教文化出版社, 2003), p. 233.

449 돈황 출토 지장독존도번 입상이 가장 많은 것은 9세기이다. 莊明興 著, 『中國中古的地藏信仰-國立臺灣大學文史叢刊110』(台北: 國立臺灣大學校大學院, 1999), p. 185.

450 조성금, 「吐魯番 出土 〈佛說預修十王生七經變相圖〉」, 『東岳美術史學』제11호(2010), p. 248.

451 『大毘盧遮那成佛經疏』13, 「轉字輪漫荼羅行品第八之餘」(『大正藏』39, 713a), "北方作地藏菩薩. 色如鉢孕瞿花. 西方出此花. 如此間粟穀之色. 花房亦如穀穗甚香也. 此菩薩手執蓮華. 以諸瓔珞莊嚴其身. 若但作印者但置蓮華也. 若置字者作伊字也.";『毗盧遮那成佛神變加持經義釋』10, 「轉字輪漫荼羅行品第八之餘」(X23, 428a), "字也北方作地藏菩薩色如慳(pri)鉢兜(yam)孕么(gu)瞿華色西方有此華如此華粟穀之色華房亦如穀穗甚香也此菩薩手執蓮華以諸瓔珞莊嚴其身若但作印者但置蓮華也若置字者作珂(ī)伊字也."

---

452 지장의 지물로 '석장과 보주'의 구조는 『불설지장보살발심인연시왕경』(X1, 406c)의 육지장에서 구체화되어, 일본의 13세기 찬술인 『각선초(覺禪鈔)』(『大正藏』圖像部 5, 129c)의 '좌수(左手)-보주 / 우수(右手)-석장("不空軌云. 內祕菩薩行. 外現比丘相. 左手持寶珠. 右手執錫杖. 安住千葉青蓮華.")'에 와 완성된다. 『각선초』에는 '좌-보주, 우-보주'의 구조가 불공(不空)의 의궤(儀軌)에 입각한 것으로 되어 있지만, 이에 대한 근거는 불분명하다. 『각선초』 이전에도 '좌-보주, 우-석장'의 구조가 존재했을 개연성도 있지만, 현존하는 문헌으로는 『각선초』가 가장 빠르다. 유대호, 「唐代 地藏菩薩 圖像의 成立과 統一新羅로의 流入」, 『佛敎美術史學』 제18집(2014), pp. 47-48 ; 이경란, 「地藏菩薩의 외형적 특징에 관한 연구」, 『韓國佛敎學』 제97집(2021), p. 380.

453 현존하는 고려불화 아미타구존도 14점의 지장보살 표현은 모두 석장 없이 여의주만 가진 모습으로 표현되어 있다. 이는 지장이 중심 도상이 아닌 상황에서 면적을 많이 차지하고, 좌우동형이 어려운 석장을 피하며, 지장을 쉽게 상징할 수 있는 여의주만을 표현한 것이 아닌가 한다.

454 『佛說地藏菩薩發心因緣十王經』 全1卷, 「第五閻魔王國(地藏菩薩)」(X1, 406c), "預天賀地藏. 左持如意珠. 右手說法印. 利諸天人衆. 放光王地藏. 左手持錫杖. 右手與願印. 雨雨成五穀. 金剛幢地藏. 左持金剛幢. 右手施無畏. 化修羅靡幡. 金剛悲地藏. 左手持錫杖. 右手引攝印. 利傍生諸界. 金剛寶地藏. 左手持寶珠. 右手甘露印. 施餓鬼飽滿. 金剛願地藏. 左持閻魔幢. 右手成辨印. 入地獄救生."

455 12고리란, 석장의 양쪽에 각각 6개의 고리가 달린 것이 아니라, 네 방면에 3개씩(4방×3개)의 고리가 있는 구조였을 것으로 추정된다.

456 『大目連經』(興福寺板, 1584年, 『新集成文獻』02040_0001_0017-0018), "佛語目連. 汝執我十二環錫杖. 被我袈裟掌我鉢盂. 至地獄門前振錫三聲. 獄門自開關鑰自落. 獄中一切罪人聞我錫杖之聲. 皆得片時停息. 目連被得袈裟手持錫杖. 至地獄門前振錫三聲. 獄門自開關鑰自落. 目連突入獄中."

457 鄭于澤, 「日本에서 발견된 高麗佛畵」, 『美術史論壇』 제1호(1995), p. 264 ; 菊竹淳一·鄭于澤 編, 『高麗時代의 佛畵(解說篇)』(서울: 時空社, 1997), p. 105 ; 신광희, 「高麗佛畵의 유사성과 의미-地藏菩薩圖를 중심으로」, 『佛敎學報』 제85집(2018), p. 204.

458 鄭于澤, 「美國所在 韓國佛畵 調査 硏究」, 『東岳美術史學』 제13호(2012), pp. 34-35.

459 이승희는 고려불화에 등장하는 사천왕 및 지물까지 정리해 놓고 있어 좋은 참고가 된다(「高麗末 朝鮮初 四天王像圖 硏究」, 『美術史硏究』 제22호(2008), p. 120).

460 ① 일본 사이후쿠지[西福寺] 소장, ② 일본 린쇼지[隣松寺] 소장(1323), ③ 일본 치온인[知恩院] 소장(1323), ④ 일본 오타카지[大高寺] 소장.

461 『佛說無量壽經』 上(『大正藏』 12, 270a), "又其國土無須彌山及金剛圍一切諸山. 亦無大海. 小海. 溪渠. 井谷. 佛神力故. 欲見則見. 亦無地獄. 餓鬼. 畜生諸難之趣. 亦無四時 春. 秋. 冬. 夏 不寒. 不熱. 常和調適." ; 『佛說大阿彌陀經』 上, 「地平氣和分第十五」(『大正藏』 12, 331c), "其國恢廓曠蕩不可窮盡. 地皆平正. 無須彌山及金剛圍一切諸山. 亦無大海. 小海. 及坑坎. 井谷. 亦無幽暗之所. 無地獄. 餓鬼. 衆生. 禽虫. 以至蜎飛蠕動之類 ; 無阿須倫及諸龍. 鬼神. 亦無雨露. 惟有自然流泉. 亦無寒暑. 氣象常春清快明麗. 不可具言."

462 定方晟 著, 『須彌山と極樂-佛敎の宇宙觀』(東京: 講談社, 1979), pp. 12-17 ; 定方晟 著, 『佛

教にみる世界觀』(東京: 第三文明社, 1980), pp. 12-15 ; 增原良彦 著, 『佛教の世界觀-地獄
と極樂』(東京: 鈴木出版株式會社, 1990), pp. 190-195. 廉仲燮, 「Kailas山의 須彌山說에 관
한 종합적 고찰」, 『佛敎學硏究』 제17집(2007), pp. 321-322 ; 김진열, 「輪廻說 再考Ⅲ-輪廻說
의 起源과 그 土臺」, 『東國思想』 제23집(1990), pp. 192-193.

463 廉仲燮, 「Kailas山의 須彌山說에 관한 종합적 고찰」, 『佛敎學硏究』 제17호(2007), pp. 318-
324 ; 廉仲燮, 「『樓炭經』계통과 『大毘婆沙論』계통의 須彌山 宇宙論 차이 고찰」, 『哲學論叢』
제56집(2009), p. 226 ; 增原良彦 著, 『佛敎の世界觀-地獄と極樂』(東京: 鈴木出版, 1990), pp.
183-218.

464 『起世因本經』 6, 「三十三天品第八上」(『大正藏』 1, 396b), "其座兩邊. 各有十六小天王座."
; 『起世因本經』 8, 「鬪戰品第九」(『大正藏』 1, 404c), "帝釋天王. 告其三十二天言." ; 『正法念
處經』 25, 「觀天品第六之四(三十三天初)」(『大正藏』 17, 143b).

465 김진열, 「輪廻說 再考Ⅲ-輪廻說의 기원과 그 토대」, 『東國思想』 제23집(1990), p. 193 ; 吳亨
根, 『佛教의 靈魂과 輪廻觀』(서울: 佛教思想社, 1987), pp. 359-400 ; 定方晟 著, 『須彌山と極
樂: 佛敎の宇宙觀』(東京: 講談社, 1979), pp. 51-75 ; 定方晟 著, 『佛敎にみる世界觀』(東京:
第三文明社, 1980), pp. 14-23 ; 增原良彦 著, 『佛敎の世界觀-地獄と極樂』(東京: 鈴木出版,
1990), pp. 151-169.

466 吳亨根 著, 『佛教의 靈魂과 輪廻觀』(서울: 佛教思想社, 1987), pp. 319-400 ; 『阿毘達磨大毘
婆沙論』 136, 「大種蘊第五中具見納息第三之三」(『大正藏』 27, 702a·b) ; 『大乘阿毘達磨雜
集論』 6, 「決擇分中諦品第一之一」(『大正藏』 31, 719a·b).

467 색계(色界)가 18천이라는 관점은 상좌부설(上座部說)에서 기원한다(『翻譯名義集』 2, 「八
部篇第十四」, 『大正藏』 54, 1075b·c). 이 때문에 경량부(經量部)의 영향을 받은 『구사론』 등
은 무상천(無想天)을 제외한 17천설을 제기하는 모습을 보인다(『阿毘達磨俱舍論』 8, 「分別
世品第三之一」, 『大正藏』 29, 41a ; 『阿毘達磨順正理論』 21, 「辯緣起品第三之一」, 『大正
藏』 29, 456b ; 『阿毘達磨藏顯宗論』 12, 「辯緣起品第四之一」, 『大正藏』 29, 829b·c). 이외
에도 『장아함경』 권20 등은 22천설(『長阿含經』 20, 「第四分世記經忉利天品第八」, 『大正
藏』 1, 135c-136a ; 『起世經』 8, 「三十三天品第八之三」, 『大正藏』 1, 348b ; 『起世因本經』 8,
「三十三天品下」, 『大正藏』 1, 403b), 『화엄경』이나 『대반야경』 권402 등은 21천설(『大方廣佛
華嚴經』 13, 「如來昇兜率天宮一切寶殿品第十九」, 『大正藏』 9, 417c-418a ; 『大方廣佛華嚴
經』 21, 「十無盡藏品第二十二」, 『大正藏』 10, 113b ; 『大般若波羅蜜多經』 402, 「第二分歡喜
品第二」, 『大正藏』 7, 11a), 그리고 『중아함경』 권9는 16천설을 적시하고 있어 주목된다(『中阿
含經』 9, 「(三六)未曾有法品地動經第五[初一日誦]」, 『大正藏』 1, 478a) ; 廉仲燮 著, 『佛敎
美術思想史論』(서울: 운주사, 2011), pp. 232-238.

468 『佛說無量壽經』 上(『大正藏』 12, 270a), "爾時. 阿難白佛言. 世尊. 若彼國土無須彌山. 其
四天王及忉利天依何而住. 佛語阿難. 第三炎天乃至色究竟天皆依何住. 阿難白佛. 行業
果報不可思議. 佛語阿難. 行業果報不可思議. 諸佛世界亦不可思議. 其諸衆生功德善力
住行業之地. 故能爾耳. 阿難白佛. 我不疑此法. 但爲將來衆生欲除其疑惑. 故問斯義." ;
『佛說大阿彌陀經』 下, 「獨無須彌分第四十一」(『大正藏』 12, 336c-337a), "阿難聞佛所言.
則大恐怖毛髮聳然. 復白佛言. 非敢有疑於佛. 所以問者. 以他方世界四天王及忉利天.
皆依須彌山而住. 彼獨無此山. 恐佛般泥洹後. 有來問者無以告之. 故以問佛. 佛言. 他方
世界第三炎摩天. 上至第七梵天. 皆何所依而住. 對言. 自然在於空中. 佛言. 彼刹中無須

463

彌山。其四天王與忉利二天。亦復如是。天人行業果報不可思議。其諸眾生住行業之地。亦不可思議。況彼佛威神浩大。凡有作為。無施不可。無須彌山。無復何疑。"

469 『佛說無量壽經』上(『大正藏』12, 270a), "佛神力故。欲見則見。"

470 같은 책(267c), "設我得佛。國有地獄。餓鬼。畜生者。不取正覺。";『佛說大阿彌陀經』上, 「四十八願分第六」(『大正藏』12, 338c), "法藏白言。第一願。我作佛時。我剎中無地獄。餓鬼。禽畜。以至蜎飛蠕動之類。不得是願終不作佛。";『無量壽經義疏』上(『大正藏』37, 103b);『佛說阿彌陀經』全1卷(『大正藏』12, 347a);『阿彌陀經疏』全1卷(『大正藏』37, 122b), "彼土既無三惡道。"

471 『佛說阿彌陀經』全1卷(『大正藏』12, 347a), "復次舍利弗。彼國常有種種奇妙雜色之鳥——白鵠。孔雀。鸚鵡。舍利。迦陵頻伽。共命之鳥。是諸眾鳥。晝夜六時出和雅音。其音演暢五根。五力。七菩提分。八聖道分如是等法。其土眾生聞是音已。皆悉念佛。念法。念僧。舍利弗。汝勿謂。此鳥實是罪報所生。所以者何。彼佛國土無三惡趣。舍利弗。其佛國土尚無三惡道之名。何況有實。是諸眾鳥皆是阿彌陀佛欲令法音宣流變化所作。"

472 『佛說觀無量壽佛經』全1卷(『大正藏』12, 341a), "爾時大王。食麨飲漿。求水漱口。漱口畢已。合掌恭敬。向耆闍崛山。遙禮世尊。而作是言。大目乾連是吾親友。願興慈悲。授我八戒。時目乾連如鷹隼飛。疾至王所。日日如是。授王八戒。"; 같은 책(341b), "時韋提希被幽閉已。愁憂憔悴；遙向耆闍崛山。為佛作禮。而作是言。如來世尊在昔之時。恒遣阿難來慰問我。我今愁憂。世尊威重。無由得見。願遣目連。尊者阿難。與我相見。作是語已。悲泣雨淚。遙向佛禮。未舉頭頃。爾時世尊在耆闍崛山。知韋提希心之所念。即勅大目揵連及以阿難。從空而來。佛從耆闍崛山沒。於王宮出。"; 廉仲燮, 「『觀無量壽經』「序分」의 來源과 의의 고찰」, 『大同哲學』제44집(2008), pp. 17-189 ; 廉仲燮, 「高麗〈觀經序分變相圖〉의 내용과 내포의미 고찰Ⅱ-〈觀經序分變相圖〉의 내용·표현과 해법제시를 중심으로」, 『宗敎硏究』제63집(2011), pp. 109-123.

473 조선 후기 사천왕의 방위 문제를 본격적으로 촉발한 것은 임영애로 순천 송광사 사천왕상 바닥에 기록된 천왕의 존명과 관련된다. 林玲愛, 「順天 松廣寺 四天王像의 方位問題와 造成時期」, 『書誌學硏究』제30집(2005), pp. 73-96(「順天 松廣寺 四天王像의 方位問題와 造成時期」, 『松廣寺 四天王像 發掘資料의 綜合的 硏究』, 서울: 亞細亞文化社, 2006, pp. 127-150에 재수록) ; 林玲愛, 「北方 多聞天의 寶塔 圖像 解釋-圖像 形成 原因과 元·高麗 이전의 양상」, 『美術史와 視角文化』제9호(2010), p. 93 ; 林玲愛, 「朝鮮時代 四天王像 尊名의 變化」, 『美術史學硏究』제265호(2010), pp. 73-101 ; 林玲愛, 「石窟庵 四天王像의 圖像과 佛敎經典」, 『講座 美術史』제37권(2011), pp. 30-31.

474 朴銀卿·韓政鎬, 「四天王像 配置形式의 變化 原理와 朝鮮時代 四天王 名稱」, 『美術史論壇』제30호(2010), pp. 294-295.

475 廉仲燮, 「毘沙門天의 塔持物과 몽구스 지물의 성립 배경과 의미분석」, 『溫知論叢』제33집(2012), pp. 215-247 ; 廉仲燮, 「한국 4天王 塔持物의 위치변화에 대한 재고점」, 『宗敎文化硏究』제22호(2014), pp. 205-245 ; 廉仲燮, 「佛敎美術의 天王 수용과 위치 문제 고찰-毘沙門天의 獨立信仰과 左·右의 位階 문제를 통한 관점 환기」, 『圓佛敎思想과 宗敎文化』제62집(2014), pp. 407-446.

476 『佛說觀彌勒菩薩上生兜率天經』全1卷(『大正藏』14, 418c), "今於此眾說彌勒菩薩摩訶薩

阿耨多羅三藐三菩提記。此人從今十二年後命終。必得往生兜率陀天上。爾時兜率陀天上。有五百萬億天子。一一天子皆修甚深檀波羅蜜。為供養一生補處菩薩故。"

477 『大唐大慈恩寺三藏法師傳』2,「起阿耆尼國終羯若鞠闍國」(『大正藏』50, 232c), "時提婆犀那(唐言天軍)阿羅漢。往來覩史多天。德光願見慈氏決諸疑滯。請天軍以神力接上天宮。既見慈氏揖而不禮。言我出家具戒。慈氏處天同俗禮敬非宜。如是往來三返皆不致禮。既我慢自高。疑亦不決。";『大唐西域記』4,「秣底補羅國」(『大正藏』51, 891c), "德光願見慈氏。決疑請益。天軍以神通力。接上天宮。既見慈氏。長揖不禮。天軍謂曰。慈氏菩薩次紹佛位。何乃自高。敢不致敬。方欲受業。如何不屈。德光對曰。尊者此言。誠為指誨。然我具戒苾芻。出家弟子。慈氏菩薩受天福樂。非出家之侶。而欲作禮。恐非所宜。菩薩知其我慢心固。非聞法器。往來三返。不得決疑。更請天軍。重欲覲禮。天軍惡其我慢。蔑而不對。德光既不遂心。便起恚恨。即趣山林。修發通定。我慢未除。不證道果。"

478 『佛說彌勒下生成佛經』全1卷(『大正藏』14, 424b);『佛說彌勒大成佛經』全1卷(『大正藏』14, 430c).

479 『佛說彌勒下生成佛經』全1卷(『大正藏』14, 424b), "翅頭末城。眾寶羅網。彌覆其上。寶鈴莊嚴。微風吹動。其聲和雅。如扣鐘磬。其城中有大婆羅門主。名曰妙梵;婆羅門女。名曰梵摩波提。彌勒託生。以為父母。"

480 박도화,「鳳停寺 大雄殿 靈山會後佛壁畵 도상의 연원과 의의」,『石堂論叢』제73집(2019), p. 115.

481 『現在賢劫千佛名經(一名集諸佛大功德山)』全1卷(『大正藏』14, 383c);廉仲燮,「불교 숫자의 상징성 고찰-'4'와 '7'을 중심으로」,『宗教研究』제55집(2009), pp. 246-247.

482 한태식(普光),「普賢菩薩 사상과 한국 峨眉山 장승신앙의 습합」,『淨土學研究』제19권(2013), pp. 28-39.

483 廉仲燮,「한국불교 聖山인식의 시원과 전개-五臺山·金剛山·寶盖山을 중심으로」,『史學研究』제126호(2017), pp. 100-102;廉仲燮,「魯英 筆 高麗 太祖 曇無竭菩薩 禮拜圖의 타당성 검토」,『國學研究』제30집(2016), pp. 564-580.

484 崔成烈,「天冠寺와 天冠菩薩 信仰」,『天冠寺의 歷史와 性格』(長興: 長興郡, 2013), pp. 37-39;袁冰凌 編著,『支提山華嚴寺誌』(福建: 福建人民出版社, 2013) 참조.

485 廉仲燮,「韓國五臺山 五萬眞身信仰의 특징과 北臺信仰의 변화」,『佛教學研究』제70호(2020), pp. 9-10.

486 廉仲燮,「佛教宇宙論과 寺院構造의 관계성 고찰」,『建築歷史研究』제56호(2008), p. 71;李允鉥 著, 이상해 外 譯,『中國 古典建築의 原理』(서울: 時空社, 2003), pp. 122-130;루빙지에·차이앤씬 著, 김형오 譯,『建築藝術』(서울: 대가, 2008), pp. 45-53.

487 이승희는 장충식이 조선 초에 사천왕상의 방위 변화가 일어나는 것으로 본 것을 수정하여, 이러한 변화가 고려 말에서부터 시작되어 조선 초에 정착된 것임을 밝히고 있다. 이러한 주장과 관련해서 이대암은 티베트불교의 영향과 이의 명나라에 따른 정형화인『제불세존여래보살존자명칭가곡諸佛世尊如來菩薩尊者名稱歌曲』(1417)의 조선에 대한 영향에 관해 정리하고 있다. 李承禧,「高麗末 朝鮮初 四天王像圖 研究」,『美術史研究』제22호(2008), pp. 124-142;林玲愛,「朝鮮時代 四天王像 尊名의 變化」,『美術史學研究』제265호(2010), pp. 76-80;이대암,「朝

鮮時代 라마계 天王門의 受容 및 展開에 대하여-天王門의 배치와 四天王 배열에 관한 문제」, 『建築歷史硏究』제55호(2007), pp. 51-54.

488 林玲愛,「順天 松廣寺 四天王像의 方位問題와 造成時期」,『書誌學硏究』제30집(2005), pp. 73-96.

489 「세기경(世記經)」,『대루탄경(大樓炭經)』,『기세경(起世經)』,『기세인본경(起世因本經)』은 상호 유사한 경전으로 이본과 이역적인 차이밖에 존재하지 않는다.『開元釋教錄』7,「總括群經錄上之七」(『大正藏』55, 551c) ;『貞元新定釋教目錄』10,「總集群經錄上之十」(『大正藏』55, 850a).

490 廉仲燮,「『樓炭經』계통과『大毘婆沙論』계통의 須彌山 宇宙論 차이 고찰」,『哲學論叢』제56집(2009), pp. 227-228.

491 『阿毘達磨俱舍論』11,「分別世品第三之四」(『大正藏』29, 59b·c) ; 權五民 譯,『阿毘達磨俱舍論 2』(서울: 東國譯經院, 2002), pp. 526-527의 각주46.

492 『起世經』6,「四天王品第七」(『大正藏』1, 339c) ;『起世因本經』6,「四天王品第七」(『大正藏』1, 394c).

493 『阿毘達磨俱舍論』11,「分別世品第三之四」(『大正藏』29, 59a).

494 『長阿含經』22,「第四分世記經世本緣品第十二」(『大正藏』1, 145b·146c) ;『起世經』10,「最勝品第十二之餘」(『大正藏』1, 358c·360b) ; 같은 책,「最勝品下」(『大正藏』1, 413c·415b).

495 『長阿含經』22,「第四分世記經世本緣品第十二」(『大正藏』1, 145b), "宮殿四方遠見故圓." ;『大樓炭經』6,「天地成品第十三」(『大正藏』1, 305c), "其光明照周匝. 是故圓." ;『起世經』10,「最勝品第十二之餘」(『大正藏』1, 359a), "正方如宅. 遙看似圓." ; 같은 책(360b), "廣說如前日天宮殿."

496 『佛說無量壽經』上(『大正藏』12, 268a), "設我得佛. 光明有能限量. 下至不照. 百千億那由他諸佛國者. 不取正覺. 不取正覺." ; 같은 책(268b), "設我得佛. 國中人. 天. 一切萬物嚴淨光麗. 形色殊特. 窮微極妙. 無能稱量. 其諸衆生乃至逮得天眼. 有能明了辨其名數者. 不取正覺." ·"設我得佛. 國中菩薩乃至少功德者. 不能知見其道場樹無量光色高四百萬里者. 不取正覺."

497 『阿毘達磨俱舍論』11,「分別世品第三之四」(『大正藏』29, 59c).

498 『佛說四天王經』全1卷(『大正藏』15, 118b·c).

499 『長阿含經』20,「第四分世記經四天王品第七」(『大正藏』1, 130b·c) ;『大樓炭經』3,「四天王品第八」(『大正藏』1, 293c-294a) ;『起世經』6,「四天王品第七」(『大正藏』1, 340a-341a) ;『起世因本經』6,「四天王品第七」(『大正藏』1, 395a-396a).

500 廉仲燮,「Kailas山의 須彌山說에 관한 종합적 고찰」,『佛教學硏究』제17호(2007), pp. 346-349 ; 玄奘 著, 水谷眞成 譯,『大唐西域記』(東京: 平凡社, 1974), p. 10의 각주14.

501 미야지 아키라 著, 김향숙·고은정 譯,『印度美術史』(서울: 다홀미디어, 2006), pp. 275-276.

502 베로니카 이온스 著, 임웅 譯,「쿠베라」,『印度神話』(서울: 범우사, 2004), pp. 199-201 ; 사이 다케오 著, 이만옥 譯,「쿠베라神」,『印度 曼荼羅 大陸』(서울: 들녘, 2001), pp. 144-145.

503 松浦正昭,「毘沙門天像」,『日本の美術』第135号(1992), p. 17 ; 沈盈伸,「高麗時代 毘沙門天像 硏究」,『美術史硏究』제16호(2002), p. 57.

504 『長阿含經』18,「第四分世記經欝單曰品第二」(『大正藏』1, 117c-119b) ;『大樓炭經』1,「欝單曰品第二」(『大正藏』1, 279c-281a) ;『阿毘達磨倶舍論』11,「分別世品第三之四」(『大正藏』29, 61c) ;『增壹阿含經』36,「八難品第四十二之一一一」(『大正藏』2, 747a).

505 『佛說毘沙門天王經』全1卷(『大正藏』21, 217c), "如是東方持國南方尾嚕茶迦。西方尾嚕博叉北方倶吠囉。各以威德護四大洲。" ;『毘沙門天王經』全1卷(『大正藏』21, 216b), "若見毘沙門。倶尾羅財施。獲得大智慧。乃至天眼通。壽命倶胝歲。" ;『一切經音義』73,「立世阿毘曇論-第四卷」(『大正藏』54, 781a), "或云多聞其王最富寶物自然。" ;『續一切經音義』6,「毘沙門天王經一卷」(『大正藏』54, 961a).

506 『鞞婆沙論』14,「中陰處第四十一(出阿毘曇結使揵度人品非次)」(『大正藏』28, 521b·c), "瓶沙王應生兜術天。聞彼飲食已作是念。我先食此近食已。然後當生兜術天。彼命終已生四天王。作毘沙門太子名最勝子。" ;『根本說一切有部毘奈耶破僧事』17(『大正藏』24, 190b), "便即捨命。於北方天王宮。在天膝上忽然化生。" ; 廉仲爕,「頻婆娑羅와 阿闍世에 관한 승단 인식의 딜레마 고찰」,『大同哲學』제48집(2009), pp. 25-31.

507 『大阿羅漢難提蜜多羅所說法住記』全1卷(『大正藏』49, 13a), "第四尊者與自眷屬七百阿羅漢。多分住在北倶盧洲。"

508 『佛說陀羅尼集經』11,「四天王像法」(『大正藏』18, 879a), "毘沙門天王像法。其像大小衣服准前。左手同前。執稍拄地。右手屈肘擎於佛塔。" ;『重編諸天傳』全1卷,「北方天王傳」(『大正藏』88, 425a), "陀羅尼集令作北方天王像法。其身量一肘。著種種天衣。嚴飾極令精妙。與身相稱。左手伸臂執稍拄地。右手屈肘擎於佛塋。稍音朔。矛屬。長一丈八尺。" ;『供諸天科儀』全1卷,「北方毗沙門天王」(『大正藏』74, 640c), "如陀羅尼集云。身著種種天衣嚴飾。極令精妙。左手執稍拄地。右手屈肘。擎於佛塔。" ;『藥師琉璃光王七佛本願功德經念誦儀軌供養法』全1卷(『大正藏』19, 47a), "北方多聞大天王。其身綠色執寶叉。" ; 文明大 著,『原音과 古典美-統一新羅 佛敎彫刻史 上』(서울: 예경, 2003), p. 23 ; 이대암 著,「四天王의 起源과 歷史」,『四天王像』(서울: 한길아트, 2005), p. 220.
『다라니집경』은 645년에 한역되는데, 538년의 돈황 제285굴의 벽화와 604년의 신덕사(神德寺) 사리석함(舍利石函) 등에도 불탑 지물의 다문천왕이 존재한다. 이는 '불탑-다문천왕'의 연결이 최소한 6세기 초까지로 거슬러 올라간다는 것을 의미한다. 李擧綱·樊波,「隋神德寺遺址出土舍利石函上的天王圖像」,『陝西歷史博物館館刊』第12輯(2005), p. 164 ; 林玲愛,「北方多聞天의 寶塔 圖像 解釋-圖像 形成 原因과 元·高麗 이전의 양상」,『美術史와 視角文化』제9호(2010), pp. 89-91 ; 林玲愛,「朝鮮時代 四天王像 尊名의 變化」,『美術史學硏究』제265호(2010), p. 76의 각주 6.

509 『翻譯名義集』2,「八部篇第十四」(『大正藏』54, 1076c), "名毘沙門。索隱云。福德之名聞四方故。亦翻普聞。" ; 沈盈伸,「高麗時代 毘沙門天像 硏究」,『美術史硏究』제16호(2002), p. 76.

510 廉仲爕,「毘沙門天의 塔持物과 몽구스 지물의 성립 배경과 의미분석」,『溫知論叢』제33집(2012), pp. 218-228.

511 林玲愛,「北方 多聞天의 寶塔 圖像 해석-圖像 形成 원인과 元·高麗 이전의 樣相」,『美術史와

視角文化』제9권(2010), p.86.

512 沈盈伸, 「四天王 갑옷의 의미 再考」, 『美術史學報』제42집(2014), p.130.

513 임영애는 경전을 근거로 인도와 간다라 사천왕의 무장 가능성을 제시하지만, 불탑 지물은 호탄과 관련된 것으로 판단했다. 林玲愛, 「武裝形 四天王像의 淵源 再考-간다라 및 西域을 중심으로」, 『講座美術史』제11호(1998), pp.85-88 ; 林玲愛, 「北方 多聞天의 寶塔 圖像 해석-圖像 形成 원인과 元·高麗 이전의 양상」, 『美術史와 視角文化』제9권(2010), pp.91-98.

514 『大唐西域記』1, 「縛喝國」(『大正藏』51, 872c), "城外西南有納縛(唐言新)僧伽藍. 此國先王之所建也. 大雪山北作論諸師. 唯此伽藍美業不替. 其佛像則瑩以名珍. 堂宇乃飾之奇寶. 故諸國君長. 利之以攻劫. 此伽藍素有毘沙門天像. 靈鑒可恃. 冥加守衛. 近突厥葉護可汗子肆葉護可汗. 傾其部落. 率其戎旅. 奄襲伽藍. 欲圖珍寶. 去此不遠. 屯軍野次. 其夜夢見毘沙門天曰 : 「汝有何力. 敢壞伽藍?」因以長戟. 貫徹胸背. 可汗驚悟. 便苦心痛. 遂告群屬所夢咎徵. 馳請眾僧. 方申懺謝. 未及返命. 已從殞歿."

515 『四分律』52, 「雜揵度之二」(『大正藏』22, 957b), "時有王子瞿婆離將軍. 欲往西方有所征討. 來索世尊鬚髮. 諸比丘白佛. 佛言聽與. 彼得已不知云何安處. 佛言. 聽安金塔中若銀塔若寶塔若雜寶塔繪綵若鉢肆酖嵐婆衣頭頭羅衣裏. 不知云何持. 佛言. 聽象馬車乘步輦轝若頭上若肩上擔. 時王子持世尊髮去所往征討得勝. 時彼王子還國為世尊起髮塔. 此是世尊在世時塔."

516 같은 책(957c).

517 『佛說陀羅尼集經』11, 「四天王像法」(『大正藏』18, 879a), "毘沙門天王像法. 其像大小衣服准前. 左手同前. 執矟拄地. 右手屈肘擎於佛塔." ; 『翻譯名義集』2, 「八部篇第十四」(『大正藏』54, 1076c), "名毘沙門. 索隱云. 福德之名聞四方故. 亦翻普聞. 佛令掌擎古佛舍利塔." ; 『關中創立戒壇圖經』全1卷, 「戒壇形重相狀第三」(『大正藏』45, 809c), "北角天王名毘沙門. 領夜叉及羅刹眾. 住北欝單越洲. 多來閻浮提. 其王手中掌擎佛塔. 古佛舍利在中. 佛在時令其持行. 所在作護. 佛法久固." ; 『天台四教儀註彙補輔宏記』3(X57, 759a), "王名毗沙門. 索隱言. 福德之名. 聞四方故. 亦翻普聞. 佛合掌擎古佛舍利塔." ; 『重編諸天傳』全1卷, 「北方天王傳」(『大正藏』88, 425a), "左手伸臂執矟拄地. 右手屈肘擎於佛塔." ; 같은 책(425c), "左手持矟令拄地. 右擎佛塔敬能仁."

518 『翻譯名義集』5, 「名句文法篇第五十二」(『大正藏』54, 1138b), "大論云. 碎骨是生身舍利. 經卷是法身舍利. 法苑明三種舍利. 一是骨. 其色白也. 二是髮舍利. 其色黑也. 三是肉舍利. 其色赤也."

519 廉仲燮, 「毘沙門天의 塔持物과 몽구스 지물의 성립 배경과 의미분석」, 『溫知論叢』제33집(2012), pp.225-225.

520 『根本說一切有部毘奈耶藥事』9(『大正藏』24, 38a), "爾時世尊於一住處. 在大眾前為說法要. 時婆羅門聞世尊至城. 便作是念. 曾聞喬答摩沙門. 顏貌端政. 我今往觀端政於我不. 即往佛所. 乃見世尊三十二丈夫相. 八十隨好. 光明赫奕周遍其身. 尋光嚴飾超過千日. 猶如寶山周遍賢善. 既觀察已. 復作是念. 喬答摩沙門端政於我. 然不長於我. 即觀佛頂. 而不能見. 便登高處. 亦不能見. 爾時世尊告彼婆羅門曰. 汝獲勞苦. 縱登妙高山頂亦不能見. 然如來頂. 汝可不聞天. 阿蘇羅及世間人終不能見." ; 『大方便佛報恩經』7, 「親近品第

九」(『大正藏』3, 165b), "無見頂及肉髻相."; 『大方廣佛華嚴經』46, 「入法界品第三十四之三」(『大正藏』9, 691b), "見不可思議無見頂相." 등.

521 『大方廣佛華嚴經』7, 「賢首菩薩品第八之二」(『大正藏』9, 434b); 『大方廣佛華嚴經』14, 「賢首品第十二之一」(『大正藏』10, 73c); 『大方廣佛華嚴經』35, 「寶王如來性起品第三十二之三」(『大正藏』9, 627b); 다마키 고시로 著, 李元燮 譯, 『華嚴經의 世界』(서울: 玄岩社, 1970), p. 25.

522 沈盈伸, 「四天王 갑옷의 의미 再考」, 『美術史學報』 제42집(2014), p. 124.

523 〈사천왕봉발부조〉로 20여 구를 포함한 인도와 간다라의 사천왕은 현재까지 무복을 한 모습이 확인되지 않는다. 林㳂愛, 「武裝形 四天王像의 淵源 再考-간다라 및 西域을 중심으로」, 『講座 美術史』 제11호(1998), p. 80; 金香淑, 「インドの四天王の圖像的 特徵」, 『密教圖像』 제15호 (1996), pp. 1-27.

524 『長阿含經』21, 「第四分世記經戰鬪品第十」(『大正藏』1, 143b); 『大樓炭經』5, 「戰鬪品第十」(『大正藏』1, 301a-c); 『起世經』8, 「鬪戰品第九」(『大正藏』1, 352c); 『起世因本經』8, 「鬪戰品第九」(『大正藏』1, 407c).

525 廉仲燮, 「佛敎塔의 구조와 탑돌이에 대한 고찰-불교탑돌이의 형성 배경과 동아시아적인 변화를 중심으로」, 『韓國禪學』 제37호(2014), p. 131.

526 廉仲燮, 「佛敎宇宙論과 寺院構造의 관계성 고찰」, 『建築歷史硏究』 제56호(2008), p. 71; 李允鉌 著, 이상해 外 譯, 『中國 古典建築의 原理』(서울: 時空社, 2003), pp. 122-130; 루빙지에·차이앤썬 著, 김형오 譯, 『建築藝術』(서울: 대가, 2008), pp. 45-53.

527 Alexander Soper, "The Art and Architecture of China", New York: Penguin, 1956(New York: Penguin, 1956), pp. 369-371; 리쩌허우 著, 정병석 譯, 『中國古代思想史論』(서울: 한길사, 2005), p. 84의 각주 85 참조; 金一權, 「中國 古代 明堂儀禮의 성립과정과 天文宇宙論的 의미 고찰」(延世大 國學硏究院, 304회 발표회문, 2000) 참조.

528 金一權, 「唐宋代의 明堂儀禮 變遷과 그 天文宇宙論的 運用」, 『宗敎와 文化』 제6집(2000), pp. 209-210.

529 『漢書』30, 「藝文志(諸子略序)」, "君人南面之術：1.人君。君主也。2.君人。治理人民。南面。帝王之位南向。故稱君王為南面."

530 李宗桂 著, 李宰碩 譯, 『중국문화槪論』(서울: 東文選, 1993), pp. 125-137; 洪修平 著, 金鎭戊 譯, 『禪學과 玄學』(서울: 운주사, 1999), pp. 234-243.

531 삼황(三皇)·오제(五帝)에 대해서는 전승과 관점에 따른 여러 이설이 존재한다. 班固 著, 辛正根 譯, 『白虎通義』(서울: 소명출판, 2005), pp. 70-72; 李春植 著, 『中國 古代史의 展開』(서울: 신서원, 1997), pp. 27-29.

532 『宋史』7, 「本紀7-眞宗紀 2」, "四(1007)年 八月-54。辛亥。賜文宣王四十六世孫聖祐同學究出身."; 같은 책, "大中祥符元(1008)年 十一月-68。戊午。幸曲阜縣。謁文宣王廟。靴袍再拜。幸叔梁紇堂。近臣分奠七十二弟子。遂幸孔林。加諡孔子曰玄聖文宣王。遣官祭以太牢。給近便十戶奉塋廟。賜其家錢三十萬。帛三百匹."; 『宋史』8, 「本紀8-眞宗紀3」, "五(1012)年 十二月-23。壬申。改諡玄聖文宣王曰至聖文宣王。戊寅。溪峒張文喬等八百人來朝."

533 葛兆光 著, 沈揆昊 譯, 『道教와 중국문화』(서울: 東文選, 1993), p.396.

534 『佛本行集經』9 「相師占看品第八上」(『大正藏』3, 692c) ; 『佛本行經』1, 「阿夷決疑品第六」(『大正藏』4, 61a) 등 다수.

535 김창균, 「宮闕建築 丹靑과 正覺院 丹靑」, 『韓國佛敎學』 제65집(2013), pp.79-88.

536 『孝宗實錄』19, 1657年(孝宗 8) 12月 13日 辛巳 2번째 記事, "臣近聞奉恩寺。奉安我朝列聖位版。設齋之時。以佛像南面。而以列聖北面供齋云。此不可置而不問。請斯速處置。上曰。事甚可駭。令該曹埋安位版於淨處。" ; 碧山圓行 監修, 玆玄 著, 『白谷處能, 朝鮮佛敎의 撤廢에 맞서다』(서울: 曹溪宗出版社, 2019), pp.161-165.

537 廉仲燮, 「伽藍配置의 來源과 중국적 전개양상 고찰」, 『建築歷史硏究』 제69호(2010), pp.60-61.

538 『大唐西域記』1(『大正藏』51, 869b·c), "三主之俗東方爲上。其居室則東闢其戶。旦日則東向以拜。人主之地南面爲尊。"

539 廉仲燮, 〈3. 梵字와 曼荼羅〉, 「불교 宇宙論 日月光의 상징 분석」, 『國學硏究』 제19집(2011), pp.188-189 ; 廉仲燮 著, 『佛敎美術思想史論』(서울: 운주사, 2011), p.261.

540 廉仲燮, 「佛敎美術의 天王 수용과 위치 문제 고찰-毘沙門天의 獨立신앙과 左·右의 位階 문제를 통한 관점 환기」, 『圓佛敎思想과 宗敎文化』 제62집(2014), pp.421-435 ; 廉仲燮, 「한국 4天王 塔持物의 위치변화에 대한 재고점」, 『宗敎文化硏究』 제22호(2014), pp.225-230.

541 沈盈伸, 「高麗時代 毘沙門天像 硏究」, 『美術史硏究』 제16호(2002), pp.72-76.

542 林玲愛, 「順天 松廣寺 四天王像의 方位問題와 造成時期」, 『書誌學硏究』 제30집(2005), pp.73-96 ; 林玲愛, 「北方 多聞天의 寶塔 圖像 解釋-圖像 形成 原因과 元·高麗 이전의 양상」, 『美術史와 視角文化』 제9호(2010), p.93 ; 林玲愛, 「朝鮮時代 四天王像 尊名의 變化」, 『美術史學硏究』 제265호(2010), pp.73-101 ; 林玲愛, 「石窟庵 四天王像의 圖像과 佛敎經典」, 『講座美術史』 제37권(2011), pp.30-31.

543 이대암 著, 「四天王의 起源과 歷史」, 『四天王像』(서울: 한길아트, 2005), pp.221-227 ; 이대암, 「朝鮮時代 라마계 天王門의 受容 및 展開에 대하여-天王門의 배치와 四天王 배열에 관한 문제」, 『建築歷史硏究』 제55호(2007), pp.51-54.

544 李承禧, 「高麗末 朝鮮初 四天王像圖 硏究」, 『美術史硏究』 제22호(2008), p.131.

545 廉仲燮, 「法住寺 喜見菩薩像과 石蓮池에 대한 사상적 고찰」, 『大同哲學』 제66집(2014), pp.138-144.

546 張忠植 著, 「韓國佛畵 四天王의 配置形式」, 『韓國 佛敎美術 硏究』(서울: 時空社, 2004), pp.174·195-198 ; 이대암 著, 「四天王의 起源과 歷史」, 『四天王像』(서울: 한길아트, 2005), pp.221-227 ; 이대암, 「朝鮮時代 라마계 天王門의 受容 및 展開에 대하여-天王門의 배치와 四天王 배열에 관한 문제」, 『建築歷史硏究』 제55호(2007), pp.51-54 ; 李承禧, 「高麗末 朝鮮初 四天王像圖 硏究」, 『美術史硏究』 제22호(2008), pp.124-142 ; 朴銀卿 著, 「四天王 圖像의 변화 읽기」, 『朝鮮前期 佛畵 硏究』(서울: 시공아트, 2008), pp.300-313 ; 朴銀卿·韓政鎬, 「四天王像 配置形式의 變化 原理와 朝鮮時代 四天王 名稱」, 『美術史論壇』 제30호(2010), pp.278-292.

547 玆玄 著, 『佛畫의 秘密』(서울: 曹溪宗出版社, 2017), pp. 241-244.

548 오행(五行)은 『상서(尙書)』 「홍범제육(洪範第六)」에서 기원하여, 전국시대의 추연(鄒衍)의 오덕종시설(五德終始說)을 통해서 보편화된다. 金谷治 外 著, 조성을 譯, 『中國思想史』(서울: 理論과 實踐, 1996), p. 92 ; 馮友蘭 著, 『中國哲學史(上册)』(上海: 華東師範大學出版社, 2003), pp. 123-129 ; 梁啓超·馮友蘭 外 著, 김홍경 譯, 『陰陽五行說의 硏究』(서울: 신지서원, 1993), pp. 113-122.

549 『大唐西域記』1(『大正藏』51, 869b·c), "三主之俗東方爲上。其居室則東闢其戶。旦日則東向以拜。人主之地南面爲尊。"

550 붓다는 가비라국 왕궁의 동문으로 출가하여(『大唐西域記』6, 「劫比羅伐窣堵國」, 『大正藏』51, 901b), 부다가야의 보리수 아래에서 동쪽으로 앉아 깨달음을 증득한다(『佛本行集經』27, 「向菩提樹品下」, 『大正藏』3, 778a ; 安良圭 著, 『붓다의 入滅에 관한 硏究』, 서울: 民族社, 2009, p. 166).

551 『大唐西域記』1(『大正藏』51, 869b·c), "其居室則東闢其戶。"

552 『大般涅槃經』2(『大正藏』1, 199a), "使令清淨。安處繩床。令頭北首。我今身體極苦疲極。" ; 『般泥洹經』2(『大正藏』1, 184c), "汝於蘇連雙樹間。施繩牀令北首。我夜半當減度。" ; 『佛般泥洹經』2(『大正藏』1, 184c), "北首枕手猗右脇臥。屈膝累脚。便般泥曰。"

553 廉仲燮, 「五臺山 文殊華嚴 신앙의 특수성 고찰」, 『韓國佛敎學』 제63집(2012), p. 24. 여기에는 청량(淸凉)을 설산(히말라야)과 연결시켜 '청량설산(淸凉雪山)'이라는 측면으로 이해해, 신성화시키는 부분도 존재했던 것 같다. 『集神州三寶感通錄』下, 「岱州五臺山太子聖寺」(『大正藏』52, 424c), "經中明文殊將五百仙人。往清涼雪山。即斯地也。"

554 『一切經音義』47, 「對法論第六卷」(『大正藏』54, 622a), "北俱盧洲(梵語或云鬱單。曰或言鬱多羅拘樓。此云高上作謂高上於餘方亦言勝洲也)。"

555 『阿毗達磨俱舍論』11, 「分別世品第三之四」(『大正藏』29, 61c), "論曰。諸處壽量皆有中夭。唯北俱盧定壽千歲。"

556 『增壹阿含經』36, 「八難品第四十二之一一」(『大正藏』2, 747a) ; 『妙法蓮華經玄贊』9, 「提婆達多品」(『大正藏』34, 816a) ; 『華嚴經探玄記』8, 「盡此迴向品」(『大正藏』35, 259b).

557 宋玲, 「隋唐法律文化散論」, 『中國史硏究』 제88집(2014), pp. 209-213.

558 馮友蘭 著, 『中國哲學史(下册)』(上海: 華東師範大學出版社, 2003), pp. 197-204 ; 勞思光 著, 鄭仁在 譯, 『中國哲學史(宋·明篇)』(서울: 探求堂, 1991), pp. 26-44.

559 이동희, 「朱子學 形成에 관한 一考察」, 『東西文化』 제29집(1997), pp. 85-98 ; 陳來 著, 안재호 譯, 『宋明 性理學』(서울: 藝文書院, 1997), pp. 77-192 ; 장윤수 著, 『程朱哲學原論』(서울: 理論과 實踐, 1992), pp. 15-18·23-35.

560 최민자, 「宋·明代 新儒學의 思想的 系譜와 政治哲學的 含意 및 影響」, 『國家와 政治』 제17집(2011), pp. 41-63.

561 황금중, 「『大學』의 工夫 綱目에 대한 朱熹의 이해」, 『韓國敎育史學』 제35권 1호(2013), pp. 212-240 ; 최정묵, 「『大學』의 三綱領 八條目을 통해 본 儒學의 체계」, 『東西哲學硏究』 제62권(2011), pp. 8-29.

562 朱熹 著, 임민혁 譯, 『朱子家禮-儒教 共同體를 향한 朱熹의 設計』(서울: 예문서원, 1999), pp. 11-24 ; 조복현, 「『朱子家禮』의 著述과 한국 전래시기의 사회적 배경 연구」, 『中國史研究』 제 19권(2002), pp. 139-144.

563 『朱子語類』 126, 「釋氏」; 尹永海, 「朱子의 佛教批判 研究」(서울: 西江大 博士學位論文, 1997), pp. 268-287.

564 정성식, 「晦軒 安珦의 朱子學 수용과 성격」, 『東方學』 제17권(2009), pp. 236-240 ; 유현주, 「晦軒 安珦의 朱子學 導入과 教育的 活動」, 『韓國思想과 文化』 제85권(2016), pp. 289-294.

565 李承禧, 「高麗末 朝鮮初 四天王像圖 研究」, 『美術史研究』 제22호(2008), pp. 129-134 ; 朴銀卿·韓政鎬, 「四天王像 配置形式의 變化 原理와 朝鮮時代 四天王 名稱」, 『美術史論壇』 제30호(2010), p. 286.

566 이대암, 「朝鮮時代 라마계 天王門의 受容 및 展開에 대하여-天王門의 배치와 四天王 배열에 관한 문제」, 『建築歷史研究』 제55호(2007), pp. 51-54 ; 이대암 著, 「四天王의 起源과 歷史」, 『四天王像』(서울: 한길아트, 2005), pp. 221-227 ; 李承禧, 「高麗末 朝鮮初 四天王像圖 研究」, 『美術史研究』 제22호(2008), pp. 129-134.

〈법화경변상판화〉 부분(일본 운류인[雲龍院] 소장, 남송(1131~1163))

567 오타기 마쓰오 著, 윤은숙·임대희 譯, 「1.種族別 身分規程」, 『大元帝國』(서울: 혜안, 2013), pp. 201-210.

568 趙明濟, 「高麗後期 『蒙山法語』의 受容과 看話禪의 展開」, 『普照思想』 제12집(1999), pp. 254-258 ; 姜好鮮, 〈2.無字話頭의 확산과 入元印可의 유행〉, 「忠烈·忠宣王代 臨濟宗 수용과 高麗佛教의 變化」, 『韓國史論』 제46집(2001), pp. 87-103 ; 黃仁奎, 「高麗後期 禪宗山門과 元나라 禪風」, 『中央史論』 제23집(2006), p. 101 ; 趙明濟, 「高麗末 元代 看話禪의 수용과 그 사상적 영향-蒙山, 高峰을 중심으로」, 『普照思想』 제23집(2005), pp. 151-156.

569 5산불교는 ① 경산(徑山) 흥성만수사(興聖萬壽寺), ② 북산(北山) 경덕영은사(景德靈隱寺), ③ 태백산(太白山) 천동경덕사(天童景德寺), ④ 남산(南山) 정자보은광효사(淨慈報恩光孝

472

寺), ⑤ 아육왕산(阿育王山) 무봉광리사(鄮峰廣利寺)를 가리킨다. 西尾賢隆 著,『中世の日中交流と禪宗』(東京: 吉川弘文館, 1999), p. 164 ; 野口善敬 著,『元代禪宗史硏究』(京都: 禪文化硏究所, 2005), pp. 261-279.

570　姜好鮮,「高麗末 懶翁惠勤 硏究」(서울: 서울大 博士學位論文, 2011), pp. 94-98 ; 廉仲燮,「懶翁의 禪思想 硏究」(서울: 高麗大 博士學位論文, 2014), pp. 59-87.

571　廉仲燮,「한국 4天王 塔持物의 위치변화에 대한 재고점」,『宗敎文化硏究』제22호(2014), pp. 231-232.

572　『宋史』427,「道學列傳」, "朱熹, 字元晦, 一字仲晦, 徽州婺源人"

573　시마다 겐지 著, 김석근·이근우 譯,『朱子學과 陽明學』(서울: 까치, 1990), p. 94 ; 미우라 쿠니오 著, 김영식·이승연 譯,『人間 朱子』(서울: 創作과 批評社, 1996), p. 11.

574　邓洪波·赵伟,「白鹿洞书院的建立背景与中国书院的变化-宋·元·明·清」,『韓國書院學報』제11권(2020), pp. 257-262 ; 范慧娴,「白鹿洞書院에 나타난 朱熹의 書院觀」,『韓國書院學報』제3권(2015), pp. 169-190 ; 李寧寧,「白鹿洞書院의 敎育環境을 통해 본 儒生의 '身隱'과 '心隱'」,『韓國書院學報』제3권(2015), pp. 24-29 ; 박양자,「朱子의 書院觀-특히〈白鹿洞書院揭示〉를 중심으로」,『東方學誌』제88권(1995), pp. 78-92.

575　柴田篤,「『聖學十圖』와 江湖儒學-〈白鹿洞書院揭示〉와〈聖學圖〉를 중심으로」,『退溪學論叢』제16호(2010), pp. 33-37 ; 柴田篤,「〈白鹿洞書院揭示〉의 思想-朱子, 李退溪와 日本儒學을 잇는 것」,『退溪學論叢』제3호(1997), p. 293.

576　廉仲燮,「동아시아 佛像에서 확인되는 逆手印 문제 고찰-印度와 동아시아의 문화권적인 관점차이를 중심으로」,『東아시아佛敎文化』제25호(2016), pp. 496-499.

577　같은 논문, pp. 493-494.

578　『老子』,〈第三十一章〉, "君子居則貴左. 用兵則貴右. … 吉事尙左. 凶事尙右. 偏將軍處左. 上將軍處右. 言以喪禮處之. 殺人衆多. 以悲哀泣之. 戰勝則以喪禮處之." ;『禮記』,〈檀弓上第三〉, "LJ03,042: 孔子與門人立. 拱而尙右. 二三子亦皆尙右. 孔子曰. 二三子之嗜學也. 我則有姊之喪故也. 二三子皆尙左." ; 廉仲燮,「한국〈毘藍降生相圖〉에서의 右手와 左手의 타당성 고찰」,『溫知論叢』제25집(2010), pp. 432-435.

579　廉仲燮,「동아시아 佛像에서 확인되는 逆手印 문제 고찰-印度와 동아시아의 문화권적인 관점차이를 중심으로」,『東아시아佛敎文化』제25호(2016), pp. 501-503.

580　전영준,「11~12세기 전후 麗-宋 양국의 문화인식과『高麗圖經』」,『多文化콘텐츠硏究』제10집(2011), pp. 292-293 ; 金曉民,「夷域과 異域 사이-『宣和奉使高麗圖經』의 글쓰기 맥락과 특징」,『中國文化硏究』제44집(2019), pp. 144-146.

581　원의 민족 구분은 4등급으로 이루어졌다. 첫째, 몽고인, 둘째, 중앙아시아의 색목인(色目人), 셋째, 한인(漢人, 금나라 중심의 화북인), 넷째, 남인(南人, 南宋人). 愛宕松男 著,「第4章 身分制度」,『元朝の對漢人政策』(京都: 東亞硏究所, 1943), pp. 98-104 ; 오타기 마쓰오 著, 윤은숙·임대희 譯,「1.種族別 身分規程」,『大元帝國』(서울: 혜안, 2013), pp. 201-210.

582　『太祖實錄』2, 1392年(太祖 1) 11月 29日 丙午 1번째 記事, "丙午/遣藝文館學士韓尙質如京師. 以朝鮮和寧請更國號. … 云云."

583 馮友蘭 著,『中國哲學史(下冊)』(上海: 華東師範大學出版社, 2003), pp. 209-215.

584 『性理大全』1,「太極圖」; 소현성,「朱子의『太極解義』일고-그 세계관을 중심으로」,『忠南大學校 儒學研究』제39권(2017), p. 247.

585 李滉 著, 이광호 譯,「第1太極圖 / 太極圖說」,『聖學十圖』(서울: 弘益出版社, 2001), pp. 29-37 ; 윤사순,「李滉의『聖學十圖』」,『圖說로 보는 韓國儒學』(서울: 예문서원, 2003), pp. 91-95.

586 오지연,「中國 宗派佛敎에 나타난 彌勒信仰의 수용」,『佛敎學報』제80집(2017), p. 97.

587 역수(逆修)는 밀교와 관련된 용어로 '살아 있을 때 미리 닦는다'는 '예수(預修)'와 통하는 말이다. 『佛說灌頂隨願往生十方淨土經』11(『大正藏』21, 530a), "未終之時逆修三七。"; 한태식(普光),「生前預修齋 信仰 研究」,『淨土學研究』제22집(2014), pp. 15-17.

588 『시왕경』에는 '預修'와 '逆修'가 함께 사용된다.『佛說預修十王生七經』全1卷(X1, 408a), "謹啓諷閻羅王預修生七往生淨土經。 … 佛說閻羅王授記四眾逆修生七往生淨土經。"

589 张总 著,『地藏信仰研究』(北京: 宗教文化出版社, 2003), pp. 24-25.

590 『魏書』83下,「列傳外戚71下」,〈胡國珍〉, "神龜元年(518)四月七日。"

591 小南一郎,「『十王經』の形成と隋唐の民衆信仰」,『東方学報』第74册(2002), pp. 184-195.

592 『摩訶吠室囉末那野提婆喝囉闍陀羅尼儀軌』全1卷,「結果品第三」(『大正藏』21, 219c), "閻羅法王五道將軍太山府君司命司錄。";『焰羅王供行法次第』全1卷(『大正藏』21, 219c), "又有作善之者。白蓮花從口開敷。其香普薰大山府君五道將軍王。常奉王敎能定善惡。"

593 张总 著,『地藏信仰研究』(北京: 宗教文化出版社, 2003), pp. 24-25.

594 党燕妮,「俄藏敦煌文献 中 阎罗王授记经 缀合研究」,『敦煌研究』第2期(2007), pp. 104-109.

595 杜斗城 著,『敦煌本「佛說十王經」校錄研究』(甘肃: 甘肃教育出版社, 1989), pp. 139-143 ; 尹富,「中國地藏信仰研究」(四川: 四川大學 博士學位論文, 2005), pp. 126-127 ; 张书彬,「中古敦煌地藏信仰传播形态之文本. 图像与仪轨」,『美术学报』第2期(2014), p. 76 ; 张总,「阎罗王授记经 缀补研考」,『敦煌吐鲁番研究』第5卷(2000), 参照.

596 杜斗城 著,『敦煌本「佛說十王經」校錄研究』(甘肃: 甘肃教育出版社, 1989), p. 247 以後의 圖版 附錄 參照.

597 조성금,「吐魯番 出土〈佛說預修十王生七經變相圖〉」,『東岳美術史學』제11호(2010), pp. 248-254.

598 김자현,「朝鮮時代『佛說預修十王生七經』變相版畫 연구」,『佛敎美術史學』제28집(2019), p. 323.

599 김성순,「中國 道敎 豫修齋의 敎義와 儀禮 構造」,『東아시아佛敎文化』제44집(2020), pp. 513-514.

600 『佛說預修十王生七經』全1卷(X1, 408a), "閻羅王預修生七往生淨土經。 … 佛說閻羅王授記四眾逆修生七往生淨土經。"

601 『시왕경』의 구성 방식은 크게 '경문(經文)'과 '찬문(讚文)'의 이중 구조도 되어 있다. 필자는 경문은 장천(藏川) 이전에 형성된 것이며, 장천이 찬문을 찬술하면서 이를 재편한 것이 아닌가 추론한다. 이와 같은 판단이 가능한 것은 자신이 찬술한 경문에 스스로 찬문을 단다는 것은 너무나 일

반적이지 않기 때문이다. 또『시왕경』은 특이하게도 찬문이 경문에 대등할 정도의 막대한 분량
과 비중을 가지고 있다. 이는 찬자가 장천이라는 점에서, 그가 찬문을 통해 전체를 재편해 완성했
을 것이라는 판단을 가능하게 한다. 또 이는『시왕경』이 장천이 찬술했다고 함에도 불구하고 스
스로 경이라고 표제할 수 있었던 이유가 아닌가 한다.

602 『佛說預修十王生七經』全1卷(X1, 408a·b), "佛告諸大衆. 閻羅天子. 於未來世. 當得作佛.
名日普賢王如來. … 一是住不思議解脫不動地菩薩. 為欲攝化極苦衆生. 示現作彼琰魔等
王."

603 같은 책(408c), "爾時地藏菩薩. 龍樹菩薩. 救苦觀世音菩薩. 常悲菩薩. 陀羅尼菩薩. 金剛
藏菩薩. 各各還從本道光中. 至如來所. 異口同聲. 讚歎世尊. 哀愍凡夫. 說此妙法. 拔死救
生. 頂禮佛足. 讚曰. 足膝齊胷口及眉. 六光菩薩運深悲. 各各同聲咸讚歎. 勤勤化物莫生
疲."

604 같은 책(410a), "佛說閻羅王授記四衆. 預修生七往生淨土經. 普勸有緣. 預修功德. 發心歸
佛. 願息輪廻."

605 하유진, 〈V. 大般涅槃經集解에 나타난 涅槃學者의 敎判論〉, 「南朝의 敎判思想」, 『哲學論集』
제39권(2014), pp. 195-202.

606 유성욱, 「佛敎 야마(Yama) 神格의 기원과 특성」, 『人文科學』 제60집(2016), pp. 378-379.
1863년 경기도 파주 보광사에 쌍세전(雙世殿)이 건립되는 것 역시 이와 같은 의미의 차용이라
는 점에서 주목된다. 즉 쌍세에 대한 인식이 후대까지도 유전되고 있는 모습이 확인되는 것이다.

607 『리그베다』에서 야마는 최초의 인간이자, 최초로 죽은 인간으로 사후세계인 야마천(夜摩天)의
주재자가 된다(鄭承碩 譯, 「死者의 王, 夜摩」, 『리그베다』, 서울: 김영사, 1984, pp. 252-254). 그
러나 서사시시대(敍事詩屍臺)가 되면 지옥이 사후세계라는 인식으로 바뀌면서 야마는 지옥의
주재자이자 심판자로 변모하게 된다(라다크리슈난 著, 李巨龍 譯, 『印度哲學史Ⅱ』, 서울: 한길
사, 2003, p. 310).

608 유성욱, 「佛敎 야마(Yama) 神格의 기원과 특성」, 『人文科學』 제60집(2016), pp. 382-386.

609 『阿毘達磨大毘婆沙論』172, 「定蘊第七中攝納息第三之七」(『大正藏』27, 866b·c).

610 『阿毘達磨俱舍論』11, 「分別世品第三之四」(『大正藏』29, 58c-59a), "諸鬼本處琰魔王國. 於
此贍部洲下過五百踰繕那有琰魔王國." · "琰魔王使諸邏刹娑. 擲諸有情置地獄者名琰魔
卒. 是實有情. 非地獄中害有情者. 故地獄卒非實有情."; 『阿毘達磨順正理論』31, 「辯緣起
品第三之十一」(『大正藏』29, 516c-518a); 『阿毘達磨藏顯宗論』16, 「辯緣起品第四之五」
(『大正藏』29, 851b·c).

611 '泰山'은 '太山', '大山', '天山'으로 칭해지기도 했다. 金廷禧 著, 『朝鮮時代 地藏十王圖 研究』
(서울: 一志社, 2004), p. 26 ; 小南一郎, 「『十王經』の形成と隋唐の民衆信仰」, 『東方学報』第
74冊(2002), pp. 211-213.

612 『佛說灌頂七萬二千神王護比丘呪經』1(『大正藏』21, 499a), "師(異道의 스승임)又語言汝七
祖. 為九幽所羅魂在大山. 當以匹帛隨方之色. 救贖汝等七祖之魂. 拔除汝等七世之過."

613 顧頡剛 著, 이부오 譯, 『中國 古代의 方士와 儒生』(서울: 온누리, 1991), pp. 39-43 ; 정재서 著,
『不死의 神話와 思想』(서울: 民音社, 2005), pp. 67-69 ; 도광순, 〈Ⅱ. 齊와 燕의 神仙思想〉, 「神
仙思想과 三神山」, 『道敎學硏究』 제10집(1992), pp. 4-6.

———

614　『史記』6,「秦始皇本紀 第六」;『史記』28,「封禪書 第六」; 최원석,「中國의 泰山文化 展開와 韓國의 受容 樣相-동아시아 山岳文化 論究 試論」,『文化歷史地理』제24권 3호(2012), pp. 58-59.

615　干寶 撰,『搜神記』4; 張華 撰,『博物志』1,「2. 地」, "泰山一曰天孫。言爲天帝孫也。主召人魂魄。東方萬物始成。故知人生命之長短。";『法苑珠林』91,「感應緣-晉富陽縣令王範」,(『大正藏』53, 962a); 莊明興 著,『中國中古의 地藏信仰-國立臺灣大學文史叢刊 110』(台北: 國立臺灣大學校大學院, 1999), pp. 109-110; 尹富,「中國地藏信仰研究」(四川: 四川大學 博士學位論文, 2005), p. 107; 앙리 마스페로 著, 신하령·김태완 譯,『道敎』(서울: 까치, 1999), pp. 114-117; 金廷喜,「中國 道敎의 十王信仰과 圖像-『玉歷寶鈔』를 中心으로」,『美術史學』제6호(1994), pp. 38-39.

616　윤재석,「中國 古代〈死者의 書〉와 漢代人의 來世觀-鎭墓文을 중심으로」,『中國史研究』제90권(2014), pp. 36-37.

617　金廷禧 著,『朝鮮時代 地藏十王圖 研究』(서울: 一志社, 2004), pp. 73-74·101-103; 이병욱,「中國佛敎에 나타난 業과 輪廻의 두 가지 양상」,『佛敎學研究』제29호(2011), p. 82; 金廷禧,「大足 寶頂山 石窟의 地獄變相 研究」,『美術史學研究』제224호(1999), p. 12.

618　金泰訓,「죽음관을 통해 본 十王信仰-佛敎와 道敎를 중심으로」,『韓國宗敎』제33집(2009), p. 117의 각주 58; 坂出祥伸,「日本 文化 속의 道敎-泰山府君信仰을 中心으로」,『道敎文化研究』제11집(1995), pp. 483-488; 金廷喜,「中國 道敎의 十王信仰과 圖像-『玉歷寶鈔』를 中心으로」,『美術史學』제6호(1994), p. 39. 후대의 도교에서는 '부군府君'보다는 '진군眞君'이라는 표현이 일반화된다(金廷喜, 같은 논문, p. 47).

619　『佛說預修十王生七經』全1卷(X1, 408a·409b), "閻羅天子。大山府君。"; (409c), "第七七日 過大山王。"

620　『朱子家禮』,「喪禮-遇剛日則三虞」. 우제(虞祭)는 돌아가신 혼령을 편안하게 해드리기 위해 지내는 제사이다. 朱熹 著, 임민혁 譯,『朱子家禮-儒敎 共同體를 향한 朱熹의 設計』(서울: 예문서원, 1999), p. 380.

621　김윤희,「朝鮮後期 冥界佛畵 現王圖 研究」,『美術史學研究』제270호(2011), pp. 68-72.

622　같은 논문, pp. 73-74.

623　『시왕경』의 육광보살(六光菩薩) 안에는 지장보살도 포함되기 때문에, 지장을 제외한 여섯 보살이 등장하는 불화를 지장육광보살도라고 하는 것이 타당한지에 많은 판단이 요구된다. 그러므로 이를『지장경』에 입각한 여섯 보살로 보는 관점이 대두하게 되는 것이다(金廷喜,「朝鮮前期의 地藏菩薩圖」,『講座美術史』제4권(1992), p. 90).

624　조성금,「朝鮮 地藏六光菩薩圖 圖像의 起源」,『佛敎美術』제26호(2015), p. 50-63.

625　구보 노리따다 著, 崔俊植 譯,『道敎史』(서울: 분도출판사, 2000), pp. 120-134; 요시오카 요시토요 著, 崔俊植 譯,『中國의 道敎』(서울: 民族社, 1991), pp. 43-45.

626　유지원,「蘇軾과 四川 '巴蜀文化'」,『韓國思想과 文化』제81집(2016), pp. 386-389; 이영철,「安史의 亂 以後 內地藩鎭 設置와 幕職官 構成과 役割의 擴大」,『中國史研究』제103권(2016), pp. 43-47.

627 吳相勳, 「『太平經』과 後漢 道教運動의 展開-道教成立史 序說」, 『歷史學報』 제97집(1983), pp. 53-59 ; 구보 노리다다 著, 崔俊植 譯, 『道教史』(서울: 분도출판사, 2000), pp. 120-127.

628 윤찬원, 「後漢 時代 初期 道教 哲學思想에 관한 연구-四川省 〈五斗米道〉를 중심으로」, 『道教文化研究』 제14집(2000), pp. 197-214 ; 金勝惠, 「四川省 道教의 위치와 특성」, 『道教文化研究』 제11집(1997), pp. 31-39.

629 김성희, 「寇謙之의 新天師道 創建-道教的 皇帝觀을 위한 前提」, 『梨花史學研究』 제32집 (2005), pp. 2-4.

630 新文豊出版公司編輯部 編, 「關中石刻文字新編」, 『石刻史料新編』 第1号 22卷(台北: 新文豊出版公司, 1977), p. 16876, "又畫一人縛於柱上。題字云此是▨道大神▨罪人。" ; 张总 著, 『地藏信仰研究』(北京: 宗教文化出版社, 2003), pp. 372-373.

631 玆玄 著, 『佛畫의 秘密』(서울: 曹溪宗出版社, 2017), pp. 413-414.

632 金廷禧, 「生死輪廻圖 考」, 『講座美術史』 제11권(1998), pp. 108-110.

633 『根本說一切有部毘奈耶雜事』 17(『大正藏』 24, 283b), "佛言。長者。於門兩頰應作執杖藥叉。次傍一面作大神通變。又於一面畫作五趣生死之輪。簷下畫作本生事。"

634 『根本說一切有部毘奈耶雜事』 34, 「展轉食學處第三十一」(『大正藏』 24, 811c-812a), "至寺門下見畫五趣生死之輪。… 云云。"

635 『阿毘達磨俱舍論』 11, 「分別世品第三之四」(『大正藏』 29, 58c-59a) ; 『阿毘達磨順正理論』 31, 「辯緣起品第三之十一」(『大正藏』 29, 516c-518a) ; 『阿毘達磨藏顯宗論』 16, 「辯緣起品第四之五」(『大正藏』 29, 851b·c).

636 오도(五道)를 육도(六道)가 중국 오행(五行)의 영향에 의해 축소된 것이라는 관점도 있어 주목된다. 小南一郎, 「『十王經』の形成と隋唐の民衆信仰」, 『東方学報』 第74冊(2002), p. 225.

637 돈황 발견 〈지장육도도〉는 총 5점이며, 〈지장시왕도〉는 경변상(經變相) 형식으로 벽화 7종과 견본채색화 6종의 총 13점, 여기에 만다라식 도상의 벽화 5종과 견본채색화가 6종의 총 11점 확인된다. 罗华庆, 「敦煌地藏图像和"地藏十王厅"研究」, 『敦煌研究』 第9次(1993), pp. 6-7.

638 金廷禧, 「生死輪廻圖 考」, 『講座美術史』 제11권(1998), pp. 116-123.

639 『佛說預修十王生七經』 全1卷(X1, 409b), "由來未渡奈河津。第二七日過初江王。讚曰。二七亡人渡奈河。" 定方晟 著, 『須彌山と極樂: 佛教の宇宙觀』(東京: 講談社, 1979), pp. 160-163 ; 增原良彦 著, 『佛教の世界觀-地獄と極樂』(東京: 鈴木出版, 1990), pp. 47-50.

640 『阿毘達磨大毘婆沙論』 192, 「見蘊第八中念住納息第一之六」(『大正藏』 27, 959a·b), "如說四有。謂本有中有生有死有。有聲目多義如前廣說。此中有聲說屬眾同分有情數五蘊名有。云何本有。答除生死分諸蘊中間諸有。此則一期五蘊四蘊為性。問何故此有說名本有。答此是前時所造業生故名本有。問若爾餘有亦是本有皆前時所造業所生故。答若是前時所造業生麁顯易覺明了現見者說名本有。餘雖前時所造業生而微隱難覺非明了現見是以不說。云何死有。答死分諸蘊則命終時五蘊四蘊為性。云何中有。答除死分生分諸蘊中間諸有則二有中間五蘊為性。問何故此有說名中有。答此於二有中間生故。名中有。問若爾餘有亦是中有皆於二有中間生故。答若於二有中間生非趣所攝者名中有。餘雖二有中間生而是趣攝不名中有。云何生有。答生分諸蘊則結生時五蘊四蘊為性。問此四有幾剎那幾相續。

答二刹那謂死有生有二相續謂餘有."

641 　구미래, 「四十九齋의 儀禮基盤과 地藏信仰의 특성」, 『淨土學研究』 제15집(2011), p.112.

642 　『佛說預修十王生七經』 全1卷(X1, 408b).

643 　명부를 지옥과 관련짓는 방식이 사주(四川)의 귀신관(鬼神觀)과 모종의 연결성을 확보할 개연성도 존재한다. 그러나 이를 명확하게 판단할 자료는 현재 존재하지 않는다. 金勝惠, 「四川省 道教의 위치와 특성」, 『道教文化研究』 제11집(1997), pp.42-46.명부와 지옥의 연결에 대한 불교적인 필연성은 재齋와 관련된 천도의식의 타당성을 확보하기 위해서로 판단된다. 张总 著, 『地藏信仰研究』(北京: 宗教文化出版社, 2003), pp.361-370 ; 尹富, 「中國地藏信仰研究」(四川: 四川大學 博士學位論文, 2005), pp.198-205.

644 　유경욱, 「佛教 야마(Yama) 神格의 기원과 특성」, 『人文科學』 제60집(2016), pp.382-386 ; 『阿毘達磨大毘婆沙論』172, 「定蘊第七中攝納息第三之七」(『大正藏』27, 866b·c).

645 　『顯正論』 全1卷(『韓佛全』7, 222a), "天堂地獄. 設使無者. 人之聞者. 慕天堂而趨善. 厭地獄而沮惡. 則天獄之說之於化民. 利莫大焉. 果其有者. 善者必昇天堂. 惡者必陷地獄故. 使之聞之. 則善者自勉而當享天宮. 惡者自止而免入地獄. 何必斥於天獄之說. 而以爲妄耶."

646 　『佛說預修十王生七經』 全1卷(X1, 408a·409b), "五道大神." ; 같은 책(409c), "第十至三年過五道轉輪王."

647 　『冥報記』2(『大正藏』51, 792b·c), "睦仁蒨者. 趙郡邯鄲人也. … 蒨問曰. 道家章醮. 為有益不. 景曰. 道者. 天帝總統六道. 是謂天曹. 閻羅王者. 如人天子. 太山府君尚書令. 錄五道神如諸尚書. 若我輩國. 如大州郡. 每人間事. 道上章請福. 天曹受之. 下閻羅王云. 某月日得某甲訴云云. 宜盡理勿令枉濫. 閻羅敬受而奉行之. 如人之奉詔也. 無理不可求免. 有枉必當得申. 可為無益也." ; 『法苑珠林』6, 「感應緣-唐睦仁蒨」(『大正藏』53, 316a·b).

648 　100일제는 사후 90일 뒤에 지내는 졸곡제(卒哭祭)가 변형된 것이다. 『大唐開元禮』148, 「卒哭祭」, 〈註〉, "古之袝在卒哭. 今之百日也." ; 『常變通攷』18, 「喪禮」, 〈卒哭〉, "士虞記. 三月而葬. 遂卒哭. … 雜記. 士三月而葬. 是月也卒哭. 大夫三月而葬. 五月而卒哭. … 朱子曰. 百日卒哭. 乃《開元禮》以今人葬. 或不能如期. 故爲此權制. 王公以下. 皆以百日爲斷. 殊失禮意."

649 　중유를 49일로 판단하는 것은 7진법과 관련된 설일체유부(說一切有部)적인 관점이다. 『阿毘達磨大毘婆沙論』70, 「結蘊第二中有情納息第三之八」(『大正藏』27, 361b), "如是中有住經少時. 必往結生速求生故. 尊者設摩達多說曰. 中有極多住七七日. 四十九日定結生故. 尊者世友作如是說. 中有極多住經七日. 彼身羸劣不久住故. 問若七日內生緣和合彼可結生. 若爾所時生緣未合彼豈斷壞. 答彼不斷壞. 謂彼中有乃至生緣未和合位. 數死數生無斷壞故. 大德說曰. 此無定限. 謂彼生緣速和合者. 此中有身即少時住. 若彼生緣多時未合. 此中有身即多時住. 乃至緣合方得結生. 故中有身住無定限. 問中有形量大小云何. 答欲界中有如五六歲小兒形量. 色界中有如本有時形量圓滿." ; 『阿毘達磨大毘婆沙論』36, 「使犍度人品下」(『大正藏』28, 267b) ; "尊者奢摩達多說曰. 中有眾生. 壽七七日. 尊者和須密說曰. 中有眾生. 壽命七日. 不過一七. 所以者何. 彼身羸劣故. 問曰. 若至七日. 生處不和合者. 彼斷滅耶. 答曰. 不斷滅. 即於中有. 而得久住. 尊者佛陀提婆說曰. 中有壽命不定. 所

以者何。生處緣不定故。中有雖得和合。生有不和合故。令久時住。問曰。中有形為大小。答
曰。其形如五六歲小兒。"; 吳亨根 著, 『佛敎의 靈魂과 輪廻觀』(서울: 佛敎思想社, 1987), pp.
81-88 ; 增原良彦 著, 『佛敎の世界觀-地獄と極樂』(東京: 鈴木出版, 1990), pp. 85-94.

650 　『論語』, 「陽貨第十七」, "LY1719: 宰我問。三年之喪。期已久矣。君子三年不爲禮。禮必壞。
　　　三年不爲樂。樂必崩。舊穀旣沒。新穀旣升。鑽燧改火。期可已矣。子曰。食夫稻。衣夫錦。於
　　　女安乎。曰。安。女安則爲之。夫君子之居喪。食旨不甘。聞樂不樂。居處不安。故不爲也。今
　　　女安則爲之。宰我出。子曰。予之不仁也。子生三年。然後免於父母之懷。夫三年之喪。天下
　　　之通喪也。予也有三年之愛於其父母乎。"

651 　불교와 유교의 영혼관 차이의 핵심은 '윤회'와 '혼백의 소멸'이다. 박지현, 「中國의 靈魂 觀念과
　　　魂魄說」, 『中國文學』 제38집(2002), pp. 4-10.

652 　『佛祖統紀』 33, 「法門光顯志第十六」(『大正藏』 49, 322a), "十王供世傳。唐道明和上。神遊
　　　地府見十王分治亡人。因傳名世間。人終多設此供。"

653 　松本榮一 著, 『敦煌畫の研究』(京都: 同朋舍出版, 1985), p 407.

654 　『佛祖統紀』 33, 「法門光顯志第十六」(『大正藏』 49, 322b), "十王名字。藏典傳記可考者六。
　　　閻羅·五官(二名見三長齋引提謂經)平等(華嚴感應傳。郭神亮為使者。追至平等王所。因
　　　誦若人欲了知四句偈得放回)泰山(譯經圖紀。沙門法炬譯金貢泰山贖罪經孝經援神契泰
　　　山天帝孫主召人魂)初江(夷堅志。池州郭生夢入冥府。王揖坐謂曰。我是西門王郎。冥司錄
　　　我忠孝正直不害物。得作初江王。一紀)秦廣(夷堅志。南劍陳生既死。其弟之女見二鬼導至
　　　宮殿曰秦廣王也。王謂女曰。欲救伯若(苦의 誤)。可轉八師經。女寤家人來得經。請僧誦千
　　　遍。兄夢弟來謝曰。已獲生天)。"

655 　金廷喜, 「中國 道敎의 十王信仰과 圖像-『玉歷寶鈔』를 중심으로」, 『美術史學』 제6호(1994),
　　　pp. 40-41.

656 　팔선의 명칭은 시대에 따라서 출입이 다양하다. 이것이 명나라 오원태의 「팔선출외동유기(八仙
　　　出外東遊記)」에 이르러 ① 한종리(漢鐘離, 鍾離權), ② 장과로(張果老), ③ 한상자(韓湘子),
　　　④ 이철괴(李鐵拐, 鐵拐李), ⑤ 여동빈(呂洞賓), ⑥ 하선고(何仙姑), ⑦ 남채화(藍采和), ⑧ 조
　　　국구(曹國舅)로 정형화된다.

657 　『釋門正統』 4, 「利生志」(X75, 304a), "又水陸儀文敘曰。圖形於果老仙人(唐張果老畫幀)。
　　　起敎於道明和尚。"

658 　金廷喜, 「中國 道敎의 十王信仰과 圖像-『玉歷寶鈔』를 중심으로」, 『美術史學』 제6호(1994),
　　　p. 42.

659 　『佛說預修十王生七經』 全1卷(X1, 409b).

660 　定方晟 著, 『須彌山と極樂: 佛敎の宇宙觀』(東京: 講談社, 1979), p. 161 ; 增原良彦 著, 『佛敎
　　　の世界觀-地獄と極樂』(東京: 鈴木出版, 1990), p. 47.

661 　小南一郎, 「『十王經』の形成と隋唐の民衆信仰」, 『東方学報』 第74冊(2002), pp. 199-201.

662 　삼시(三尸)는 상시(上尸)·중시(中尸)·하시(下尸)이고, 구충(九蟲)은 복충(伏蟲)·회충(回
　　　蟲)·백충(白蟲)·육충(肉蟲)·폐충(肺蟲)·위충(胃蟲)·격충(鬲蟲)·적충(赤蟲)·강충(蜣蟲)
　　　이다. 『抱朴子』, 「內篇」 6, 〈微旨〉, "又言身中有三屍。三屍之為物。雖無形而實魂靈鬼神之屬

也。欲使人早死。此屍當得作鬼。自放縱遊行。享人祭酹。是以每到庚申之日。輒上天白司命。道人所為過失。";『太上除三尸九蟲保生經』,"上尸彭琚。小名阿呵。在頭上。伐人泥丸丹田。… 中尸彭瓚。小名作子。好惑五味。貪愛五色。在人心腹。伐人絳宮中焦。… 下尸彭矯。小名季細。在人胃足。伐人下關。傷泄氣海。發作百病。… 一曰伏蟲。長四寸。二曰回蟲。長一寸。三曰白蟲。長一寸。四曰肉蟲。如爛李。五曰肺蟲。如蠶蟻。六曰胃蟲。若蝦蝦蟆。七曰鬲蟲。如苽瓣。八曰赤蟲。如生蟲。九曰蜣蟲。色黑。"

663 『淨度三昧經』2(ZW7, 263a), "地獄中亦有五官。與主五道。大鬼神王收捕罪人。"

664 『佛說灌頂七萬二千神王護比丘呪經』1(『大正藏』21, 499a), "隨汝所願。吾當祈請上通五官下言地祇。令汝得福救度危厄不復遭苦。師又復言或汝先身犯諸過惡。或言七世殃咎所引。為五官所錄受諸罰讁。或云牽引減及門族。"

665 『佛說灌頂七萬二千神王護比丘呪經』3(『大正藏』21, 504a), "佛語長者汝今受是三歸五戒。莫復如前受歸戒法也。破是歸戒名為再犯。若三犯者為五官所得便。輔王小臣都錄監伺五帝使者之所得便。收神錄命皆依本罪。"

666 『佛說灌頂七萬二千神王護比丘呪經』11(『大正藏』21, 530a), "普廣菩薩又白佛言。若人在世不歸三寶不行法戒。若其命終應墮三塗受諸苦痛。其人臨終方欲精誠歸向三寶。受行法戒悔過罪釁。發露懺謝改更修善。臨壽終時聞說經法。善師化導得聞法音。欲終之日生是善心得解脫不。佛言普廣菩薩摩訶薩。若有男子善女人等。臨終之時得生此心。無不解脫眾苦者也。所以者何如人負債依附王者。債主便畏不從求財。此譬亦然天帝放赦閻羅除遣。及諸五官伺候之神。反更恭敬不生惡心。緣此福故不墮惡道解脫厄難。隨心所願皆得往生。"

667 『佛說灌頂七萬二千神王護比丘呪經』12(『大正藏』21, 535c), "救脫菩薩語阿難言。閻羅王者主領世間名籍之記。若人為惡作諸非法。無孝順心造作五逆。破滅三寶無君臣法。又有眾生不持五戒不信正法。設有受者多所毀犯。於是地下鬼神及伺候者奏上五官。五官料簡除死定生。或已注錄精神未判是非。若已定者奏上閻羅。閻羅監察隨罪輕重而治之世間痿黃之病困篤不死一絕一生由其罪福未得料簡。錄其精神在彼王所。或七日二三七日乃至七七日名籍定者。放其精神還其身中。如從夢中見其善惡。其人若明了者信驗罪福。是故我今勸諸四輩。造續命神旛然四十九燈放諸生命。以此旛燈放生功德。拔彼精神令得度苦。今世後世不遭厄難。"

668 『佛說淨度三昧經』全1卷(X1, 367b·370b·371c·369a)。

669 같은 책(370a), "佛言。一切眾生。其在大生死中者。有十習苦。何謂為十習。一者生苦。二者老苦。三者為病苦。四者為所愛別苦。五者一切不可意為苦。六者怨憎苦居苦。七者愁憂苦。八者飢渴苦。九者寒貧苦。十者死苦。復有三苦。一者地獄苦。二者餓鬼苦。三者畜生苦。復有二苦。一者鬼神龍苦。二者不得自在苦。皆由習所致苦。習諸盡者則苦滅。是十習行。事屬五官。五官屬閻羅。"

670 『淨度三昧經』2(ZW7, 263a), "王白佛言。何等為五官者。佛告王曰。五官者亦大分治黎庶。天上五官主賞善。地獄中亦有五官。與主五道。大鬼神王收捕罪人。"

671 『開元釋教錄』14, 「大乘經重譯闕本」(『大正藏』55, 632b·c), "淨度三昧經一卷。宋沙門釋智嚴譯(第一譯)。淨度三昧經二卷。宋沙門釋寶雲譯(第二譯)。淨度三昧經三卷。宋天竺三藏求那跋陀羅譯(第三譯)。淨度三昧經一卷。元魏昭玄統釋曇曜譯(第四譯)。右四經同本異譯

並闕(大周入藏錄中有淨度三昧經三卷。尋其文詞疎淺義理差違。事涉人謀難為聖典。故編疑錄。別訪真經)。";『貞元新定釋教目錄』24,「大乘經重譯闕本」(『大正藏』55, 966b), "淨度三昧經一卷。宋沙門釋智嚴譯。第一譯。淨度三昧經一卷。宋沙門釋寶雲譯。第二譯。淨度三昧經一卷。宋天竺三藏求那跋陀羅什譯。第三譯。淨度三昧經一卷。元魏昭玄統譯曇曜譯。第四譯。右四經同本異譯并闕(大周入藏錄中有淨度三昧經三卷。尋其文詞疎淺義理差違事涉人謀難為聖典故編疑錄別訪真經)。"

672 『佛說淨度三昧經』全1卷(X1);『淨度三昧經』全3卷(ZW7).

673 『經律異相』49,「五官禁人作罪六」(『大正藏』53, 115b), "五官者。一鮮官禁殺。二水官禁盜。三鐵官禁婬。四土官禁兩舌。五天官禁酒(出淨度三昧經)。"

674 张总 著,『地藏信仰研究』(北京: 宗教文化出版社, 2003), pp. 372-373;莊明興 著,『中國中古的地藏信仰-國立臺灣大學文史叢刊110』(台北: 國立臺灣大學校大學院, 1999), p. 141.

675 분서(焚書)는 사상통제 정책의 일환으로 기원전 213년에 발생한 사건이며, 갱유(坑儒)는 진시황이 불사약을 구하는 과정에서 기원전 214년 책임을 물어 술사(術士), 즉 방사(方士)가 중심이 된 460명을 묻어 죽인 사건이다(『史記』6,「秦始皇本紀第六」, "006/0258: 乃自除犯禁者四百六十餘人。皆阬之咸陽"). 즉 두 사건은 시기나 내용 면에서 완전히 다른 별개의 사건이며, 『사기』권121의「유림열전제육십일儒林列傳第六十一」에도 "阬術士"로 되어 있어(及至秦之季世。焚書。阬術士。六蓺從此缺焉。) 이것이 유생과 큰 관련이 없음을 분명히 하고 있다. 그럼에도 후대의 유학자들은 갱술사(坑術士)를 '갱유'로 바꾸고, 이를 분서와 연결시켜 '분서갱유(焚書坑儒)'라는 단일한 틀을 형성해 진시황 및 진의 법가정책을 부정적으로 매도했다.

676 『史記』63,「老子韓非列傳第三」;『史記』87,「李斯列傳第二十七」.

677 『史記』5,「秦本紀第五」, "177: 非子居犬丘。… 云云。"

678 『一切經音義』5,「大般若波羅蜜多經第四百五十五卷」(『大正藏』54, 338c), "燗魔鬼界。… 梵音燗魔義翻為平等王。";『翻譯名義集』3,「帝王篇第二十五」(『大正藏』54, 1094b), "摩訶三摩曷羅闍。此云大平等王。劫初民主。"; 小南一郎,「『十王經』の形成と隋唐の民衆信仰」,『东方学报』第74册(2002), pp. 215-218. 평등왕(平等王)은 염라왕의 이명이라는 것이 일반적이다. 그러나 일부에서는 마니교와 관련해서 이해하는 관점도 존재한다. 손진(정완),「地藏感應談의 변용과 수용에 대한 고찰-『三寶感應要略錄』을 중심으로」,『淨土學研究』제28집(2017), p. 294.

679 金勝惠,「四川省 道教의 위치와 특성」,『道教文化研究』제11집(1997), pp. 39-46.

680 尹富,「中國地藏信仰研究」(四川: 四川大學 博士學位論文, 2005), p. 187.

681 金廷喜,「中國 道教의 十王信仰과 圖像-『玉歷寶鈔』를 중심으로」,『美術史學』제6호(1994), pp. 58-60.

682 眞鍋廣濟 著,『地藏菩薩の研究』(京都: 三密堂書店, 1969), pp. 127-131;张总 著,『地藏信仰研究』(北京: 宗教文化出版社, 2003), p. 25.

683 张总 著,『地藏信仰研究』(北京: 宗教文化出版社, 2003), p. 25.

684 莊明興 著,『中國中古的地藏信仰-國立臺灣大學文史叢刊110』(台北: 國立臺灣大學校大學院, 1999), p. 187.

685   같은 책, pp. 188-189. 10세기 후반의 〈지장시왕도〉는 벽화와 견본채색 등이 다수 존재한다(같은 책, p. 192). 또 쮜양밍싱은 843~1035년까지의 〈지장여시왕(地藏與十王)〉를 총 28점으로 정리하고 있어 주목된다(같은 책, p. 202). 尹富, 「中國地藏信仰硏究」(四川: 四川大學 博士學位論文, 2005), pp. 130-132.

686   같은 논문, p. 186.

687   쮜양밍싱은 지장과 시왕의 결합을 당 말·오대로 판단하고 있다(『中國中古的地藏信仰-國立臺灣大學文史叢刊110』, 台北: 國立臺灣大學校大學院, 1999, pp. 143-145).

688   尹富, 「中國地藏信仰硏究」(四川: 四川大學 博士學位論文, 2005), pp. 133-134.

689   같은 논문.

690   『佛說地藏菩薩發心因緣十王經』全1卷, 「第五閻魔王國(地藏菩薩)」(X1, 406c), "言今從空佛開此授記得未曾有".

691   같은 책(406a·b), "昔在因地。發大願故。我念過去無數劫中。有佛出世。號名覺華定自在王佛。彼佛世尊。入涅槃後。於像法中。有佛形像。爾時。我爲聖近士女。起大深信。供養恭敬。我知悲母。墮在地獄。爲救彼苦。七日斷食。一心祈請。於第七日。第五更時。室中空內。忽現佛身。而告我言。善哉善哉。聖近士女。欲得度脫。悲母極苦。當發無上大菩提心。能度三世一切父母。能化無佛世界眾生。能化地獄悲母等類。故名地藏。地獄眾生。爲庫藏故。於未來世。堪救極苦。依佛教勅。始發善心。初發無上大菩提心。同諸佛行願。即救母苦。令得解脫。"

692   같은 책(406c), "爾時。世尊而告我言。善哉如願善哉如願。即時動地。即天雨花忽然。變成大丈夫。僧即得大乘第三果位。爾時世尊。而告我言。今無佛世。能化堪忍。於未來世。有佛名爲釋迦牟尼佛。處忉利。天先知汝來。滅後弟子。皆悉付汝。其娑婆國。人多好惡。實非汝願。不見能化。若入地獄。授五八戒。惡趣救世。於此一事。超過恒沙無數菩薩。即我略說。汝未來世。善權方便。"

693   같은 책(406b·c), "如彼佛說。我其後。發事願。立誓頌曰。① 我若證真後。於地獄代苦。可代不代者。誓不取正覺。② 我若證真後。於餓鬼施食。可施不施者。誓不取正覺。③ 我若證真後。於畜生讐噉。可救不救者。誓不取正覺。④ 我若證真後。於修羅諍苦。可和不和者。誓不取正覺。⑤ 我若證真後。於有緣眾生。不入三昧者。誓不取正覺。⑥ 我若證真後。畏短命念我。不令得長壽。誓不取正覺。⑦ 我若證真後。爲病苦念我。不令得除愈。誓不取正覺。⑧ 我若證真後。除王難念我。不令得恩救。誓不取正覺。⑨ 我若證真後。離怨賊念我。速疾不遠離。誓不取正覺。⑩ 我若證真後。厭貧苦念我。不令豊衣食。誓不取正覺。⑪ 我若證真後。求官位念我。不令得高官。誓不取正覺。⑫ 我若證真後。於臨終念我。其時不現身。誓不取正覺。⑬ 我若證真後。爲六道眾生。隨應所得度。爲施甘露法。⑭ 我隨趣分身。於緣熟眾生。以六種名字。應於當當身。"

694   같은 책(407a), "極惡罪人海。無能渡導者。乘地藏願船。必定到彼岸。"

695   같은 책(406c), "爾時世尊。告乞叉底蘗波菩薩言。善哉善哉。諦聽地藏。於未來世。爲緣現身。我當授記。六種名字。"

696   『地藏菩薩本願經』上, 「忉利天宮神通品第一」(『大正藏』13, 778c), "時婆羅門女。垂泣良久。瞻戀如來。忽聞空中聲曰。泣者聖女。勿至悲哀。我今示汝母之去處。婆羅門女合掌向空。"

而白空曰。是何神德。寬我憂慮。我自失母已來。晝夜憶戀。無處可問知母生界。時空中有聲。再報女曰。我是汝所瞻禮者。過去覺華定自在王如來。"

697 『佛說地藏菩薩發心因緣十王經』全1卷,「第五閻魔王國(地藏菩薩)」(X1, 406c), "① 預天賀地藏。左持如意珠。右手說法印。利諸天人眾。② 放光王地藏。左手持錫杖。右手與願印。雨雨成五穀。③ 金剛幢地藏。左持金剛幢。右手施無畏。化修羅靡幡。④ 金剛悲地藏。左手持錫杖。右手引攝印。利傍生諸界。⑤ 金剛寶地藏。左手持寶珠。右手甘露印。施餓鬼飽滿。⑥ 金剛願地藏。左持閻魔幢。右手成辨印。入地獄救生。"

698 『佛說預修十王生七經』全1卷(X1, 408b), "祈設十王。修名納狀。奏上六曹。善業童子。奏上天曹地府官等。記在名案。"; 같은 책(409b·c), "第四七日過五官王 讚曰。五官業秤向空懸。左右雙童業簿全。輕重豈由情所願 低昂自任昔因緣。"

699 『佛說地藏菩薩發心因緣十王經』全1卷,「第四五官王宮(普賢菩薩)」(X1, 405a), "五官業秤向空懸。左右雙童業簿全。輕重豈由情所願。低昂自任昔因緣。雙童子形奔偈曰。證明善童子。時不離如影。低耳聞修善。無不記微善。證明惡童子。如響應聲體。留目見造惡。無不錄小惡。"; 罗华庆,「敦煌地藏图像和"地藏十王厅"研究」,『敦煌研究』第9次(1993), pp. 6-7.『발심인연시왕경』의 선악동자적인 측면은 송나라에서 유행하는 『수능엄경』에서도 확인된다. 다만 『수능엄경』에는 염마에게서 보이는 업경대와 선악동자가 연결되어 있어, 업칭과 선악동자가 연결되어 있는 『발심인연시왕경』과는 차이가 있다. 그러나 선악동자가 죄인의 기록과 관련된 보조적인 역할을 한다는 점에서는 큰 차이가 없다. 즉 선악동자의 성격에 있어서는 동일성이 목도되는 것이다. 그러나 『수능엄경』 역시 중국에서의 개변이나 찬술된 경전으로 판단되기 때문에, 이를 통해서 관계의 선후를 말하기는 쉽지 않다. 그리고 『발심인연시왕경』에는 염마와 관련해서는 "동생신(同生神)"의 개념이 존재하고 있어 주목된다. 즉 선악동자와 유사한 측면이 염마와 관련해서도 일부 살펴지는 것이다. 『大佛頂如來密因修證了義諸菩薩萬行首楞嚴經』 8(『大正藏』 19, 144a), "二習相交。故有勘問。權詐。考訊。推鞫。察訪。披究。照明善惡童子手執文簿辭辯諸事。; 『佛說地藏菩薩發心因緣十王經』全1卷,「第二初江王宮(釋迦如來)」(X1, 405b), "右神記善形如吉祥常隨不離皆錄微善總名雙童。… 云云。"

700 『佛說預修十王生七經』全1卷(X1, 409b), "第二七日過初江王。讚曰。二七亡人渡奈河。千羣萬隊涉江波。引路牛頭肩挾棒。催行鬼卒手擎叉。"; 『佛說地藏菩薩發心因緣十王經』全1卷,「第二初江王宮(釋迦如來)」(X1, 405a), "二七亡人渡奈河。千群萬隊涉江波。引路牛頭肩挾棒。催行馬頭腰擎叉。苦牛食牛牛頭來。乘馬苦馬馬頭多。無衣寒苦逼自身。翁鬼惡眼出利牙。"

701 같은 책(404a·b), "爾時。世尊。告閻魔王及秦廣王等言。一切眾生各有六識八識九識。義如前說。今此經中。唯有二說。魂識說三魄識說七。… 云云。"

702 『발심인연시왕경』에는 "도솔천(兜率天)의 수승전(殊勝殿)"이라는 표현도 있는데, 이는 유가종의 도솔천 미륵하생신앙을 의식한 것으로 판단된다. 그러나 도솔천의 정전에 해당하는 것은 내원(궁)이고 수승전(혹 勝殿, 妙勝殿)은 도리천의 제석천 정전으로 이는 강조하는 것은 화엄사상이다. 즉 유가종에 익숙하지 않은 상황에서 화엄의 혼입이 일부 목도되는 것이다. 『佛說地藏菩薩發心因緣十王經』全1卷,「第五閻魔王國(地藏菩薩)」(X1, 406a), "兜率天中殊勝殿。"; 『起世經』 8,「鬪戰品第九」(『大正藏』 1, 352a); 『起世因本經』 8,「鬪戰品第九」(『大正藏』 1, 407a); 『阿毘達磨俱舍論』 11,「分別世品第三之四」(『大正藏』 29, 59c); 『大方廣佛華嚴經』 7,「佛昇須彌頂品第九」(『大正藏』 9, 441b).

703 『佛說地藏菩薩發心因緣十王經』全1卷, 「第五閻魔王國(地藏菩薩)」(X1, 405a), "閻魔王國 (自人間地去五百由善那)。名無佛世界。亦名預於國。亦名閻魔羅國。"

704 『金剛頂瑜伽最勝祕密成佛隨求即得神變加持成就陀羅尼儀軌』全1卷(『大正藏』20, 648c).

705 『佛說地藏菩薩發心因緣十王經』全1卷(X1, 404b), "男女於葬送。具三尺杖頭書地藏狀。并 隨求陀羅尼。"

706 문상련(正覺), 「地藏信仰의 전개와 신앙의례」, 『淨土學研究』 제15집(2011), p. 140, "17세기 이후 지장전과 시왕전이 명부전으로 통합되는 양상을 보여준다."; 金廷禧 著, 『朝鮮時代 地藏 十王圖 研究』(서울: 一志社, 2004), p. 166.

707 金廷禧, 「朝鮮時代의 冥府信仰과 冥府殿 圖像研究」, 『美術史學報』 제4집(1991), p. 47.

708 조선 초기의 지장보살도에서는 고려불화에서와는 달리 사천왕의 등장이 급격하게 줄어드는 모 습이 확인된다. 이는 '지장-명부'의 판단이 커짐으로 인해 현세적인 사천왕의 역할이 위축되었 기 때문으로 판단된다. 金廷喜, 「朝鮮前期의 地藏菩薩圖」, 『講座美術史』 제4권(1992), p. 91.

제5장 고려 말 지장 신앙의 확대와 고려불화

709 구미래, 「四十九齋의 儀禮基盤과 地藏信仰의 특성」, 『淨土學研究』 제15집(2011), p. 126.

710 『佛說地藏菩薩發心因緣十王經』全1卷, 「第五閻魔王國(地藏菩薩)」(X1, 405c), "十五日至 心進念阿彌陀佛。"

711 같은 책, 「第五閻魔王國(地藏菩薩)」(X1, 407b), "諸佛中造阿彌陀佛光明遍照除熱寒苦。"; 같은 책, 「第十五道轉輪王廳(阿彌陀佛)」(X1, 407b).

712 불교는 인간계에서만 붓다가 될 수 있고, 그것도 남섬부주의 보리도장(菩提道場, 金剛寶座)에 서만 정각(正覺)의 성취가 가능하다고 주장한다(『阿毘達磨俱舍論』11, 「分別世品第三之四」, 『大正藏』29, 57c-58a). 이는 불교의 이 세계와 인간 중심적인 관점을 잘 나타내 준다. 廉仲燮, 「佛國寺 '3道 16階段'의 이중 구조 고찰-極樂殿 영역과 大雄殿 영역을 중심으로」, 『新羅文化』 제31집(2008), pp. 159-160.

713 『佛說阿彌陀經』全1卷(『大正藏』12, 346c), "從是西方過十萬億佛土。"; 『佛說無量壽經』上 (『大正藏』12, 270a), "去此十萬億刹。"; 『佛說觀無量壽佛經』全1卷(『大正藏』12, 341c).

714 16관(觀) 중 앞의 13관까지를 정선(定善)13관이라고 하고, 뒤의 14~16의 3관을 산선(散善)9 품(品)이라 한다. 坪井俊映 著, 韓普光 譯, 『淨土教概論』(서울:弘法院, 1996), p. 74.

715 상배관(上輩觀)의 상품상생과 상품중생 그리고 상품하생의 차이에는 권속의 규모 차이도 있지 만, 망자와 관련된 것으로는 금강대(金剛臺)→자금대(紫金臺)→금련화(金蓮華(臺))의 차등 이 존재한다. 『佛說觀無量壽佛經』全1卷(『大正藏』12, 344c-345b).

716 『佛說觀無量壽佛經』全1卷(『大正藏』12, 345b-346a), "云云 … 中品下生者。… 譬如壯士 屈申臂頃。即生西方極樂世界。… 下品上生者。… 爾時彼佛。即遣化佛。化觀世音。化大勢 至。… 云云。"

717 중품하생부터 하품하생까지의 극락에 태어나는 방식과 중간 기간을 정리해 보면 다음과 같다.

① 중품하생자: 卽生西方極樂世界。生經七日。遇觀世音及大勢至, ② 하품하생자: 生寶池中。經七七日。蓮華乃敷, ③ 하품중생자: 卽得往生七寶池中蓮華之內。經於六劫。蓮華乃敷, ④ 하품하생자: 卽得往生極樂世界。於蓮花中。滿十二大劫。蓮花方開。『佛說觀無量壽佛經』全1卷(『大正藏』12, 345c-346a).

718 李溱鎔,「葛洪『抱朴子-內篇』과『神仙傳』의 神仙思想 연구」,『哲學論叢』제45집(2006), pp. 275-277.

719 『抱朴子(內篇)』,「論仙卷第二」, "02.05: 上士擧形升虛。謂之天仙。中士游於名山。謂之地仙。下士先死後蛻。謂之屍解仙。"

720 『景德傳燈錄』3,「第二十八祖菩提達磨」(『大正藏』51, 220b), "其年十二月二十八日葬熊耳山。起塔於定林寺。後三歲魏宋雲奉使西域迴。遇師於葱嶺。見手携隻履翩翩獨逝。雲問。師何往。師曰。西天去。";『佛祖統紀』29,「諸宗立教志第十三-達磨禪宗」(『大正藏』49, 291b), "乃往禹門千聖寺端坐示寂。卽大統元年十月五日也。門人奉全身葬熊耳山定林寺。明年使者宋雲西域回。遇師手携隻履翩翩獨邁。雲歸為言。門人開壙視之。唯空棺隻履。師每以大乘入道理行二門。以誨學者(二門見傳燈錄)。"

721 『續高僧傳』6,「正傳二十一-魏西河石壁谷玄中寺釋曇鸞傳三」(『大正藏』50, 470b·c), "云云 … 便以仙經十卷。… 逢中國三藏菩提留支。鸞往啟曰。佛法中頗有長生不死法勝此土仙經者乎。留支唾地曰。是何言歟。非相比也。此方何處有長生法。縱得長年少時不死。終更輪迴三有耳。卽以觀經授之曰。此大仙方。依之修行當得解脫生死。鸞尋頂受。"

722 『佛說觀無量壽佛經』全1卷(『大正藏』12, 345b), "中品中生者。若有衆生。若一日一夜持八戒齋。若一日一夜持沙彌戒。若一日一夜持具足戒。威儀無缺。以此功德。迴向願求生極樂國。"

723 같은 책(346a), "下品下生者。或有衆生。作不善業。五逆。十惡。具諸不善。… 如是至心。令聲不絕。具足十念稱南無阿彌陁佛。稱佛名故。於念念中。除八十億劫生死之罪。"

724 율장은 수범수제(隨犯隨制)를 근간으로 하는 불소급(不遡及)을 원칙으로 한다. 그러나 오역죄(五逆罪)는 불교의 징벌 조항 중 유일한 소급죄(遡及罪)이다. 이는 오역죄의 중대한 특수성을 인지해 보도록 한다. 廉仲燮,「提婆達多에 대한 逆罪의 타당성 고찰」,『東洋哲學硏究』제54집(2008), p. 220.

725 『佛說觀無量壽佛經』全1卷(『大正藏』12, 345c-346a).

726 구미래,「四十九齋의 儀禮基盤과 地藏信仰의 특성」,『淨土學硏究』제15집(2011), pp. 112-115.

727 安震湖 編,「上篇」,『釋門儀範』(서울: 法輪社, 2000), p. 90 ;『三門直指』全1卷(『韓佛全』10, 147c).

728 김정신,「朱熹의 昭穆論과 宗廟制 改革論」,『大同文化硏究』제92집(2015), pp. 438-444 ; 何卯平,「나라박물관 소장 中國 寧波 佛畫〈十王圖〉연구-陸信忠筆, 陸仲淵筆〈十王圖〉를 중심으로」,『佛教美術史學』제10집(2010), p. 118.

729 文明大,「高麗 阿彌陀8大菩薩圖(9尊圖)의 圖像學」,『講座美術史』제54호(2020), pp. 264-268.

730 일본 개인 소장의 〈아미타(정면)삼존도〉와 유사한 구도의 금선화(金線畫)로 16세기 후반의 일
　　　본 개인 소장본이 존재한다. 즉 이와 같은 구조가 한시적인 특수성이 아니라, 이후로 계승되는 측
　　　면임을 인지해 볼 수가 있는 것이다. 鄭于澤,「朝鮮前期 金線描 阿彌陀三尊圖 一例」,『美術史
　　　研究』제22호(2008), p. 158.

731 莊明興 著,『中國中古的地藏信仰-國立臺灣大學文史叢刊110』(台北: 國立臺灣大學校大學
　　　院, 1999), pp. 179-182.

732 张总 著,『地藏信仰研究』(北京: 宗教文化出版社, 2003), pp. 348-349 ; 尹富,「中國地藏信仰
　　　研究」(四川: 四川大學 博士學位論文, 2005), pp. 89-90. 인푸, 천페이원 등은 '보살장지장(菩
　　　薩裝地藏)' 외에도 '불상장지장(佛像裝地藏)'(尹富, p. 90)을 제시하고 있어 주목된다. 불상장
　　　佛像裝은 섬서성 빈현의 대불사(大佛寺) 천불동(千佛洞)에서 주로 확인되며, 보살장(菩薩裝)
　　　은 용문 석굴의 빈양남동(賓陽南洞), 약방동(藥方洞), 노룡동(老龍洞), 만불동(萬佛洞) 등의
　　　10여 구와 향당산석굴(響堂山石窟) 등에서 확인해 볼 수 있다(尹富, pp. 283-292) ; 尹富,「七
　　　世紀中葉至八世紀初地藏造像論考」,『法鼓佛學學報』第4期(2009), pp. 93-98 ; 陈佩妏,「中
　　　原地区早期地藏造像之样式。渊源和信仰」,『云南社会科学』第2期(2010), pp. 138-139.

733 『地藏菩薩儀軌』全1卷(『大正藏』20, 652a·b),“次說畫像法。作聲聞形像。著袈娑端覆左肩。
　　　左手持盈華形。右手施無畏令坐蓮華。復居座大士像頂著天冠著袈娑。左手持蓮華茶。右
　　　手如先令安坐九品蓮臺(傳云九品者九重也亦云八葉中臺也)。”

734 『八大菩薩曼荼羅經』全1卷(『大正藏』20, 675c),“於如來前。想地藏菩薩。頭冠瓔珞面貌熙
　　　怡寂靜。愍念一切有情。左手安臍下拓鉢。右手覆掌向下。”

735 『四分律』34,「受戒揵度之四」(『大正藏』22, 810b),“盡形壽不得執持生像金銀寶物。”;『彌沙
　　　塞部和醯五分律』17,「第三分初受戒法下」(『大正藏』22, 717a),“盡壽不受畜金銀及錢。”등.

736 『宮教集』,「地藏經文變相圖記」,“紹聖间, 乃以菩薩相及经文求诸变相, 命工绘画。… 云云 …
　　　世之不知佛者。乃以方袍圓頂作菩萨像。… 地藏菩萨实与宝衣天冠之数。”; 尹富,『『地藏菩
　　　薩本願经』综考」,『四川大学学报』第153号(2007), p. 52.

737 文明大,「魯英筆 阿彌陀九尊圖 뒷면 佛畵의 再檢討-高麗 太祖의 金剛山拜帖 曇無竭(法起)
　　　菩薩 禮拜圖」,『古文化』제18집(1980), p. 9.

738 지장보살에게 각화정자재왕여래(覺華定自在王如來)는 석가모니와 연등불(然燈佛, 燃燈佛,
　　　Dīpaṃkara)의 관계와 비슷하다. 이 때문에『지장경』과『발심인연시왕경』에서 모두 각화정자재
　　　왕여래 부분이 크게 부각되고 있다. 그러나 특징적이게도 각화정자재왕여래와 지장은 직접적으
　　　로 연결되어 있지 않고, 열반 후의 상법시대라는 특수성을 보이고 있어 주목된다.『地藏菩薩本
　　　願經』上,「忉利天宮神通品第一」(『大正藏』13, 778b-779a) ;『佛說地藏菩薩發心因緣十王
　　　經』全1卷,「第五閻魔王國(地藏菩薩)」(X1, 406a·b).

739 『佛說觀彌勒菩薩上生兜率天經』全1卷(『大正藏』14, 419c),“佛告優波離彌勒先於波羅捺
　　　國劫波利村波婆利大婆羅門家生。却後十二年二月十五日。還本生處結加趺坐如入滅定。”
　　　; 같은 책(418c),“此人從今十二年後命終。”

740 『大唐西域記』7,「婆羅疿(女黠反)斯國」(『大正藏』51, 905c),“三佛經行側有窣堵波。是梅呾
　　　麗耶(唐言慈即姓也。舊曰彌勒訛略也)菩薩受成佛記處。昔者如來在王舍城鷲峯山告諸苾
　　　芻。當來之世。此贍部洲土地平正。人壽八萬歲。有婆羅門子慈氏者。身真金色光明照朗。”

當捨家成正覺。廣為眾生三會說法。其濟度者皆我遺法植福眾生也。其於三寶深敬一心。在家出家持戒犯戒。皆蒙化導證果解脫。三會說法之中。度我遺法之徒。然後乃化同緣善友。是時慈氏菩薩聞佛此說。從坐起白佛言。願我作彼慈氏世尊。如來告曰。如汝所言當證此果。如上所說皆汝教化之儀也。慈氏菩薩受記西有窣堵波。是釋迦菩薩受記之處。賢劫中人壽二萬歲。迦葉波佛出現於此。轉妙法輪。開化含識。授護明菩薩記曰。是菩薩於當來世眾生壽命百歲之時。當得成佛號釋迦牟尼。";『大唐大慈恩寺三藏法師傳』3,「起阿踰陀國終伊爛拏國」(『大正藏』50, 235c),"其側有梅呾麗(唐言慈氏。舊曰彌勒訛也)菩薩受記處。次西有窣堵波。是佛昔為護明菩薩。於賢劫中人壽二萬歲時。迦葉波佛所受記處。"

741 『大唐西域記』9,「摩伽陀國下」(『大正藏』51, 919c),"我今將欲入大涅槃。以諸法藏。囑累於汝。住持宣布勿有失墜。姨母所獻金縷袈裟。慈氏成佛留以傳付。";『法苑珠林』29,「聖迹部第二」(『大正藏』53, 504a),"又東度黃河百餘里至屈屈吒播陀山(舊云雞足)直上三峯。狀如雞足。頂樹大塔。夜放神炬光明通照。即大迦葉波於中寂定處也。初佛以姨母織成金縷大衣袈裟傳付彌勒。令度遺法四部弟子。迦葉承佛教旨。佛涅槃後第二十年。捧衣入山以待彌勒。"

742 『大唐大慈恩寺三藏法師傳』2,「起阿耆尼國終羯若鞠闍國」(『大正藏』50, 232c),"時提婆犀那(唐言天軍)阿羅漢。往來覩史多天。德光願見慈氏決諸疑滯。請天軍以神力接上天宮。既見慈氏揖而不禮。言我出家具戒。慈氏處天同俗禮敬非宜。如是往來三返皆不致禮。既我慢自高。疑亦不決。"

743 『佛本行集經』5,「上託兜率品第四上」(『大正藏』3, 276b·c) 등.

744 『大唐西域記』10,「秣羅矩吒國」(『大正藏』51, 932a),"秣刺耶山東有布呾洛迦山。山徑危險。巖谷敧傾。山頂有池。其水澄鏡。流出大河。周流繞山二十匝。入南海。池側有石天宮。觀自在菩薩往來遊舍。其有願見菩薩者。不顧身命。厲水登山。忘其艱險。能達之者。蓋亦寡矣。而山下居人。祈心請見。或作自在天形。或為塗灰外道。慰喻其人。果遂其願。";『續高僧傳』4,「譯經篇四-京大慈恩寺釋玄奘傳一」(『大正藏』50, 452b·c),"至秣羅矩吒國。即瞻部最南濱海境也。山出龍腦香焉。旁有巖頂清流。繞旋二十許匝南注大海。中有天宮觀自在菩薩常所住處。即觀世音之正名也。";『翻譯名義集』50,「眾山篇第二十九」(『大正藏』54, 1099a),"補陀落迦。或云補涅洛迦。此云海島。又云小白華。西域記云。有呾落迦山。南海有石天宮。觀自在菩薩游舍。"

745 李翎,「韩国佛教绘画中的地藏图式」,『法音』第6期(2011), pp. 47-48.

746 상기숙,「中國 民俗文獻을 통해 본 宋代 歲時風俗 연구」,『東方學』제40권(2019), pp. 193-194.

747 申採湜 著,『東洋史槪論』(서울: 三英社, 2004), p. 24.

748 Gregory Schopen, "Filial Piety and the Monk in the Practice of Indian Buddhism: A Question of 'Sinicization' Viewed from the Other Side," T'oung pao 70(1984), pp. 110-126.

749 尹永海,「朱子의 佛教批判 研究」(서울: 西江大 博士學位論文, 1997), pp. 264-287 ; 조복현,「『朱子家禮』의 著述과 한국 전래시기의 사회적 배경 연구」,『中國史研究』제19권(2002), pp. 118-129.

750 미우라 쿠니오 著, 김영식·이승연 譯,『人間 朱子』(서울: 創作과 批評社, 1996), p. 28 ; 尹永海,

487

「朱子의 佛教批判 研究」(서울: 西江大 博士學位論文, 1997), pp. 57-58 ; 『朱子語類』 7, 「自論爲學工夫」, "某逐疑此僧更有要妙處在. 逐去扣問他. 見他說得也煞好. 及去赴試時. 便用他意思去胡說. 是時文字不似以今細密. 由人組說. 試官爲某說動了. 逐得舉."

751 『朱子語類』 126, 「釋氏」 ; 尹永海, 「朱子의 佛教批判 研究」(서울: 西江大 博士學位論文, 1997), pp. 293-305.

752 미우라 쿠니오 著, 김영식·이승연 譯, 『人間 朱子』(서울: 創作과 批評社, 1996), pp. 230-248.

753 같은 책, p. 29, "다른 사람들은 선(禪)을 모르기 때문에 기만당하지만, 나는 선을 알기 때문에 선 쪽이 내게 간파당한다."

754 『朱子語類』 5, 「性理二-性情心意等名義」, "伊川性卽理也. 橫渠心統性情. 二句顚撲不破."

755 정성식, 「晦軒 安珦의 朱子學 수용과 성격」, 『東方學』 제17권(2009), pp. 236-240 ; 유현주, 「晦軒 安珦의 朱子學 導入과 教育的 活動」, 『韓國思想과 文化』 제85권(2016), pp. 289-294.

756 『주자가례』의 고려 전래와 관련해서는 안향(安珦)과 백이정(白頤正)에 의한 두 가지 측면이 존재한다. 최준하, 「『朱子家禮』의 受容과 韓國傳統禮法의 轉變 및 現代的 定立을 위한 모색」, 『人文學研究』 제103권(2016), p. 345 ; 장동우, 「『朱子家禮』의 수용과 보급 과정-東傳 版本 문제를 중심으로」, 『國學研究』 제16집(2010), pp. 139-186 ; 조복현, 「『朱子家禮』의 著述과 韓國傳來時期의 사회적 배경 연구」, 『中國史研究』 제19권(2002), pp. 139-142.

757 許興植, 「高麗 科擧制度의 成立과 發展」, 『高麗科擧制度史研究』(서울: 一潮閣, 1993), pp. 45-50 ; 박찬수, 「高麗後期 國學의 變遷」, 『大同古典研究』 제10집(1993), pp. 16-21.

758 『高麗史』 132, 「列傳 45」, 〈叛逆6-辛旽-008〉, "有僧禪顯千禧. 皆旽所善者也. 千禧自言. 入江浙. 傳達磨法. 王親訪于佛腹藏. 尋封國師. 又邀禪顯于康安殿. 封王師. 王九拜. 禪顯立受."

759 이형우, 「高麗 禑王代의 政治的 推移와 政治勢力 研究」(서울: 高麗大 博士學位論文, 1999), pp. 56-59 ; 洪榮義 著, 『高麗末 政治史 研究』(서울: 혜안, 2005), pp. 177-182.

760 「나옹행상(懶翁行狀)」과 〈나옹비문(懶翁碑文)〉, 그리고 〈안심사지공나옹사리석종비(安心寺指空懶翁舍利石鐘碑)〉에는 모두 나옹 탄핵의 주체가 "臺(官)"이라고만 언급되어 있다. 그러나 『고려사』 권133 「열전 46」 우왕 2년 병진(1376) 4월조에는 "憲府遣吏, 禁斥婦女, 都堂又令閉關"라고 하여 사헌부와 더불어 도당(都堂)이 언급되어 있다. 강호선은 당시 정국을 도당이 장악하고 있다는 점을 들어 탄핵의 주체를 도당으로 파악했다(「高麗末 懶翁惠勤 研究」, 서울: 서울大 博士學位論文, 2011, pp. 201-204).

761 『懶翁和尙語錄』, 「懶翁行狀」(『韓佛全』 6, 708a), "至丙辰春. 脩營已畢. 四月十五日. 大設落成會. 上遣具官柳之璘. 爲行香使. 京外四衆. 雲臻輻湊. 莫知其數. 會臺評. 以謂檜嵓密邇京邑. 四衆往還. 晝夜絡釋. 或至癈業. 於是有旨移住瑩原寺. 逼迫上道." ; 같은 책, 〈懶翁碑文〉(709b), "臺評以謂檜巖. 密邇京邑士女往還. 晝夜絡釋. 或至癈業. 禁之便. 於是有旨移住瑩源寺. 逼迫上道." ; 〈妙香山安心寺指空懶翁碑〉, "臺評. 檜巖. 密迩國都. 士女絡繹. 恐癈業. 請徙之便." 회암사 낙성식 때 베풀어진 문수회 성격과 관련해서는 필자의 「懶翁에게서 살펴지는 '五臺山佛教'의 영향-懶翁의 五臺山行과 文殊華嚴을 중심으로」, 『溫知論叢』 제39집(2014), pp. 190-203을 참조하라.

762 불교국가인 고려에서 왕사로 탄핵된 예는 나옹 이외에 광종 대 왕사였던 균여(均如, 923~973)가 더 있다. 그러나 균여는 무고이기는 하지만 역모에 연루된 사건이었다(赫連挺 撰, 『大華嚴首坐圓通兩重大師均如傳』, 『韓佛全』4, 516a·b ; 崔鉛植, 〈(2) 均如의 生涯와 活動〉, 「均如 華嚴思想硏究-敎判論을 중심으로」, 서울: 서울大 博士學位論文, 1999, pp. 51-61). 이에 비해서 나옹은 새로 수조된 회암사에 찾아오는 사람들이 많다는 이유였으니, 나옹의 탄핵은 누가 봐도 매우 비정상적이었다는 것을 알 수 있다. 이와 관련해서 강호선은 "회암사 낙성법회에 사녀(士女)들이 많이 몰린 것 때문에 왕사가 사헌부의 탄핵을 받아 추방되어 귀향 도중 입적하는 전대미문의 사건"이라고 적고 있다(「高麗末 懶翁慧勤 硏究」, 서울: 서울大 博士學位論文, 2011, p. 149).

763 『懶翁和尙語錄』, 「懶翁行狀」(『韓佛全』6, 708a·b), "驪興守黃希直。道安監務尹仁守。受卓命。督行急。侍者以告。師曰。是不難。吾當逝矣。… 老僧今日爲汝等。作涅槃佛事畢矣。到辰時寂然而逝。五月十五日也。" ; 같은 책, 〈懶翁碑文〉(710a), "卓又督行急。師曰。是不難。吾當逝矣。是日辰時寂然而逝。"

764 『世宗實錄』85, 21년(1439) 4月 18日, 乙未, 〈成均生員李永山等六百四十八人上疏〉, "幸賴有道之士。絶其根株。竟使自斃。誠衰世之一大幸也。" ; 『東文選』56, 「奏議」, 〈闢佛疏(無名氏)〉.

765 許興植, 「懶翁의 思想과 繼承者(上)」, 『韓國學報』제16권(1990), p. 142 ; 宗梵, 「懶翁禪風과 朝鮮佛敎」, 『韓國佛敎文化思想史-伽山李智冠스님華甲紀念論叢 上』(서울: 伽山佛敎文化硏究院, 1992), p. 1147.

766 崔柄憲, 「牧隱 李穡의 佛敎觀」, 『牧隱 李穡의 生涯와 思想』(서울: 一朝閣, 1996), p. 182.

767 이문주, 「『朱子家禮』의 朝鮮 시행과정과 家禮註釋書에 대한 연구」, 『儒敎文化硏究』제16권(2010), pp. 41-56.

768 중국의 서방삼성에서 대세지를 지장이 대치하는 가장 이른 예는 낙양 용문 석굴 연화동의 693년에 조성된 삼존상이다. 이곳의 지장은 보살형이다. 莊明興 著, 『中國中古的地藏信仰-國立臺灣大學文史叢刊110』(台北: 國立臺灣大學校大學院, 1999), p. 180.

769 이승희, 「高麗後期 淨土佛敎繪畵의 硏究-天台·華嚴信仰의 요소를 중심으로」(서울: 弘益大 博士學位論文, 2011), p. 116, "지장보살이 아미타삼존의 협시로 들어오는 계기에 관해 지금까지는 주로 정토신앙적인 측면에서 논의되었다. 특히 아미타삼존불과 고려 후기 조성되었던 관음·지장병립도와의 관련성에 언급하면서 여러 학자들은 관음·지장병립도가 아미타내영사상에 영향을 받아 아미타삼존불이 변용한 것이라는 견해와 내세구복적인 성격의 두 보살이 아미타삼존불에 편입된 것이라는 견해를 피력하였다. … 필자는 지장보살과 아미타불의 결합이 당시 성행했던 천태정토신앙의 영향을 받아 이루어졌다고 생각한다."

770 陈佩妏, 「从地藏造像的组合看其与西方净土信仰的关系」, 『宗教学研究』第2期(2010), p. 192, "从实物材料看。中原北方地区的造像如龙门石窟普泰洞外上元二年(675)造像。莲华洞长寿二年(693)任智满造像。老龙洞景云二年(711)造像。双窑李去泰造像。万佛洞焦大明造像。蔡大娘洞比丘尼九娘造像等, 都是这种弥陀。观音与地藏的三尊像组合。"

771 莊明興 著, 『中國中古的地藏信仰-國立臺灣大學文史叢刊110』(台北: 國立臺灣大學校大學院, 1999), pp. 182-189 ; 尹富, 「中國地藏信仰硏究」(四川: 四川大學 博士學位論文, 2005), pp. 257-267.

772 黃征·吳像 編校, 『敦煌願文集』(長沙: 岳麓書社, 1995), pp. 182-183 ; 尹富, 「中國地藏信仰研究」(四川: 四川大學 博士學位論文, 2005), pp. 154-155.

773 『佛說地藏菩薩經』全1卷(『大正藏』85, 1455c), "若有人造地藏菩薩像。寫地藏菩薩經。及念地藏菩薩名。此人定得往生西方極樂世界。"

774 尹富, 「中國地藏信仰研究」(四川: 四川大學 博士學位論文, 2005), p. 156.

775 키쿠타케 준이치[菊竹淳一]·정우택의 『高麗時代의 佛畵(圖版篇)』(서울: 時空社, 1997)에 실려 있는 〈아미타삼존도〉는 7점이며, 2명의 성문제자가 포함된 〈아미타오존도〉가 1점, 그리고 〈아미타내영삼존도〉가 14점이다(pp. 3-65·82-103). 그러므로 이 책에 제시되어 있는 고려불화는 총 22점인 셈이다.

776 나정숙은 서방삼성에서 대세지를 대체하는 지장 편입을 극락으로 인도하는 '인로보살(혹 引路王菩薩)'이라는 관점을 제기하고 있어 주목된다(「高麗時代 地藏信仰」, 『史學研究』 제80호 (2005), pp. 139-140).羅淨淑, 「高麗時代 淨土信仰 研究」(서울: 淑明女大 博士學位論文, 2010), p. 158, "지장보살이 아미타불의 협시보살로 받아들여져 신앙되는 것은 지옥중생뿐 아니라 망자를 구제하여 정토로 왕생시킨다고 하는 인로왕보살로 받아들이게 되었기 때문일 것이다."

777 〈아미타·지장병립도〉를 필자는 지장 신앙을 전지하는 특정 집단에 의한 것으로 판단한다. 왜냐하면 이와 같은 불화 형식은 당시가 중세의 귀족제 사회라는 점, 또 위계와 의궤를 중시하는 종교미술 영역의 작동 원칙을 고려해 봤을 때, 결코 보편성을 확보할 수 있는 불화가 아니기 때문이다. 당시가 종파불교의 시대임을 감안한다면, 특정 종파 중 강력한 지장 신앙을 전지하는 일부 집단에서 도출된 결과물이 아닌가 한다.

778 廉仲燮, 「靈山會上圖에 관한 상징과 의미 분석」, 『佛教學研究』 제27호(2010), p. 328.

779 흥미로운 것은 오늘날까지 행해지는 49재 의식에 지옥을 깨트리는 '파지옥게송(破地獄偈頌)' 과 '파지옥진언(破地獄眞言)'이 존재한다는 점이다. 논리로만 본다면 49재가 완료되기 이전은 중음 기간에 해당하므로 육도윤회가 결정되지 않는다. 그런데도 '파지옥게송'과 '파지옥진언'이 존재한다는 것은 안전장치에 대한 요구가 반영된 것으로 이해될 수 있다. 물론 현재의 불교의식문은 조선 중기 이후에 확정된 것이므로, 이를 그대로 고려시대로까지 소급해서 판단할 수는 없다. 즉 참고만이 가능한 정도인 것이다.

780 『宣和奉使高麗圖經』17, 「祠宇」, 〈靖國安和寺〉, "東廡。繪祖師像。西廡。繪地藏王。"

781 尹富, 「中國地藏信仰研究」(四川: 四川大學 博士學位論文, 2005), p. 104 ; 『九華山志』5, 「甲申七月三十日願文」(GA72, 219a), "奉供幽冥教主。地藏慈尊。"

782 『雲水壇謌詞』, 「召請下位」(『韓佛全』7, 747b), "南無冥陽救苦地藏王菩薩。" ; 『五種梵音集』, 「附錄一−叢林大刹四名日迎魂施食之規」(『韓佛全』12, 175c), "南無冥陽救苦地藏王菩薩。" ; 『預修十王生七齋儀』1, 「普伸拜獻篇第二十五」(『韓佛全』11, 436a), "龍樹菩薩。觀世音菩薩。常悲菩薩。陁羅尼菩薩。金剛藏菩薩。地藏王菩薩。道明和尚。無毒鬼王。" ; 『天地冥陽水陸齋儀梵音刪補集』上, 「供養儀」(『韓佛全』11, 482b), "南無幽冥教主。地藏王菩薩。" 등 다수.

783 河原由雄, 「敦煌畫地藏圖資料」, 『仏教芸術』第97号(1974), pp. 103-109 ; 黃金順, 「觀音·地藏菩薩像의 來世救濟 信仰」, 『美術史研究』 제19호(2005), pp. 73-77 ; 김아름, 「觀音·地藏竝

立 圖像의 淵源과 唐·宋代의 觀音·地藏立立像」, 『講座美術史』 제45호(2015), pp. 322-327.

784 『地藏菩薩像靈驗記』 全1卷, 「梁朝善寂寺畫地藏放光之記第一」(X87, 588a), "擧世號放光菩薩矣."

785 『宣和畫譜』 1, 「道釋」, 〈陸探微〉; 『歷代名畫記』 2, 「論顧陸張吳用筆」.

786 『地藏菩薩像靈驗記』 全1卷, 「梁朝善寂寺畫地藏放光之記第一」(X87, 588a), "梁朝. 漢州德陽縣善寂寺東廊壁上. 張僧繇. (張僧繇者. 畫師之字也). 畫地藏菩薩并觀音各一軀. 狀若僧貌. 斂披而坐. 時人瞻禮. 異光煥發. 至麟德元年. 寺僧瞻敬. 歎異於常. 是以. 將[禾*(看-二+十一)]親壁上模寫. 散將供養. 發光無異. 時人展轉模寫者甚眾. 麟德三年. 王記. 赴任資州刺史. 常以模寫. 精誠供養. 同行船十艘. 忽遇風頓起. 九艘沒溺. 遭此波濤. 唯王記船. 更無恐怖. 將知菩薩弘大慈悲. 有如是威力焉. 至垂拱三年. 天后聞之. 勅令畫人摸寫. 放光如前. 同同道場供養. 至于大曆元年. 寶壽寺大德. 於道場中. 見光異相. 寫表聞奏. 帝乃虔心頂禮. 讚歎其光. 菩薩現光時. 國常安泰. 復有商人妻. 姙娠經二十八月不產忽覩光明. 便摸寫. 一心發願於菩薩. 當夜便生一男. 相好端嚴. 而見者歡喜. 擧世號放光菩薩矣."

787 이와 같은 주장을 국내에서 가장 먼저 제기한 것은 황금순의 〈Ⅱ. 放光菩薩 名稱의 問題〉이다. 黃金順, 「觀音·地藏菩薩像의 來世救濟 信仰」, 『美術史研究』 제19호(2005), pp. 60-63.

788 과거 일본에서는 순산(順産)과 관련해서 〈관음·지장병존도〉를 방광보살이라 칭하고 공양했다는 내용이 있다(小林太市郎, 「奈良朝의 千手觀音」, 『佛敎芸術』 第25号(1955), pp. 62-71). 또 방제에 '放光菩薩'이라고 적혀 있는 불화도 있다(宋本榮一, 「敦煌畫拾遺1」, 『佛敎芸術』 第28号(1956), p. 67). 김아름, 「放光菩薩 信仰의 기원과 전개」, 『美術史學』 제32호(2016), pp. 112-117.

789 『法苑珠林』 14, 「敬佛篇第六之二觀佛部感應緣之餘」, 〈唐益州法聚寺畫地藏菩薩緣〉(『大正藏』 53, 392c), "唐益州郭下法聚寺畫地藏菩薩. 却坐繩床垂脚. 高八九寸. 本像是張僧繇畫. 至麟德二年七月. 當寺僧圖得一本. 放光乍出乍沒. 如似金環. 大同本光. 如是展轉圖寫出者類皆放光. 當年八月勅追一本入宮供養. 現今京城內外道俗畫者供養. 並皆放光. 信知佛力不可測量(家別一本不別引記)."; 『三寶感應要略錄』 3, 「第三十三唐益州法聚寺地藏菩薩畫像感應」(『大正藏』 51, 854c).

790 필자는 이것이 장승요에 의한 특징적인 화법 및 안료와 연관된 것이 아닌가 판단한다.

791 김아름, 「放光菩薩 信仰의 기원과 전개」, 『美術史學』 제32호(2016), pp. 108-112.

792 尹富, 「中國早期地藏信仰狀況考论」, 『文史哲』 總第301期(2007), pp. 35-37.

793 河原由雄, 「敦煌畫地藏圖資料」, 『佛敎芸術』 第97号(1974), pp. 103-109; 黃金順, 「觀音·地藏菩薩像의 來世救濟 信仰」, 『美術史研究』 제19호(2005), pp. 73-77; 김아름, 「觀音·地藏立立 圖像의 淵源과 唐·宋代의 觀音·地藏立立像」, 『講座美術史』 제45호(2015), pp. 322-327.

794 시기와 지역에 따라서는 중국불교의 4대 영장에서처럼 오대산-문수와 아미산-보현이 등장하는 경우도 있다. 또 특수한 예로는 지제산-천관이나 금강산-담무갈 등도 존재한다. 그러나 이는 전시대적인 일반 신앙이라고 보기 어렵다.

795 鄭炳三, 「統一新羅 觀音信仰」, 『韓國史論』 제8권(1982), pp. 7-8.

796 『添品妙法蓮華經』1,「序」(『大正藏』9, 134c), "竊見提婆達多。及普門品偈。先賢續出。補闕流行。"; 望月良晃, 慧學 譯,「法華經 成立史」,『法華思想』(서울: 經書院, 1997), p. 117.

797 『大佛頂如來密因修證了義諸菩薩萬行首楞嚴經』6(『大正藏』19, 128b-129a).

798 「입법계품」에서 구도의 주인공인 선재동자는 28번째 선지식으로 관세음보살을 만나게 된다. 『大方廣佛華嚴經』50,「入法界品第三十四之七」(『大正藏』9, 717c);『大方廣佛華嚴經』68,「入法界品第三十九之九」(『大正藏』10, 366c), "於此南方有山。名補怛洛迦。彼有菩薩。名觀自在。";『大方廣佛華嚴經』16,「入不思議解脫境界普賢行願品」(『大正藏』10, 732c).

799 廉仲燮,「新羅時代 河曲縣의 문수신앙 전래시기 고찰」,『國學研究』제36집(2018), pp. 200-213.

800 당 중기 문수 신앙의 확대는 772년(대력 7) 모든 사찰에 문수전이 건립되는 상황으로까지 발전한다. 『代宗朝贈司空大辨正廣智三藏和上表制集』3,「勅置天下文殊師利菩薩院制一首·謝勅置天下寺文殊院表一首(幷答)」(『大正藏』52, 841c-842a); 金相範,「唐代 五臺山 文殊聖地와 國家權力」,『東洋史學研究』제119집(2012), pp. 72-74; 朴魯俊,「唐代 五臺山信仰과 不空三藏」,『嶺東文化』제3호(1988), p. 24; 廉仲燮,「慈藏의 傳記資料 研究」(서울: 東國大 博士學位論文, 2015), p. 282.

801 楊寶玉 著,「還魂記」,『敦煌本佛教靈驗記校注研究』(甘肅省: 甘肅人民出版社, 2009), p. 377, "乃觀口▨▨師(獅)子。… 此是大聖文殊菩薩化見(現)在身。共吾同在幽冥。救諸苦難。"

802 廉仲燮,「慈藏과 華嚴의 관련성 고찰-中國五臺山 文殊親見의 타당성을 중심으로」,『韓國佛教學』제77집(2016), pp. 264-270; 廉仲燮,「新羅時代 河曲縣의 문수신앙 전래시기 고찰」,『國學研究』제36집(2018), pp. 200-213.

803 『釋迦方志』2,「通局篇第六」(『大正藏』51, 972b), "自晉宋梁陳魏燕秦趙。國分十六時經四百。觀音地藏彌勒彌陀稱名念誦。獲其將救者不可勝紀。"

804 朴志焄,「北宋代 對外經濟關係와 華夷觀- 對遼·西夏關係를 중심으로」,『梨花史學研究』제19권(1990), pp. 33-34.

805 宋玲,「隋唐法律文化散论」,『中國史研究』제88집(2014), pp. 209-213.

806 남창근,「高麗 本闕 滿月臺 主要殿閣 위치와 配置體系」,『中央考古研究』제32호(2020), pp. 110-112; 박성진,「開城 高麗宮城 南北共同發掘調查의 最新 調查成果」,『서울學研究』제63호(2016), p. 12. 오문(五門)의 명칭에는 차이가 존재한다. 제8대 현종(顯宗) 20년인 1029년의 기록에는 4개 대문(大門)과 8개 중문(中門) 그리고 13개 소문(小門)이 만들어진 것으로 되어 있다. 『高麗史』56,「志10」,〈地理-王京開城府〉, "二十年。京都羅城成: 王初卽位。徵丁夫三十萬四千四百人。築之。至是功畢。城周二萬九千七百步。羅閣一萬三千間。大門四。中門八。小門十三。曰紫安·曰安和·曰成道·曰靈昌·曰安定·曰崇仁·曰弘仁·曰宣旗·曰德山·曰長覇·曰德豐·曰永同·曰會賓·曰仙溪·曰泰安·曰鸎溪·曰仙嚴·曰光德·曰乾福·曰昌信·曰保泰·曰宣義·曰㺚猊·曰永平·曰通德。"

807 남창근,「高麗 本闕 滿月臺 主要殿閣 位置와 配置體系」,『中央考古研究』제32호(2020), pp. 109-112.

808 서금석,「高麗 仁宗代 '年號' 제정을 둘러싼 갈등」,『韓國史學報』제68호(2017), pp. 109-112.

809 전영준,「11~12세기 전후 麗-宋 양국의 문화인식과『高麗圖經』」,『多文化콘텐츠研究』제10
집(2011), pp. 292-293 ; 金曉民,「夷域과 異域 사이-『宣和奉使高麗圖經』의 글쓰기 맥락과
특징」,『中國文化研究』제44집(2019), pp. 144-146.

810 廉仲燮,「敬天寺·圓覺寺石塔의 取經浮彫에 대한 재검토-原資料와의 차이와 場面선택의 의
미를 중심으로」,『宗敎文化研究』제28호(2017), pp. 120-125.

811 『三國遺事』3,「塔像第四-前後所將舍利」(『大正藏』49, 993c), "昔聞帝釋宮有佛四十齒之一
牙.… 云云 … 於是睿宗大喜. 奉安于十員殿左㧞小殿. 常鑰匙殿門. 施香燈于外. 每親幸
日開殿瞻敬."

812 『五臺山事蹟記』,「閔漬跋文」, "五臺山者. 佛聖眞身常住之所也. 月精寺者. 五類大聖現迹
之地也. 況是寺亦爲是山之喉吻. 故我太祖肇開王業. 依古聖訓. 每歲春秋. 各納白米二百
石. 塩五十石. 別修供養. 而用資福利."

813 『懶翁和尙語錄』,「懶翁行狀」(『韓佛全』6, 706a), "至庚子(1360)秋. 入臺山象頭菴居焉."

814 宋光淵 撰,「五臺山記」,『泛虛亭集』.

815 신성암은 신라 하대의 보천(寶川)이 만년에 수도하던 신성굴이 변화된 것으로 판단된다.『三
國遺事』3,「塔像第四-臺山五萬眞身」(『大正藏』49, 999b) ; 같은 책,「溟州五臺山寶叱徒太
子傳記」(『大正藏』49, 1000a) ; 廉仲燮,「五臺山史庫의 立地와 四溟堂」,『東國史學』제57집
(2014), p. 11.

816 〈忠州靑龍寺普覺國師幻庵定慧圓融塔碑〉, "乃入金鼇山. 又入五臺山. 居神聖菴. 時懶翁
勤和尙. 亦住孤雲菴. 數與相見. 咨質道要翁. … 後. 以金襴袈裟象牙拂山形杖遺師. 爲
信."

817 같은 비문, "夏四月朔甲戌. 王遣相臣禹仁烈等. 奉御書·印章·法服·禮幣就所寓宴晦庵. 册
爲國師大曹溪宗▨▨▨▨▨▨▨▨▨(『陽村集』37의 補充-師禪敎都摠攝悟佛心宗興
慈)運悲福國利生妙化無窮都大禪師正遍智雄尊者. 以忠之開天寺爲下山所."

818 나옹의 2차 오대산 주석 배경은 당시 정국과 불교계를 주도하던 신돈과의 알력 관계 때문이었
다. 廉仲燮,「懶翁의 浮沈과 관련된 指空의 영향」,『國學硏究』제24집(2014), p. 109.

819 『懶翁和尙語錄』,「懶翁行狀」(『韓佛全』6, 706c-707a), "丁未秋上命交州道按廉使鄭良生.
請住淸平寺. … 云云 … 己酉九月. 以疾舜退. 又入臺山. 住靈感菴." ; 같은 책,〈懶翁碑文〉
(710c).

820 나옹 문도의 오대산 중창 내역은 다음과 같다. 1376년 영로암의 상원사, 1393년 나암 유공과
목암 영공의 서대 수정암, 1401년 각운 설악의 중대 사자암, 1402년 이전 지선의 동대 관음암,
1469년 비구니 혜명 등에 의한 영감암 중창. 黃仁奎,「麗末鮮初 懶翁門徒의 五臺山 中興佛
事」,『佛敎研究』제36집(2012), pp. 263-277.

821 〈忠州靑龍寺普覺國師幻庵定慧圓融塔碑〉, "(1392年)九月十有八日丙申. … 示寂. … 春秋
七十三."

822 〈楊州檜岩寺妙嚴尊者無學大師碑〉, "我太祖之元年冬十月. 師以召至松京. 太祖以是月
十一日誕晨. 具法服若器. 封爲王師. 大曹溪宗師. 禪敎都摠攝. 傳佛心印辯智. 扶無礙宗.

樹教弘利普濟都大禪師妙嚴尊者。兩宗五教諸山釋子皆在焉。";廉仲燮,「無學自超의「佛祖宗派之圖」작성목적과 의미 II」『圓佛教思想과 宗教文化』제80집(2020), pp. 84-102.

823 『成宗實錄』261, 23年(1492 壬子) 1月 17日(戊子) 2번째 기사, "謙曰。江原道人物鮮少。而有如金剛山。(五)臺山。寺利甚多。所居僧徒。不知其幾。"

824 鄭于澤,「美國所在 韓國佛畵 調査 研究」『東岳美術史學』제13호(2012), p. 48.

825 黃金順,「觀音·地藏菩薩像의 來世救濟 信仰」『美術史研究』제19호(2005), p. 80;廉仲燮,「麗末鮮初 觀音·地藏立圖의 기원과 내포 의미 검토」『國學研究』제40호(2019), p. 121.

826 구화산의 선청은 독각수(獨覺獸)로 묘사되어 있어 주목된다. 謝澍田 編著,『地藏菩薩 九華垂迹』(上海: 華東師範大學出版社, 1994), p. 75.

827 楊寶玉 著,「還魂記」『敦煌本佛教靈驗記校注研究』(甘肅省: 甘肅人民出版社, 2009), pp. 376-377,"臨欲辭去再視尊容。乃觀▨▨▨師(獅)子。道明問。菩薩。此是何畜也。敢近賢聖。傳寫之時。要知來處。想汝不識。此是大聖文殊菩薩化見(現)在身。共吾同在幽冥。救諸苦難。"

828 廉仲燮,「五臺山 文殊華嚴 신앙의 특수성 고찰」『韓國佛教學』제63호(2012), p. 24.

829 廉仲燮,「慈藏의 入唐目的과 年度에 대한 타당성 검토」『史學研究』제118호(2015), pp. 87-88.

830 『大般若波羅蜜多經』569,「第六分法性品第六」(『大正藏』7, 939a),"譬如有人塊擲師子。師子逐人而塊自息。菩薩亦爾。但斷其生而死自滅;犬唯逐塊不知逐人。塊終不息。外道亦爾。不知斷生終不離死。"

831 『究竟一乘寶性論』4,「如來功德品第九」(『大正藏』31, 845a),"譬如師子王。諸獸中自在。常處於山林。不怖畏諸獸。佛人王亦爾。處於諸群眾。不畏及善住。堅固奮迅等。"

832 『四分律』4,「十三僧殘法之三-十」(『大正藏』22, 592c),"右脇臥猶如師子。";『長阿含經』3,「遊行經第二中」(『大正藏』1, 21a),"偃右脅如師子王。"

833 『方廣大莊嚴經』3,「誕生品第七」(『大正藏』3, 557a),"三十二相者。… 十三。頰如師子。… 十六。前分如師子王臆。"

834 『大方廣佛華嚴經』60,「入法界品第三十九之一」(『大正藏』10, 320a);『大方廣佛華嚴經』1,「入不思議解脫境界普賢行願品」(『大正藏』10, 662a).

835 『大唐西域記』5,「羯若鞠闍國」(『大正藏』51, 894b),"勿昇師子之座。勿稱大王之號。";같은 책(894c),"若戒行貞固。道德淳邃。推昇師子之座。王親受法。"

836 『三國遺事』3,「興法第三-三所觀音 眾生寺」(『大正藏』49, 992b),"藏諸猊座下。"

837 楊寶玉 著,「還魂記」『敦煌本佛教靈驗記校注研究』(甘肅省: 甘肅人民出版社, 2009), p. 377,"乃觀▨▨▨師(獅)子。… 此是大聖文殊菩薩化見(現)在身。共吾同在幽冥。救諸苦難。"

838 『Khuddaka-Nikāya』;『六度集經』1~8(『大正藏』3, 1a-52a) 등.

839 平川彰 著,『インド佛教史上』(東京: 春秋社, 2006), p. 133.

494

840 사이 다케오 著, 이만옥 譯, 『印度 曼荼羅 大陸』(서울: 들녘, 2001), pp. 58-62 ; 베로니카 이온 스 著, 임웅 譯, 『印度神話』(서울: 凡友社, 2004), pp. 254-257.

841 불교의 우주론에서 제석천이 타는 코끼리의 이름은 '이라발나(伊羅鉢那)'이다. 『起世經』6, 「三十三天品第八之一」(『大正藏』1, 341b), "三十三天善見城側。爲伊羅鉢那大龍象王。立 一宮殿。其宮縱廣六百由旬。七重牆壁。七重欄楯。略說乃至種種眾鳥。各各和鳴。"; 『起世 因本經』6, 「三十三天品第八上」(『大正藏』1, 396b).

842 玆玄, 「佛教에서의 바다 象徵과 觀音信仰을 통한 問題 解消」, 『佛教의 바닷길, 바다를 통한 文 化 交流』(釜山: 國立海洋博物館, 2020), p. 229.

843 『妙法蓮華經』7, 「觀世音菩薩普門品第二十五」(『大正藏』9, 56c-58b); 『正法華經』6, 「光世 音普門品第二十三」(『大正藏』10, 128c-129c); 『添品妙法蓮華經』7, 「觀世音菩薩普門品第 二十四」(『大正藏』9, 191b-93a); 『大佛頂如來密因修證了義諸菩薩萬行首楞嚴經』6(『大正 藏』19, 128b-129a).

844 『三國遺事』3, 「塔像第四-臺山五萬眞身」(『大正藏』49, 999a), "每日寅朝。文殊大聖。到眞 如院。今上院。變現三十六種形。或時現佛面形。或作寶珠形。或作佛眼形。或作佛手形。或 作寶塔形。或萬佛頭形。或作萬燈形。或作金橋形。或作金鼓形。或作金鍾形。或作神通形。 或作金樓形。或作金輪形。或作金剛杵形。或作金甕形。或作金鈿形。或五色光明形。或五 色圓光形。或吉祥草形。或青蓮花形。或作金田形。或作銀田形。或作佛足形。或作雷電形。 或來湧出形。或地神湧出形。或作金鳳形。或作金烏形。或馬產師子形。或雞產鳳形。或作 青龍形。或作白象形。或作鵲鳥形。或牛產師子形。或作遊猪形。或作青蚰形。"; 「五臺山事 蹟記」, 「五臺山聖跡幷新羅淨神太子孝明太子傳記」, "文殊大聖。每日寅朝。出現化作三十 六形。或作佛面形。或作佛眼形。或作佛手形。或作佛足形。或作萬佛(頭)形。或作萬燈光 形。或作寶塔形。或作金鼓形。或作金鐘形。或作金輪形。或作金樓形。或作金橋形。或作金 甕形。或作金釖形。或作金田形。或作銀田形。或作金(剛)杵形。或作寶珠形。或作五色圓 光形。或作五色明光形。或作吉祥草形。或作青蓮花形。或作出雷形。或作家中米湧出形。 或作家中放五色光形。或作地神湧出形。或作神通形。或作金鳳形。或作金烏形。或作雀鳥 形。或作青(龍)蛇形。或作白象形。或作遊猪形。或作馬產獅子形。或作牛產獅子形。或作 雞產鳳形。"

845 『華嚴經傳記』4, 「諷誦第七-京師人姓王(失名)」(『大正藏』51, 167a); 『大方廣佛華嚴經隨 疏演義鈔』42(『大正藏』36, 324b); 『大方廣佛華嚴經感應傳』全1卷(『大正藏』51, 175b·c).

846 『代宗朝贈司空大辨正廣智三藏和上表制集』3, 「勅置天下文殊師利菩薩院制一首·謝勅置 天下寺文殊院表一首(幷答)」(『大正藏』52, 841c-842a); 金相範, 「唐代 五臺山 文殊聖地와 國家權力」, 『東洋史學研究』제119집(2012), pp. 72-74.

847 비관경(費冠卿)의 전기는 『태평광기』권54에 자세하며, 『전당문(全唐文)』의 「구화산화성사기 (九華山化城寺記)」 앞에도 작자 소개의 단문이 수록되어 있다. 『太平廣記』54, 「神仙五十四」, 〈費冠卿〉; 『全唐文』694, "費冠卿-冠卿字子軍。青陽人。元和二年進士。母喪廬墓。隱居九 華少微峰。長慶三年。御史李仁修舉孝节。召拜右拾遺。辭不受。"

848 『全唐文』(1819년 찬술) 694, 「九華山化城寺記」, "九华山古号九子山。崛起大江之东。揖庐 于西岸。俨削成于天外。旁临千馀里。高峰峻岭臣焉。连冈走陇子焉。自元气凝结。几万斯 年。六朝建都。此为关辅。人视山而天长。山阅人而波逝。其间圣后贤臣。歌咏叠兴。言不

及者。兹山屈焉。开元末有僧檀号张姓。自群舒至。为乡老胡彦请住。广度男女。时豪所嫉。长吏不明。焚其居而废之。时有僧地藏。则新罗王子金氏近属。项耸奇骨。躯长七尺。而力倍百夫。尝曰。六籍寰中。三清术内。惟第一义。与方寸合。落发涉海。舍舟而徒。睹兹山于雲端。自千里而径进。披榛援藟。跨峰越壑。得谷中之地。面阳而宽平。其土黑壤。其泉滑甘。岩栖涧汲。以示高洁。曾遇毒螯。端坐无念。有美妇人。作礼奉药云。小儿无知。愿出泉补过。应视坐石。石间水集。时人谓九子神焉。素愿写四部经。遂下山至南陵。有俞荡等写献焉。自此归山。迹绝人里。逮至德初。有诸葛节等自麓登峰。山深无人。云日虽鲜。明居惟一。僧闭目石室。其旁折足鼎中。惟白土少米。烹而食之。群老投地号泣。和尚苦行若此。某等深过。已出泉布买檀公旧地。敢冒死请大师从之。近山之人。闻者四集。伐木筑室。焕乎禅居。有上首僧胜谕等同建台殿。便楠豫章。土地生焉。断而斫之。武夫琪琼。不求他山。肆其磨砻。开凿溪涧。尽成稻田。相水攸潴。为放生池。乃当殿设释迦文像。左右备饰。次立朱台。挂蒲牢于其中。立楼门以冠其寺。丹素交彩。层层倚空。岩峦队起于前面。松桧阵横于后岭。日月晦明以增其色。雲霞聚散而变其状。松声猿啸。相与断续。都非人间也。建中初。张公严典是邦。仰师高风。施舍甚厚。因移旧额。奏钏卵伞。本州牧贤者到寺严师之敬。江西估客于云外见山。施帛若干匹。钱若千系昏。焚香作礼。遥以祈淌广德焉。况亲承善诱。感悟深哉。旁邑豪右。一瞻一礼。必献桑土。岂诸牧不合礼焉。富商大族轻其产哉。道德感也。本国闻之。相与渡海。其徒实众。师忧无粮。发石得土。其色青白。不霾稳缑妗O脑蚴臣嫱粒冬则衣半火。无少长堤锊尚阶愿。中岁领一从者。居于南台。自缉麻衣。其重兼钧。堂中榻上。惟此而已。池边建台。厝四部经。终日焚香。独味深旨。时年九十九。贞元十年夏。忽召众告别。罔知攸适。但闻山鸣石陨。感动无情与。将灭。有尼侍者来。未及语。寺中扣锺。无声堕地。尼来入室。堂椽三坏。吾师其神欤。趺坐函中。经三周星。开将入塔。颜状亦如活时。舁动骨节若撼。金锁经云。菩萨钩锁。百骸鸣矣。基塔之地。发光如火。其圆光与。佛庙群材缔构。众力保护。施一金钱。报一重果。下为轮王。上登圣地。昔有护法良吏。洎施一僧。檀越等。具刻铭于石。士疾殁代不能立殊绩以济众。又不能破馀财祟胜因缘。啄腥膻。顾儿妇。生为人非。死为鬼责。悲哉。时元和癸巳岁。馀闲居山下。幼所闻见。谨而录之。孟秋十五日记。”

849 『宋高僧傳』20,「感通篇第六之三(正傳二十二人附見四人)-唐池州九華山化城寺地藏傳」(『大正藏』50, 838c-839a).

850 『神僧傳』8,「地藏」(『大正藏』50, 1000b).

851 2수로 기록되어 있지만, 이는 연결성이 있는 시이다. 『全唐詩』808, 〈送童子下山〉, “空門寂寞汝思家。禮別雲房下九華。愛向竹欄騎竹馬。懶于金地聚金沙。添瓶澗底休招月。烹茗甌中罷弄花。/ 好去不須頻下淚。老僧相伴有煙霞。”

852 张总 著, 『地藏信仰研究』(北京: 宗教文化出版社, 2003), p. 394.

853 『百丈叢林清規證義記』3,「地藏聖誕」(X63, 402a-c).

854 『九華山志』1-8(GA72, 1a-386a).

855 张总 著, 『地藏信仰研究』(北京: 宗教文化出版社, 2003), p. 394.

856 朱坤,「九华山金地藏考略」, 『铜陵职业技术学院学报』 第2期(2013), p. 65, “康熙二十八年(1689)修九华山志卷六金地藏条云。姓金。名乔觉。新罗国王子也。”

857 　『百丈叢林清規證義記』3,「地藏聖誕」(X63, 402c), "神僧傳云。佛滅度一千五百年。地藏降迹新羅國主家。姓金。號喬覺。永徽四年。年二十四歲祝髮。攜白犬善聽。航海而來。至江南。池州府東。青陽縣。九華山。端坐九子山頭。七十五載。至開元十六年。七月三十夜成道。計年九十九歲。"

858 　『九華山志』1,「重新編修九華山志發刊流通序」(GA72, 86a), "按神僧傳云。佛滅度一千五百年。菩薩降迹於新羅國主家。姓金。號喬覺。唐高宗永徽四年。二十四歲。祝髮。攜白犬善聽。航海而來。至江南池州東。青陽縣九華山。端坐九子山頭。七十五載。至開元十六年七月三十夜成道。計年九十九歲。時有閔老閔公。素懷善念；每齋百僧。必虛一位。請洞僧足數。僧乃乞一袈裟地。公許之。衣徧覆九峯。遂盡喜捨。其子求出家。即道明和尚。公後亦離塵網。菩薩入定二十年。至至德二年七月三十日。顯聖。起塔。至今成大道場。(見百丈清規證義)";『九華山志』2,「九華山紀遊」(GA72, 128b), "唐開元末。新羅國王子金喬覺。至九華棲止。苦行十餘年。";『九華山志』3,「金地藏塔」(GA72, 137a), "在化城寺西之神光嶺。即菩薩一期應化安葬全身之肉身塔。金地藏者。唐時新羅國王金憲英之近族也。自幼出家。法名喬覺。";『九華山志』4,「居士附」(GA72, 202a), "唐閔讓和。青陽人。九子山係其故址。開元間。金地藏東來。卓錫東巖。讓和以地布施。竟成叢林。今有閔公塔。在東巖下。按神僧傳。公每齋百僧。虛一座。請地藏。藏因乞一袈裟地。公許之。展衣。徧覆九華。閔公子求出家。即道明和尚。後公亦離俗。反禮子為師。故今侍地藏菩薩像。左道明。右讓和也。果如此。則讓和亦應列僧傳矣。"

859 　张总 著,『地藏信仰研究』(北京: 宗教文化出版社, 2003), pp. 393-394.

860 　王诗越,「论蕅益智旭在九华山地藏信仰兴起中的贡献」,『皖西学院学报』第34卷 第6期 (2018), pp. 126-130.

861 　罗华庆,「敦煌地藏图像和"地藏十王厅"研究」,『敦煌研究』第9次(1993), p. 11.

862 　13세기 후반에서 14세기 초반으로 추정되는 2점은 미국 아서 M. 새클러 뮤지엄 소장의 〈지장독존도(입상)〉과 일본 엔가쿠지 소장의 〈지장삼존도〉이다. 그리고 연대가 분명하고 빠른 14세기 초반 불화로는 1307년의 〈노영 필 아미타여래구존도 및 고려 태조 담무갈보살 예배도〉와 1320년의 일본 치온인 소장의 〈지장시왕권속도〉가 있다.

863 　『九華山志』1(GA72, 1a).

864 　중국불교는 한국불교와 달리 우보처를 무독귀왕이 아닌 민공으로 보는 것이 일반적이다. 이는 구화산 김지장 설화의 영향에 따른 후대 변형의 일반화가 존재하기 때문으로 이해된다. 李翎,「韩国佛教绘画中的地藏图式」,『法音』第6期(2011), p. 47.

865 　『後漢書』130,「志30-輿服下」, "通天冠。高九寸。正豎。頂少邪卻。乃直下為鐵卷梁。前有山。展筩為述。乘輿所常服。服衣。深衣制。有袍。隨五時色。袍者。或曰周公抱成王宴居。故施袍。禮記。孔子衣逢掖之衣。縫掖其袖。合而縫大之。近今袍者也。今下至賤更小史。皆通制袍。單衣。皁緣領袖中衣。為朝服云。/ 遠遊冠。制如通天。有展筩橫之於前。無山述。諸王所服也。"

866 　後藤大用,「補陀洛の研究」,『修訂增補 觀世音菩薩の研究』(東京: 山喜房佛書林, 2005), pp. 190-193；山內晉次,「航海守護神としての觀音信仰」,『古代中世の社會と國家』(大阪: 清文堂出版株式會社, 1998), pp. 345-361.

867   팔대용왕(八大龍王)은 일반적으로 ① 난타(難陀), ② 발난타(跋難陀), ③ 사가라(娑伽羅), ④ 화수길(和修吉), ⑤ 덕차가(德叉迦), ⑥ 아나파달다(阿那婆達多, 阿耨達), ⑦ 마나사(摩那斯), ⑧ 우발라(優鉢羅)를 가리킨다. 『妙法蓮華經』1, 「序品第一」(『大正藏』9, 2a); 『添品妙法蓮華經』1, 「序品第一」(『大正藏』9, 35a·b).

868   『지장경』의 지옥 개 특징은 불개와 쇠개라는 점이다. 『地藏菩薩本願經』上, 「觀眾生業緣品第三」(『大正藏』13, 780a), "獄墻高一千里。悉是鐵為。上火徹下。下火徹上。鐵蛇鐵狗。吐火馳逐。"·"三者。罪器叉棒。鷹蛇狼犬。碓磨鋸鑿。剉斫鑊湯。鐵網鐵繩。鐵驢鐵馬。生革絡首。熱鐵澆身。飢吞鐵丸。渴飲鐵汁。從年竟劫。數那由他。苦楚相連。更無間斷。故稱無間。"; 「地獄名號品第五」(『大正藏』13, 782a), 火象地獄。火狗地獄。火馬地獄。火牛地獄。火山地獄。火石地獄。火床地獄。火梁地獄。火鷹地獄。"·(782b), "或有地獄。驅逐鐵狗。"

869   『佛說鬼問目連經』全1卷(『大正藏』17, 535c), "一鬼問言。我一生已來。有一狗體大牙利。兩目赫赤。常來噉我。何罪所致。目連答言。汝為人時。喜將狗獵。殘害眾生。無有慈心。今受花報。果在地獄。"

870   『大目連經』(興福寺板, 1584年, 『新集成文獻』, 02040_0001_0016), "墻高萬丈黑壁萬重鐵綱交加盖覆其上上面。又有四大銅狗口中常吐猛炎炎炎燒。"

871   『父母恩重經變經文偈頌』全1卷, 「佛告阿難不孝之人墮阿毗獄」(ZW4, 297a), "佛告阿難。不孝之人。身榜命終。墮阿毗獄。其地獄縱廣八千由旬。四面鐵城。其地亦鐵。鐵為羅網。熾火洞燃。猛烈焰爐。雷奔電爍。烊銅燒鐵。流灌罪人。銅狗鐵蛇。恒吐煙焰。炮燒煮炙。雙節焦然。歷劫受殃。無時間歇。"

872   『佛說觀佛三昧海經』5, 「觀佛心品第四」(『大正藏』15, 668c), "阿鼻地獄縱廣正等八千由旬。七重鐵城七層鐵網。下十八鬲。周匝七重皆是刀林。七重城內復有劍林。下十八鬲。鬲八萬四千重。於其四角有四大銅狗。其身廣長四十由旬。眼如掣電牙如劍樹。齒如刀山舌如鐵刺。一切身毛皆出猛火。其烟臭惡。世間臭物無以可譬。"

873   『佛說施餓鬼甘露味大陀羅尼經』全1卷(『大正藏』21, 484c), "毒惡猛獸。飢虎。餓狼。莽蛇。銅狗。爬攫搏撮。苦不可言。"

874   Jean Chevalier & Alain Gheerbrant, *Dictionnaire des symboles 1*, Seghers, 1974, p. 302.

875   『시왕경』에서는 우두만 등장하지만, 『발심인연시왕경』에 오면 이것이 우두와 마두로 확대되는 것을 알 수 있다. 『佛說預修十王生七經』全1卷(X1, 409b), "第二七日過初江王 讚曰。二七亡人渡奈河。千羣萬隊涉江波。引路牛頭肩挾棒。催行鬼卒手擎叉。"; 『佛說地藏菩薩發心因緣十王經』全1卷, 「第二初江王宮(釋迦如來)」(X1, 405a), "二七亡人渡奈河。千群萬隊涉江波。引路牛頭肩挾棒。催行馬頭腰擎叉。苦牛食牛牛頭來。乘馬苦馬馬頭多。無衣寒苦逼自身。翁鬼惡眼出利牙。"

876   『大目連經』(興福寺板, 1584年, 『新集成文獻』, 02040_0001_0023-24), "佛言。目連雖離餓鬼托生今在王舍城中化爲母狗。… 云云。"

877   서남영, 「日本의 소그드 연구 동향 – 주요 연구와 일본 미호뮤지엄 소장 石棺狀圍屛 검토」, 『東洋美術史學』제11호(2020), p. 20의 각주 40, "조로아스터교의 장례 풍습인 '견시(犬視)' 즉 사그디드(sagdid)를 말하는데, 사그(sag)는 개를 의미하고 디드(did)는 본다는 의미이다. 조로아스터교에서는 개가 죽은 이의 영혼을 볼 수 있다고 믿고 사그디드를 통해 육신 안에 영혼이 사라

졌는지 유무를 확인한다. 만약 생명이 사라지면 개는 시체를 응시하게 되는데 생명이 있는 경우에 개는 시체를 쳐다보지 않는다고 한다. 이 풍습은 장례 기간 중에 3번에 걸쳐 행해지는데 첫 번째는 시체를 씻기고 난 후, 두 번째는 화단에 불을 지피고 침묵의 탑으로 가기 전, 세 번째는 장례행렬이 침묵의 탑에 도착해서 시체를 처리할 때이다."

878 沈睿伸, 「소그드 石葬具 발견 현황과 歐美의 研究史」, 『中國史研究』 제129집(2020), pp. 46-50 ; 신양섭, 「페르시아 문화의 동진과 소그드 민족의 역할-조로아스터교와 마니교를 중심으로」, 『中東研究』 제27권 1호(2008), pp. 16-17 ; 정완서, 〈Ⅲ. 中國에서 발견된 소그드인 石葬具〉, 「6세기 후반 中國 내 소그드인 무덤 美術 研究-石葬具의 圖像을 중심으로」(서울: 韓國藝術綜合學校 藝術專門士 學位論文, 2009), pp. 33-106.

879 謝湖田 編著, 『地藏菩薩 九華垂迹』(上海: 華東師範大學出版社, 1994), p. 75, "名叫。善聽。又叫。諦聽。"

880 『三國遺事』 4, 「義解第五-慈藏定律」(『大正藏』 49, 1005c), "粤有老居士。方袍鼈縷。荷葛簀。盛死狗兒來。謂侍者曰。欲見慈藏來爾。門者曰。自奉山箒未見忤犯吾師諱者。汝何人斯爾狂言乎。居士曰。但告汝師。遂入告。藏不之覺也。殆狂者耶。門人出詬逐之。居士曰。歸歟歸歟。有我相者焉得見我。乃倒簀拂之。狗變為師子寶座。陞坐放光而去。"

881 『五臺山事蹟記』, 「五臺山月精寺開創祖師傳記」. 「奉安舍利開建寺庵第一祖師傳記」, "往來兩寺以待文殊。一日有非僧非俗老居士着破裂袈。荷葛簀盛死狗。謂侍者曰。欲見慈藏和尙而來耳。侍者怒其直稱師諱。以杖逐之。居士曰。告於汝師然後去矣。侍者入告。師曰。狂悖人也。胡不鞭之。侍者出言而逐之。居士曰。歸歟歸歟。有我相者。焉得見我。於是倒葛簀死狗化爲獅子座。登其座放大光明。乘空而去。"

882 ①〈지장삼존도〉 일본 엔가쿠지 소장, ②〈지장삼존도〉 한국 개인 소장, ③〈지장구존도〉 삼성미술관 리움 소장, ④〈지장시왕도〉 일본 닛코지 소장, ⑤〈지장시왕도〉 일본 세이카도문고미술관 소장, ⑥〈지장시왕도〉 독일 동아시아 예술 뮤지엄, ⑦〈지장시왕도〉 호림박물관 소장, ⑧〈지장시왕권속도〉 일본 호토지 소장, ⑨〈지장시왕권속도〉 일본 치온인 소장, ⑩〈지장시왕권속도〉 일본 계조인 소장.

883 ①〈지장삼존도〉 일본 엔가쿠지 소장, ②〈지장삼존도〉 한국 개인 소장, ⑥〈지장시왕도〉 독일 동아시아 예술 뮤지엄, ⑦〈지장시왕도〉 호림박물관 소장.

참고문헌

1. 원전

1) 『大正藏』
『起世經』, 『大正藏』1.
『中阿含經』, 『大正藏』1.
『長阿含經』, 『大正藏』1.
『大樓炭經』, 『大正藏』1.
『般泥洹經』, 『大正藏』1.
『起世因本經』, 『大正藏』1.
『大般涅槃經』, 『大正藏』1.
『佛般泥洹經』, 『大正藏』1.
『增壹阿含經』, 『大正藏』2.
『悲華經』, 『大正藏』3.
『普曜經』, 『大正藏』3.
『六度集經』, 『大正藏』3.
『佛本行集經』, 『大正藏』3.
『衆許摩訶帝經』, 『大正藏』3.
『方廣大莊嚴經』, 『大正藏』3.
『大方便佛報恩經』, 『大正藏』3.
『過去現在因果經』, 『大正藏』3.
『佛說太子瑞應本起經』, 『大正藏』3.
『佛本行經』, 『大正藏』4.
『僧伽羅刹所集經』, 『大正藏』4.
『大般若波羅蜜多經』, 『大正藏』7.
『金剛般若波羅蜜經』, 『大正藏』8.
『正法華經』, 『大正藏』9.
『妙法蓮華經』, 『大正藏』9.
『添品妙法蓮華經』, 『大正藏』9.
『大方廣佛華嚴經(60卷本)』, 『大正藏』9.
『大方廣佛華嚴經(80卷本)』, 『大正藏』10.
『大方廣佛華嚴經(40卷本)』, 『大正藏』10.
『佛說無量壽經』, 『大正藏』12.
『佛說大阿彌陀經』, 『大正藏』12.
『佛說觀無量壽佛經』, 『大正藏』12.
『大方等大集經』, 『大正藏』13.
『大方廣十輪經』, 『大正藏』13.

『地藏菩薩本願經』,『大正藏』13.

『大乘大集地藏十輪經』,『大正藏』13.

『維摩詰所說經』,『大正藏』14.

『佛說八大菩薩經』,『大正藏』14.

『現在賢劫千佛名經』,『大正藏』14.

『佛說彌勒大成佛經』,『大正藏』14.

『佛說彌勒下生成佛經』,『大正藏』14.

『佛說觀彌勒菩薩上生兜率天經』,『大正藏』14.

『佛說四天王經』,『大正藏』15.

『佛說觀佛三昧海經』,『大正藏』15.

『入楞伽經』,『大正藏』16.

『正法念處經』,『大正藏』17.

『佛說鬼問目連經』,『大正藏』17.

『佛說陀羅尼集經』,『大正藏』18.

『藥師琉璃光王七佛本願功德經念誦儀軌供養法』,『大正藏』19.

『大佛頂如來密因修證了義諸菩薩萬行首楞嚴經』,『大正藏』19.

『地藏菩薩儀軌』,『大正藏』20.

『八大菩薩曼荼羅經』,『大正藏』20.

『不空羂索神變真言經』,『大正藏』20.

『佛說大乘八大曼拏羅經』,『大正藏』20.

『佛說地藏菩薩陀羅尼經』,『大正藏』20.

『毘沙門儀軌』,『大正藏』21.

『毘沙門天王經』,『大正藏』21.

『焰羅王供行法次第』,『大正藏』21.

『佛說毘沙門天王經』,『大正藏』21.

『瑜伽集要焰口施食儀』,『大正藏』21.

『佛說施餓鬼甘露味大陀羅尼經』,『大正藏』21.

『佛說灌頂隨願往生十方淨土經』,『大正藏』21.

『北方毘沙門天王隨軍護法儀軌』,『大正藏』21.

『佛說灌頂七萬二千神王護比丘呪經』,『大正藏』21.

『摩訶吠室囉末那野提婆喝囉闍陀羅尼儀軌』,『大正藏』21.

『四分律』,『大正藏』22.

『彌沙塞部和醯五分律』,『大正藏』22.

『善見律毘婆沙』,『大正藏』24.

『根本說一切有部毘奈耶藥事』,『大正藏』24.

『根本說一切有部毘奈耶雜事』,『大正藏』24.

『根本說一切有部毘奈耶破僧事』,『大正藏』24.

『阿毘達磨大毘婆沙論』,『大正藏』27.

『鞞婆沙論』,『大正藏』28.

『阿毘曇心論經』,『大正藏』28.

『阿毘達磨俱舍論』,『大正藏』29.

『阿毘達磨順正理論』,『大正藏』29.

『阿毘達磨藏顯宗論』,『大正藏』29.

『究竟一乘寶性論』,『大正藏』31.

『大乘阿毘達磨雜集論』,『大正藏』31.

『仁王經疏』,『大正藏』33.

『妙法蓮華經玄贊』,『大正藏』34.

『華嚴經探玄記』,『大正藏』35.

『大方廣佛華嚴經隨疏演義鈔』,『大正藏』36.

『阿彌陀經疏』,『大正藏』37.

『無量壽經義疏』,『大正藏』37.

『大毘盧遮那成佛經疏』,『大正藏』39.

『根本說一切有部毘奈耶雜事』,『大正藏』44.

『關中創立戒壇圖經』,『大正藏』45.

『宗鏡錄』,『大正藏』48.

『三國遺事』,『大正藏』49.

『佛祖統紀』,『大正藏』49.

『歷代三寶紀』,『大正藏』49.

『大阿羅漢難提蜜多羅所說法住記』,『大正藏』49.

『高僧傳』,『大正藏』50.

『神僧傳』,『大正藏』50.

『宋高僧傳』,『大正藏』50.

『續高僧傳』,『大正藏』50.

『大唐大慈恩寺三藏法師傳』,『大正藏』50.

『唐大薦福寺故寺主翻經大德法藏和尚傳』,『大正藏』50.

『冥報記』,『大正藏』51.

『釋迦方志』,『大正藏』51.

『景德傳燈錄』,『大正藏』51.

『華嚴經傳記』,『大正藏』51.

『法華經傳記』,『大正藏』51.

『大唐西域記』,『大正藏』51.

『三寶感應要略錄』,『大正藏』51.

『大方廣佛華嚴經感應傳』,『大正藏』51.

『集神州三寶感通錄』,『大正藏』52.

『代宗朝贈司空大辨正廣智三藏和上表制集』,『大正藏』52.

『經律異相』,『大正藏』53.

『法苑珠林』,『大正藏』53.

『一切經音義』,『大正藏』54.

『翻譯名義集』,『大正藏』54.

『大宋僧史略』,『大正藏』54.

『續一切經音義』,『大正藏』54.

『衆經目錄』,『大正藏』55.

『大唐內典錄』,『大正藏』55.

『開元釋教錄』,『大正藏』55.

『注進法相宗章疏』,『大正藏』55.
『貞元新定釋教目錄』,『大正藏』55.
『供諸天科儀』,『大正藏』74.
『佛說地藏菩薩經』,『大正藏』85.
『重編諸天傳』,『大正藏』88.

『覺禪鈔』,『大正藏』圖像5.

2) C-BETA 기타
『欽定古今圖書集成博物彙編神異典』, B15.
『九華山志』, GA72.
『雲棲法彙』, J33.
『佛說淨度三昧經』, X1.
『佛說預修十王生七經』, X1.
『佛說地藏菩薩發心因緣十王經』, X1.
『占察善惡業報經疏』, X21.
『毗盧遮那成佛神變加持經義釋』, X23.
『天台四教儀註彙補輔宏記』, X57.
『百丈叢林清規證義記』, X63.
『釋門正統』, X75.
『華嚴持驗紀』, X77.
『法界宗五祖略記』, X77.
『華嚴感應緣起傳』, X77.
『大方廣佛華嚴經感應略記』, X77.
『地藏菩薩像靈驗記』, X87.
『父母恩重經變經文偈頌』, ZW4.
『淨度三昧經』, ZW7.

3)『韓佛全』
『解深密經疏』,『韓佛全』1.
「白花道場發願文」,『韓佛全』2.
『梵網經古迹記』,『韓佛全』3.
『大華嚴首坐圓通兩重大師均如傳』,『韓佛全』4.
『懶翁和尙語錄』,『韓佛全』6.
『顯正論』,『韓佛全』7.
『雲水壇謌詞』,『韓佛全』7.
『作法龜鑑』,『韓佛全』10.
『三門直指』,『韓佛全』10.
『菩薩戒本記』,『韓佛全』11.
『預修十王生七齋儀』,『韓佛全』11.
『天地冥陽水陸齋儀梵音刪補集』,『韓佛全』11.
『五種梵音集』,『韓佛全』12.

『瑜伽論記』,『韓佛全』13.

4) 기타 불교佛教
『斑鳩古事便覽』,『日佛全』117.
『大目連經』,『新集成文獻』.

『Khuddaka-Nikāya』.
『Vinaya-Piṭaka』.

5) 기타 동양東洋
『稼亭先生文集』.
『高麗史』.
『舊唐書』.
『宮教集』.
『老子』.
『論語』.
『茶山詩文集』.
『大唐開元禮』.
『大學章句』.
『圖畫見聞志』.
『東文選』.
『孟子』.
『博物志』.
『泛虛亭集』.
『史記』.
『尙書』.
『宣和奉使高麗圖經』.
『性理大全』.
『成宗實錄』.
『世宗實錄』.
『小學』.
『宋史』.
『搜神記』.
『新唐書』.
『禮記』.
『魏書』.
『朱子家禮』.
『朱子語類』.
『五臺山事蹟記』.
『全唐文』.
『全唐詩』.
『周禮』.

『周易』.
『太祖實錄』.
『太平廣記』.
『抱朴子』.
『漢書』.
『孝宗實錄』.
『後漢書』.

6) 비문碑文과 기문記文
〈關東楓岳山鉢淵藪開刱祖眞表律師▨身骨藏立石▨銘〉.
〈妙香山安心寺指空懶翁碑〉.
「寶盖山石臺記」.
〈楊州檜岩寺妙嚴尊者無學大師碑〉.
〈忠州青龍寺普覺國師幻庵定慧圓融塔碑〉.

7) 원전 번역서
權五民 譯, 『阿毘達磨俱舍論 2』, 서울: 東國譯經院, 2002.
班固 著, 辛正根 譯, 『白虎通義』, 서울: 소명출판, 2005.
白坡亘璇 著, 김두재 譯, 『作法龜鑑』, 서울: 東國大學校出版部, 2010.
植木雅俊 譯, 『(梵本)法華經 下』, 東京: 岩波書店, 2009.
安震湖 編, 『釋門儀範』, 서울: 法輪社, 2000.
李昉 等 編, 김장환·이민숙 外 譯, 『太平廣記』 4, 서울: 학고방, 2001.
李滉 著, 이광호 譯, 『聖學十圖』, 서울: 弘益出版社, 2001.
張彦遠 著, 조송식 譯, 『歷代名畵記 上』, 서울: 時空社, 2008.
鄭承碩 譯, 『리그베다』, 서울: 김영사, 1984.
朱熹 著, 임민혁 譯, 『朱子家禮-儒教 共同體를 향한 朱熹의 設計』, 서울: 예문서원, 1999.
振興會資料, 「史傳: 金剛山楡岾寺事蹟記-楡岾寺寄本」, 『佛教振興會月報』 제1권 7호(1916).
韓甲振 譯, 『2500年 前의 比丘·比丘尼의 詩』, 서울: 韓振出版社, 1995.
韓國學文獻研究所 編, 『乾鳳寺本末事蹟·楡岾寺本末寺誌』, 서울: 亞世亞文化社, 1977.

2. 단행본

1) 국내
戒環 著, 『賢首 法藏 研究』, 서울: 운주사, 2011.
國立中央博物館 編, 『高麗佛畵大展』, 서울: 國立中央博物館, 2010.
菊竹淳一·鄭于澤 編, 『高麗時代의 佛畵(圖版篇)』, 서울: 時空社, 1997.
_____, 『高麗時代의 佛畵(解說篇)』, 서울: 時空社, 1997.
金煐泰 編, 『동아시아 韓國佛教史料-日本文獻 篇』, 서울: 東國大學校出版部, 2015.
金廷禧 著, 『朝鮮時代 地藏十王圖 研究』, 서울: 一志社, 2004.
文明大 著, 『原音과 古典美-統一新羅 佛教彫刻史 上』, 서울: 예경, 2003.

朴銀卿 著,『朝鮮前期 佛畵 研究』, 서울: 시공아트, 2008.
碧山圓行 監修, 玆玄 著,『白谷處能, 朝鮮佛教의 撤廢에 맞서다』, 서울: 曹溪宗出版社, 2019.
申探湜 著,『東洋史概論』, 서울: 三英社, 2004.
安良圭 著,『붓다의 入滅에 관한 研究』, 서울: 民族社, 2009.
廉仲燮 著,『佛教美術思想史論』, 서울: 운주사, 2011.
吳亨根 著,『佛教의 靈魂과 輪廻觀』, 서울: 佛教思想社, 1987.
이대암 著,『四天王像』, 서울: 한길아트, 2005.
李春植 著,『中國 古代史의 展開』, 서울: 신서원, 1997.
玆玄 著,『佛畵의 秘密』, 서울: 曹溪宗出版社, 2017.
장윤수 著,『程朱哲學原論』, 서울: 理論과 實踐, 1992.
張忠植 著,『韓國 佛教美術 研究』, 서울: 時空社, 2004.
章輝玉 著,『淨土佛教의 世界』, 서울: 佛教時代社, 1997.
정병삼 著,『義湘 華嚴思想 研究』, 서울: 서울大學校出版部, 1998.
정재서 著,『不死의 神話의 思想』, 서울: 民音社, 2005.
최몽룡 著,『韓國美術의 自生性』, 서울: 한길아트, 1999.
최완수 著,『韓國佛像의 원류를 찾아서1』, 서울: 대원사, 2002.
洪榮義 著,『高麗末 政治史 研究』, 서울: 혜안, 2005.

2) 국내 번역본
葛兆光 著, 沈揆昊 譯,『道教와 중국문화』, 서울: 東文選, 1993.
顧頡剛 著, 이부오 譯,『中國 古代의 方士와 儒生』, 서울: 온누리, 1991.
구보 노리따다 著, 崔俊植 譯,『道教史』, 서울: 분도출판사, 2000.
구보타 료온 著, 崔俊植 譯,『中國儒佛道 三教의 만남』, 서울: 民族社, 1994.
金谷治 外 著, 조성을 譯,『中國思想史』, 서울: 理論과 實踐, 1996.
藍吉富 著, 원필성 譯,『데바닷다, 그는 정말 惡人이었는가』, 서울: 雲舟社, 2004.
다마키 고시로 著, 李元燮 譯,『華嚴經의 世界』, 서울: 玄岩社, 1970.
道端良秀 著, 戒環 譯,『中國佛教史』, 서울: 우리출판사, 1997.
라다크리슈난 著, 李巨龍 譯,『印度哲學史 II』, 서울: 한길사, 2003.
루빙지에·차이앤씬 著, 김형오 譯,『建築藝術』, 서울: 대가, 2008.
리쩌허우 著, 정병석 譯,『中國古代思想史論』, 서울: 한길사, 2005.
마노 다카야 著, 이만옥 譯,『道教의 신들』, 서울: 들녘, 2001.
미야지 아키라 著, 김향숙·고은정 譯,『印度美術史』, 서울: 다홀미디어, 2006.
미우라 쿠니오 著, 김영식·이승연 譯,『人間 朱子』, 서울: 創作과 批評社, 1996.
베로니카 이온스 著, 임웅 譯,『印度神話』, 서울: 범우사, 2004.
사이 다케오 著, 이만옥 譯,『印度 曼茶羅 大陸』, 서울: 들녘, 2001.
샐리 하비 리긴스 著, 신소연·김민구 譯,『玄奘法師』, 서울: 民音社, 2010.
시마다 겐지 著, 김석근·이근우 譯,『朱子學과 陽明學』, 서울: 까치, 1990.
앙리 마스페로 著, 신하령·김태완 譯,『道教』, 서울: 까치, 1999.
梁啓超·馮友蘭 外 著, 김홍경 譯,『陰陽五行說의 研究』, 서울: 신지서원, 1993.
오타기 마쓰오 著, 윤은숙·임대희 譯,『大元帝國』, 서울: 혜안, 2013.
요시오카 요시토요 著, 崔俊植 譯,『中國의 道教』, 서울: 民族社, 1991.
李允鉌 著, 이상해 外 譯,『中國 古典建築의 原理』, 서울: 時空社, 2003.

李宗桂 著, 李宰碩 譯, 『중국문화槪論』, 서울: 東文選, 1993.

中村元 著, 金知見 譯, 『佛陀의 世界』, 서울: 김영사, 1990.

張總 著, 金鎭戌 譯, 『地藏Ⅰ-經典과 文獻資料 研究』, 서울: 東國大學校出版部, 2009.

_____, 『地藏Ⅱ-彫刻과 繪畵』, 서울: 東國大學校出版部, 2009.

陳來 著, 안재호 譯, 『宋明 性理學』, 서울: 藝文書院, 1997.

토오도오 교순·시오이리 료오도 著, 車次錫 譯, 『中國佛教史』, 서울: 대원정사, 1992.

테오도르 체르바츠키 著, 연암종서 譯, 『涅槃의 槪念』, 서울: 經書院, 1993.

坪井俊映 著, 韓普光 譯, 『淨土教槪論』, 서울: 弘法院, 1996.

洪修平 著, 金鎭戌 譯, 『禪學과 玄學』, 서울: 운주사, 1999.

3) 외국

菊竹淳一 著, 『高麗佛畵』, 東京: 每日新聞社, 1981.

錦織亮介 著, 『天部の佛像事典』, 東京: 東京美術, 1987.

大島建彦 編, 『民間の地藏菩薩』, 東京: 北辰堂, 1992.

渡浩一 著, 『お地藏さんの世界-救いの說話·歷史·民俗』, 東京: 慶友社, 2011.

杜斗城 著, 『敦煌本「佛說十王經」校錄研究』, 甘肅: 甘肅教育出版社, 1989.

Lother Ledderose, "The Ten Kings and the Bureaucracy of Hell", *Ten thousand things: module and mass production in Chinese art*, Princeton University Press, 2000.

望月信成 著, 『地藏菩薩-その源と信仰をさぐる』, 東京: 學生社, 1989.

寺本婉雅 著, 『于闐國佛教史の研究』, 東京: 國書刊行會, 1974.

謝澍田 編著, 『地藏菩薩 九華垂迹』, 上海: 華東師範大學出版社, 1994.

上原昭一·宮次男 外 著, 『觀音·地藏·不動-民衆のねがい』, 東京: 集英社, 1989.

西尾賢隆 著, 『中世の日中交流と禪宗』, 東京: 吉川弘文館, 1999.

釋光中 編, 『大唐玄奘三藏傳史彙編』, 台北: 佛陀教育基金會, 2006.

石川純一郎 著, 『地藏の世界』, 東京: 時事通信社, 1995.

速水侑 著, 『觀音·地藏·不動』, 東京: 吉川弘文館, 2018.

蕭登福 著, 『道佛十王地獄說』, 臺北: 新文豐出版公司, 1996.

松本榮一 著, 『敦煌画の研究』, 京都: 同朋舍出版, 1985.

矢吹慶輝 著, 『三階教の研究』, 東京: 岩波書店, 1973.

野口善敬 著, 『元代禪宗史研究』, 京都: 禪文化研究所, 2005.

愛宕松男 著, 『元朝の對漢人政策』, 京都: 東亞研究所, 1943.

櫻井德太郎 著, 『地藏信仰』, 東京: 雄山閣, 1988.

呂澂 著, 『新修漢文大藏經目錄』, 濟南: 齊魯書社, 1980.

楊寶玉 著, 『敦煌本佛教靈驗記校注研究』, 甘肅省: 甘肅人民出版社, 2009.

袁冰凌 編著, 『支提山華嚴寺誌』, 福建: 福建人民出版社, 2013.

尹富 著, 『中國地藏信仰研究』, 四川: 四川出版社, 2009.

莊明興 著, 『中國中古的地藏信仰-國立臺灣大學文史叢刊110』, 台北: 國立臺灣大學校大學院, 1999.

長部和雄 著, 『唐代密教史雜考』, 神戶: 神戶商科大學學術研究會, 1971.

张总 著, 『地藏信仰研究』, 北京: 宗教文化出版社, 2003.

田中久夫 著, 『地藏信仰と民俗(新裝版)』, 東京: 岩田書院, 2002.

定方晟 著, 『佛教にみる世界觀』, 東京: 第三文明社, 1980.

_____,『須彌山と極樂-佛敎の宇宙觀』, 東京: 講談社, 1979.
郑阿财 著,『敦煌写本道明和尚还魂故事研究』, 台北: 新文丰出版股份有限公司, 2010.
眞鍋廣濟 著,『地藏菩薩の研究』, 京都: 三密堂書店, 1969.
增原良彦 著,『佛敎の世界觀-地獄と極樂』, 東京: 鈴木出版, 1990.
清水邦彦 著,『日本に於ける地藏信仰の展開-祖師から民衆まで』, 橫浜: 神奈川大學, 2016.
平川彰 著,『インド佛敎史上』, 東京: 春秋社, 2006.
馮友蘭 著,『中國哲學史(上冊)』, 上海: 華東師範大學出版社, 2003.
_____,『中國哲學史(下冊)』, 上海: 華東師範大學出版社, 2003.
黃征·吳像 編校,『敦煌願文集』, 長沙: 岳麓書社, 1995.

4) 단행본 내 논문
高崎直道, 鄭舜日 譯,「華嚴思想의 展開」,『華嚴思想』, 서울: 經書院, 1996.
김승희,「魯英의 金剛山曇無竭(法起)·地藏菩薩現身圖」,『아름다운 金剛山』, 서울: 國立中央博物館, 1999.
望月良晃, 慧學 譯,「法華經 成立史」,『法華思想』, 서울: 經書院, 1997.
윤사순,「李滉의『聖學十圖』」,『圖說로 보는 韓國儒學』, 서울: 예문서원, 2003.
林玲愛,「順天 松廣寺 四天王像의 方位問題와 造成時期」,『松廣寺 四天王像 發掘資料의 綜合的 硏究』,
　　　　서울: 亞細亞文化社, 2006.
玆玄,「佛敎에서의 바다 象徵과 觀音信仰을 통한 問題 解消」,『佛敎의 바닷길, 바다를 통한 文化 交流』,
　　　　釜山: 國立海洋博物館, 2020.
宗梵,「懶翁禪風과 朝鮮佛敎」,『韓國佛敎文化思想史-伽山李智冠스님華甲紀念論叢 上』, 서울:
　　　　伽山佛敎文化硏究院, 1992.
崔柄憲,「牧隱 李穡의 佛敎觀」,『牧隱 李穡의 生涯와 思想』, 서울: 一朝閣, 1996.
崔成烈,「天冠寺와 天冠菩薩 信仰」,『天冠寺의 歷史와 性格』, 長興: 長興郡, 2013.
許興植,「高麗 科擧制度의 成立과 發展」,『高麗科擧制度史硏究』, 서울: 一潮閣, 1993.

5) 외국 단행본 내 논문
山內晉次,「航海守護神としての觀音信仰」,『古代中世の社會と國家』, 大阪: 淸文堂出版株式會社, 1998.
羽溪了諦,「『大集経』と佉羅帝との関係」,『羽溪博士米寿記念-仏教論説選集』, 東京: 大藏出版社, 1971.
眞鍋廣濟,「地藏信仰の源流と地藏菩薩」,『地藏信仰』, 東京: 雄山閣, 1983.
後藤大用,「補陀洛の研究」,『修訂增補 觀世音菩薩の研究』, 東京: 山喜房佛書林, 2005.

3. 논문

1) 학위논문
姜好鮮,「高麗末 懶翁惠勤 硏究」, 서울: 서울大 博士學位論文, 2011.
金承一,「高麗 後期 地藏十王圖 硏究」, 서울: 東國大 碩士學位論文, 2021.
金廷禧,「朝鮮時代 冥府殿 圖像의 硏究」, 서울: 韓國精神文化硏究院 博士學位論文, 1992.
金泰訓,「地藏信仰의 韓國的 變容에 關한 硏究」, 益山: 圓光大 博士學位論文, 2010.
羅淨淑,「高麗時代 淨土信仰 硏究」, 서울: 淑明女大 博士學位論文, 2010.
廉仲燮,「懶翁의 禪思想 硏究」, 서울: 高麗大 博士學位論文, 2014.

_____, 「律藏의 破僧事 研究」, 서울: 成均館大 博士學位論文, 2007.

_____, 「慈藏의 傳記資料 研究」, 서울: 東國大 博士學位論文, 2015.

유대호, 「朝鮮 前期 地藏菩薩像 研究」, 서울: 弘益大 碩士學位論文, 2011.

尹永海, 「朱子의 佛教批判 研究」, 서울: 西江大 博士學位論文, 1997.

이승희, 「高麗後期 淨土佛教繪畫의 研究-天台·華嚴信仰의 요소를 중심으로」, 서울: 弘益大
　　　博士學位論文, 2011.

이영종, 「『釋氏源流』와 中國과 韓國의 佛傳圖」, 서울: 서울大 博士學位論文, 2016.

이형우, 「高麗 禑王代의 政治的 推移와 政治勢力 研究」, 서울: 高麗大 博士學位論文, 1999.

정완서, 「6세기 후반 中國 내 소그드인 무덤 美術 研究-石葬具의 圖像을 중심으로」, 서울:
　　　韓國藝術綜合學校 藝術專門士 學位論文, 2009.

崔鈆植, 「均如 華嚴思想研究-教判論을 중심으로」, 서울: 서울大 博士學位論文, 1999.

2) 외국 학위논문

尹富, 「中國地藏信仰研究」, 四川: 四川大學 博士學位論文, 2005.

3) 학술논문

강경중, 「信行의 三階教에 대한 고찰」, 『人文學研究』 제106권, 2017.

강선정·조우현, 「朝鮮 中期 西山大師와 碧巖大師의 袈裟 遺物에 대한 연구」, 『韓國服飾學會紙』 제61권
　　　3호, 2011.

강소연, 「水月, 清淨慈悲의 美學-高麗時代 水月觀音圖의 '水月'의 圖像學적 의미」, 『韓國佛教學』 제58집,
　　　2010.

姜好鮮, 「忠烈·忠宣王代 臨濟宗 수용과 高麗佛教의 變化」, 『韓國史論』 제46집, 2001.

구미래, 「四十九齋의 儀禮基盤과 地藏信仰의 특성」, 『淨土學研究』 제15집, 2011.

_____, 「月精寺 탑돌이의 민속과 계승방안」, 『韓國禪學』 제37호, 2014.

권희경, 「高麗의 地藏菩薩畫-日本 蓮地善導寺所藏과 根律美術館所藏의 地藏畫를 중심으로」,
　　　『東洋文化研究』 제5권, 1978.

권탄준, 「三階教 信行禪師의 사회적 실천의 菩薩行」, 『東아시아佛教文化』 제29호, 2017.

金福順, 「圓光法師의 행적에 관한 종합적 고찰」, 『新羅文化』 제28권, 2006.

金相範, 「唐代 五臺山 文殊聖地와 國家權力」, 『東洋史學研究』 제119집, 2012.

김성순, 「中國 道教 豫修齋의 教義와 儀禮 構造」, 『東아시아佛教文化』 제44집, 2020.

김성희, 「寇謙之의 新天師道 創建-道教의 皇帝觀을 위한 前提」, 『梨花史學研究』 제32집, 2005.

金勝惠, 「四川省 道教의 위치와 특성」, 『道教文化研究』 제11집, 1997.

김아름, 「觀音·地藏立立 圖像의 淵源과 唐·宋代의 觀音·地藏立像」, 『講座美術史』 제45호, 2015.

_____, 「放光菩薩 信仰의 기원과 전개」, 『美術史學』 제32호, 2016.

金煐泰, 「白花道場發願文의 몇 가지 문제」, 『韓國佛教學』 제13집, 1998.

김윤희, 「朝鮮時代 國葬으로 본 魂魄의 守護神 方相氏의 기능 고찰」, 『서울民俗學』 제6호, 2019.

_____, 「朝鮮後期 冥界佛畫 現王圖 研究」, 『美術史學研究』 제270호, 2011.

金一權, 「唐宋代의 明堂儀禮 變遷과 그 天文宇宙論의 運用」, 『宗教와 文化』 제6집, 2000.

_____, 「中國 古代 明堂儀禮의 성립과정과 天文宇宙論의 의미 고찰」, 延世大 國學研究院, 304회
　　　발표회문, 2000.

김자현, 「朝鮮時代 『佛說預修十王生七經』 變相版畫 연구」, 『佛教美術史學』 제28집, 2019.

김정신, 「朱熹의 昭穆論과 宗廟制 改革論」, 『大同文化研究』 제92집, 2015.

金廷禧,「高麗末·朝鮮前期 地藏菩薩畵의 고찰」,『美術史學研究』제157호, 1983.

_____,「大足 寶頂山 石窟의 地獄變相 研究」,『美術史學研究』제224호, 1999.

_____,「生死輪廻圖 考」,『講座美術史』제11권, 1998.

_____,「中國 道教의 十王信仰과 圖像-『玉歷寶鈔』를 중심으로」,『美術史學』제6호, 1994.

_____,「朝鮮前期의 地藏菩薩圖」,『講座美術史』제4권, 1992.

_____,「朝鮮時代의 冥府信仰과 冥府殿 圖像研究」,『美術史學報』제4집, 1991.

_____,「韓·中 地藏圖像의 比較考察-頭巾地藏을 중심으로」,『講座美術史』제9호, 1997.

金鎭戊,「中國 地藏信仰의 淵源과 金地藏」,『淨土學研究』제15집, 2011.

김진열,「輪廻說 再考Ⅲ-輪廻說의 起源과 그 토대」,『東國思想』제23집, 1990.

김창균,「宮闕建築 丹青과 正覺院 丹青」,『韓國佛教學』제65집, 2013.

김철수,「佛教의 末法思想과 三階教의 사회 활동성」,『東洋社會思想』제1집, 1998.

金鐸,「金剛山의 由來와 그 宗教的 意味」,『東洋古典研究』제1집, 1993.

金泰訓,「죽음관을 통해 본 十王信仰-佛教와 道教를 중심으로」,『韓國宗教』제33집, 2009.

_____,「地藏十王信仰과 민간신앙-全北地域을 중심으로」,『韓國宗教』제30집, 2006.

_____,「地藏信仰의 現代的 意義」,『韓國宗教史研究』제12집, 2004.

_____,「韓國 地藏信仰의 思想的 淵源」,『韓國宗教』제34집, 2010.

_____,「韓國 地藏信仰의 原流」,『韓國思想과 文化』제56집, 2011.

金香淑,「インドの四天王の圖像的 特徵」,『密教圖像』제15호, 1996.

金曉民,「夷域과 異域 사이-『宣和奉使高麗圖經』의 글쓰기 맥락과 특징」,『中國文化研究』제44집, 2019.

南武熙,「圓測의 生涯復元과 그의 政治的 立場」,『韓國古代史研究』제28권, 2002.

남창근,「高麗 本闕 滿月臺 主要殿閣 위치와 配置體系」,『中央考古研究』제32호, 2020.

도광순,「神仙思想과 三神山」,『道教學研究』제10집, 1992.

邓洪波·赵伟,「白鹿洞书院的建立背景与中国书院的变化-宋·元·明·清」,『韓國書院學報』제11권, 2020.

羅淨淑,「高麗時代 占察法會의 設行과 의미」,『佛教研究』제46집, 2017.

_____,「高麗時代 地藏信仰」,『史學研究』제80호, 2005.

류상수,「日本 不動院 所藏 高麗〈萬五千佛圖〉研究」,『佛教美術史學』제17집, 2014.

文明大,「高麗佛畵의 樣式變遷에 대한 고찰」,『美術史學研究』제184호, 1989.

_____,「高麗 阿彌陀8大菩薩圖(9尊圖)의 圖像學」,『講座美術史』제54호, 2020.

_____,「魯英의 阿彌陀·地藏佛畵에 대한 考察」,『美術資料』제25호, 1979.

_____,「魯英筆 阿彌陀九尊圖 뒷면 佛畵의 再檢討-高麗 太祖의 金剛山拜帖 曇無竭(法起)菩薩 禮拜圖」,『古文化』제18집, 1980.

_____,「法主寺 磨崖彌勒·地藏浮彫像의 研究」,『美術資料』제37호, 1985.

문상련(正覺),「地藏信仰의 전개와 신앙의례」,『淨土學研究』제15집, 2011.

박광연,「新羅 眞表의 彌勒信仰 재고찰」,『佛教學研究』제37호, 2013.

朴魯俊,「唐代 五臺山信仰과 不空三藏」,『嶺東文化』제3호, 1988.

_____,「五臺山信仰의 起源研究-羅·唐 五臺山信仰의 比較論的 考察」,『嶺東文化』제2호, 1986.

박도화,「鳳停寺 大雄殿 靈山會後佛壁畵 도상의 연원과 의의」,『石堂論叢』제73집, 2019.

_____,「朝鮮時代 刊行 地藏菩薩本願經 版畵의 圖像」,『古文化』제53집, 1999.

박미선,「『占察經』의 成立과 그 思想」,『歷史와 實學』제32집, 2007.

_____,「新羅 占察法會와 密教」,『東方學誌』제155호, 2011.

_____,「新羅 五臺山信仰 占察禮懺의 내용과 성격」,『韓國思想史學』제33집, 2009.

　　　　　,「圓光의 占察法會와 三階教」,『韓國思想史學』제24집, 2005.

박성진,「開城 高麗宮城 南北共同發掘調查의 最新 調查成果」,『서울學研究』제63호, 2016.

박양자,「朱子의 書院觀-특히〈白鹿洞書院揭示〉를 중심으로」,『東方學誌』제88호, 1995.

朴英淑,「高麗時代 地藏圖像에 보이는 몇 가지 問題點」,『美術史學研究』제157호, 1983.

朴銀卿·韓政鎬,「四天王像 配置形式의 變化 原理와 朝鮮時代 四天王 名稱」,『美術史論壇』제30호,
　　　　　2010.

박지현,「中國의 靈魂 觀念과 魂魄說」,『中國文學』제38집, 2002.

朴志焄,「北宋代 對外經濟關係와 華夷觀-對遼·西夏關係를 중심으로」,『梨花史學研究』제19권, 1990.

박찬수,「高麗後期 國學의 變遷」,『大同古典研究』제10집, 1993.

范慧娟,「白鹿洞書院에 나타난 朱熹의 書院觀」,『韓國書院學報』제3권, 2015.

邊東明,「鄭可臣과 閔漬의 史書編纂活動과 그 傾向」,『歷史學報』제130집, 1991.

상기숙,「中國 民俗文獻을 통해 본 宋代 歲時風俗 연구」,『東方學』제40권, 2019.

서금석,「高麗 仁宗代 '年號' 제정을 둘러싼 갈등」,『韓國史學報』제68호, 2017.

서남영,「日本의 소그드 연구 동향-주요 연구와 일본 미호뮤지엄 소장 石棺牀圍屏 검토」,『東洋美術史學』
　　　　　제11호, 2020.

소현성,「朱子의『太極解義』일고-그 세계관을 중심으로」,『忠南大學校 儒學研究』제39권, 2017.

손영문,「高麗時代〈彌勒下生經變相圖〉研究」,『講座美術史』제30권, 2008.

손진(정완),「地藏感應談의 변용과 수용에 대한 고찰-『三寶感應要略錄』을 중심으로」,『淨土學研究』
　　　　　제28집, 2017.

宋玲,「隋唐法律文化散論」,『中國史研究』제88집, 2014.

柴田篤,「〈白鹿洞書院揭示〉의 思想-朱子, 李退溪와 日本儒學을 잇는 것」,『退溪學論叢』제3호, 1997.

　　　　　,「『聖學十圖』와 江湖儒學-〈白鹿洞書院揭示〉와〈聖學圖〉를 중심으로」,『退溪學論叢』제16호,
　　　　　2010.

신광희,「高麗佛畫의 유사성과 의미-地藏菩薩圖를 중심으로」,『佛教學報』제85집, 2018.

신동하,「新羅 五臺山信仰의 구조」,『人文科學研究』제3호, 1997.

신양섭,「페르시아 문화의 동진과 소그드 민족의 역할-조로아스터교와 마니교를 중심으로」,『中東研究』
　　　　　제27권 1호, 2008.

沈盈伸,「高麗時代 毘沙門天像 研究」,『美術史研究』제16호, 2002.

　　　　　,「四天王 갑옷의 의미 再考」,『美術史學報』제42집, 2014.

　　　　　,「소그드 石葬具 발견 현황과 歐美의 研究史」,『中國史研究』제129집, 2020.

　　　　　,「印度의 神觀과 佛教 神將 이미지의 形象化」,『美術資料』제95호, 2019.

沈盈伸,「四天王 갑옷의 의미 再考」,『美術史學報』제42집, 2014.

양희정,「高麗時代 阿彌陀八大菩薩圖 圖像 研究」,『美術史學研究』제257호, 2008.

여성구,「新羅의 地藏 結社와 住處信仰」,『韓國學論叢』제38권, 2012.

연소영,「『太平廣記』冥界地獄古事 分析-佛教의 地獄 受容 樣相을 중심으로」,『中國語文學論集』
　　　　　제78호, 2013.

廉仲燮,「伽藍配置의 來源과 중국적 전개양상 고찰」,『建築歷史研究』제69호, 2010.

　　　　　,「敬天寺·圓覺寺石塔의 取經浮彫에 대한 재검토-原資料와의 차이와 場面선택의 의미를
　　　　　중심으로」,『宗教文化研究』제28호, 2017.

　　　　　,「高麗〈觀經序分變相圖〉의 내용과 의미 고찰 I-〈觀經序分〉의 내용분석과 역사적 배경을
　　　　　중심으로」,『溫知論叢』제24집, 2010.

　　　　　,「高麗〈觀經序分變相圖〉의 내용과 내포의미 고찰 II-〈觀經序分變相圖〉의 내용표현과 해법제시를

　　　　　　　중심으로」,『宗教研究』제63집, 2011.

　　　　　　,「『觀無量壽經』「序分」의 來源과 의의 고찰」,『大同哲學』제44집, 2008.

　　　　　　,「金剛山 楡岾寺의 연기설화 검토」,『韓國佛敎學』제83집, 2017.

　　　　　　,「懶翁에게서 살펴지는 '五臺山佛敎'의 영향-懶翁의 五臺山行과 文殊華嚴을 중심으로」,『溫知論叢』
　　　　　　　제39집, 2014.

　　　　　　,「懶翁의 浮沈과 관련된 指空의 영향」,『國學研究』제24집, 2014.

　　　　　　,「魯英 筆 高麗 太祖 曇無竭菩薩 禮拜圖의 타당성 검토」,『國學研究』제30집, 2016.

　　　　　　,「동아시아 佛像에서 확인되는 逆手印 문제 고찰-인도와 동아시아의 문화권적인 관점 차이를
　　　　　　　중심으로」,『東아시아佛敎文化』제25호, 2016.

　　　　　　,「『樓炭經』계통과『大毘婆沙論』계통의 須彌山 宇宙論 차이 고찰」,『哲學論叢』제56집, 2009.

　　　　　　,「無學自超의「佛祖宗派之圖」작성목적과 의미 Ⅱ」,『圓佛敎思想과 宗敎文化』제80집, 2020.

　　　　　　,「法住寺 喜見菩薩像과 石蓮池에 대한 사상적 고찰」,『大同哲學』제66집, 2014.

　　　　　　,「寶川과 孝明의 五臺山 隱居 기록 속 문제점 검토」,『韓國佛敎學』제95집, 2020.

　　　　　　,「佛國寺 '3道 16階段'의 이중 구조 고찰-極樂殿 영역과 大雄殿 영역을 중심으로」,『新羅文化』
　　　　　　　제31집, 2008.

　　　　　　,「佛國寺의 毘盧殿과 觀音殿 영역에 관한 타당성 고찰-伽藍配置의 상호관계성을 중심으로」,
　　　　　　　『佛敎學研究』제25호, 2010.

　　　　　　,「佛敎美術의 天王 수용과 위치 문제 고찰-毘沙門天의 獨立신앙과 左·右의 位階 문제를 통한 관점
　　　　　　　환기」,『圓佛敎思想과 宗敎文化』제62집, 2014.

　　　　　　,「불교 숫자의 상징성 고찰-'4'와 '7'을 중심으로」,『宗敎研究』제55집, 2009.

　　　　　　,「佛敎宇宙論과 寺院構造의 관계성 고찰」,『建築歷史研究』제56호, 2008.

　　　　　　,「불교 宇宙論 日月光의 상징 분석」,『國學研究』제19집, 2011.

　　　　　　,「佛敎塔의 구조와 탑돌이에 대한 고찰-불교탑돌이의 형성배경과 동아시아적인 변화를 중심으로」,
　　　　　　　『韓國禪學』제37호, 2014.

　　　　　　,「毘沙門天의 塔持物과 몽구스지물의 성립배경과 의미분석」,『溫知論叢』제33집, 2012.

　　　　　　,「頻婆娑羅와 阿闍世에 관한 승단인식의 딜레마 고찰」,『大同哲學』제48집, 2009.

　　　　　　,「4차 산업 시대의 韓國佛敎 出家 問題와 미래적 대안」,『禪學』제50호, 2018.

　　　　　　,「新羅時代 河曲縣의 문수신앙 전래시기 고찰」,『國學研究』제36집, 2018.

　　　　　　,「新羅五臺山의 文殊信仰과 五萬眞身信仰 검토」,『韓國佛敎學』제92집, 2019.

　　　　　　,「新羅五臺山의 정립에 있어서 文殊信仰과 華嚴」,『淨土學研究』제29집, 2018.

　　　　　　,「麗末鮮初 觀音·地藏立立圖의 기원과 내포 의미 검토」,『國學研究』제40호, 2019.

　　　　　　,「靈山會上圖에 관한 상징과 의미 분석」,『佛敎學研究』제27호, 2010.

　　　　　　,「五臺山 文殊華嚴 신앙의 특수성 고찰」,『韓國佛敎學』제63집, 2012.

　　　　　　,「五臺山史庫의 立地와 四溟堂」,『東國史學』제57집, 2014.

　　　　　　,「五臺山事蹟記의 版本과 閔漬의 慈藏傳記 자료 검토-새로 발견된 閔漬의 慈藏傳記 자료를
　　　　　　　중심으로」,『佛敎學研究』제46호, 2016.

　　　　　　,「慈藏의 入唐目的과 年度에 대한 타당성 검토」,『史學研究』제118호, 2015.

　　　　　　,「提婆達多에 대한 逆罪의 타당성 고찰」,『東洋哲學研究』제54집, 2008.

　　　　　　,「『地藏經』의 중국 유행시기와 인도문화권 찬술의 타당성 검토」,『東아시아佛敎文化』제37호, 2019.

　　　　　　,「Kailas山의 須彌山說에 관한 종합적 고찰」,『佛敎學研究』제17집, 2007.

　　　　　　,「韓國佛敎 戒律觀의 根本問題 고찰-中國文化圈의 특수성을 중심으로」,『宗敎研究』제72집, 2013.

　　　　　　,「한국불교 聖山인식의 시원과 전개-五臺山·金剛山·寶盖山을 중심으로」,『史學研究』제126호,

2017.

_____, 「韓國佛敎의 戒律적인 특징과 현대 曹溪宗의 戒律傳統」, 『宗敎文化硏究』 제30호, 2018.

_____, 「한국 〈毘藍降生相圖〉에서의 右手와 左手의 타당성 고찰」, 『溫知論叢』 제25집, 2010.

_____, 「한국 4天王 塔持物의 위치변화에 대한 재고점」, 『宗敎文化硏究』 제22호, 2014.

_____, 「韓國五臺山 五萬眞身信仰의 특징과 北臺信仰의 변화」, 『佛敎學硏究』 제70호, 2020.

吳相勳, 『『太平經』과 後漢 道敎運動의 展開-道敎成立史 序說」, 『歷史學報』 제97집, 1983.

오지연, 「中國 宗派佛敎에 나타난 彌勒信仰의 수용」, 『佛敎學報』 제80집, 2017.

유대호, 「朝鮮 前期 地藏菩薩像 硏究」, 『美術史學硏究』 제279·280호, 2013.

_____, 「唐代 地藏菩薩 圖像의 成立과 統一新羅로의 流入」, 『佛敎美術史學』 제18집, 2014.

_____, 「朝鮮 前期 地藏菩薩像 硏究」, 『美術史學硏究』 제279·280호, 2013.

유성욱, 「佛敎 야마(Yama) 神格의 기원과 특성」, 『人文科學』 제60집, 2016.

유수민, 「『封神演義』 속 哪吒 형상 小考-道敎的 토착화 및 幻想性과 관련하여」, 『中語中文學』 제61집, 2015.

유지원, 「蘇軾과 四川 '巴蜀文化'」, 『韓國思想과 文化』 제81집, 2016.

유현주, 「晦軒 安珦의 朱子學 導入과 敎育的 活動」, 『韓國思想과 文化』 제85권, 2016.

윤재석, 「中國 古代 〈死者의 書〉와 漢代人의 來世觀-鎭墓文을 중심으로」, 『中國史硏究』 제90권, 2014.

윤찬원, 「後漢 時代 初期 道敎 哲學思想에 관한 연구-四川省 〈五斗米道〉를 중심으로」, 『道敎文化硏究』 제14집, 2000.

이경란, 「地藏菩薩의 외형적 특징에 관한 연구」, 『韓國佛敎學』 제97집, 2021.

_____, 「占察修行을 통해 본 新羅 初期 地藏信仰 양상」, 『東北亞文化硏究』 제61집, 2019.

李寧寧, 「白鹿洞書院의 敎育環境을 통해 본 儒生의 '身隱'과 '心隱'」, 『韓國書院學報』 제3권, 2015.

이동희, 「朱子學 形成에 관한 一考察」, 『東西文化』 제29집, 1997.

이대암, 「朝鮮時代 라마계 天王門의 受容 및 展開에 대하여-天王門의 배치와 四天王 배열에 관한 문제」, 『建築歷史硏究』 제55호, 2007.

이문주, 「『朱子家禮』의 朝鮮 시행과정과 家禮註釋書에 대한 연구」, 『儒敎文化硏究』 제16권, 2010.

이병욱, 「中國佛敎에 나타난 業과 輪廻의 두 가지 양상」, 『佛敎學硏究』 제29호, 2011.

이상돈, 「理一分殊論으로 보는 朱子의 格物致知說」, 『韓國哲學論集』 제44권, 2015.

이선성(성안), 「地藏菩薩信仰과 五臺山 南臺의 관련성 一考」, 『哲學·思想·文化』 제32호, 2020.

李承禧, 「高麗末 朝鮮初 四天王像圖 硏究」, 『美術史硏究』 제22호, 2008.

李瑛·安贊淳, 「唐传奇『虬髯客传』与『聶隐娘』中的女侠形象比较分析」, 『中國語文學』 제84집, 2020.

이영철, 「安史의 亂 以後 內地藩鎭 設置와 幕職官 構成과 役割의 擴大」, 『中國史硏究』 제103권, 2016.

李柱亨, 「佛傳의 '舍衛城神變' 說話」, 『震檀學報』 제76호, 1993.

李洊鎔, 「葛洪 『抱朴子-內篇』과 『神仙傳』의 神仙思想 연구」, 『哲學論叢』 제45집, 2006.

李哲憲, 「月精寺 탑돌이의 전승과 현재」, 『韓國禪學』 제37호, 2014.

이창국, 「元 干涉期 閔漬의 現實認識」, 『民族文化論叢』 제24집, 2001.

이해주, 「아잔타석굴 제26굴 佛塔浮彫 佛倚坐像 고찰」, 『新羅文化』 제53권, 2019.

林玲愛, 「武裝形 四天王像의 淵源 再考-간다라 및 西域을 중심으로」, 『講座美術史』 제11호, 1998.

_____, 「北方 多聞天의 寶塔 圖像 解釋-圖像 形成 原因과 元·高麗 이전의 양상」, 『美術史와 視角文化』 제9호, 2010.

_____, 「石窟庵 四天王像의 圖像과 佛敎經典」, 『講座美術史』 제37권, 2011.

_____, 「順天 松廣寺 四天王像의 方位問題와 造成時期」, 『書誌學硏究』 제30집, 2005.

_____, 「朝鮮時代 四天王像 尊名의 變化」, 『美術史學硏究』 제265호, 2010.

장동우,「『朱子家禮』의 수용과 보급 과정-東傳 版本 문제를 중심으로」,『國學研究』제16집, 2010.

장미란,「新羅 五臺山信仰體系의 變容背景과 의미」,『東아시아文化研究』제44권, 2000.

전영준,「11~12세기 전후 麗-宋 양국의 문화인식과『高麗圖經』」,『多文化콘텐츠研究』제10집, 2011.

全惠淑·金眞熙,「高麗時代 地藏菩薩圖의 服飾에 관한 연구」,『服飾文化研究』제7권 제1호, 1999.

鄭炳三,「統一新羅 觀音信仰」,『韓國史論』제8권, 1982.

정성식,「晦軒 安珦의 朱子學 수용과 성격」,『東方學』제17권, 2009.

鄭于澤,「高麗佛畵에 있어서 圖像의 傳承」,『美術史學研究』제192호, 1991.

_____,「高麗佛畵의 領域」,『佛教美術史學』제5집, 2007.

_____,「高麗의 中國佛畵 선택과 변용」,『美術史研究』제25호, 2011.

_____,「美國所在 韓國佛畵 調査 研究」,『東岳美術史學』제13호, 2012.

_____,「日本에서 발견된 高麗佛畵」,『美術史論壇』제1호, 1995.

_____,「日本에 있어 高麗佛畵 受容의 一斷面」,『美術史論壇』제3호, 1996.

_____,「朝鮮前期 金線描 阿彌陀三尊圖 一例」,『美術史研究』제22호, 2008.

정은우,「高麗 中期 佛教彫刻에 보이는 北方의 요소」,『美術史學研究』제265호, 2010.

조경철,「新羅 圓測의 生涯에 대한 검토-身分과 貴族問題를 중심으로」,『韓國古代史研究』제57권, 2010.

趙明濟,「高麗末 元代 看話禪의 수용과 그 사상적 영향-蒙山, 高峰을 중심으로」,『普照思想』제23집, 2005.

_____,「高麗後期『蒙山法語』의 受容과 看話禪의 展開」,『普照思想』제12집, 1999.

조복현,「『朱子家禮』의 著述과 한국 전래시기의 사회적 배경 연구」,『中國史研究』제19권, 2002.

조성금,「朝鮮 地藏六光菩薩圖 圖像의 起源」,『佛教美術』제26호, 2015.

_____,「吐魯番 出土〈佛說預修十王生七經變相圖〉」,『東岳美術史學』제11호, 2010.

조수동,「地藏信仰에 나타난 定業消滅 사상」,『哲學論叢』제52집, 2008.

조수연,「高麗後期 水月觀音菩薩圖의 雙竹 表現 研究」,『CHINA 研究』제15집, 2013.

주수완,「彌勒倚坐像의 圖像의 起源에 대한 연구-아잔타 17굴〈忉利天降下〉圖像을 중심으로」,『震檀學報』제111호, 2011.

지미령,「高麗 水月觀音圖의 대나무 圖像에 관한 고찰」,『佛教文藝研究』제3집, 2014.

車次錫,「法華經의 法師(dharma-bhāṇaka)에 대한 考察」,『韓國佛教學』제18집, 1993.

최민자,「宋·明代 新儒學의 思想的 系譜와 政治哲學의 含意 및 影響」,『國家와 政治』제17집, 2011.

최원석,「中國의 泰山文化 展開와 韓國의 受容 樣相-동아시아 山岳文化 論究 試論」,『文化歷史地理』제24권 3호, 2012.

최정묵,「『大學』의 三綱領 八條目을 통해 본 儒學의 체계」,『東西哲學研究』제62권, 2011.

최준하,「『朱子家禮』의 受容과 韓國傳統禮法의 轉變 및 現代的 定立을 위한 모색」,『人文學研究』제103권, 2016.

최진열,「北魏後期 洛陽 거주 西域人과 西域文化」,『大同文化研究』제87집, 2014.

坂出祥伸,「日本 文化 속의 道教-泰山府君信仰을 中心으로」,『道教文化研究』제11집, 1995.

何卯平,「나라박물관 소장 中國 寧波 佛畵〈十王圖〉연구-陸信忠筆, 陸仲淵筆〈十王圖〉를 중심으로」,『佛教美術史學』제10집, 2010.

하유진,「南朝의 教判思想」,『哲學論集』제39집, 2014.

한태식(普光),「普賢菩薩 사상과 한국 峨眉山 장승신앙의 습합」,『淨土學研究』제19권, 2013.

_____,「生前預修齋 信仰 研究」,『淨土學研究』제22집, 2014.

_____,「地藏思想에 관한 연구」,『淨土學研究』제15집, 2011.

許興植,「懶翁의 思想과 繼承者(上)」,『韓國學報』제16권, 1990.

_____,「指空의 遊歷과 定着」,『伽山學報』제1호, 1991.

홍재성(법공),「三階教와 地藏信仰」,『淨土學研究』제5집, 2002.

_____,「地藏思想과 三階教-地藏系 經典을 中心으로」,『淨土學研究』제15집, 2011.

黃金順,「觀音·地藏菩薩像의 來世救濟 信仰」,『美術史研究』제19호, 2005.

황금중,「『大學』의 工夫 綱目에 대한 朱熹의 이해」,『韓國教育史學』제35권 1호, 2013.

홍선아,「한국 胡床의 始原과 조형에 관한 연구」,『韓國家具學會誌』제2권 2호, 2013.

黃仁奎,「高麗後期 禪宗山門과 元나라 禪風」,『中央史論』제23집, 2006.

_____,「麗末鮮初 懶翁門徒의 五臺山 中興佛事」,『佛教研究』제36집, 2012.

4) 외국 학술논문

金世煥,「浅谈九华山金地藏的传说及其文学性」,『中國學』第53輯, 2015.

罗华庆,「敦煌地藏图像和"地藏十王厅"研究」,『敦煌研究』第9次, 1993.

党燕妮,「俄藏敦煌文献 中 阎罗王授记经 缀合研究」,『敦煌研究』第2期, 2007.

常青,「敦龙门石窟地藏菩萨及其有关问题」,『中原文物』第9次, 1993.

小南一郎,「『十王經』の形成と隋唐の民衆信仰」,『东方学报』第74册, 2002.

Schopen, Gregory. "Filial Piety and the Monk in the Practice of Indian Buddhism: A Question of
    'Sinicization' Viewed from the Other Side." *T'oung pao* 70, 1984.

松浦正昭,「毘沙門天像」,『日本の美術』第135号, 1992.

Alexander Soper, "The Art and Architecture of China," New York: Penguin, 1956.

王诗越,「论蕅益智旭在九华山地藏信仰兴起中的贡献」,『皖西学院学报』第34卷 第6期, 2018.

尹富,「論三階教與地藏信仰-兼論淨土教對地藏信仰的吸收與排斥」,『國學研究』第21卷, 2008.

_____,「『地藏菩薩本願经』综考」,『四川大学学报』第153号, 2007.

_____,「七世紀中葉至八世紀初地藏造像論考」,『法鼓佛學學報』第4期, 2009.

梁凡,「论地藏信仰与弥勒信仰的内在联系-以地藏经典和弥勒经典为中心的分析与比较」,
    『池州学院学报』第28卷 5期, 2014.

羽溪了諦,「大集經と佉羅帝との関係」,『宗教研究』第11卷 第5号, 1934.

李舉綱·樊波,「隋神德寺遺址出土舍利石函上的天王圖像」,『陝西歷史博物館館刊』第12輯, 2005.

李翎,「韩国佛教绘画中的地藏图式」,『法音』第6期, 2011.

李兴中,「民俗学视野中的地藏信仰」,『池州学院学报』第17卷 2期, 2003.

長部和雄,「唐代の後期密教: 唐代密教の中国的な性格」,『佛教史學』Vol.10 no.2, 1962.

张书彬,「中古敦煌地藏信仰传播形态之文本.图像与仪轨」,『美术学报』第2期, 2014.

张总,「阎罗王授记经 缀补研究」,『敦煌吐鲁番研究』第5卷, 2000.

_____,「风帽地藏像的由来与演进」,『世界宗教文化』第1期, 2012.

田军,「中地藏菩萨及其信仰」,『紫禁城』第3期, 1999.

朱坤,「九华山金地藏考略」,『铜陵职业技术学院学报』第2期, 2013.

佐和隆研,「地藏菩薩の展開」,『佛教藝術』第97号, 1974.

陈佩妏,「从地藏造像的组合看其与西方净土信仰的关系」,『宗教学研究』第2期, 2010.

_____,「中原地区早期地藏造像之样式渊源和信仰」,『云南社会科学』第2期, 2010.

河原由雄,「敦煌畫地藏圖資料」,『仏教芸術』第97号, 1974.

찾아보기

[불보살, 신격, 인물 외]

[불교경전, 문헌 외]

지장보살 관련 고려불화 분류

지장보살도

형식		소장처
독존도	입상	일본 젠도지, 일본 네즈미술관, 일본 도쿠가와미술관, 일본 주구지, 일본 초고손시지, 일본 개인, 미국 메트로폴리탄 뮤지엄, 미국 보스턴 뮤지엄, 미국 아서 M. 새클러 뮤지엄
	반가부좌상	국립중앙박물관(1307), 일본 요주지
삼존도		한국 개인, 일본 엔가쿠지
지장도(혹 지장천신도)		삼성미술관 리움
시왕도		일본 닛코지, 일본 세이카도문고미술관, 독일 동아시아 예술 뮤지엄, 호림박물관
시왕권속도		일본 치온인, 일본 호토지, 일본 게조인
병립도	관음·지장	사이후쿠지(구장), 한국 개인, 일본 미나미호케지
	아미타·지장	미국 메트로폴리탄 뮤지엄

아미타불도

형식	소장처
삼존도	한국 개인
구존도	일본 마츠오지, 일본 고후쿠고코쿠겐지. 일본 도쿄미술대학, 일본 반나지, 일본 다이넨부츠지, 일본 세에간지, 일본 야마토분카칸, 미국 아시안 아트 뮤지엄, 미국 프리어 갤러리, 국립중앙박물관(1307)
내영삼존도	삼성미술관 리움
내영구존도	일본 도쿠가와미술관, 일본 네즈미술관, 일본 게간지, 일본 조코지

고려불화 지장보살도

지장보살도 입상 | 총 9점

• 14세기 경 조성
• 견본채색
• 111.0×43.5cm
• 일본 젠도지 소장

• 삭발형 지장

• 14세기 조성
• 견본채색
• 102.5×40.0cm
• 일본 주구지 소장

• 삭발형 지장

• 14세기 초반 조성
• 견본채색
• 107.6×45.3cm
• 일본 네즈미술관 소장

• 피건형 지장

- 14세기 조성
- 견본채색
- 81.7×29.4cm
- 일본 초고손시지 소장

- 피건형 지장

- 14세기 중반 조성
- 견본채색
- 105.1×43.9cm
- 일본 도쿠가와미술관 소장

- 피건형 지장

- 14세기 조성
- 견본채색
- 102.8×43.2
- 일본 개인 소장

- 삭발형 지장

- 14세기 조성
- 견본채색
- 84.5×36.8cm
- 미국 메트로폴리탄 뮤지엄 소장

- 삭발형 지장

- 14세기 조성
- 견본채색
- 92.0×40.0cm
- 미국 보스턴 뮤지엄 소장

- 삭발형 지장

- 13세기 후반~14세기 전반 조성
- 견본채색
- 107.6×49.4cm
- 아서 M. 새클러 뮤지엄 소장

- 삭발형 지장

지장독존도 좌상 | 총 2점

- 14세기 조성
- 견본채색
- 143.4×78.3cm
- 일본 요주지 소장

- 피건형 지장

- 1307년 조성
- 목제흑칠지금니
- 22.5×13.0cm
- 국립중앙박물관 소장
- 보물 제1887호

- 삭발형 지장

지장삼존도 | 총 2점

- 13세기 후반~14세기 전반 조성
- 견본채색
- 239.4×130.0cm
- 일본 엔가쿠지 소장
- 일본 중요문화재

- 피건형 지장
- 도명, 무독+獅子

- 14세기 조성
- 견본채색
- 98.8×50.2cm
- 한국 개인 소장
- 보물 제1287호

- 삭발형 지장
- 도명, 무독+獅子

- 14세기 조성
- 견본채색
- 143.5×55.9cm
- 일본 세이카도문고미술관 소장
- 일본 중요미술품

- 피모형 지장
- 도명, 무독+제석천, 범천+사천왕+시왕+판관, 녹사, 사자

- 14세기 조성
- 견본채색
- 109.0×56.8cm
- 독일 동아시아박물관 소장

- 피모형 지장
- 도명, 무독+제석천, 범천+사천왕+시왕+판관, 사자+獅子

- 14세기 조성
- 견본채색
- 111.1×60.4cm
- 호림박물관 소장
- 보물 제1048호

- 피모
- 도명, 무독+제석천, 범천+사천왕+시왕+판관, 사자+獅子

- 14세기 조성
- 견본채색
- 116.4×58.9cm
- 일본 닛코지 소장

- 삭발형 지장
- 도명, 무독+제석천, 범천+사천왕+시왕+판관, 사자

지장도(혹 지장천신도) | 총 1점

- 14세기 조성
- 견본채색
- 104.3×55.6cm
- 삼성미술관 리움 소장
- 보물 제784호

- 피건형 지장
- 도명, 무독+제석천, 범천+사천왕

지장시왕권속도 | 총 3점

- 14세기 조성
- 견본채색
- 116.3×62.8cm
- 일본 호토지 소장

- 삭발형 지장
- 도명, 무독+시왕+선·악동자+판관, 녹사, 사자+마두, 우두 등 옥졸

- 14세기 조성
- 견본채색
- 115.2×59.1cm
- 일본 게조인 소장

- 피건형 지장
- 제석, 범천+사천왕+시왕+ 선·악동자+판관, 녹사, 사자+마두, 우두 등 옥졸

- 1320년 조성
- 견본채색
- 156.1×85.1cm
- 일본 치온인 소장

- 삭발형 지장
- 4보살+제석, 범천+2천왕+시왕+ 선·악동자+판관, 녹사, 사자+마두, 우두 등 옥졸

※ 불화의 수리 과정에서, 좌우보처와 북방 다문천왕, 서방 광목천왕이 사라지게 됨. 대신 4보살과 같은 5명의 도상이 그 자리에 위치함

지장보살 관련 고려불화 병립도

관음·지장병립도 | 총 3점

- 14세기 조성
- 견본채색
- 101.7×52.4cm
- 일본 사이후쿠지(구장)
- 일본 후쿠이현 지정문화재

- 삭발형 지장

- 14세기 조성
- 견본채색
- 75.4×44.7cm
- 한국 개인 소장

- 피건형 지장

- 14세기 조성
- 견본채색
- 105.9×36.4cm
- 일본 미나미호케지 소장

- 피건형 지장

아미타·지장병립도 | 총 1점

- 14세기 조성
- 견본채색
- 183.8×80.6cm
- 미국 메트로폴리탄 뮤지엄 소장

- 피건형 지장

고려불화 아미타불도

아미타(정면)삼존도 | 총 1점

- 14C 조성
- 견본채색
- 87.8×45.2cm
- 한국 개인 소장

- 삭발형 지장

아미타(내영)삼존도 | 총 1점

- 14C
- 견본채색
- 110.0×51.0cm
- 삼성미술관 리움 소장
- 국보 제218호

- 삭발형 지장

- 14세기 조성
- 견본채색
- 143.0×87.0cm
- 일본 도쿠가와미술관 소장

- 삭발형 지장(우상 밖)

- 14세기 조성
- 견본채색
- 225.4×167.0cm
- 일본 네즈미술관 소장

- 피건형 지장(우상 밖)
- 칠보수 표현

- 14세기 조성
- 견본채색
- 135.0×86.0cm
- 일본 게간지 소장

- 삭발−피건 불확실(우상 안)

- 14세기 조성
- 견본채색
- 173.1×91.1cm
- 일본 조코지 소장

- 보살형 지장(우상 밖)

- 14세기 조성
- 견본채색
- 175.3×91.5cm
- 일본 도쿄예술대학 소장

- 피건형 지장(우하 안)

- 1320년 조성
- 견본채색
- 177.3×91.2cm
- 일본 마츠오지 소장
- 일본 중요문화재

- 피건형 지장(우상 안)

- 14세기
- 견본채색
- 110.2×57.7cm
- 일본 야마토분카칸 소장

- 피건형 지장(우상 밖)

- 14세기
- 견본채색
- 153.0×84.3cm
- 일본 반나지 소장

- 삭발형 지장(우상 밖)

- 14세기
- 견본채색
- 155.4×87.2cm
- 일본 고후쿠고코쿠겐지 소장

- 삭발형 지장(우상 밖)

- 14세기
- 견본채색
- 161.7×92.9cm
- 일본 다이넨부츠지 소장

- 삭발형 지장(우상 밖)

- 14세기 조성
- 견본채색
- 163.8×86.6cm
- 일본 세에간지 소장

- 피건형 지장(우상 안)

- 14세기 조성
- 견본채색
- 152.1×88.7cm
- 미국 아시안 아트 뮤지엄 소장

- 피건형 지장(우상 안)

- 14세기 조성
- 견본채색
- 191.0×103.0cm
- 미국 프리어 갤러리 소장

- 피건형 지장(우상 안)

- 1307년 조성
- 목제흑칠지금니
- 22.5×13.0cm
- 국립중앙박물관 소장
- 보물 제1887호

- 삭발과 보살형의 절충형 지장(우상 밖)

- 이미지의 소장처를 확인하지 못하였거나 잘못 기재된 경우는
  추후 정보가 확인되는 대로 적법한 절차에 따라 다음 쇄에 반영토록 하겠습니다.

지장 신앙의 성립과

고 려 불 화
지장보살도

ⓒ 자현, 2021

2021년 10월 8일 초판 1쇄 발행
2022년 2월 18일 초판 4쇄 발행

지은이 자현
발행인 박상근(至弘) • 편집인 류지호 • 편집이사 양동민
책임편집 김재호 • 편집 이상근, 양민호, 김소영, 권순범 • 디자인 쿠담디자인
제작 김명환 • 마케팅 김대현, 정승채, 이선호 • 관리 윤정안
펴낸 곳 불광출판사 (03150) 서울시 종로구 우정국로 45-13, 3층
        대표전화 02) 420-3200 편집부 02) 420-3300 팩시밀리 02) 420-3400
        출판등록 제300-2009-130호(1979. 10. 10.)

ISBN 978-89-7479-944-1 (93220)
값 30,000원